CNEY

中国核能年鉴

2018年卷

中国核能行业协会 编

CHINA
NUCLEAR
ENERGY
YEARBOOK

中国原子能出版社

编辑说明

一、《中国核能年鉴》是由中国核能行业协会组织编纂的综合性资料年刊，于2009年创刊。编辑此年鉴旨在如实记载我国核能行业各个领域改革发展的历程和情况，力求全面、系统、详实、准确、权威。《中国核能年鉴》的出版发行，可以为政府有关部门和各级领导科学决策提供支持，为广大会员单位提供丰富的行业信息资源，也为国内外各界人士了解、认识我国核能行业开启一扇窗口。经过多年的探索和实践，年鉴的编辑质量和水平正在不断提高，其史料价值和作用也在不断提升。

二、《中国核能年鉴》2018年卷采用分类编辑法，主体内容分为栏目、分目、条目3个层次，少数条目下设子目。全书除了"编辑说明""《中国核能年鉴》编委会、编辑部组成人员名单"之外，共设特载、核能行业概况、核能骨干企业、企业风采、大事记、附录等6个栏目。

三、本卷为《中国核能年鉴》2018年卷。文中记述时间，原则上截至2017年12月31日。年鉴资料均取自政府有关部门、中国核能行业协会和协会会员单位提供的材料。

四、由于编辑水平有限，缺点错误在所难免，敬请广大读者批评指正。《中国核能年鉴》编辑部将坚持中国核能行业协会的宗旨，不断提高年鉴质量，更好地为政府服务，为企业服务，为我国核能事业的发展服务。

本卷年鉴在编辑出版的过程中，得到了广大会员单位和政府有关部门的大力支持。在此，谨表诚挚的谢意。

《中国核能年鉴》2018年卷 编辑部

《中国核能年鉴》2018 年卷编辑委员会

《中国核能年鉴》2018 年卷编辑部

目　录

特　载

核能行业概况

核能骨干企业

企业风采

大事记

附　录

特　载

党和国家领导人

对发展我国核能事业的关怀及重要指示

习近平见证中沙企业签署合作协议

2017年3月16日，在国家主席习近平与沙特阿拉伯王国国王萨勒曼的共同见证下，中核集团与沙特地质调查局签署了《中国核工业集团公司与沙特地质调查局铀钍资源合作谅解备忘录》，中国核工业建设集团公司与沙特能源城签署了《沙特高温气冷堆项目联合可行性研究合作协议》。

习近平见证中国与阿根廷签署核电站建设总合同

2017年5月17日，在国家主席习近平与阿根廷总统马克里共同见证下，中核集团与阿根廷核电公司在京签署了关于阿根廷第四座和第五座核电站的总合同。

习近平参观世博会时说："华龙一号"是中国完全自主知识产权的三代核电技术

2017年6月8日，国家主席习近平和哈萨克斯坦总统纳扎尔巴耶夫对阿斯塔纳世博会中国馆进行巡馆。在"华龙一号"模型前，习近平对纳扎尔巴耶夫介绍说，"华龙一号"是中国完全自主知识产权的三代核电技术。

习近平见证中巴企业签署核电站建设合作备忘录

2017年9月1日，在国家主席习近平与巴西总统特梅尔的共同见证下，中核集团与巴西国家电力公司、巴西核电公司共同签署了合作谅解备忘录，就中巴双方建设安哥拉3号核电站及未来新建核电项目合作达成重要共识。

李克强见证中法企业签署合作协议

2017年2月21日，在国务院总理李克强和法国总理卡泽纳夫的见证下，中核集团与法国新阿海珐（New AREVA）签署了《关于产业和商业合作框架协议》。

李克强对“华龙一号”福清核电 5 号机组建设工作作出重要批示

2017年5月26日，国务院总理李克强对“华龙一号”福清核电5号机组建设工作作出重要批示。批示指出：我国自主研发的三代核电“华龙一号”是推进实施《中国制造2025》的标志性工程。福清核电5号机组作为“华龙一号”全球首堆，实现核岛穹顶吊装意义重大。谨向全体设计人员和建设者致以诚挚问候！核电建设和运营管理都要确保绝对安全。希望继续发扬工匠精神，精益求精、严格管理，在确保质量和安全的前提下按期建成投产。依托“互联网+”、众创平台进一步汇聚各方创新资源，不断提升我国核电研发制造水平。同时，积极参与国际市场，努力打造世界一流核电品牌，为实现中国制造迈向中高端作出新贡献！

李克强会见比尔·盖茨，积极评价行波堆研发合资公司成立

2017年11月3日，国务院总理李克强在中南海紫光阁会见美国泰拉能源公司董事长、微软公司创始人比尔·盖茨，积极评价行波堆研发合资公司成立，强调安全是核能发展的重要前提，要努力确保新一代核电技术安全可靠有效。

党和国家领导人参观“科普中国——绿色核能主题展览”

2017年9月17日，中共中央政治局常委、中央书记处书记刘云山和刘延东、刘奇葆、李源潮、万钢等领导同志在中国科学技术馆参观“科普中国——绿色核能主题展览”。

张高丽见证中沙企业签署核能合作相关协议

2017年8月24日（沙特当地时间），在国务院副总理张高丽和沙特阿拉伯王国王储、国家副首相穆罕默德共同见证下，中核集团与沙特地调局签署《中国核工业集团公司与沙特地质调查局铀钍资源深化合作谅解备忘录》，中国核工业建设集团公司与沙特技术发展公司签署《关于高温堆海水淡化合资公司的谅解备忘录》。

张高丽视察中广核纳米比亚湖山铀矿

2017年8月27日，国务院副总理张高丽视察我国在非洲最大的实体投资项目——中广核湖山铀矿项目的生产和运营情况。

刘延东参观央企创新成就展中核集团展台

2017年11月6日，国务院副总理刘延东参观央企创新成就展中核集团展台。

马凯参观第十五届中国国际人才交流大会中广核展台

2017年4月15日，国务院副总理马凯，广东省委书记胡春华在深圳会展中心参观第十五届中国国际人才交流大会中广核展台。

马凯视察中核北方核燃料元件有限公司

2017年7月30日，国务院副总理马凯赴中核北方核燃料元件有限公司视察指导工作，高度关切产业升级和"走出去"。

马凯参观央企创新成就展中核集团展台

2017年11月3日，国务院副总理马凯参观央企创新成就展中核集团展台。

王勇参观央企创新成就展中核集团展台

2017年9月14日，国务委员王勇参观央企创新成就展中核集团展台。

王勇参观央企创新成就展中广核展台

2017年11月10日，国务委员王勇参观央企创新成就展中广核展台。

胡春华为中广核在英设立的公司揭牌

2017年6月14日（英国当地时间），广东省委书记胡春华，中国驻英国大使刘晓明和中广核董事长贺禹在伦敦共同为中广核在英设立的布拉德韦尔电力有限公司（BRB公司）、通用核能系统有限公司（GNS）、通用核能国际有限公司（GNI）揭牌。

万钢参观中国国际高新技术成果交易会中广核展台

2017年11月16日，全国政协副主席、科技部部长万钢在深圳会展中心参观中国国际高新技术成果交易会中广核展台。

陈元赴中国第一重型机械集团公司调研

2017年8月3日，全国政协副主席陈元赴中国第一重型机械集团公司调研。

王家瑞赴核工业西南物理研究院调研

2017年6月9日，全国政协副主席王家瑞一行赴核工业西南物理研究院调研。

张平参观2017中国—阿拉伯国家博览会CAP1400展台

2017年9月6—9日，以“传承友谊、深化合作、共同发展”为宗旨的2017中国—阿拉伯国家博览会举办。期间，全国人大常委会副委员长张平参观CAP1400展台。

法律法规

中华人民共和国主席令

第七十三号

《中华人民共和国核安全法》已由中华人民共和国第十二届全国人民代表大会常务委员会第二十九次会议于2017年9月1日通过，现予公布。自2018年1月1日起施行。

中华人民共和国主席　习近平

2017年9月1日

中华人民共和国核安全法

（2017年9月1日第十二届全国人民代表大会常务委员会第二十九次会议通过）

第一章　总　则

第一条　为了保障核安全，预防与应对核事故，安全利用核能，保护公众和从业人员的安全与健康，保护生态环境，促进经济社会可持续发展，制定本法。

第二条　在中华人民共和国领域及管辖的其他海域内，对核设施、核材料及相关放射性废物采取充分的预防、保护、缓解和监管等安全措施，防止由于技术原因、人为原因或者自然灾害造成核事故，最大限度减轻核事故情况下的放射性后果的活动，适用本法。

核设施，是指：

（一）核电厂、核热电厂、核供汽供热厂等核动力厂及装置；

（二）核动力厂以外的研究堆、实验堆、临界装置等其他反应堆；

（三）核燃料生产、加工、贮存和后处理设施等核燃料循环设施；

（四）放射性废物的处理、贮存、处置设施。

核材料，是指：

（一）铀-235材料及其制品；

（二）铀-233材料及其制品；

（三）钚-239材料及其制品；

（四）法律、行政法规规定的其他需要管制的核材料。

放射性废物，是指核设施运行、退役产生的，含有放射性核素或者被放射性核素污染，其浓度或者比活度大于国家确定的清洁解控水平，预期不再使用的废弃物。

第三条　国家坚持理性、协调、并进的核安全观，加强核安全能力建设，保障核事业健康发展。

第四条　从事核事业必须遵循确保安全的方针。

核安全工作必须坚持安全第一、预防为主、责任明确、严格管理、纵深防御、独立监管、全面保障的原则。

第五条　核设施营运单位对核安全负全面责任。

为核设施营运单位提供设备、工程以及服务等的单位，应当负相应责任。

第六条　国务院核安全监督管理部门负责核安全的监督管理。

国务院核工业主管部门、能源主管部门和其他有关部门在各自职责范围内负责有关的核安全管理工作。

国家建立核安全工作协调机制，统筹协调有关部门推进相关工作。

第七条　国务院核安全监督管理部门会同国务院有关部门编制国家核安全规划，报国务院批准后组织实施。

第八条　国家坚持从高从严建立核安全标准体系。

国务院有关部门按照职责分工制定核安全标准。核安全标准是强制执行的标准。

核安全标准应当根据经济社会发展和科技进步适时修改。

第九条　国家制定核安全政策，加强核安全文化建设。

国务院核安全监督管理部门、核工业主管部门和能源主管部门应当建立培育核安全文化的机制。

核设施营运单位和为其提供设备、工程以及服务等的单位应当积极培育和建设核安全文化，将核安全文化融入生产、经营、科研和管理的各个环节。

第十条　国家鼓励和支持核安全相关科学技术的研究、开发和利用，加强知识产权保护，注重核安全人才的培养。

国务院有关部门应当在相关科研规划中安排与核设施、核材料安全和辐射环境监测、评估相关的关键技术研究专项，推广先进、可靠的核安全技术。

核设施营运单位和为其提供设备、工程以及服务等的单位、与核安全有关的科研机构等单位，应当持续开发先进、可靠的核安全技术，充分利用先进的科学技术成果，提高核安全水平。

国务院和省、自治区、直辖市人民政府及其有关部门对在科技创新中做出重要贡献的单位和个人，按照有关规定予以表彰和奖励。

第十一条　任何单位和个人不得危害核设施、核材料安全。

公民、法人和其他组织依法享有获取核安全信息的权利，受到核损害的，有依法获得赔偿的权利。

第十二条　国家加强对核设施、核材料的安全保卫工作。

核设施营运单位应当建立和完善安全保卫制度，采取安全保卫措施，防范对核设施、核材料的破坏、损害和盗窃。

第十三条　国家组织开展与核安全有关的国际交流与合作，完善核安全国际合作机制，防范和应对核恐怖主义威胁，履行中华人民共和国缔结或者参加的国际公约所规定的义务。

第二章　核设施安全

第十四条　国家对核设施的选址、建设进行统筹规划，科学论证，合理布局。

国家根据核设施的性质和风险程度等因素，对核设施实行分类管理。

第十五条　核设施营运单位应当具备保障核设施安全运行的能力，并符合下列条件：

（一）有满足核安全要求的组织管理

体系和质量保证、安全管理、岗位责任等制度；

（二）有规定数量、合格的专业技术人员和管理人员；

（三）具备与核设施安全相适应的安全评价、资源配置和财务能力；

（四）具备必要的核安全技术支撑和持续改进能力；

（五）具备应急响应能力和核损害赔偿财务保障能力；

（六）法律、行政法规规定的其他条件。

第十六条　核设施营运单位应当依照法律、行政法规和标准的要求，设置核设施纵深防御体系，有效防范技术原因、人为原因和自然灾害造成的威胁，确保核设施安全。

核设施营运单位应当对核设施进行定期安全评价，并接受国务院核安全监督管理部门的审查。

第十七条　核设施营运单位和为其提供设备、工程以及服务等的单位应当建立并实施质量保证体系，有效保证设备、工程和服务等的质量，确保设备的性能满足核安全标准的要求，工程和服务等满足核安全相关要求。

第十八条　核设施营运单位应当严格控制辐射照射，确保有关人员免受超过国家规定剂量限值的辐射照射，确保辐射照射保持在合理、可行和尽可能低的水平。

第十九条　核设施营运单位应当对核设施周围环境中所含的放射性核素的种类、浓度以及核设施流出物中的放射性核素总量实施监测，并定期向国务院环境保护主管部门和所在地省、自治区、直辖市人民政府环境保护主管部门报告监测结果。

第二十条　核设施营运单位应当按照国家有关规定，制定培训计划，对从业人员进行核安全教育和技能培训并进行考核。

核设施营运单位应当为从业人员提供相应的劳动防护和职业健康检查，保障从业人员的安全和健康。

第二十一条　省、自治区、直辖市人民政府应当对国家规划确定的核动力厂等重要核设施的厂址予以保护，在规划期内不得变更厂址用途。

省、自治区、直辖市人民政府应当在核动力厂等重要核设施周围划定规划限制区，经国务院核安全监督管理部门同意后实施。

禁止在规划限制区内建设可能威胁核设施安全的易燃、易爆、腐蚀性物品的生产、贮存设施以及人口密集场所。

第二十二条　国家建立核设施安全许可制度。

核设施营运单位进行核设施选址、建造、运行、退役等活动，应当向国务院核安全监督管理部门申请许可。

核设施营运单位要求变更许可文件规定条件的，应当报国务院核安全监督管理部门批准。

第二十三条　核设施营运单位应当对地质、地震、气象、水文、环境和人口分布等因素进行科学评估，在满足核安全技术评价要求的前提下，向国务院核安全监督管理部门提交核设施选址安全分析报告，经审查符合核安全要求后，取得核设施场址选择审查意见书。

第二十四条　核设施设计应当符合核安全标准，采用科学合理的构筑物、系统和设备参数与技术要求，提供多样保护和多重屏障，确保核设施运行可靠、稳定和便于操作，满足核安全要求。

第二十五条　核设施建造前，核设施营运单位应当向国务院核安全监督管理部门提出建造申请，并提交下列材料：

（一）核设施建造申请书；

（二）初步安全分析报告；

（三）环境影响评价文件；

（四）质量保证文件；

（五）法律、行政法规规定的其他材料。

第二十六条　核设施营运单位取得核设施建造许可证后，应当确保核设施整体性能满足核安全标准的要求。

核设施建造许可证的有效期不得超过十年。有效期届满，需要延期建造的，应当报国务院核安全监督管理部门审查批准。但是，有下列情形之一且经评估不存在安全风险的除外：

（一）国家政策或者行为导致核设施延期建造；

（二）用于科学研究的核设施；

（三）用于工程示范的核设施；

（四）用于乏燃料后处理的核设施。

核设施建造完成后应当进行调试，验证其是否满足设计的核安全要求。

第二十七条　核设施首次装投料前，核设施营运单位应当向国务院核安全监督管理部门提出运行申请，并提交下列材料：

（一）核设施运行申请书；

（二）最终安全分析报告；

（三）质量保证文件；

（四）应急预案；

（五）法律、行政法规规定的其他材料。

核设施营运单位取得核设施运行许可证后，应当按照许可证的规定运行。

核设施运行许可证的有效期为设计寿期。在有效期内，国务院核安全监督管理部门可以根据法律、行政法规和新的核安全标准的要求，对许可证规定的事项作出合理调整。

核设施营运单位调整下列事项的，应当报国务院核安全监督管理部门批准：

（一）作为颁发运行许可证依据的重要构筑物、系统和设备；

（二）运行限值和条件；

（三）国务院核安全监督管理部门批准的与核安全有关的程序和其他文件。

第二十八条　核设施运行许可证有效期届满需要继续运行的，核设施营运单位应当于有效期届满前五年，向国务院核安全监督管理部门提出延期申请，并对其是否符合核安全标准进行论证、验证，经审查批准后，方可继续运行。

第二十九条　核设施终止运行后，核设施营运单位应当采取安全的方式进行停闭管理，保证停闭期间的安全，确保退役所需的基本功能、技术人员和文件。

第三十条　核设施退役前，核设施营运单位应当向国务院核安全监督管理部门提出退役申请，并提交下列材料：

（一）核设施退役申请书；

（二）安全分析报告；

（三）环境影响评价文件；

（四）质量保证文件；

（五）法律、行政法规规定的其他材料。

核设施退役时，核设施营运单位应当按照合理、可行和尽可能低的原则处理、处置核设施场址的放射性物质，将构筑物、系统和设备的放射性水平降低至满足标准的要求。

核设施退役后，核设施所在地省、自治区、直辖市人民政府环境保护主管部门应当对核设施场址及其周围环境中所含的放射性核素的种类和浓度组织监测。

第三十一条　进口核设施，应当满足中华人民共和国有关核安全法律、行政法规和标准的要求，并报国务院核安全监督管理部门审查批准。

出口核设施，应当遵守中华人民共和国有关核设施出口管制的规定。

第三十二条　国务院核安全监督管理部门应当依照法定条件和程序，对核设施安全许可申请组织安全技术审查，满足核安全要求的，在技术审查完成之日起二十日内，依法作出准予许可的决定。

国务院核安全监督管理部门审批核设施建造、运行许可申请时，应当向国务院有关部门和核设施所在地省、自治区、直辖市人民政府征询意见，被征询意见的单位应当在三个月内给予答复。

第三十三条　国务院核安全监督管理部门组织安全技术审查时，应当委托与许可申请单位没有利益关系的技术支持单位进行技术审评。受委托的技术支持单位应当对其技术评价结论的真实性、准确性负责。

第三十四条　国务院核安全监督管理部门成立核安全专家委员会，为核安全决策提供咨询意见。

制定核安全规划和标准，进行核设施重大安全问题技术决策，应当咨询核安全专家委员会的意见。

第三十五条　国家建立核设施营运单位核安全报告制度，具体办法由国务院有关部门制定。

国务院有关部门应当建立核安全经验反馈制度，并及时处理核安全报告信息，实现信息共享。

核设施营运单位应当建立核安全经验反馈体系。

第三十六条　为核设施提供核安全设备设计、制造、安装和无损检验服务的单位，应当向国务院核安全监督管理部门申请许可。境外机构为境内核设施提供核安全设备设计、制造、安装和无损检验服务的，应当向国务院核安全监督管理部门申请注册。

国务院核安全监督管理部门依法对进口的核安全设备进行安全检验。

第三十七条　核设施操纵人员以及核安全设备焊接人员、无损检验人员等特种工艺人员应当按照国家规定取得相应资格证书。

核设施营运单位以及核安全设备制造、安装和无损检验单位应当聘用取得相应资格证书的人员从事与核设施安全专业技术有关的工作。

第三章 核材料和放射性废物安全

第三十八条 核设施营运单位和其他有关单位持有核材料，应当按照规定的条件依法取得许可，并采取下列措施，防止核材料被盗、破坏、丢失、非法转让和使用，保障核材料的安全与合法利用：

（一）建立专职机构或者指定专人保管核材料；

（二）建立核材料衡算制度，保持核材料收支平衡；

（三）建立与核材料保护等级相适应的实物保护系统；

（四）建立信息保密制度，采取保密措施；

（五）法律、行政法规规定的其他措施。

第三十九条 产生、贮存、运输、后处理乏燃料的单位应当采取措施确保乏燃料的安全，并对持有的乏燃料承担核安全责任。

第四十条 放射性废物应当实行分类处置。

低、中水平放射性废物在国家规定的符合核安全要求的场所实行近地表或者中等深度处置。

高水平放射性废物实行集中深地质处置，由国务院指定的单位专营。

第四十一条 核设施营运单位、放射性废物处理处置单位应当对放射性废物进行减量化、无害化处理、处置，确保永久安全。

第四十二条 国务院核工业主管部门会同国务院有关部门和省、自治区、直辖市人民政府编制低、中水平放射性废物处置场所的选址规划，报国务院批准后组织实施。

国务院核工业主管部门会同国务院有关部门编制高水平放射性废物处置场所的选址规划，报国务院批准后组织实施。

放射性废物处置场所的建设应当与核能发展的要求相适应。

第四十三条 国家建立放射性废物管理许可制度。

专门从事放射性废物处理、贮存、处置的单位，应当向国务院核安全监督管理部门申请许可。

核设施营运单位利用与核设施配套建设的处理、贮存设施，处理、贮存本单位产生的放射性废物的，无需申请许可。

第四十四条 核设施营运单位应当对其产生的放射性固体废物和不能经净化排放的放射性废液进行处理，使其转变为稳定的、标准化的固体废物后，及时送交放射性废物处置单位处置。

核设施营运单位应当对其产生的放射性废气进行处理，达到国家放射性污染防治标准后，方可排放。

第四十五条 放射性废物处置单位应当按照国家放射性污染防治标准的要求，对其接收的放射性废物进行处置。

放射性废物处置单位应当建立放射性废物处置情况记录档案，如实记录处置的放射性废物的来源、数量、特征、存放位置等与处置活动有关的事项。记录档案应当永久保存。

第四十六条　国家建立放射性废物处置设施关闭制度。

放射性废物处置设施有下列情形之一的，应当依法办理关闭手续，并在划定的区域设置永久性标记：

（一）设计服役期届满；

（二）处置的放射性废物已经达到设计容量；

（三）所在地区的地质构造或者水文地质等条件发生重大变化，不适宜继续处置放射性废物；

（四）法律、行政法规规定的其他需要关闭的情形。

第四十七条　放射性废物处置设施关闭前，放射性废物处置单位应当编制放射性废物处置设施关闭安全监护计划，报国务院核安全监督管理部门批准。

安全监护计划应当包括下列主要内容：

（一）安全监护责任人及其责任；

（二）安全监护费用；

（三）安全监护措施；

（四）安全监护期限。

放射性废物处置设施关闭后，放射性废物处置单位应当按照经批准的安全监护计划进行安全监护；经国务院核安全监督管理部门会同国务院有关部门批准后，将其交由省、自治区、直辖市人民政府进行监护管理。

第四十八条　核设施营运单位应当按照国家规定缴纳乏燃料处理处置费用，列入生产成本。

核设施营运单位应当预提核设施退役费用、放射性废物处置费用，列入投资概算、生产成本，专门用于核设施退役、放射性废物处置。具体办法由国务院财政部门、价格主管部门会同国务院核安全监督管理部门、核工业主管部门和能源主管部门制定。

第四十九条　国家对核材料、放射性废物的运输实行分类管理，采取有效措施，保障运输安全。

第五十条　国家保障核材料、放射性废物的公路、铁路、水路等运输，国务院有关部门应当加强对公路、铁路、水路等运输的管理，制定具体的保障措施。

第五十一条　国务院核工业主管部门负责协调乏燃料运输管理活动，监督有关保密措施。

公安机关对核材料、放射性废物道路运输的实物保护实施监督，依法处理可能危及核材料、放射性废物安全运输的事故。通过道路运输核材料、放射性废物的，应当报启运地县级以上人民政府公安机关按照规定权限批准；其中，运输乏燃料或者高水平放射性废物的，应当报国务院公安部门批准。

国务院核安全监督管理部门负责批准核材料、放射性废物运输包装容器的许可申请。

第五十二条　核材料、放射性废物的

托运人应当在运输中采取有效的辐射防护和安全保卫措施，对运输中的核安全负责。

乏燃料、高水平放射性废物的托运人应当向国务院核安全监督管理部门提交有关核安全分析报告，经审查批准后方可开展运输活动。

核材料、放射性废物的承运人应当依法取得国家规定的运输资质。

第五十三条　通过公路、铁路、水路等运输核材料、放射性废物，本法没有规定的，适用相关法律、行政法规和规章关于放射性物品运输、危险货物运输的规定。

第四章　核事故应急

第五十四条　国家设立核事故应急协调委员会，组织、协调全国的核事故应急管理工作。

省、自治区、直辖市人民政府根据实际需要设立核事故应急协调委员会，组织、协调本行政区域内的核事故应急管理工作。

第五十五条　国务院核工业主管部门承担国家核事故应急协调委员会日常工作，牵头制定国家核事故应急预案，经国务院批准后组织实施。国家核事故应急协调委员会成员单位根据国家核事故应急预案部署，制定本单位核事故应急预案，报国务院核工业主管部门备案。

省、自治区、直辖市人民政府指定的部门承担核事故应急协调委员会的日常工作，负责制定本行政区域内场外核事故应急预案，报国家核事故应急协调委员会审批后组织实施。

核设施营运单位负责制定本单位场内核事故应急预案，报国务院核工业主管部门、能源主管部门和省、自治区、直辖市人民政府指定的部门备案。

中国人民解放军和中国人民武装警察部队按照国务院、中央军事委员会的规定，制定本系统支援地方的核事故应急工作预案，报国务院核工业主管部门备案。

应急预案制定单位应当根据实际需要和情势变化，适时修订应急预案。

第五十六条　核设施营运单位应当按照应急预案，配备应急设备，开展应急工作人员培训和演练，做好应急准备。

核设施所在地省、自治区、直辖市人民政府指定的部门，应当开展核事故应急知识普及活动，按照应急预案组织有关企业、事业单位和社区开展核事故应急演练。

第五十七条　国家建立核事故应急准备金制度，保障核事故应急准备与响应工作所需经费。核事故应急准备金管理办法，由国务院制定。

第五十八条　国家对核事故应急实行分级管理。

发生核事故时，核设施营运单位应当按照应急预案的要求开展应急响应，减轻事故后果，并立即向国务院核工业主管部门、核安全监督管理部门和省、自治区、直辖市人民政府指定的部门报告核设施状况，根据需要提出场外应急响应行动建议。

第五十九条　国家核事故应急协调委员会按照国家核事故应急预案部署，组织协调国务院有关部门、地方人民政府、核设施营运单位实施核事故应急救援工作。

中国人民解放军和中国人民武装警察部队按照国务院、中央军事委员会的规定，实施核事故应急救援工作。

核设施营运单位应当按照核事故应急救援工作的要求，实施应急响应支援。

第六十条　国务院核工业主管部门或者省、自治区、直辖市人民政府指定的部门负责发布核事故应急信息。

国家核事故应急协调委员会统筹协调核事故应急国际通报和国际救援工作。

第六十一条　各级人民政府及其有关部门、核设施营运单位等应当按照国务院有关规定和授权，组织开展核事故后的恢复行动、损失评估等工作。

核事故的调查处理，由国务院或者其授权的部门负责实施。

核事故场外应急行动的调查处理，由国务院或者其指定的机构负责实施。

第六十二条　核材料、放射性废物运输的应急应当纳入所经省、自治区、直辖市场外核事故应急预案或者辐射应急预案。发生核事故时，由事故发生地省、自治区、直辖市人民政府负责应急响应。

第五章　信息公开和公众参与

第六十三条　国务院有关部门及核设施所在地省、自治区、直辖市人民政府指定的部门应当在各自职责范围内依法公开核安全相关信息。

国务院核安全监督管理部门应当依法公开与核安全有关的行政许可，以及核安全有关活动的安全监督检查报告、总体安全状况、辐射环境质量和核事故等信息。

国务院应当定期向全国人民代表大会常务委员会报告核安全情况。

第六十四条　核设施营运单位应当公开本单位核安全管理制度和相关文件、核设施安全状况、流出物和周围环境辐射监测数据、年度核安全报告等信息。具体办法由国务院核安全监督管理部门制定。

第六十五条　对依法公开的核安全信息，应当通过政府公告、网站以及其他便于公众知晓的方式，及时向社会公开。

公民、法人和其他组织，可以依法向国务院核安全监督管理部门和核设施所在地省、自治区、直辖市人民政府指定的部门申请获取核安全相关信息。

第六十六条　核设施营运单位应当就涉及公众利益的重大核安全事项通过问卷调查、听证会、论证会、座谈会，或者采取其他形式征求利益相关方的意见，并以适当形式反馈。

核设施所在地省、自治区、直辖市人民政府应当就影响公众利益的重大核安全事项举行听证会、论证会、座谈会，或者采取其他形式征求利益相关方的意见，并以适当形式反馈。

第六十七条　核设施营运单位应当采取下列措施，开展核安全宣传活动：

（一）在保证核设施安全的前提下，对公众有序开放核设施；

（二）与学校合作，开展对学生的核安全知识教育活动；

（三）建设核安全宣传场所，印制和发放核安全宣传材料；

（四）法律、行政法规规定的其他措

施。

第六十八条　公民、法人和其他组织有权对存在核安全隐患或者违反核安全法律、行政法规的行为，向国务院核安全监督管理部门或者其他有关部门举报。

公民、法人和其他组织不得编造、散布核安全虚假信息。

第六十九条　涉及国家秘密、商业秘密和个人信息的政府信息公开，按照国家有关规定执行。

第六章　监督检查

第七十条　国家建立核安全监督检查制度。

国务院核安全监督管理部门和其他有关部门应当对从事核安全活动的单位遵守核安全法律、行政法规、规章和标准的情况进行监督检查。

国务院核安全监督管理部门可以在核设施集中的地区设立派出机构。国务院核安全监督管理部门或者其派出机构应当向核设施建造、运行、退役等现场派遣监督检查人员，进行核安全监督检查。

第七十一条　国务院核安全监督管理部门和其他有关部门应当加强核安全监管能力建设，提高核安全监管水平。

国务院核安全监督管理部门应当组织开展核安全监管技术研究开发，保持与核安全监督管理相适应的技术评价能力。

第七十二条　国务院核安全监督管理部门和其他有关部门进行核安全监督检查时，有权采取下列措施：

（一）进入现场进行监测、检查或者核查；

（二）调阅相关文件、资料和记录；

（三）向有关人员调查、了解情况；

（四）发现问题的，现场要求整改。

国务院核安全监督管理部门和其他有关部门应当将监督检查情况形成报告，建立档案。

第七十三条　对国务院核安全监督管理部门和其他有关部门依法进行的监督检查，从事核安全活动的单位应当予以配合，如实说明情况，提供必要资料，不得拒绝、阻挠。

第七十四条　核安全监督检查人员应当忠于职守，勤勉尽责，秉公执法。

核安全监督检查人员应当具备与监督检查活动相应的专业知识和业务能力，并定期接受培训。

核安全监督检查人员执行监督检查任务，应当出示有效证件，对获知的国家秘密、商业秘密和个人信息，应当依法予以保密。

第七章　法律责任

第七十五条　违反本法规定，有下列情形之一的，对直接负责的主管人员和其他直接责任人员依法给予处分：

（一）国务院核安全监督管理部门或者其他有关部门未依法对许可申请进行审批的；

（二）国务院有关部门或者核设施所在地省、自治区、直辖市人民政府指定的部门未依法公开核安全相关信息的；

（三）核设施所在地省、自治区、直

辖市人民政府未就影响公众利益的重大核安全事项征求利益相关方意见的；

（四）国务院核安全监督管理部门或者其他有关部门未将监督检查情况形成报告，或者未建立档案的；

（五）核安全监督检查人员执行监督检查任务，未出示有效证件，或者对获知的国家秘密、商业秘密、个人信息未依法予以保密的；

（六）国务院核安全监督管理部门或者其他有关部门，省、自治区、直辖市人民政府有关部门有其他滥用职权、玩忽职守、徇私舞弊行为的。

第七十六条　违反本法规定，危害核设施、核材料安全，或者编造、散布核安全虚假信息，构成违反治安管理行为的，由公安机关依法给予治安管理处罚。

第七十七条　违反本法规定，有下列情形之一的，由国务院核安全监督管理部门或者其他有关部门责令改正，给予警告；情节严重的，处二十万元以上一百万元以下的罚款；拒不改正的，责令停止建设或者停产整顿：

（一）核设施营运单位未设置核设施纵深防御体系的；

（二）核设施营运单位或者为其提供设备、工程以及服务等的单位未建立或者未实施质量保证体系的；

（三）核设施营运单位未按照要求控制辐射照射剂量的；

（四）核设施营运单位未建立核安全经验反馈体系的；

（五）核设施营运单位未就涉及公众利益的重大核安全事项征求利益相关方意见的。

第七十八条　违反本法规定，在规划限制区内建设可能威胁核设施安全的易燃、易爆、腐蚀性物品的生产、贮存设施或者人口密集场所的，由国务院核安全监督管理部门责令限期拆除，恢复原状，处十万元以上五十万元以下的罚款。

第七十九条　违反本法规定，核设施营运单位有下列情形之一的，由国务院核安全监督管理部门责令改正，处一百万元以上五百万元以下的罚款；拒不改正的，责令停止建设或者停产整顿；有违法所得的，没收违法所得；造成环境污染的，责令限期采取治理措施消除污染，逾期不采取措施的，指定有能力的单位代为履行，所需费用由污染者承担；对直接负责的主管人员和其他直接责任人员，处五万元以上二十万元以下的罚款：

（一）未经许可，从事核设施建造、运行或者退役等活动的；

（二）未经许可，变更许可文件规定条件的；

（三）核设施运行许可证有效期届满，未经审查批准，继续运行核设施的；

（四）未经审查批准，进口核设施的。

第八十条　违反本法规定，核设施营运单位有下列情形之一的，由国务院核安全监督管理部门责令改正，给予警告；情节严重的，处五十万元以上二百万元以下的罚款；造成环境污染的，责令限期采取治理措施消除污染，逾期不采取措施的，指定有能力的单位代为履行，所需费用由污染者承担：

（一）未对核设施进行定期安全评价，或者不接受国务院核安全监督管理部门审查的；

（二）核设施终止运行后，未采取安全方式进行停闭管理，或者未确保退役所需的基本功能、技术人员和文件的；

（三）核设施退役时，未将构筑物、系统或者设备的放射性水平降低至满足标准的要求的；

（四）未将产生的放射性固体废物或者不能经净化排放的放射性废液转变为稳定的、标准化的固体废物，及时送交放射性废物处置单位处置的；

（五）未对产生的放射性废气进行处理，或者未达到国家放射性污染防治标准排放的。

第八十一条　违反本法规定，核设施营运单位未对核设施周围环境中所含的放射性核素的种类、浓度或者核设施流出物中的放射性核素总量实施监测，或者未按照规定报告监测结果的，由国务院环境保护主管部门或者所在地省、自治区、直辖市人民政府环境保护主管部门责令改正，处十万元以上五十万元以下的罚款。

第八十二条　违反本法规定，受委托的技术支持单位出具虚假技术评价结论的，由国务院核安全监督管理部门处二十万元以上一百万元以下的罚款；有违法所得的，没收违法所得；对直接负责的主管人员和其他直接责任人员处十万元以上二十万元以下的罚款。

第八十三条　违反本法规定，有下列情形之一的，由国务院核安全监督管理部门责令改正，处五十万元以上一百万元以下的罚款；有违法所得的，没收违法所得；对直接负责的主管人员和其他直接责任人员处二万元以上十万元以下的罚款：

（一）未经许可，为核设施提供核安全设备设计、制造、安装或者无损检验服务的；

（二）未经注册，境外机构为境内核设施提供核安全设备设计、制造、安装或者无损检验服务的。

第八十四条　违反本法规定，核设施营运单位或者核安全设备制造、安装、无损检验单位聘用未取得相应资格证书的人员从事与核设施安全专业技术有关的工作的，由国务院核安全监督管理部门责令改正，处十万元以上五十万元以下的罚款；拒不改正的，暂扣或者吊销许可证，对直接负责的主管人员和其他直接责任人员处二万元以上十万元以下的罚款。

第八十五条　违反本法规定，未经许可持有核材料的，由国务院核工业主管部门没收非法持有的核材料，并处十万元以上五十万元以下的罚款；有违法所得的，没收违法所得。

第八十六条　违反本法规定，有下列情形之一的，由国务院核安全监督管理部门责令改正，处十万元以上五十万元以下的罚款；情节严重的，处五十万元以上二百万元以下的罚款；造成环境污染的，责令限期采取治理措施消除污染，逾期不采取措施的，指定有能力的单位代为履行，所需费用由污染者承担：

（一）未经许可，从事放射性废物处理、贮存、处置活动的；

（二）未建立放射性废物处置情况记录档案，未如实记录与处置活动有关的事项，或者未永久保存记录档案的；

（三）对应当关闭的放射性废物处置设施，未依法办理关闭手续的；

（四）关闭放射性废物处置设施，未在划定的区域设置永久性标记的；

（五）未编制放射性废物处置设施关闭安全监护计划的；

（六）放射性废物处置设施关闭后，未按照经批准的安全监护计划进行安全监护的。

第八十七条　违反本法规定，核设施营运单位有下列情形之一的，由国务院核安全监督管理部门责令改正，处十万元以上五十万元以下的罚款；对直接负责的主管人员和其他直接责任人员，处二万元以上五万元以下的罚款：

（一）未按照规定制定场内核事故应急预案的；

（二）未按照应急预案配备应急设备，未开展应急工作人员培训或者演练的；

（三）未按照核事故应急救援工作的要求，实施应急响应支援的。

第八十八条　违反本法规定，核设施营运单位未按照规定公开相关信息的，由国务院核安全监督管理部门责令改正；拒不改正的，处十万元以上五十万元以下的罚款。

第八十九条　违反本法规定，对国务院核安全监督管理部门或者其他有关部门依法进行的监督检查，从事核安全活动的单位拒绝、阻挠的，由国务院核安全监督管理部门或者其他有关部门责令改正，可以处十万元以上五十万元以下的罚款；拒不改正的，暂扣或者吊销其许可证；构成违反治安管理行为的，由公安机关依法给予治安管理处罚。

第九十条　因核事故造成他人人身伤亡、财产损失或者环境损害的，核设施营运单位应当按照国家核损害责任制度承担赔偿责任，但能够证明损害是因战争、武装冲突、暴乱等情形造成的除外。

为核设施营运单位提供设备、工程以及服务等的单位不承担核损害赔偿责任。核设施营运单位与其有约定的，在承担赔偿责任后，可以按照约定追偿。

核设施营运单位应当通过投保责任保险、参加互助机制等方式，作出适当的财务保证安排，确保能够及时、有效履行核损害赔偿责任。

第九十一条　违反本法规定，构成犯罪的，依法追究刑事责任。

第八章　附　则

第九十二条　军工、军事核安全，由国务院、中央军事委员会依照本法规定的原则另行规定。

第九十三条　本法中下列用语的含义：

核事故，是指核设施内的核燃料、放射性产物、放射性废物或者运入运出核设施的核材料所发生的放射性、毒害性、爆炸性或者其他危害性事故，或者一系列事故。

纵深防御，是指通过设定一系列递进并且独立的防护、缓解措施或者实物屏障，防止核事故发生，减轻核事故后果。

核设施营运单位，是指在中华人民共和国境内，申请或者持有核设施安全许可证，可以经营和运行核设施的单位。

核安全设备，是指在核设施中使用的执行核安全功能的设备，包括核安全机械设备和核安全电气设备。

乏燃料，是指在反应堆堆芯内受过辐照并从堆芯永久卸出的核燃料。

停闭，是指核设施已经停止运行，并且不再启动。

退役，是指采取去污、拆除和清除等措施，使核设施不再使用的场所或者设备的辐射剂量满足国家相关标准的要求。

经验反馈，是指对核设施的事件、质量问题和良好实践等信息进行收集、筛选、评价、分析、处理和分发，总结推广良好实践经验，防止类似事件和问题重复发生。

托运人，是指在中华人民共和国境内，申请将托运货物提交运输并获得批准的单位。

第九十四条　本法自2018年1月1日起施行。

中华人民共和国水污染防治法

(2017年6月27日第二次修正)

（摘录与核能相关内容）

（1984年5月11日第六届全国人民代表大会常务委员会第五次会议通过 根据1996年5月15日第八届全国人民代表大会常务委员会第十九次会议《关于修改〈中华人民共和国水污染防治法〉的决定》第一次修正 2008年2月28日第十届全国人民代表大会常务委员会第三十二次会议修订 根据2017年6月27日第十二届全国人民代表大会常务委员会第二十八次会议《关于修改〈中华人民共和国水污染防治法〉的决定》第二次修正）

第一章　总则

第二章　水污染防治的标准和规划

第三章　水污染防治的监督管理

第四章　水污染防治措施

第一节　一般规定

第三十四条　禁止向水体排放、倾倒放射性固体废物或者含有高放射性和中放射性物质的废水。

向水体排放含低放射性物质的废水，应当符合国家有关放射性污染防治的规定和标准。

第五章　饮用水水源和其他特殊水体保护

第六章　水污染事故处置

第七章　法律责任

第八十五条　有下列行为之一的，由县级以上地方人民政府环境保护主管部门责令停止违法行为，限期采取治理措施，消除污染，处以罚款；逾期不采取治理措施的，环境保护主管部门可以指定有治理能力的单位代为治理，所需费用由违法者承担：

（一）向水体排放油类、酸液、碱液的；

（二）向水体排放剧毒废液，或者将含有汞、镉、砷、铬、铅、氰化物、黄磷等的可溶性剧毒废渣向水体排放、倾倒或者直接埋入地下的；

（三）在水体清洗装贮过油类、有毒污染物的车辆或者容器的；

（四）向水体排放、倾倒工业废渣、城镇垃圾或者其他废弃物，或者在江河、湖泊、运河、渠道、水库最高水位线以下的滩地、岸坡堆放、存贮固体废弃物或者其他污染物的；

（五）向水体排放、倾倒放射性固体废物或者含有高放射性、中放射性物质的废水的；

（六）违反国家有关规定或者标准，向水体排放含低放射性物质的废水、热废水或者含病原体的污水的；

（七）未采取防渗漏等措施，或者未建设地下水水质监测井进行监测的；

（八）加油站等的地下油罐未使用双层罐或者采取建造防渗池等其他有效措施，或者未进行防渗漏监测的；

（九）未按照规定采取防护性措施，或者利用无防渗漏措施的沟渠、坑塘等输送或者存贮含有毒污染物的废水、含病原体的污水或者其他废弃物的。

有前款第三项、第四项、第六项、第七项、第八项行为之一的，处二万元以上二十万元以下的罚款。有前款第一项、第二项、第五项、第九项行为之一的，处十万元以上一百万元以下的罚款；情节严重的，报经有批准权的人民政府批准，责令停业、关闭。

第八章　附　则

第一百零二条　本法中下列用语的含义：

（一）水污染，是指水体因某种物质的介入，而导致其化学、物理、生物或者放射性等方面特性的改变，从而影响水的有效利用，危害人体健康或者破坏生态环境，造成水质恶化的现象。

（二）水污染物，是指直接或者间接向水体排放的，能导致水体污染的物质。

（三）有毒污染物，是指那些直接或者间接被生物摄入体内后，可能导致该生物或者其后代发病、行为反常、遗传异变、生理机能失常、机体变形或者死亡的污染物。

（四）污泥，是指污水处理过程中产生的半固态或者固态物质。

（五）渔业水体，是指划定的鱼虾类的产卵场、索饵场、越冬场、洄游通道和鱼虾贝藻类的养殖场的水体。

第一百零三条　本法自2008年6月1日起施行。

国务院关于核安全与放射性污染防治“十三五”规划及2025年远景目标的批复

国函〔2017〕29号

各省、自治区、直辖市人民政府，环境保护部、国家发展改革委、财政部、国家能源局、国家国防科工局：

环境保护部《关于报请批准〈核安全与放射性污染防治“十三五”规划及2025年远景目标〉的请示》（环核设〔2016〕193号）收悉。现批复如下：

一、原则同意《核安全与放射性污染防治“十三五”规划及2025年远景目标》（以下简称《规划》），由环境保护部、国家发展改革委、财政部、国家能源局、国家国防科工局印发并组织实施。

二、《规划》实施要全面贯彻党的十八大和十八届三中、四中、五中、六中全会精神，深入贯彻习近平总书记系列重要讲话精神和治国理政新理念新思想新战略，认真落实党中央、国务院决策部署，统筹推进“五位一体”总体布局和协调推进“四个全面”战略布局，牢固树立和贯彻落实创新、协调、绿色、开放、共享的发展理念，坚持理性、协调、并进的核安全观，坚持安全第一、质量第一的根本方针，以风险防控为核心，以依法治核为根本，以核安全文化为引领，以改革创新为驱动，以能力建设为支撑，落实安全主体责任，持续提升安全水平，保障我国核能与核技术利用事业安全高效发展。

三、通过《规划》实施，到“十三五”末，我国运行和在建核设施安全水平明显提高，核电安全保持国际先进水平，放射源辐射事故发生率进一步降低，核安保和应急能力得到增强，核安全监管水平大幅提升，核安全、环境安全和公众健康得到有效保障。到2025年，我国核设施安全整体达到国际先进水平，辐射环境质量持续保持良好，核与辐射安全监管体系和监管能力实现现代化。

四、各省（区、市）人民政府要加强组织领导，落实责任分工，完善政策措施，根据本地实际组织编制实施方案，全面落实《规划》确定的目标和任务，不断推进核安全与放射性污染防治工作。

五、国务院有关部门和单位要根据职责分工，加强协调配合，在政策实施、项目安排、资金保障和体制机制创新等方面给予积极支持。环境保护部要加强综合协调，会同国家发展改革委、财政部、国家能源局、国家国防科工局等部门对《规划》实施进行跟踪分析和督促检查，注意研究新情况、解决新问题、总结新经验，适时组织开展《规划》中期评估和期末评估，重大问题及时向国务院报告。

国务院

2017年2月28日

核安全与放射性污染防治十三五规划及2025年远景目标

发展核能对优化能源结构、保障能源安全、促进污染减排和应对气候变化具有重要作用，核安全是我国核能与核技术利用事业发展的生命线。党中央、国务院高度重视核安全与放射性污染防治工作，党的十八大以来，以习近平同志为核心的党中央提出理性、协调、并进的中国核安全观，并将核安全纳入国家总体安全体系，写入《国家安全法》，进一步明确了核安全与放射性污染防治工作的战略定位和重大任务。“十二五”期间，我国核安全与放射性污染防治工作取得明显进展，核能与核技术利用事业保持良好的安全业绩。“十三五”时期我国核电仍将进一步发展，放射源和射线装置数量将进一步增加，核安全保障任务更加繁重。为落实国家安全战略，全面统筹“十三五”时期核安全与放射性污染防治工作，依据《国民经济和社会发展第十三个五年规划纲要》以及相关文件制定本规划。

一、现状与形势

（一）核安全与放射性污染防治取得积极成效

“十二五”期间，我国核设施与核技术利用装置安全水平进一步提高，辐射环境安全风险可控，全国辐射环境水平保持在天然本底水平，未发生放射性污染环境事件，基本形成综合配套的事故防御、污染治理、科技创新、应急响应和安全监管能力，核安全、环境安全和公众健康得到有效保障。

核设施安全水平进一步提高。汲取国际核事故经验教训，开展综合安全大检查，实施安全改进行动，核电安全达到国际先进水平。运行核电机组安全性能指标位于国际同类机组前列，在建机组质量受控，新建核电机组设计指标满足国际最新核安全标准，具备完善的严重事故预防和缓解措施。研究堆处于安全运行或停堆状态，核燃料循环设施保持良好安全记录。

放射性污染防治取得阶段性进展。完成一批早期核设施退役任务，重点核设施退役工作取得阶段性成果。历史遗留放射性废物治理取得成效。建成一座中低放固体废物处置场，形成西北、西南、华南区域处置格局。完成一批铀矿冶设施的退役任务，基本完成重点地区铀地质勘探设施的退役和治理任务。

放射源辐射事故发生率持续降低。开展综合检查专项行动，落实改进要求，加强对核技术利用单位和活动的辐射安全管理，放射性同位素和射线装置全部落实许可证管理要求，放射源辐射事故年发生率下降到历史最低水平，由“十一五”时期的平均每万枚源2.5起下降至2起以内，未发生特别重大辐射事故，各类废旧放射源及时得到收贮，确保了公众和环境安全。

核安全保障体系不断健全。《核安全法》列入十二届全国人大常委会五年立法规划，出台《放射性废物安全管理条例》，发布一批核安全法规文件。核安全管理机构和人员队伍进一步扩充，核安全监管水平不断提高。开工建设国家核与辐射安全监管技术研发基地。核与辐射安全现场检查和执法技术装备进一步完善，基本建成全国辐射环境监测网络。建成21个重大科技创新平台，开展200余项核安全相关技术研究并取得重点突破。应急体系进一步完善，修订《国家核应急预案》，实施国家核应急联合演习，开展核应急能力建设，形成统一调度的核事故应急工程抢险力量，成功应对日本福岛核事故，完成南京放射源丢失事故等核与辐射事件和事故应急工作。

（二）核安全与放射性污染防治面临的新挑战和新机遇

核安全与放射性污染防治面临新挑战。按照核电中长期发展规划，到“十三五”末，我国在运核电装机容量将达到5 800万千瓦，在建机组达到3 000万千瓦以上，机组总数达到世界第二，对人才培养、核电设备制造和安全监管能力提出更高要求，新机型核电机组将投入运行，放射源、射线装置数量将不断增加，核技术利用活动更加广泛，保障核安全的任务更加繁重。早期核设施和历史遗留放射性废物风险不容忽视，乏燃料集中贮存设施不足。周边核安全形势将更加复杂，对我国核与辐射监测、应急保障能力提出更大挑战。

核安全与放射性污染防治面临新机遇。党中央、国务院高度重视核安全与放射性污染防治工作，顶层设计更加完善，体制机制更加顺畅，将为开展“十三五”核安全与放射性污染防治工作提供前所未有的引领和指导。五大发展理念牢固树立，生态文明建设和改革加快推进，将释放巨大政策红利，有力推进“十三五”核安全与放射性污染防治工作。“一带一路”及核电“走出去”战略不断深入，核安全国际交流合作日趋频繁、领域更加广阔，将为“十三五”工作提供强大的外部动力。

二、指导思想、基本原则和目标

（一）指导思想

全面贯彻党的十八大和十八届三中、四中、五中、六中全会精神，以邓小平理论、“三个代表”重要思想、科学发展观为指导，深入贯彻习近平总书记系列重要讲话精神和治国理政新理念新思想新战略，认真落实党中央、国务院决策部署，统筹推进“五位一体”总体布局和协调推进“四个全面”战略布局，牢固树立和贯彻落实创新、协调、绿色、开放、共享的发展理念，坚持理性、协调、并进的核安全观，坚持安全第一、质量第一的根本方针，以风险防控为核心，以依法治核为根本，以核安全文化为引领，以改革创新为驱动，以能力建设为支撑，落实安全主体责任，持续提升安全水平，不断推进放射性污染防治，保障我国核能与核技术利用事业安全高效发展。

（二）基本原则

依法治核，严格监管。健全核安全法治体系，完善法律法规，严格依法监管。坚持审评从严、许可从严、监督从严、执法从严，实现源头严防、过程严管、违法严惩。

预防为主，纵深防御。强化技术和管理手段，保障核设施各种防御措施的有效性和多道屏障的完整性，有效预防核事故，并在一旦发生事故时减轻其后果，确保不会对公众和环境造成不可接受的影响。

标本兼治，持续改进。新老并重，统筹解决早期核设施退役和历史遗留放射性废物治理问题，按照最新标准建造各类核设施，提高设施固有安全水平，从源头减少废物产生。充分汲取国际国内经验教训，持续开展评估和改进行动，不断提高安全绩效。

改革创新，内外兼顾。深化管理体制改革和行政许可改革，提高核安全治理的有效性，促进核安全科技创新，夯实科技支撑。确保国内核电安全，强化核安全国际合作，支撑核电技术输出，推进核电“走出去”战略实施。

公开透明，文化引领。坚持“中央督导、地方主导、企业作为、公众参与”，落实责任，完善机制，强化公众沟通，依法保障公众的知情权和参与权。坚持以核安全文化建设促安全水平提升，推动核行业从业者将中国核安全观作为工作的基本价值观。

（三）规划目标

2020年目标：运行和在建核设施安全水平明显提高，核电安全保持国际先进水平，放射源辐射事故发生率进一步降低，早期核设施退役及放射性污染治理取得明显成效，不发生放射性污染环境的核事故，辐射环境质量保持良好，核应急能力得到增强，核安全监管水平大幅提升，核安全、环境安全和公众健康得到有效保障。

在核设施安全水平提高方面，运行核电厂安全业绩持续提升；在建机组质量受控，重大建造事件得到妥善处理；新建核电机组保持国际先进水平，从设计上实际消除大量放射性物质释放。研究堆、核燃料循环设施安全风险进一步得到消除，应对自然灾害的能力不断增强，运行安全得到有效保障，环境影响进一步降低，核燃料循环设施避免发生临界事故。

在核技术利用装置安全水平提高方面，高风险移动放射源在线跟踪监控能力基本形成，废旧放射源实现安全收贮。放射源辐射事故年发生率进一步降低，避免发生重特大放射源辐射事故。

在放射性污染防治水平提高方面，早期核设施退役取得明显成效，基本消除历史遗留中低放废物安全风险，形成与我国核工业发展相适应的放射性废物处理处置能力。基本完成2010年前关停的铀矿山的退役治理和环境恢复工作，全面完成重点地区历史遗留铀地质勘探设施的环境治理。

在安全保卫方面，核设施抵御新威胁的能力进一步提升，核电厂抵御网络安全威胁能力明显增强，核安保机制进一步完善，有效应对突发事件。

在应急响应方面，基本建成适应我国核能事业发展的国家核应急体系，形成复杂条件下重特大核与辐射事故应急响应能力。

在安全监管方面，核安全监管体系进一步完善，建成国家核与辐射安全监管技术研发基地，具备较强的校核计算和试验验证能力。全面建成全国辐射环境监测体系，中央和地方辐射环境监测能力明显提升。

2025年远景目标：

核电厂安全保持国际先进水平，其他核设施安全达到国际先进水平，放射源辐射事故发生率保持在较低水平，早期核设施退役取得重大进展，放射性废物及时得到安全处理处置，辐射环境质量持续保持良好。核与辐射安全监管体系和监管能力实现现代化。核安全、环境安全和公众健康继续得到有效保障。

三、重点任务

（一）持续改进，保持核电厂高安全水平

提高运行核电厂安全业绩。开展日本福岛核事故后安全改进措施有效性评估，持续推进核电厂安全改进，提升应对极端自然灾害等外部事件的防御能力。强化对日本福岛核事故后安全改进所配置的应急设备的运行和维护，确保应急情况下可用；采取转换连接等各种措施，提高各核电集团间移动式应急设备接口的匹配性。加强核电厂老化与寿命管理。对部分核电机组依法开展运行许可证延续申请的安全评价。加强演练，开展同行评议，提高严重事故管理指南质量，提升严重事故应对能力。制定《维修规则政策声明》，提高维修活动有效性。加强核电厂辐射防护管理，降低人员受照剂量。建立核电厂人因管理体系，完善操纵人员等重要岗位人员定期心理健康测评制度。逐步完善概率安全分析基础数据，推动行业概率安全分析技术交流，选择具备条件的核电厂，在技术规格书修订和在役检查等方面开展概率安全分析试点应用。

确保在建核电厂质量和安全。进一步落实营运单位对工程建造质量的管理责任，加强对核电工程总承包单位及各级分包单位的管理，强化对重要安全设备监造、大宗物件和大宗材料的供货质量监督检查，加强对常规工业安全的监督管理。完善建造事件报告制度和处理程序，妥善处理核电厂建造事件。开展AP1000、“华龙一号”、EPR、高温气冷堆等新机型调试和首堆试验，重点做好非能动系统调试与验证，提高调试质量。加强新机型的调试经验反馈和共享，建立快速经验反馈机制。

保持新建核电厂高安全水平。科学开展核电厂选址，做好厂址特性的安全评价，保护已选核电厂址，必要时开展厂址复核。汲取日本福岛核事故经验教训，修订《核动力厂设计安全规定》，将安全改进项纳入新建机组标准设计，提高机组设计安全水平。新建核电机组实现从设计上实际消除大量放射性物质释放。

（二）强化管控，降低研究堆、核燃料循环设施风险

提升研究堆安全水平。完善研究堆安全管理要求，推进研究堆分类管理，完善研究堆厂址安全评价、设计、运行、长期停堆和定期安全审查等方面的安全规定。编制小型模块式动力堆、熔盐堆、高温堆、浮式反应堆、加速器驱动次临界洁净核能系统法规体系和安全审评原则。开展研究堆安全改进，对长期停运研究堆重新启堆

前开展全面评估检查和安全改进，确保满足运行要求。对49-2反应堆、高通量工程试验堆、岷江试验堆、脉冲堆等研究堆开展定期安全审查，根据审查结论实施安全改进。跟踪老化效应，对研究堆老化的系统和设备进行安全改进或升级。强化研究堆运行事件信息共享。

提高核燃料循环设施安全水平。参照地震区划调整，对早期建造的核燃料循环设施继续开展安全鉴定、评估和加固。开展核燃料循环设施物项安全分级研究，深入开展核燃料循环设施事故分析，完善对临界、火灾、爆炸、泄漏等风险的预防、监控和缓解措施，增加核燃料循环设施化工事故消防等应急支援接口。实施六氟化铀密封系统安全改进，完善氟化氢在线监测系统和六氟化铀操作规程，强化倒料安全，推动贫化六氟化铀再利用和稳定化处理。加强个人内照射剂量管理，降低核燃料循环设施从业人员职业照射水平。

推进乏燃料安全贮存和处理。编制和发布核电厂乏燃料处置规划，推进乏燃料贮存和处理。依法明确核电厂乏燃料近堆干法贮存设施的安全审评要求，加快乏燃料离堆贮存能力建设。加强乏燃料后处理产学研一体化顶层设计，建立保障机制，优化运行管理，积极推动大型商用后处理厂选址和建设，缓解核电厂乏燃料在堆贮存压力。

保障放射性物品运输安全。推动公—铁联运放射性物品，提高乏燃料和六氟化铀等运输容器的设计能力和制造质量。规范在役Ⅰ类放射性物品运输容器定期安全性能评价，强化放射性物品运输活动安全监督。建立乏燃料等Ⅰ类放射性物品运输在线实时监控系统。提高放射性物品运输装置安全防护水平，强化运输过程中安全保障措施。

（三）统筹推进，加快早期核设施退役及放射性废物处理处置

加快早期核设施退役和废物治理。加快重点单位早期反应堆、核燃料循环设施、科研设施、三废处理设施的退役进程，完成一批核设施退役项目。加快放射性废物处理能力建设，基本完成历史遗留中低放废液固化处理，处置一批中低放固体废物，探索创新核燃料循环前端中低放固体废物的处置方式。

推动核电放射性固体废物处理处置。发布实施《中低水平放射性固体废物处置场规划》，开展5座中低放固体废物处置场选址、建设，形成中低放固体废物处置的合理布局，推进核电废物外运处置。建设秦山、大亚湾核电基地放射性废物集中处理示范工程，推广可燃放射性固体废物焚烧、放射性污染金属熔炼技术应用，推进核电厂放射性废物减容与清洁解控。

加快高放废物处置研究。开工建设高放废物地质处置地下实验室。推进高放废物地质处置场选址与场址调查，开展工程屏障、处置工艺技术、处置化学、安全评价等研究，完成2～3个地质处置场重点候选场址的筛选。明确高放废物地质处置安全目标和原则，研究我国高放废物地质处置选址技术安全准则。

（四）规范管理，减少核技术利用

辐射事故发生

实施放射源安全行动计划。完善放射性药品生产、运输、销售、使用等环节辐射安全管理制度，实行放射性药品运输事后备案，优化放射性药品进出口管理。修订《射线装置分类办法》，细化和优化Ⅰ、Ⅱ、Ⅲ类射线装置分类原则。全面升级国家核技术利用辐射安全监管系统，完成各省份核技术利用系统与国家系统数据对接。开展放射源安全专项检查行动，核实放射源生产、销售、使用情况，排查安全风险。强化高风险移动源辐射监管，制定规范性文件，明确移动γ射线探伤装置固有安全性和实时监控要求，在国家核技术利用辐射安全监管系统中开发高风险移动源实时跟踪数据系统模块，结合地方试点经验，优化实时监控系统。加强对大型科研加速器装置、质子重离子等医疗装置以及使用I类源的辐照装置的安全管理。

加强废旧放射源辐射安全管理。推动高风险放射源生产单位配套建设废旧放射源长期贮存设施，基本形成国内高风险废旧放射源的长期贮存能力，保障钴-60等废旧放射源回收后的长期安全。完善废旧放射源循环再利用、收贮、处理处置辐射安全管理，开展废放射源近地表处置接收准则、整备标准及处置安全研究。完善废旧金属回收熔炼辐射安全管理制度，督促企业自主开展辐射监测，在废旧金属再利用的制品产品验收标准中加入放射性指标要求。

（五）综合整治，保障铀矿冶及伴生放射性矿辐射环境安全

加强铀矿冶排放管理和辐射防护。优化铀矿冶生产“三废”处理技术及废水排放管理。落实铀矿冶企业监测责任，加强企业流出物和周边环境监测。加强地下铀矿山在役矿井通风，完善防尘降氡措施，开展井下消防系统等安全改造，提高铀矿山和在役矿井的安全性。强化铀矿冶辐射防护最优化管理，规范职业照射剂量管理措施，铀矿冶个人职业照射剂量不断降低。

推进铀矿冶设施安全整治和退役。按年度开展尾矿库现状评价，监测铀矿山尾矿（渣）坝的安全状态，对发现安全隐患的尾矿（渣）库进行安全整治。推进硬岩铀矿退役治理工作，基本完成2010年前关停的铀矿冶设施退役治理和环境恢复。全面完成位于敏感地区的铀矿地质勘探设施退役治理。安全关闭“十二五”期间关停的铀矿冶设施，维护环保设施正常运行，启动退役治理。进一步依法明确铀矿冶设施退役治理后长期监护责任主体，建立长期监护机制，落实长期监护资源保障。制定地浸铀矿山退役治理计划，及时开展退役环境治理。

加强伴生放射性矿辐射环境管理。完成伴生放射性矿现状调查和辐射现状普查，推进伴生放射性矿产资源分类管理。开展锆及氧化锆、石煤、稀土等伴生放射性矿开发利用辐射安全监管和辐射环境标准研究。督促伴生放射性矿开采、利用企业加强周边辐射环境监测和流出物监测。研究控制人为活动引起的天然放射性水平提高。

（六）强化管理，提高核安全设备

质量可靠性

强化对核安全设备监管。适时更新民用核安全设备目录，动态调整重点监管的核安全设备。优化核安全设备许可审批流程，按设备类别明确核安全设备许可的条件，建立量化评价指标，对持证单位进行动态管理。制定和完善核安全设备鉴定管理要求和制造活动关键工艺要求，建立核安全设备独立验证手段，持续完善核电厂在役检查无损检验技术能力验证体系。严格执法，严肃查处违规操作和弄虚作假行为，处罚结果及时向社会公开和行业通报，建立责任人终身追究制度。强化过程监督，严格重大不符合项安全审评。强化经验反馈，完善关键部件材料可靠性数据库。依法加强对进口民用核安全设备审评监督及安全检验。

落实企业核安全设备质量责任。加强营运单位对核安全设备的监造管理，强化出厂验收。民用核安全设备持证单位持续提高核安全文化水平及质量保证体系有效性，建立关键工艺、关键岗位责任人制度，提高设备质量和可靠性。

（七）防控结合，提升核安保水平

提高核设施安保水平。开展核电厂出入口控制、监控视频系统、低空飞行物及海面探测等实物保护系统改造。提高核电厂网络安全水平，对核电厂网络威胁进行评估和风险分析，合理配置工具，建立和强化核电厂防范网络攻击、数据操纵或篡改的能力。开展研究堆周界围墙、视频监控系统、控制区铁丝网等改造。对核燃料循环设施构筑围栏，升级现有的保密技防或监控系统。对重点放射性废物处理设施开展实物保护能力建设，整体提升实物保护水平。

提高核技术利用安保水平。发布《城市放射性废物库安全防范系统要求》，升级改造国家放射源集中贮存库和省级城市放射性废物库安保系统。完成部分地区城市放射性废物库废旧放射源库的清库工作。

维护国际核不扩散体系。不断完善核进出口管制体系，加强核两用品出口管制，积极打击核走私活动。加强信息共享，提高边境核辐射探测和处置能力，加强进出境口岸放射性物品检测。推广减少高浓铀合作模式，研究推进高浓铀微堆改造，协助相关国家改造高浓铀微堆，推广使用低浓铀。

（八）常备不懈，加强核与辐射应急响应

完善应急预案和指挥体系。适时修订《国家核应急预案》和各级应急预案，有效衔接国家其他相关应急预案。制定发布《核应急预案管理办法》，动态管理各级核应急预案，完善核应急预案执行程序，对各级核应急预案落实情况进行检查评估。优化核应急专网，实现国家核应急响应（指挥）中心与相关部门和各级应急指挥中心互联互通，加强应急信息交流和共享。完善监管部门核与辐射事故应急平台建设，整合集成指挥、监测、协调、信息报送等功能。完善重点省份和涉核集团公司（院）核应急指挥中心建设。加强有关省份核应急前沿指挥所（联合指挥所）以及核应急机动指挥平台建设。

强化应急救援和技术支持体系。完成国家核应急救援队组建，加强救援队能力建设，研发应急救援设备，具备执行重特大核事故处置任务的能力。完成国家核事故应急支援基地和核电集团核事故场内应急支援队伍建设。加强重点省份核应急救援力量建设，建成适合本区域的核应急救援体系。开展重点地区核与辐射应急能力建设，具备有效应对突发核污染事件的预警、应急监测和应急处置能力。核设施营运单位加强应急队伍建设，提高应急救援能力和水平。实施国家核应急大数据战略，建立完善核应急资源管理等数据系统。“十三五”末完成各核电集团公司层面核应急资源储备。加强核应急各专业技术支持中心能力建设，完善工作机制，开展协同演练。省级核应急组织和核设施营运单位完善核应急技术支持手段。

加强应急演习和培训。突出实战，适时组织实施“神盾”系列国家核应急联合演习，加强核应急技术支持力量协同演习，开展军地联合应急监测演练，完善演习评估机制。每年开展一次国家辐射事故综合应急演习，“十三五”时期完成各省（区、市）综合性辐射应急演习任务，各省（区、市）定期组织开展专项应急演习。完善国家核应急管理培训体系，定期组织应急指挥决策层参加应急管理培训，加强对各级核应急组织管理人员的专业培训。完善国家级核应急培训基地建设。

（九）创新驱动，推进核安全科技研发

推进重大专项核安全科研实施。充分利用国家科技重大专项、核能开发科研及退役治理专项等现有科研资金及渠道，进一步建立和完善核安全科技研发平台，继续推进一批核安全技术研发，并取得突破。

推进核安全重点技术研发。按照夯实基础、突破瓶颈、提升水平、拓展领先的总体思路，针对“十三五”期间需要重点关注的12个领域，推动技术研发。开展严重事故分析研究、设备材料老化评估及运行许可证延续关键技术研究、风险指引型核安全监管技术研究、新型反应堆安全评价验证研究、安全分析软件研发、非能动安全技术研究、数字化仪控系统失效模式和可靠性研究、核电厂网络安全研究、内陆核电安全技术及环境影响评价技术研究、应急去污洗消技术研究、放射性废物中等深度和近地表处置技术研究、高放废物处理处置技术研究。推动科研成果的工程应用，为提升我国核安全整体水平提供有力支撑。

（十）提升能力，推进核安全监管现代化建设

不断提高审评技术能力。全面建成国家核与辐射安全监管技术研发基地。在堆芯及事故分析、概率安全分析、力学计算、临界安全分析、辐射防护计算、厂址选择、环境影响评价及应急工作中进一步提高校核计算能力。开展压水堆非能动安全系统性能验证，核安全设备、管道系统力学分析验证，数字化仪控系统验证，放射性废物安全验证。推进标准化审评方式，优化核电项目及新型核能技术安全审评，完善审评方法。

完善监督监控能力。强化地区核与辐

射安全监督站能力建设，改善监督站业务用房、现场检查和执法技术装备。加大概率安全分析技术成果应用，研究并试点开展风险指引型监督检查。统一各类核设施、铀矿冶设施从业人员职业照射剂量统计标准，实现归口化管理，建立全国统一的个人剂量管理系统。建设全国放射性废物管理信息系统。建立涵盖核电厂、研究堆、核燃料循环设施、核安全设备等要素在内的经验反馈信息平台，完善相关数据库，强化运行、建造事件反馈和信息经验共享。

加强辐射环境监测能力。完善国家辐射环境质量监测网，推进国控辐射环境质量自动监测站建设。完善海洋辐射监测网络，强化核电厂放射性流出物对海洋生态环境影响监测。开展中央本级辐射监测能力建设，系统提升地区核与辐射安全监督站辐射监测水平，强化中央本级技术支持单位辐射监测能力。推进快速应急监测系统建设，全国所有地级市具备核与辐射应急监测快速响应能力。强化核设施外围环境监督性监测，提升监督性监测系统整体配置与性能。完善省级辐射环境监测网络建设，依法开展辐射环境监测实验室计量认证工作，省级辐射环境监测机构全部通过辐射监测能力评估和计量认证，加强重点地市级区域辐射环境监测能力建设，国家、省、区域辐射监测数据实现网络互联。

四、重点工程

为确保完成规划目标，“十三五”安排核安全改进、核设施退役及放射性废物治理、核安保与反恐升级、核事故应急保障、核安全科技创新、核安全监管能力建设等6项重点工程，通过重点工程实施有效推进规划重点任务落实。

（一）核安全改进工程

开展技术升级、工程改造等重大项目，排除安全隐患，持续提高核电厂、研究堆、核燃料循环等核设施的安全水平，保障核安全。

专栏1 核安全改进工程
1.核电厂安全改进，包括开展日本福岛核事故后核电厂安全改进行动计划长期项目，开展核电厂数字化仪控系统、乏燃料水池、冷源安全、应急电源、安注系统、放射性废物处理系统等安全改进；在核岛厂房控制区增加视频监视系统。
2.秦山320 MW机组许可证延续评估，包括评估执照基准变化对机组安全状况的影响，开展系统、设备及重要零部件时限老化分析和整体性评估，开展机组安全改进。
3.研究堆安全改进，包括中国先进研究堆安全棒驱动机构改造及其他辅助系统安全改造、中国实验快堆辐射防护系统升级改造，高通量工程试验堆、岷江试验堆、中国脉冲堆等研究堆老化系统设备技术改造。
4.核燃料循环设施安全改进，包括部分燃料元件制造设施、铀浓缩工程辅助配套等设施鉴定、评估及加固改造。

（二）核设施退役及放射性废物治理工程

推进核设施退役及放射性污染治理，开展放射性废物处理设施和放射性废物处置场建设，对关停的铀地质勘探设施与铀矿冶设施实施退役治理。

专栏2 核设施退役及放射性废物治理工程
1.早期核设施退役，包括重点单位早期反应堆、核燃料循环设施、科研设施、三废处理等设施的退役。
2.放射性废物处理能力建设，包括高、中、低放废液处理设施的建设，放射性固体废物压缩减容、焚烧、暂存能力建设。
3.放射性废物处置能力建设，包括5座中低放固体废物处置场建设；西北中低放固体废物处置场扩建；新建成的中低放固体废物处置场废物接收检测能力建设；高放废物地质处置地下实验室建设。
4.铀矿冶设施和铀地质勘探设施退役治理，包括完成部分关停的铀矿冶设施退役治理和环境恢复，安全关闭部分铀矿冶设施，及时启动退役治理；开展铀矿地质勘探矿床（点）的退役治理和环境恢复。

（三）核安保与反恐升级工程

对已运行核设施开展实物保护安全性能评价，推进核设施和城市放射性废物库实物保护系统升级和改造，提升设施核安保水平。

专栏3 核安保与反恐升级工程
1.核电厂实物保护改造，包括部分核电厂实物保护系统整体升级改造、视频监控系统改造、门禁等出入口控制改造，增加入侵探测和生物智能识别系统、低空飞行物管控工具和设备、海面探测系统设备。
2.核电厂网络安全能力建设，包括建立核电厂网络安全实验室，搭建核电厂工控系统测试平台，配备核电厂网络安全监控工具，开展网络计算机关键系统技术控制措施研究及相关基础设施的建设。
3.研究堆实物保护改造，包括重点单位实物保护系统运行保障能力建设；重点单位实物保护系统工程改造。
4.核燃料循环设施实物保护改造，包括部分核燃料循环设施实物保护系统改造、核安全监控体系升级改造和整体安保能力建设。
5.城市放射性废物库实物保护系统升级改造，包括部分城市放射性废物库安保系统升级改造；对个别地区城市放射性废物库废旧放射源和放射性废物开展清库。
6.高浓铀研究堆低浓化改造，包括对部分研究堆开展低浓化改造，协助相关国家开展低浓铀改造。

（四）核事故应急保障工程

按照国家三级应急体系，通过加强国家、省级和重点核设施单位核事故应急和支援能力建设，提高应急准备和响应水平，有效应对核事故。

专栏4 核事故应急保障工程
1.国家核事故应急救（支）援体系建设，包括国家核事故应急救援队能力建设；浙江秦山、广东大亚湾（阳江）、山东烟台3个支援基地建设，核电培训、物资储备和技术支持等基础设施建设，配备运输车辆、信息通讯、运行维修、远程遥控、辐射监测与防护、后勤保障等设备；国家级核应急专业技术支持中心和救援分队建设，各支力量达到相应能力要求。
2.边境及周边地区应急监测能力建设，在边境及周边地区配置固定及可移动自动监测装置，建设前沿中心实验室和后方实验室，研究布设水体辐射自动监测站，加强无人机辐射应急航测能力建设，研发针对核试验的多尺度放射性后果评价系统。

3.省级应急能力建设，包括江苏、浙江、广东、福建、广西、辽宁、山东、海南等各核电省份应急指挥、救援能力建设并完善应急物资储备，省级核应急医学救援队伍建设，配备现场医学救援装备。
4.重点单位和核电集团公司应急能力建设，包括各核电集团公司和重点单位核事故应急能力、指挥协调、技术支持、救援分队等能力建设，配备必要应急物资及装备。

（五）核安全科技创新工程

围绕核电厂严重事故、设备材料老化等重点领域，开展提升核安全水平的科研攻关，建立一批平台，突破一批关键技术。

专栏5 核安全科技创新工程
1.严重事故分析研究，对典型严重事故开展风险评估，对严重事故分析工具、应对措施开展试验验证。
2.设备材料老化评估及许可证延续关键技术研究，建立评估模型，评估长期工况下设备材料老化行为，建立核设施运行许可证延续论证技术体系。
3.风险指引型核安全监管技术研究，制定适用于我国监管要求的风险指引型核安全监管框架，制定具体行动实施程序，开发数据库平台。
4.新型反应堆安全评价验证研究，对加速器驱动次临界洁净核能系统、模块化小堆、示范钠冷快堆、高温堆、浮式反应堆等建立安全评价验证模型，开展安全评价技术研究。
5.安全分析软件研发，开发具有自主知识产权的大型先进压水堆安全分析核心软件，建立核安全分析软件评价数据库、综合计算分析应用平台。
6.非能动安全技术研究，对核电厂重要非能动安全系统开展非能动机理、设计优化和试验验证等研究工作，提升核电厂非能动系统安全性。
7.数字化仪控系统失效模式和可靠性研究，开展数字化仪控系统失效机理和故障模式等研究，建立数字化仪控系统安全评估框架和模型，完善核电厂数字化仪控系统安全评估。
8.核电厂网络安全研究，开展核电厂工业控制系统等级保护和测评要求、安全评估标准和规范研究，构建核电厂信息安全技术体系和信息安全监控管理与运维体系平台。
9.内陆核电安全技术及环境影响评价技术研究，开展内陆核电安全目标、机组放射性废液处理与监测、大气扩散规律和冷却塔等重要系统环境影响评价技术、场外应急技术、流域环境容量等研究，建立内陆核电厂大气、水等生态环境影响评价计算方法和模型。
10.应急去污洗消技术研究，开展放射性去污剂配方及适应性实验研究，研发应急去污洗消系统，研究污水、固体废弃物处理与处置方法。
11.放射性废物中等深度和近地表处置技术研究，开展中低放废物分类及处置技术路线研究，开展中等深度处置安全技术路线和目标研究，建立中等深度处置设施安全分析技术体系和平台。开展岩洞近地表处置技术研究。
12.高放废物处理处置技术研究，重点突破高放废液玻璃固化技术，开发高放废物地质处置多屏障系统安全性能评价模型和计算软件，开展多屏障系统安全性能验证。

（六）核安全监管能力建设工程

开展国家、省、地级市核安全监管能力建设，全面加强核安全审评、监督、监测能力，构建核安全监管技术支撑平台，不断提升我国核安全监管水平。

专栏6 核安全监管能力建设工程
1.国家核与辐射安全监管技术研发基地建设，包括建设压水堆安全性技术试验平台、核安全监控预警与应急响应平台、核安全国际合作交流平台、核电厂运行安全仿真分析技术实验室、放射性废物安全管理技术验证实验室、辐射环境监测技术实验室。
2.全国辐射环境监测网络建设，包括国控大气辐射环境自动监测站建设，对接近运行寿期、设备老化的自动监测站进行系统优化和升级改造；对5家重点核设施单位共21个国控点位的外围环境监督性监测系统进行升级；省级辐射环境监测网建设，覆盖重点监管的核设施周边地区、边境及其他敏感地区。
3.中央和地方辐射环境监测能力建设，包括全国6个地区核与辐射安全监督站、2个技术支持中心监测能力建设，提高大规模样品实验室分析能力、质量控制能力以及信息汇总和评价能力；补齐省级核与辐射应急监测调度平台及地市级快速应急监测系统，有核电省份事故早期预警及污染区快速划定能力建设，重点地市开展区域性监测分析实验室建设。
4.核与辐射安全监督站基础能力建设，包括全国6个地区核与辐射安全监督站执法装备配备、人员培训。监督站业务用房、华东地区核电模拟机控制室及其配套设施等相关能力建设。
5.核与辐射安全监管信息系统建设和升级，包括国家核技术利用辐射安全管理系统全面升级，具体涵盖核技术利用网络化监督检查系统、放射性药品进出口及转让业务系统、核技术利用经验反馈系统开发；建立高风险移动放射源在线实时跟踪监控平台；建立全国放射性废物管理信息系统，对核设施、核技术利用活动中放射性废物产生、处理、贮存和处置实现全过程信息化管理。
6.海洋辐射监测能力建设，包括在我国沿海核电厂附近海域建设辐射监测系统，完善海洋辐射监测预警体系。

五、保障措施

（一）完善法律法规，强化法治基础

积极推进核安全立法。推动出台核安全法、原子能法。研究修订《放射性同位素与射线装置安全和防护条例》《核电厂核事故应急管理条例》。指导和规范地方核与辐射安全法规制修订工作，做好与国家法律法规体系的衔接。

完善部门规章和导则。制定工作计划，有序推进核安全部门规章和技术导则的制修订工作。制定放射性废物分类办法等2项部门规章。修订核动力厂质量保证安全规定等5项部门规章。制定核动力厂营运单位核应急演习等19项导则，修订核设施实物保护等15项导则。

推进核安全标准系统化。加强核安全标准顶层设计与管理，建立核与辐射安全标准体系，加快制修订一批核安全标准，强化核安全标准立项审查，提高标准与法

规的衔接性。

（二）强化政策配套，推进重点工作

建立系统的核安全与放射性污染防治政策体系。制定国家放射性废物管理战略。依法落实核电站乏燃料处理处置基金制度。制定放射性废物清洁解控和最小化政策，优化放射性同位素与射线装置管理政策。探索制定研究堆审批立项阶段的设施运维和退役费用安排政策。研究建立核保险巨灾责任准备金制度，调整核事故第三方损害最高赔偿限额，研究商业保险参与国家核应急工作机制。推动高风险放射源辐射安全责任保险试点工作，推动在Ⅲ类以上放射源放射性测井和工业移动探伤领域建立责任保险。研究建立职业人员健康损害赔偿制度。

（三）优化体制机制，提高管理效率

优化核安全监督管理制度。建立监管独立、部门协作、权责分明、运转高效、分工负责的核安全管理体系，优化核事故应急协调机制。初步建立核设施退役和放射性废物治理企业化、市场化、专业化管理模式和运行机制。积极引入行业组织、第三方机构参与核安全监督管理。

推进行政许可改革。加快推进核安全人员资质、核安全设备、放射性物品运输等方面的行政许可改革论证，加强核安全事中事后监管。引导、鼓励核电集团公司申请核安全许可证，落实集团公司核安全管理责任。

推进辐射环境监测体制改革。按照中央关于省以下环保机构监测监察执法垂直管理制度改革试点的有关精神，做好辐射环境监测体制调整工作，省级环保部门统一负责本行政区域内辐射环境质量监测、调查评价和考核工作，按照核设施与核技术利用活动分布情况，在重点区域增强监测力量，配备相应监测装备，开展本行政区域内辐射环境监测工作。完善辐射环境安全管理督查工作机制，加大对地方核与辐射安全监管工作的督查和指导，推进督查工作规范化和制度化。进一步完善核与辐射安全监管对口援藏、援疆的政策和技术支持机制。

（四）加快人才培养，夯实人才保障

完善核安全人才培养培训体系。制定核安全人才发展计划，建立健全高校、科研机构与企业的人才联合培养机制，“十三五”末实现核与辐射安全等相关专业人才增长1万人左右。加大涉核领域严重事故分析、公众沟通、人因分析、核法律等方向的人才培养力度，解决人才稀释及紧缺问题。积极拓宽人才培训渠道，通过实施人员交流、非全日制研究生教育、国际培训、导师计划等，开展多类型多方位的交流培训，鼓励企业开展人员培训。编制实施《核与辐射安全监督检查人员中长期业务培训规划》，拓展培训领域，优化课程设置，扩大培训范围，强化核与辐射安全监管人员培训。

建立良好的人才管理机制。探索建立政府管理部门与企业、企业与企业间均衡的人才流动机制，吸引高素质人才进入核安全监管领域，强化核燃料循环产业前端和后端人才配置。形成有利于各类专业人才充分施展才能的选人用人机制，提高核

安全从业人员的薪酬待遇，完善以绩效为核心的人才考核与激励机制，培养核安全学术和技术引领者、专业领域技术带头人等。

（五）强化文化培育，提高安全意识

全方位开展核安全文化宣贯。制定核安全文化建设实施方案和年度工作计划。建立核安全文化宣贯队伍，完善宣贯教材，推动核安全文化宣传培训工作深入开展。在核设备领域以及特种工艺人员资格考核领域建立核安全文化示范基地，并推动向其他领域延伸。在行业内树立核安全文化典型单位和个人，汇编核安全文化建设良好实践，强化经验交流，充分发挥引领作用，推动各单位将核安全文化的理念和要求纳入规章制度。

建立核安全文化评估机制。完善核安全文化检查机制，将核安全文化融入日常核安全监督检查。制定核安全文化评估标准和程序，建立评估体系，在核动力厂、核设备领域开展核安全文化试点评估活动，在核技术利用、核燃料循环领域探索核安全文化评估工作。推动行业协会开展核安全文化同行评估。

（六）加强公众沟通，推进公众参与

推进“四位一体”的核安全公众沟通工作。完善以政府为主导的公众沟通制度，推进公众沟通能力建设。将核安全基础知识纳入教育和培训体系，推动核与辐射知识进社区、中小学及干部培训课堂，依托企业，建设10个国家级核与辐射安全科普宣教基地，强化网络平台和新媒体宣传功能，加强与媒体的沟通交流。完善信息公开方案和指南，加强信息公开平台建设，企业在不同阶段依法公开项目建设信息，政府主动公开许可审批、监督执法、环境监测、事故事件等信息，加强公开信息解读。保障在核设施建设过程中公众依法参与的权利。

（七）深化国际合作，借鉴先进经验

积极参与国际核安全体系建设。学习国际先进理念和先进技术，汲取国际经验和教训。分享我国良好实践，推动建立公平、合作、共赢的国际核安全体系。推广国家核电安全监管体系，依托核与辐射安全监管技术研发基地，推动建设核与辐射安全国际合作交流平台，帮助有需要的国家提升监管能力，分享我国良好实践。加强国际履约，促进履约成果转化，强化核安全双多边国际交流与合作。

（八）完善投入机制，落实支持政策

支持国家核与辐射安全监管技术研发基地、国家辐射环境监测网的建设和设施运维，地区核与辐射安全监督站能力建设，战略性、公益性、基础性核安全科技研发。加大地方投入，保障省、地市级辐射监测与应急能力建设经费，省级辐射环境监测网建设、运维经费，地方监管执法经费，城市放射性废物库的改造资金。企业加大投入，保障安全改造、技术升级、应急抢险、运行管理、安全保卫经费。有效使用乏燃料处理处置基金和核电厂退役基金。

六、组织实施

明确责任主体。各部门、各级地方政

府和相关企事业单位要按照职责分工和规划确定的目标要求，将工作任务纳入到年度工作计划，在各自现有资金渠道中给予优先安排，制定实施方案，落实主体，明晰责任，严格管理，加强考核。

加强沟通协调。环境保护部、发展改革委、财政部、能源局、国防科工局作为规划主要实施部门要加强组织协调，中央、地方和军队有关部门、相关企事业单位要相互配合，积极制定配套政策，切实推动规划实施。

强化监督评估。环境保护部等规划主要实施部门对本规划实施情况加强跟踪分析和监督检查，组织开展规划中期和期末评估，评估结果向国务院汇报。

中华人民共和国国务院令

第676号

现公布《国务院关于修改和废止部分行政法规的决定》，自公布之日起施行。

总理　李克强

2017年3月1日

国务院关于修改和废止部分行政法规的决定

为了依法推进简政放权、放管结合、优化服务改革，国务院对取消行政审批项目、中介服务事项、职业资格许可事项和企业投资项目核准前置审批改革涉及的行政法规，以及不利于稳增长、促改革、调结构、惠民生的行政法规，进行了清理。经过清理，国务院决定：

一、对36部行政法规的部分条款予以修改。（附件1）

二、对3部行政法规予以废止。（附件2）

本决定自公布之日起施行。

附件：1.国务院决定修改的行政法规

2.国务院决定废止的行政法规（略）

附件1

国务院决定修改的行政法规

（摘录与核能相关内容）

六、将《放射性药品管理办法》第四条修改为："国务院药品监督管理部门负责全国放射性药品监督管理工作。国务院国防科技工业主管部门依据职责负责与放射性药品有关的管理工作。国务院环境保护主管部门负责与放射性药品有关的辐射安全与防护的监督管理工作。"

删去第五条。

第六条改为第五条，第三款修改为："放射性新药的分类，按国务院药品监督管理部门有关药品注册的规定办理。"

第七条改为第六条，修改为："研制单位研制的放射性新药，在进行临床试验或者验证前，应当向国务院药品监督管理部门提出申请，按规定报送资料及样品，经国务院药品监督管理部门审批同意后，在国务院药品监督管理部门指定的药物临床试验机构进行临床研究。"

第八条改为第七条，将其中的"卫生部"修改为"国务院药品监督管理部门"，"能源部"修改为"国务院国防科技工业主管部门"。

第九条改为第八条，将其中的"卫生部"修改为"国务院药品监督管理部门"。

删去第十条。

第十一条改为第九条，修改为："国家根据需要，对放射性药品的生产企业实行合理布局。"

第十二条改为第十条，修改为：“开办放射性药品生产、经营企业，必须具备《药品管理法》规定的条件，符合国家有关放射性同位素安全和防护的规定与标准，并履行环境影响评价文件的审批手续；开办放射性药品生产企业，经国务院国防科技工业主管部门审查同意，国务院药品监督管理部门审核批准后，由所在省、自治区、直辖市药品监督管理部门发给《放射性药品生产企业许可证》；开办放射性药品经营企业，经国务院药品监督管理部门审核并征求国务院国防科技工业主管部门意见后批准的，由所在省、自治区、直辖市药品监督管理部门发给《放射性药品经营企业许可证》。无许可证的生产、经营企业，一律不准生产、销售放射性药品。”

第十三条改为第十一条，将其中的“卫生行政”修改为“药品监督管理”，“第十二条”修改为“第十条”。

第十四条改为第十二条，修改为：“放射性药品生产企业生产已有国家标准的放射性药品，必须经国务院药品监督管理部门征求国务院国防科技工业主管部门意见后审核批准，并发给批准文号。凡是改变国务院药品监督管理部门已批准的生产工艺路线和药品标准的，生产单位必须按原报批程序提出补充申请，经国务院药品监督管理部门批准后方能生产。”

第十六条改为第十四条，第二款修改为：“经国务院药品监督管理部门审核批准的含有短半衰期放射性核素的药品，可以边检验边出厂，但发现质量不符合国家药品标准时，该药品的生产企业应当立即停止生产、销售，并立即通知使用单位停止使用，同时报告国务院药品监督管理、卫生行政、国防科技工业主管部门。”

第十七条改为第十五条，修改为：“放射性药品的生产、经营单位和医疗单位凭省、自治区、直辖市药品监督管理部门发给的《放射性药品生产企业许可证》、《放射性药品经营企业许可证》，医疗单位凭省、自治区、直辖市药品监督管理部门发给的《放射性药品使用许可证》，开展放射性药品的购销活动。”

第十八条改为第十六条，修改为：“进口的放射性药品品种，必须符合我国的药品标准或者其他药用要求，并依照《药品管理法》的规定取得进口药品注册证书。

“进出口放射性药品，应当按照国家有关对外贸易、放射性同位素安全和防护的规定，办理进出口手续。”

第十九条改为第十七条，修改为：“进口放射性药品，必须经国务院药品监督管理部门指定的药品检验机构抽样检验；检验合格的，方准进口。

“对于经国务院药品监督管理部门审核批准的含有短半衰期放射性核素的药品，在保证安全使用的情况下，可以采取边进口检验，边投入使用的办法。进口检验单位发现药品质量不符合要求时，应当立即通知使用单位停止使用，并报告国务院药品监督管理、卫生行政、国防科技工业主管部门。”

第二十三条改为第二十一条，第一款修改为：“医疗单位使用放射性药品，必须符合国家有关放射性同位素安全和防护的规定。所在地的省、自治区、直辖市药品监督管理部门，应当根据医疗单位核医疗技术人员的水平、设备条件，核发相应等级的《放射性药品使用许可证》，无许可证的医疗单位不得临床使用放射性药品。”

第二十四条改为第二十二条，修改为：“医疗单位配制、使用放射性制剂，应当符合《药品管理法》及其实施条例的相关规定。”

第二十五条改为第二十三条，修改为：“持有《放射性药品使用许可证》的医疗单位，必须负责对使用的放射性药品进行临床质量检验，收集药品不良反应等项工作，并定期向所在地药品监督管理、卫生行政部门报告。由省、自治区、直辖市药品监督管理、卫生行政部门汇总后分别报国务院药品监督管理、卫生行政部门。”

第二十七条改为第二十五条，将其中的“卫生部”修改为“国务院药品监督管理部门”。

第二十八条改为第二十六条，修改为：“放射性药品的检验由国务院药品监督管理部门公布的药品检验机构承担。”

第二十九条改为第二十七条，修改为：“对违反本办法规定的单位或者个人，由县以上药品监督管理、卫生行政部门，按照《药品管理法》和有关法规的规定处罚。”

删去第三十条。

中华人民共和国国务院令

第682号

《国务院关于修改〈建设项目环境保护管理条例〉的决定》已经2017年6月21日国务院第177次常务会议通过，现予公布，自2017年10月1日起施行。

总理　李克强

2017年7月16日

国务院关于修改《建设项目环境保护管理条例》的决定

国务院决定对《建设项目环境保护管理条例》作如下修改：

一、删去第六条第二款。

二、将第七条第二款修改为："建设项目环境影响评价分类管理名录，由国务院环境保护行政主管部门在组织专家进行论证和征求有关部门、行业协会、企事业单位、公众等意见的基础上制定并公布。"

三、删去第八条第二款。

四、将第九条、第十条合并，作为第九条，修改为："依法应当编制环境影响报告书、环境影响报告表的建设项目，建设单位应当在开工建设前将环境影响报告书、环境影响报告表报有审批权的环境保护行政主管部门审批；建设项目的环境影响评价文件未依法经审批部门审查或者审查后未予批准的，建设单位不得开工建设。

"环境保护行政主管部门审批环境影响报告书、环境影响报告表，应当重点审查建设项目的环境可行性、环境影响分析预测评估的可靠性、环境保护措施的有效性、环境影响评价结论的科学性等，并分别自收到环境影响报告书之日起60日内、收到环境影响报告表之日起30日内，作出审批决定并书面通知建设单位。

"环境保护行政主管部门可以组织技术机构对建设项目环境影响报告书、环境影响报告表进行技术评估，并承担相应费用；技术机构应当对其提出的技术评估意见负责，不得向建设单位、从事环境影响评价工作的单位收取任何费用。

"依法应当填报环境影响登记表的建设项目，建设单位应当按照国务院环境保护行政主管部门的规定将环境影响登记表报建设项目所在地县级环境保护行政主管部门备案。

"环境保护行政主管部门应当开展环境影响评价文件网上审批、备案和信息公开。"

五、将第十一条改为第十条，删去该条中的"或者环境影响登记表"。

六、增加一条，作为第十一条："建设项目有下列情形之一的，环境保护行政主管部门应当对环境影响报告书、环境影响报告表作出不予批准的决定：

"（一）建设项目类型及其选址、布局、规模等不符合环境保护法律法规和相关法定规划；

"（二）所在区域环境质量未达到国家或者地方环境质量标准，且建设项目拟采取的措施不能满足区域环境质量改善目标管理要求；

“（三）建设项目采取的污染防治措施无法确保污染物排放达到国家和地方排放标准，或者未采取必要措施预防和控制生态破坏；

“（四）改建、扩建和技术改造项目，未针对项目原有环境污染和生态破坏提出有效防治措施；

“（五）建设项目的环境影响报告书、环境影响报告表的基础资料数据明显不实，内容存在重大缺陷、遗漏，或者环境影响评价结论不明确、不合理。”

七、将第十二条修改为：“建设项目环境影响报告书、环境影响报告表经批准后，建设项目的性质、规模、地点、采用的生产工艺或者防治污染、防止生态破坏的措施发生重大变动的，建设单位应当重新报批建设项目环境影响报告书、环境影响报告表。

“建设项目环境影响报告书、环境影响报告表自批准之日起满5年，建设项目方开工建设的，其环境影响报告书、环境影响报告表应当报原审批部门重新审核。原审批部门应当自收到建设项目环境影响报告书、环境影响报告表之日起10日内，将审核意见书面通知建设单位；逾期未通知的，视为审核同意。

“审核、审批建设项目环境影响报告书、环境影响报告表及备案环境影响登记表，不得收取任何费用。”

八、删去第十三条。

九、将第十七条改为第十六条，修改为：“建设项目的初步设计，应当按照环境保护设计规范的要求，编制环境保护篇章，落实防治环境污染和生态破坏的措施以及环境保护设施投资概算。

“建设单位应当将环境保护设施建设纳入施工合同，保证环境保护设施建设进度和资金，并在项目建设过程中同时组织实施环境影响报告书、环境影响报告表及其审批部门审批决定中提出的环境保护对策措施。”

十、删去第十八条、第十九条。

十一、将第二十条改为第十七条，修改为：“编制环境影响报告书、环境影响报告表的建设项目竣工后，建设单位应当按照国务院环境保护行政主管部门规定的标准和程序，对配套建设的环境保护设施进行验收，编制验收报告。

“建设单位在环境保护设施验收过程中，应当如实查验、监测、记载建设项目环境保护设施的建设和调试情况，不得弄虚作假。

“除按照国家规定需要保密的情形外，建设单位应当依法向社会公开验收报告。”

十二、删去第二十二条。

十三、将第二十三条改为第十九条，修改为：“编制环境影响报告书、环境影响报告表的建设项目，其配套建设的环境保护设施经验收合格，方可投入生产或者使用；未经验收或者验收不合格的，不得投入生产或者使用。

“前款规定的建设项目投入生产或者使用后，应当按照国务院环境保护行政主管部门的规定开展环境影响后评价。”

十四、增加一条，作为第二十条：“环境保护行政主管部门应当对建设项目环境保护设施设计、施工、验收、投入生产或者使用情况，以及有关环境影响评价文件确定的其他环境保护措施的落实情况，进行监督检查。

“环境保护行政主管部门应当将建设项目有关环境违法信息记入社会诚信档案，及时向社会公开违法者名单。”

十五、将第二十四条、第二十五条合并，作为第二十一条，修改为：“建设单位有下列行为之一的，依照《中华人民共和国环境影响评价法》的规定处罚：

“（一）建设项目环境影响报告书、环境影响报告表未依法报批或者报请重新审核，擅自开工建设；

“（二）建设项目环境影响报告书、环境影响报告表未经批准或者重新审核同意，擅自开工建设；

“（三）建设项目环境影响登记表未依法备案。”

十六、增加一条，作为第二十二条：“违反本条例规定，建设单位编制建设项目初步设计未落实防治环境污染和生态破坏的措施以及环境保护设施投资概算，未将环境保护设施建设纳入施工合同，或者未依法开展环境影响后评价的，由建设项目所在地县级以上环境保护行政主管部门责令限期改正，处5万元以上20万元以下的罚款；逾期不改正的，处20万元以上100万元以下的罚款。

“违反本条例规定，建设单位在项目建设过程中未同时组织实施环境影响报告书、环境影响报告表及其审批部门审批决定中提出的环境保护对策措施的，由建设项目所在地县级以上环境保护行政主管部门责令限期改正，处20万元以上100万元以下的罚款；逾期不改正的，责令停止建设。”

十七、删去第二十六条、第二十七条。

十八、将第二十八条改为第二十三条，修改为：“违反本条例规定，需要配套建设的环境保护设施未建成、未经验收或者验收不合格，建设项目即投入生产或者使用，或者在环境保护设施验收中弄虚作假的，由县级以上环境保护行政主管部门责令限期改正，处20万元以上100万元以下的罚款；逾期不改正的，处100万元以上200万元以下的罚款；对直接负责的主管人员和其他责任人员，处5万元以上20万元以下的罚款；造成重大环境污染或者生态破坏的，责令停止生产或者使用，或者报经有批准权的人民政府批准，责令关闭。

“违反本条例规定，建设单位未依法向社会公开环境保护设施验收报告的，由县级以上环境保护行政主管部门责令公开，处5万元以上20万元以下的罚款，并予以公告。”

十九、增加一条，作为第二十四条：“违反本条例规定，技术机构向建设单位、从事环境影响评价工作的单位收取费用的，由县级以上环境保护行政主管部门责令退还所收费用，处所收费用1倍以上3倍以下的罚款。”

二十、将第二十九条改为第二十五条，修改为："从事建设项目环境影响评价工作的单位，在环境影响评价工作中弄虚作假的，由县级以上环境保护行政主管部门处所收费用1倍以上3倍以下的罚款。"

二十一、将第三十二条改为第二十八条，并将该条中的"海洋石油勘探开发"修改为"海洋工程"。

本决定自2017年10月1日起施行。

《建设项目环境保护管理条例》根据本决定作相应修改并对条文序号作相应调整，重新公布。

建设项目环境保护管理条例

（1998年11月29日中华人民共和国国务院令第253号发布
根据2017年7月16日《国务院关于修改〈建设项目环境保护管理条例〉的决定》修订）

第一章　总则

第一条　为了防止建设项目产生新的污染、破坏生态环境，制定本条例。

第二条　在中华人民共和国领域和中华人民共和国管辖的其他海域内建设对环境有影响的建设项目，适用本条例。

第三条　建设产生污染的建设项目，必须遵守污染物排放的国家标准和地方标准；在实施重点污染物排放总量控制的区域内，还必须符合重点污染物排放总量控制的要求。

第四条　工业建设项目应当采用能耗物耗小、污染物产生量少的清洁生产工艺，合理利用自然资源，防止环境污染和生态破坏。

第五条　改建、扩建项目和技术改造项目必须采取措施，治理与该项目有关的原有环境污染和生态破坏。

第二章　环境影响评价

第六条　国家实行建设项目环境影响评价制度。

第七条　国家根据建设项目对环境的影响程度，按照下列规定对建设项目的环境保护实行分类管理：

（一）建设项目对环境可能造成重大影响的，应当编制环境影响报告书，对建设项目产生的污染和对环境的影响进行全面、详细的评价；

（二）建设项目对环境可能造成轻度影响的，应当编制环境影响报告表，对建设项目产生的污染和对环境的影响进行分析或者专项评价；

（三）建设项目对环境影响很小，不需要进行环境影响评价的，应当填报环境影响登记表。

建设项目环境影响评价分类管理名录，由国务院环境保护行政主管部门在组织专家进行论证和征求有关部门、行业协会、企事业单位、公众等意见的基础上制定并公布。

第八条　建设项目环境影响报告书，应当包括下列内容：

（一）建设项目概况；

（二）建设项目周围环境现状；

（三）建设项目对环境可能造成影响的分析和预测；

（四）环境保护措施及其经济、技术论证；

（五）环境影响经济损益分析；

（六）对建设项目实施环境监测的建议；

（七）环境影响评价结论。

建设项目环境影响报告表、环境影响登记表的内容和格式，由国务院环境保护行政主管部门规定。

第九条　依法应当编制环境影响报告书、环境影响报告表的建设项目，建设单位应当在开工建设前将环境影响报告书、环境影响报告表报有审批权的环境保护行政主管部门审批；建设项目的环境影响评价文件未依法经审批部门审查或者审查后未予批准的，建设单位不得开工建设。

环境保护行政主管部门审批环境影响报告书、环境影响报告表，应当重点审查建设项目的环境可行性、环境影响分析预测评估的可靠性、环境保护措施的有效性、环境影响评价结论的科学性等，并分别自收到环境影响报告书之日起60日内、收到环境影响报告表之日起30日内，作出审批决定并书面通知建设单位。

环境保护行政主管部门可以组织技术机构对建设项目环境影响报告书、环境影响报告表进行技术评估，并承担相应费用；技术机构应当对其提出的技术评估意见负责，不得向建设单位、从事环境影响评价工作的单位收取任何费用。

依法应当填报环境影响登记表的建设项目，建设单位应当按照国务院环境保护行政主管部门的规定将环境影响登记表报建设项目所在地县级环境保护行政主管部门备案。

环境保护行政主管部门应当开展环境影响评价文件网上审批、备案和信息公开。

第十条　国务院环境保护行政主管部门负责审批下列建设项目环境影响报告书、环境影响报告表：

（一）核设施、绝密工程等特殊性质的建设项目；

（二）跨省、自治区、直辖市行政区域的建设项目；

（三）国务院审批的或者国务院授权有关部门审批的建设项目。

前款规定以外的建设项目环境影响报告书、环境影响报告表的审批权限，由省、自治区、直辖市人民政府规定。

建设项目造成跨行政区域环境影响，有关环境保护行政主管部门对环境影响评价结论有争议的，其环境影响报告书或者环境影响报告表由共同上一级环境保护行政主管部门审批。

第十一条　建设项目有下列情形之一的，环境保护行政主管部门应当对环境影响报告书、环境影响报告表作出不予批准的决定：

（一）建设项目类型及其选址、布局、规模等不符合环境保护法律法规和相关法定规划；

（二）所在区域环境质量未达到国家或者地方环境质量标准，且建设项目拟采取的措施不能满足区域环境质量改善目标管理要求；

（三）建设项目采取的污染防治措施无法确保污染物排放达到国家和地方排放标准，或者未采取必要措施预防和控制生态破坏；

（四）改建、扩建和技术改造项目，未针对项目原有环境污染和生态破坏提出有效防治措施；

（五）建设项目的环境影响报告书、环境影响报告表的基础资料数据明显不实，内容存在重大缺陷、遗漏，或者环境影响评价结论不明确、不合理。

第十二条　建设项目环境影响报告书、环境影响报告表经批准后，建设项目的性质、规模、地点、采用的生产工艺或者防治污染、防止生态破坏的措施发生重大变动的，建设单位应当重新报批建设项目环境影响报告书、环境影响报告表。

建设项目环境影响报告书、环境影响报告表自批准之日起满5年，建设项目方开工建设的，其环境影响报告书、环境影响报告表应当报原审批部门重新审核。原审批部门应当自收到建设项目环境影响报告书、环境影响报告表之日起10日内，将审核意见书面通知建设单位；逾期未通知的，视为审核同意。

审核、审批建设项目环境影响报告书、环境影响报告表及备案环境影响登记表，不得收取任何费用。

第十三条　建设单位可以采取公开招标的方式，选择从事环境影响评价工作的单位，对建设项目进行环境影响评价。

任何行政机关不得为建设单位指定从事环境影响评价工作的单位，进行环境影响评价。

第十四条　建设单位编制环境影响报告书，应当依照有关法律规定，征求建设项目所在地有关单位和居民的意见。

第三章　环境保护设施建设

第十五条　建设项目需要配套建设的环境保护设施，必须与主体工程同时设计、同时施工、同时投产使用。

第十六条　建设项目的初步设计，应当按照环境保护设计规范的要求，编制环境保护篇章，落实防治环境污染和生态破坏的措施以及环境保护设施投资概算。

建设单位应当将环境保护设施建设纳入施工合同，保证环境保护设施建设进度和资金，并在项目建设过程中同时组织实施环境影响报告书、环境影响报告表及其审批部门审批决定中提出的环境保护对策措施。

第十七条　编制环境影响报告书、环境影响报告表的建设项目竣工后，建设单位应当按照国务院环境保护行政主管部门规定的标准和程序，对配套建设的环境保护设施进行验收，编制验收报告。

建设单位在环境保护设施验收过程中，应当如实查验、监测、记载建设项目环境保护设施的建设和调试情况，不得弄虚作假。

除按照国家规定需要保密的情形外，建设单位应当依法向社会公开验收报告。

第十八条　分期建设、分期投入生产或者使用的建设项目，其相应的环境保护设施应当分期验收。

第十九条　编制环境影响报告书、环境影响报告表的建设项目，其配套建设的环境保护设施经验收合格，方可投入生产或者使用；未经验收或者验收不合格的，不得投入生产或者使用。

前款规定的建设项目投入生产或者使用后，应当按照国务院环境保护行政主管部门的规定开展环境影响后评价。

第二十条　环境保护行政主管部门应当对建设项目环境保护设施设计、施工、验收、投入生产或者使用情况，以及有关环境影响评价文件确定的其他环境保护措施的落实情况，进行监督检查。

环境保护行政主管部门应当将建设项目有关环境违法信息记入社会诚信档案，及时向社会公开违法者名单。

第四章　法律责任

第二十一条　建设单位有下列行为之一的，依照《中华人民共和国环境影响评价法》的规定处罚：

（一）建设项目环境影响报告书、环境影响报告表未依法报批或者报请重新审核，擅自开工建设；

（二）建设项目环境影响报告书、环境影响报告表未经批准或者重新审核同意，擅自开工建设；

（三）建设项目环境影响登记表未依法备案。

第二十二条　违反本条例规定，建设单位编制建设项目初步设计未落实防治环境污染和生态破坏的措施以及环境保护设施投资概算，未将环境保护设施建设纳入施工合同，或者未依法开展环境影响后评价的，由建设项目所在地县级以上环境保护行政主管部门责令限期改正，处5万元以上20万元以下的罚款；逾期不改正的，处20万元以上100万元以下的罚款。

违反本条例规定，建设单位在项目建设过程中未同时组织实施环境影响报告书、环境影响报告表及其审批部门审批决定中提出的环境保护对策措施的，由建设项目所在地县级以上环境保护行政主管部门责令限期改正，处20万元以上100万元以下的罚款；逾期不改正的，责令停止建设。

第二十三条　违反本条例规定，需要配套建设的环境保护设施未建成、未经验收或者验收不合格，建设项目即投入生产或者使用，或者在环境保护设施验收中弄虚作假的，由县级以上环境保护行政主管部门责令限期改正，处20万元以上100万元以下的罚款；逾期不改正的，处100万元以上200万元以下的罚款；对直接负责的主管人员和其他责任人员，处5万元以上20万元以下的罚款；造成重大环境污染或者生态破坏的，责令停止生产或者使用，或者报经有批准权的人民政府批准，责令关闭。

违反本条例规定，建设单位未依法向社会公开环境保护设施验收报告的，由县级以上环境保护行政主管部门责令公开，处5万元以上20万元以下的罚款，并予以公告。

第二十四条　违反本条例规定，技术

机构向建设单位、从事环境影响评价工作的单位收取费用的，由县级以上环境保护行政主管部门责令退还所收费用，处所收费用1倍以上3倍以下的罚款。

第二十五条　从事建设项目环境影响评价工作的单位，在环境影响评价工作中弄虚作假的，由县级以上环境保护行政主管部门处所收费用1倍以上3倍以下的罚款。

第二十六条　环境保护行政主管部门的工作人员徇私舞弊、滥用职权、玩忽职守，构成犯罪的，依法追究刑事责任；尚不构成犯罪的，依法给予行政处分。

第五章　附　则

第二十七条　流域开发、开发区建设、城市新区建设和旧区改建等区域性开发，编制建设规划时，应当进行环境影响评价。具体办法由国务院环境保护行政主管部门会同国务院有关部门另行规定。

第二十八条　海洋工程建设项目的环境保护管理，按照国务院关于海洋工程环境保护管理的规定执行。

第二十九条　军事设施建设项目的环境保护管理，按照中央军事委员会的有关规定执行。

第三十条　本条例自发布之日起施行。

中华人民共和国国务院令

第687号

现公布《国务院关于修改部分行政法规的决定》，自公布之日起施行。

总理 李克强

2017年10月7日

国务院关于修改部分行政法规的决定

（摘录与核能相关内容）

为了依法推进简政放权、放管结合、优化服务改革，国务院对取消行政审批项目涉及的行政法规进行了清理。经过清理，国务院决定：对15部行政法规的部分条款予以修改。

七、将《建设工程质量管理条例》第十一条第一款修改为："施工图设计文件审查的具体办法，由国务院建设行政主管部门、国务院其他有关部门制定。"

八、将《建设工程勘察设计管理条例》第三十三条第一款修改为："施工图设计文件审查机构应当对房屋建筑工程、市政基础设施工程施工图设计文件中涉及公共利益、公众安全、工程建设强制性标准的内容进行审查。县级以上人民政府交通运输等有关部门应当按照职责对施工图设计文件中涉及公共利益、公众安全、工程建设强制性标准的内容进行审查。"

十五、将《气象灾害防御条例》第二十三条修改为："各类建（构）筑物、场所和设施安装雷电防护装置应当符合国家有关防雷标准的规定。新建、改建、扩建建（构）筑物、场所和设施的雷电防护装置应当与主体工程同时设计、同时施工、同时投入使用。

"新建、改建、扩建建设工程雷电防护装置的设计、施工，可以由取得相应建设、公路、水路、铁路、民航、水利、电力、核电、通信等专业工程设计、施工资质的单位承担。

"油库、气库、弹药库、化学品仓库和烟花爆竹、石化等易燃易爆建设工程和场所，雷电易发区内的矿区、旅游景点或者投入使用的建（构）筑物、设施等需要单独安装雷电防护装置的场所，以及雷电风险高且没有防雷标准规范、需要进行特殊论证的大型项目，其雷电防护装置的设计审核和竣工验收由县级以上地方气象主管机构负责。未经设计审核或者设计审核不合格的，不得施工；未经竣工验收或者竣工验收不合格的，不得交付使用。

"房屋建筑、市政基础设施、公路、水路、铁路、民航、水利、电力、核电、通信等建设工程的主管部门，负责相应领域内建设工程的防雷管理。"

删去第二十四条第一款中的"专门"和"设计、施工"。删去第二款中的"依法取得建设工程设计、施工资质的单位，可以在核准的资质范围内从事建设工程雷电防护装置的设计、施工。"

删去第四十三条第三项中的"设计、施工"。

删去第四十五条第一项中的“设计、施工”。增加一项，作为第三项：“（三）违反本条例第二十三条第三款的规定，雷电防护装置未经设计审核或者设计审核不合格施工的，未经竣工验收或者竣工验收不合格交付使用的”。

此外，对相关行政法规中的条文顺序作相应调整。

本决定自公布之日起施行。

国务院办公厅关于推动国防科技工业军民融合深度发展的意见

国办发〔2017〕91号

各省、自治区、直辖市人民政府，国务院各部委、各直属机构：

国防科技工业是军民融合发展的重点领域，是实施军民融合发展战略的重要组成部分，对提升中国特色先进国防科技工业水平、支撑国防军队建设、推动科学技术进步、服务经济社会发展具有重要意义。当前和今后一个时期是军民融合发展的战略机遇期，也是军民融合由初步融合向深度融合过渡、进而实现跨越发展的关键期，国防科技工业领域军民融合潜力巨大。为推动国防科技工业军民融合深度发展，经国务院同意，现提出以下意见：

一、总体要求

（一）指导思想。

全面贯彻落实党的十九大精神，坚持以习近平新时代中国特色社会主义思想为指导，认真落实党中央、国务院决策部署，统筹推进“五位一体”总体布局和协调推进“四个全面”战略布局，牢固树立和贯彻落实新发展理念，以军民融合发展战略为引领，突出问题导向，聚焦重点领域，完善政策法规，落实改革举措，推进军民结合、寓军于民的武器装备科研生产体系建设，实现军民资源互通共享和相互支撑、有效转化，推动国防科技工业军民融合深度发展，建设中国特色先进国防科技工业体系。

（二）基本原则。

——国家主导，市场运作。在中央统一领导下，加强国防科技工业军民融合政策引导、制度创新，健全完善政策，打破行业壁垒，推动军民资源互通共享。充分发挥市场在资源配置中的作用，激发各类市场主体活力，推动公平竞争，实现优胜劣汰，促进技术进步和产业发展，加快形成全要素、多领域、高效益的军民融合深度发展格局。

——问题导向，务求实效。针对制约国防科技工业军民融合深度发展的障碍，围绕“军转民”、“民参军”、军民两用技术产业化、军民资源互通共享等重点领域，突出解决深层次和重点、难点问题，向更广范围、更高层次、更深程度推动军民融合发展。

——协同推进，成熟先行。充分发挥有关部门和地方政府作用，调动军工集团公司、军队科研单位和中科院、高等学校以及包括民营企业在内的其他民口单位等多方面积极性，形成各方密切合作、协同推进的强大合力。注重政策统筹协调，有序推进，成熟一项、落实一项。

二、进一步扩大军工开放

（三）推动军品科研生产能力结构调整。打破军工和民口界限，不分所有制性质，制定军品科研生产能力结构调整方案，对全社会军品科研生产能力进行分类管理，形成小核心、大协作、专业化、开放型武器装备科研生产体系。核心能力由国家主导；重要能力发挥国家主导和市场机制作用，促进竞争，择优扶强；一般能力完全放开，充分竞争。

（四）扩大军工单位外部协作。将军工集团公司军品外部配套率、民口配套率纳入国防科技工业统计。进一步完善军工企业考核指标体系，在保障国家战略、国防安全和完成重大专项任务的前提下，进一步推进民品开发和军工科技成果转化。规范军工集团公司对民口军品配套单位的收购行为，避免垄断和不公平竞争，维护市场良性竞争秩序。

（五）积极引入社会资本参与军工企业股份制改造。修订军工企业股份制改造分类指导目录，科学划分军工企业国有独资、国有绝对控股、国有相对控股、国有参股等控制类别，除战略武器等特殊领域外，在确保安全保密的前提下，支持符合要求的各类投资主体参与军工企业股份制改造。按照完善治理、强化激励、突出主业、提高效率的要求，积极稳妥推动军工企业混合所有制改革，鼓励符合条件的军工企业上市或将军工资产注入上市公司，建立军工独立董事制度，探索建立国家特殊管理股制度。充分发挥国有企业混合所有制改革试点示范带动作用，及时推广相关经验。

（六）完善武器装备科研生产准入退出机制。加大“放管服”改革力度，推进科学规范、安全高效的准入退出制度建设。健全武器装备科研生产准入退出动态调整机制，精简优化许可管理范围，减少许可项目数量，规范退出标准和流程。实行武器装备科研生产许可与武器装备承制单位资格两证联合审查，推进多证融合。规范武器装备科研生产定密和招投标工作，凡不属于国家秘密事项的，不再纳入保密资格认定等行政许可范围；凡不需要承制单位具有保密资格的武器装备科研生产项目，不得将保密资格作为招投标条件。

（七）推进武器装备科研生产竞争。适应竞争性装备采购要求，推动系统集成商、专业承包商、市场供应商体系建设，推进分系统及配套产品竞争，明确细化总体单位开展分系统和配套产品采购的规则要求。改进完善军品价格和税收政策，营造公平竞争环境，引导更多有优势、有意愿的民口单位参与武器装备科研生产竞争。

三、加强军民资源共享和协同创新

（八）推动科技创新基地和设备设施等资源双向开放共享。面向国防建设和经济建设两个需求，进一步推动国防科技重点实验室、国防重点学科实验室、国防科技工业创新中心优化布局与建设，并分类推进开放共享。加强民口科技创新基地建设统筹，促进国家实验室、国家重点实验室等科技创新资源共享，发布开放目录清单，制定开放共享管理办法。在确保国家秘密安全的前提下，逐步将国防科研设备设施纳入统一的国家科研仪器设施网络管理平台，提升开放共享水平。

（九）加强军工重大试验设施统筹使用。编制发布军工重大试验设施共享目录，推动具备条件的军工重大试验设施向民口开放，建立常态化开放共享和技术服务机制。对新建重大试验设施，加强军工内部、军工与民口统筹。

（十）完善军民协同创新机制。建立军工和民口科技规划、计划、项目安排、政策等会商机制。建立国防科技协同创新机制，积极吸纳民口力量参与国防科技创新，扩大国防科技创新主体范围。发挥好现有国防科技工业创新中心和国家技术创新中心作用，统筹研究在部分新技术领域择优建设创新中心。支持科研院所、高等学校等，围绕国家安全和国防科技重大战略需求，聚焦具有战略性、带动性、全局性的重大共性关键技术，组建国防关键技术创新联盟，开展产学研用合作。

（十一）推动技术基础资源军民共享。建立完善军民标准化协调机制，推动军民标准通用化。开展军工行业标准清查，提出立改废清单，鼓励军工单位参与国家相关专业标准制修订工作。推动军民计量资源互通共享，发挥国防计量技术机构专业优势服务国民经济建设，积极吸收其他计量技术机构服务国防科技工业发展。支持军工鉴定性试验能力向社会开放服务。鼓励依托国家产品质检中心、高等学校、科研院所建立武器装备科研生产第三方测试评估机构。

（十二）积极利用民口产能。鼓励支持军工单位采取入股、租赁等多种方式，将民口产能用于武器装备科研生产。加强军工单位之间科研生产能力统筹利用和协作，积极推动军工资产合理流动。择优利用军工、军队和民口单位科研生产能力，避免不合理的重复建设。

（十三）支持武器装备科研生产单位为大安全、大防务提供装备和服务。在搞好武器装备科研生产的同时，做好军事训练器材研制开发，鼓励武器装备科研生产单位积极参与边海防装备建设，大力发展反恐维稳、安保警戒、应急救援、网络和信息安全等方面的技术、产品和产业。

（十四）健全完善信息发布和共享制度。依托国家军民融合公共服务平台，通过地方科技管理部门和国防科技工业管理部门收集本地区民口前沿技术、先进技术和优质产品等资源信息，集中向军工单位公开发布；按行业收集武器装备科研生产需求，经保密审查后，向社会公开发布。

（十五）加强国防科技工业人才队伍建设。组织实施国防科技工业人才发展规划，利用全社会优势教育资源，围绕武器装备建设和国防科技工业发展需求，大力开展国防特色高校共建和国防特色学科建设，依托高等学校设立国防科技重点实验室和国防重点学科实验室，开展探索性、创新性基础研究和前沿技术研究，支持高等学校与军工单位加强产学研用合作和人才培养。鼓励设立国防科技工业人才培养基金，加强国防科技创新团队建设，培养一批工程型号领军人才，做好国防科技领域青年拔尖人才选拔工作，开展国防科技工业杰出人才奖评选表彰，吸引优秀人才投身国防科技工业建设。依托军工单位及相关院校开展军队装备技术保障人才教育培训。

四、促进军民技术相互支撑、有效转化

（十六）推动完善国防科技工业科技成果管理制度。统筹建设国防科技工业科技成果转化平台，定期发布《国防科技工业知识产权转化目录》，推动知识产权转化运用。推动降密解密工作，完善国防科技工业知识产权归属和收益分配等政策，推动国防科技工业和民用领域科技成果双向转移转化。

（十七）加大军用技术推广支持力度。突出高技术方向，着力发展有利于推动产业结构优化升级、培育国民经济新增长点的高端产业。项目审批方式逐步由事前审批向事后审批转变，经费支持方式可由注入资本金等向投资补助、贷款贴息等转变。

（十八）发挥技术转化评价作用。在军工科研项目立项评估和国防科学技术进步奖评选中，加大成果转化、推广和应用的权重。探索开展相关技术成熟度评价，跟踪具有潜在军用前景的技术发展动态，鼓励军工单位优先利用民口成熟技术和产品。

五、支撑重点领域建设

（十九）加强太空领域统筹。面向军民需求，加快空间基础设施统筹建设。加快论证实施重型运载火箭、空间核动力装置、深空探测及空间飞行器在轨服务与维护系统等一批军民融合重大工程和重大项目。以遥感卫星为突破口，制定国家卫星遥感数据政策，促进军民卫星资源和卫星数据共享。探索研究开放共享的航天发射场和航天测控系统建设。

（二十）推进网络空间领域建设。促进通信卫星等通信基础设施统筹建设。大力发展网络安全、电磁频谱资源管理等技术、产品和装备。推动天地一体化信息网络工程实施。优化军工电子信息类试验场布局和建设，在服务武器装备科研生产的同时，更好地服务国民经济发展。

（二十一）支撑海洋领域建设。推进海洋领域军民试验需求和试验设施统筹，加快深远海试验场建设。大力发展水下探测、信息传输与安全等技术，提高海洋综合感知能力。推动深海空间站、核动力海上浮动平台和深海大洋监测装备建设，积极研发高等级专业破冰船、极地自破冰科学考察船、极地救助船、极地半潜运输船、极地资源勘探船及极地专用核心配套设备、材料等，支撑海洋领域重大工程。

六、推动军工服务国民经济发展

（二十二）发展典型军民融合产业。加强现有投资渠道统筹，优化投资方向。研发具有自主知识产权的先进核反应堆和先进核电技术，加快实施先进核能示范工程，提升核燃料循环产业规模和竞争力，推进核技术应用并实现产业化。积极引导支持卫星及其应用产业发展，促进应用服

务创新和规模化应用。加强民用飞机关键技术攻关，加快产业化进程。调整优化民用船舶产业结构，发展高技术船舶和海洋工程。发展军民两用的信息安全与网络安全技术产业。

（二十三）**培育发展军工高技术产业增长点**。充分发挥军工单位在人才、技术、设备设施等方面优势，支持军工高技术产业化发展，不断提升动态保军能力。优选技术水平高、市场前景好、符合国家产业发展方向的产品和项目，编制发布《军用技术转民用推广目录》和《民参军技术与产品推荐目录》，对列入目录且应用效果好、实现工程化和产业化的项目给予重点支持。

（二十四）**以军工能力自主化带动相关产业发展**。加强政策统筹，做好与相关科技计划的衔接，制定并组织实施军工高端制造装备创新工程专项行动计划，组织国内优势单位开展专项攻关，提高军工能力建设所需的高端加工制造设备、测试仪器、科研生产软件等国产化率和自主可控水平。在军工生产能力建设中，进一步扩大支持采购国产首台（套）装备政策适用范围。

（二十五）**促进军工经济和区域经济融合发展**。围绕实施“一带一路”建设、京津冀协同发展、长江经济带发展“三大战略”和西部开发、东北振兴、中部崛起、东部率先“四大板块”布局以及河北雄安新区规划建设，鼓励军工集团公司与地方政府加强战略合作和规划政策对接，在军工单位后勤社会化改革以及参与所在地发展规划、优惠政策和激励措施实施等方面，创新合作方式，落实一批军民融合重大项目，发挥军工辐射带动作用。研究开展军工经济属地化分级统计，建立属地化军民融合产业统计体系。设立国防科技工业军民融合创新示范基地，支持重点省（区、市）开展国防科技工业军民融合综合改革试点，在体制机制创新、资源整合、成果转化和公共服务模式创新等方面取得突破。

（二十六）**拓展军贸和国际合作**。在确保国防安全和装备技术安全的前提下，着力优化军贸产品结构，提升高新技术装备出口比例，推进军贸转型升级。落实国家“一带一路”和“走出去”战略，推动核电站和核技术装备、宇航装备、航空装备、高技术高附加值船舶及其他高技术成套装备出口，推进“一带一路”空间信息走廊建设和金砖国家遥感卫星星座合作，鼓励参与海外石油矿产资源开发和国际工程承包。充分发挥国家原子能机构和国家航天局的对外合作平台作用，深化核和航天领域国际合作。

七、推进武器装备动员和核应急安全建设

（二十七）**强化武器装备动员工作**。充分利用武器装备科研生产能力和资源，积极参与武器装备维修保障和服务，推进完善军民一体化维修保障体系。着眼战时部队高技术装备维修力量缺口，推进高新技术武器装备专业保障队伍建设，加强针对性实战化训练演练，形成支前保障能力。

（二十八）提升核应急和安全能力。按照国家核应急体系建设整体布局，加强国家核应急救援力量建设。推进核安全技术研究，军地联合加快国家核安全体系重大工程建设。加强核安全监管，增强核安保能力。加快军工核设施退役治理，提升军工核设施实物保护能力。

八、完善法规政策体系

（二十九）加强法律法规建设。加强国防科技工业法规建设，加快推动原子能法出台，积极推进航天立法。完善相关配套法规和政策制度，不断健全军民融合法律法规体系，进一步引导、规范、保障国防科技工业军民融合深度发展。

（三十）完善社会投资审核制度。修订《国防科技工业社会投资核准和备案管理暂行办法》和《国防科技工业社会投资领域指导目录》，减少和下放政府对国防科技工业领域社会投资的审核，除战略能力外，鼓励各类符合条件的投资主体进入国防科技工业领域。

（三十一）健全配套支持政策。对承担军品重点任务、符合政府投资政策的民营企业，在企业自愿和确保安全保密的前提下，采取投资入股、补助、贷款贴息、租赁、借用等多种方式给予支持。拓展军民融合发展投融资渠道，设立国家国防科技工业军民融合产业投资基金，鼓励支持地方政府、符合条件的机构根据自身发展实际设立相关产业投资基金，重点推动军工高技术产业发展。研究企事业单位参与军品科研生产任务的风险补偿和扶持机制。探索建立军工资产管理新模式，加强对民营企业军工能力的监管。

各地区、各部门要充分认识推动国防科技工业军民融合深度发展的重大意义，做好统筹衔接，加强沟通协调，形成工作合力。各地方人民政府要结合本地区实际，出台有针对性的配套措施。国务院国防科技工业管理部门要会同有关方面制定分工方案，及时研究解决工作中遇到的矛盾和问题，确保国防科技工业军民融合深度发展取得实效。

国务院办公厅

2017 年 11 月 23 日

国家发展改革委 国家能源局关于有序放开发用电计划的通知

发改运行〔2017〕294号

各省、自治区、直辖市发展改革委、经信委（工信委、工信厅）、能源局、物价局，国家能源局各派出能源监管机构，中国电力企业联合会，国家电网公司、中国南方电网有限责任公司，中国华能集团公司、中国大唐集团公司、中国华电集团公司、中国国电集团公司、国家电力投资集团公司、中国长江三峡集团公司、神华集团公司、国家开发投资公司、中国核工业集团公司、中国广核集团有限公司、华润集团有限公司：

为贯彻《中共中央 国务院关于进一步深化电力体制改革的若干意见》（中发〔2015〕9号）文件精神，落实《国家发展改革委 国家能源局关于印发电力体制改革配套文件的通知》（发改经体〔2015〕2752号）要求，现就有序放开发用电计划工作有关事项通知如下：

一、**加快组织发电企业与购电主体签订发购电协议（合同）**。各地要加快推进电力体制改革，逐步扩大市场化交易电量规模，自文件下发之日起，尽快组织发电企业特别是燃煤发电企业与售电企业、用户及电网企业签订三方发购电协议（合同）。签订的发购电协议（合同）由电力交易机构根据相关规定汇总和确认，电力调度机构进行安全校核，燃煤发电企业只要不超过当地省域年度燃煤机组发电小时数最高上限，由电网企业保障执行。各地年度燃煤机组发电小时数的最高上限，综合考虑可再生能源消纳、电网安全、公平竞争和行业健康发展等情况统筹测算，由调度机构商省级政府相关部门确定，并报国家发展改革委和国家能源局备案。

二、**逐年减少既有燃煤发电企业计划电量**。2017年，在优先支持已实行市场交易电量的基础上，其他煤电机组安排计划电量不高于上年火电计划小时的80%，属于节能环保机组及自行签订发购电协议（合同）超出上年火电计划利用小时数50%的企业，比例可适当上调，但不超过85%。2018年以后计划发电量比例，配合用电量放开进展逐年减小。上年度计划利用小时数不宜作为基数的地区，可由省级政府相关部门根据电力体制改革相关精神适当调整确定基数。可再生能源调峰机组计划电量按照《可再生能源调峰机组优先发电试行办法》（发改运行〔2016〕1558号）有关要求安排。除优先发电计划外，其他电量均通过市场化交易实现，如因发用电计划放开不同步产生电费结算盈亏，计入本地输配电价平衡账户，可用于政策性交叉补贴、辅助服务费用等。

三、**新核准发电机组积极参与市场交易**。对中发〔2015〕9号文颁布实施后核准的煤电机组，原则上不再安排发电计划，不再执行政府定价，投产后一律纳入市场化交易和由市场形成价格，但签约交易电量亦不应超过当地年度燃煤机组发电小时数最高上限。新核准的水电、核电等机组除根据相关政策安排一定优先发电计划外，应积极参与电力市场交易，由市场形成价格。

四、规范和完善市场化交易电量价格调整机制。发电企业与售电企业、用户及电网企业签订市场化发购电协议（合同），鼓励签订中长期合同，并在合同中约定价格调整机制。燃煤发电企业的协议（合同）期限应与电煤中长期合同挂钩，发售电价格建立与电煤价格联动的调整机制，调整周期充分考虑电煤中长期合同的调整周期；有集中竞价的地区鼓励建立价格调整机制，具体调整方法由双方在协议（合同）中明确。煤电以外的市场化电量也应建立价格调整机制，鼓励建立与集中竞价相衔接的调整机制。

五、有序放开跨省跨区送受电计划。跨省跨区送受电逐步过渡到优先发电计划和有序实现直接交易相结合，根据电源规划、电源类别和核准投运时间，分类推进送受电计划改革。

国家规划内的既有大型水电、核电、风电、太阳能发电等清洁能源发电，以及网对网送受清洁能源的地方政府协议，通过优先发电计划予以重点保障。优先发电计划电量不低于上年实际水平或多年平均水平，价格按照《国家发展改革委关于完善跨省跨区电能交易价格形成机制有关问题的通知》（发改价格〔2015〕962号）有关精神，由送电、受电市场主体双方在自愿平等基础上，在贯彻落实国家能源战略的前提下，按照“风险共担、利益共享”原则协商或通过市场化交易方式确定送受电价格，鼓励通过签订中长期合同的方式予以落实；优先发电计划电量以外部分参加受电地区市场化竞价。

国家规划内的既有煤电机组，鼓励签订中长期协议（合同）。采取点对网或类似点对网专线输电方式送（分）电的，视同受电地区发电机组，参与电力电量平衡，根据受电地区煤电机组发用电计划放开情况同步推进市场化。历史形成统一分配电量的煤电机组，发电计划放开比例为受电地区放开比例的一半。

国家规划内且在中发〔2015〕9号文颁布实施后核准的清洁能源发电机组，在落实优先发电计划过程中，市场化方式形成价格部分的比例应逐步扩大。

国家规划内且在中发〔2015〕9号文颁布实施后核准的煤电机组，不再保留现有的电力电量或分电比例，发电计划放开比例为受电地区放开比例的一半。

六、认真制定优先发电计划。各地按照中发〔2015〕9号文及配套文件精神制定优先发电计划，以落实国家能源战略，确保清洁能源、调峰机组等保障性电源发电需要。省（区、市）内消纳的规划内风电、太阳能发电、核电等机组在保障性收购小时以内的电量，水电兼顾资源等条件、历史均值和综合利用要求的优先发电量，热电联产机组供热期以热定电的发电量，以及调峰调频电量，由省级政府相关部门按照《关于有序放开发用电计划的实施意见》要求，依据国家制定的相关办法，确定为优先发电计划，由电网企业保障执行。优先发电计划可以执行政府定价，也可通过市场化方式形成价格，根据电源特性和供需形势等因素确定比例。落实可再生能源保障性收购政策确实存在困难的地区，商国家发展改革委、国家能源局同意后，研究制定合理的解决措施，确保可再生能源发电保障小时数逐年增加，直至达到国家制定的保障性收购年利用小时数标准。跨省跨区送受电的优先发电计划在受电地区优先消纳。

七、允许优先发电计划指标有条件市场化转让。属于市场化方式形成价格的优先发电计划，如不能实现签约，指标可市场化转让给其他优先发电机组。优先发电计划指标市场化转让可在本地进行，也可以跨省跨区开展。如指标无法转让，则由电网企业参考本地区同类型机组平均购电价格购买，产生的结算盈余计入本地输配电价平衡账户。对规划以外或不符合国家规定程序的风电、太阳能发电等可再生能源，按规定不允许并网运行。风电、太阳能发电等可再生能源是否符合规划、符合国家规定程序，由地方能源主管部门会同能源局派出机构进行核查。核查确定为违规机组，还要纳入电力行业信用监管黑名单。

八、在保障无议价能力用户正常用电基础上引导其他购电主体参与市场交易。各地要按照中发〔2015〕9号文及配套文件精神明确优先购电范围，制定优先购电计划，确保无议价能力用户用电需要。优先购电计划执行政府定价，由电网公司予以保障。各地要加快放开无议价能力用户以外的电力用户等购电主体参与市场交易，引导发电侧放开规模与需求侧相匹配。参与直接交易的购电主体，原则上应全部电量参与市场交易，市场化交易的电量，政府相关部门将不再下达用电计划。具备条件的地区可扩大电力用户放开范围，不受电压等级限制。积极培育售电市场主体，售电公司可视同大用户与发电企业开展电力直接交易。中小用户无法参与电力直接交易的，可由售电公司代理参与。新增大工业用户原则上应通过签订电力直接交易协议（合同）保障供电，鼓励其他新增用户参与电力直接交易，签订中长期协议（合同）。要加强对电力用户参与市场意识的培育，大力发展电能服务产业，帮助用户了解用电曲线，提高市场化意识。争取在两年内，初步实现电力直接交易双方发用电曲线实时对应。

九、参与市场交易的电力用户不再执行目录电价。凡是参加电力市场交易的电力用户，均不再执行对应的目录电价。除优先购电、优先发电对应的电量外，发电企业其他上网电量价格主要由用户、售电主体与发电企业通过自主协商、市场竞价等方式确定。电力市场体系比较健全时，全部放开上网电价和公益性电量以外的销售电价。已参加市场交易的用户又退出的，在通过售电公司购电或再次参与市场交易前，由电网企业承担保底供电责任。电网企业与电力用户交易的保底价格在电力用户缴纳输配电价的基础上，按照政府核定的居民电价的1.2~2倍执行。保底价格具体水平由各省（区、市）价格主管部门按照国家确定的上述原则确定。

十、采取切实措施落实优先发电、优

先购电制度。2017年起，各地上年末要按照要求，结合电力生产和消费实际，测算本地区本年度优先发电、优先购电保障范围，向国家发展改革委上报本地区本年度优先发电、优先购电计划建议；国家电网公司、南方电网公司按照要求，每年底向国家发展改革委上报次年度跨省跨区送受电优先发电计划建议。国家发展改革委根据上报情况，与有关部门、地方和电力企业协商，确定各地及跨省跨区送受电年度优先发电、优先购电计划，纳入年度基础产业、新兴产业和部分重点领域发展计划，并根据实际供需适当调整。国家发展改革委、国家能源局会同有关部门不断完善优先发电、优先购电管理办法。

国家发展改革委

国家能源局

2017 年 3 月29日

环境保护部关于做好放射性废物（源）收贮工作的通知

环办辐射函〔2017〕609号

各省、自治区、直辖市环境保护厅（局），中国工程物理研究院、中核四〇四有限公司、中国原子能科学研究院、成都中核高通同位素股份有限公司、原子高科股份有限公司、中核集团清原环境技术有限公司：

为贯彻落实国务院切实减轻企业负担，促进实体经济发展相关精神，严格执行《关于清理规范一批行政事业性收费有关政策的通知》（财税〔2017〕20号）要求，做好核技术利用城市放射性废物（源）收贮管理工作，保障核技术利用事业安全、健康、可持续发展，现将有关事项通知如下：

一、各省级环保部门要充分认识国家减轻企业负担的重要意义，自2017年4月1日起，停止征收城市放射性废物送贮费，并继续做好放射性废物（源）收贮工作。

二、各省级环保部门应根据实际情况，合理编制城市放射性废物库年度收贮计划，并将城市放射性废物送贮费纳入年度预算，主动向地方财政申请经费予以保障。各省（区、市）城市放射性废物库不得向放射性废物（源）送贮单位收取城市放射性废物送贮费。

三、各级环保部门应依据《中华人民共和国放射性污染防治法》《放射性同位素与射线装置安全和防护条例》和《放射性废物安全管理条例》的规定，督促核技术利用单位做好放射性废物（源）管理工作。

（一）生产、进口放射源的单位销售Ⅰ类、Ⅱ类和Ⅲ类放射源给其他单位使用的，应当与使用放射源的单位签订废旧放射源返回协议；使用放射源的单位应当按照废旧放射源返回协议规定将废旧放射源交回生产单位或返回原出口方。确实无法返回原出口方的，送交有相应资质的社会放射性废物集中贮存单位（含生产单位）贮存。

（二）使用Ⅳ类、Ⅴ类放射源的单位，应将Ⅳ类、Ⅴ类废旧放射源进行包装整备后，送交有相应资质的社会放射性废物集中贮存单位（含生产单位）或各省（区、市）城市放射性废物库贮存。

（三）核技术利用单位应将产生的放射性废物进行包装整备后，送交有相应资质的社会放射性废物集中贮存单位或各省（区、市）城市放射性废物库贮存。

四、各核技术利用单位应做好本单位放射性废物（源）安全管理工作，特别是废旧放射源的送贮工作。各级环保部门应加强对核技术利用单位放射性废物（源）的监督管理，对未按规定将其产生的放射性废物（源）送交贮存的，依法进行处罚。

五、各省级环保部门应将本通知要求告知行政区内相关核技术利用单位，做好放射性废物（源）收贮政策的宣传解读。

环境保护部办公厅

2017 年 4 月 21 日

环境保护部令

第44号

《建设项目环境影响评价分类管理名录》已于2016年12月27日由环境保护部部务会议审议通过，现予公布，自2017年9月1日起施行。2015年4月9日公布的原《建设项目环境影响评价分类管理名录》（环境保护部令第33号）同时废止。

部长　李干杰

2017年6月29日

建设项目环境影响评价分类管理名录

（摘录与核能相关内容）

第一条　为了实施建设项目环境影响评价分类管理，根据《中华人民共和国环境影响评价法》第十六条的规定，制定本名录。

第二条　根据建设项目特征和所在区域的环境敏感程度，综合考虑建设项目可能对环境产生的影响，对建设项目的环境影响评价实行分类管理。

建设单位应当按照本名录的规定，分别组织编制建设项目环境影响报告书、环境影响报告表或者填报环境影响登记表。

第三条　本名录所称环境敏感区是指依法设立的各级各类保护区域和对建设项目产生的环境影响特别敏感的区域，主要包括生态保护红线范围内或者其外的下列区域：

（一）自然保护区、风景名胜区、世界文化和自然遗产地、海洋特别保护区、饮用水水源保护区；

（二）基本农田保护区、基本草原、森林公园、地质公园、重要湿地、天然林、野生动物重要栖息地、重点保护野生植物生长繁殖地、重要水生生物的自然产卵场、索饵场、越冬场和洄游通道、天然渔场、水土流失重点防治区、沙化土地封禁保护区、封闭及半封闭海域；

（三）以居住、医疗卫生、文化教育、科研、行政办公等为主要功能的区域，以及文物保护单位。

第四条　建设单位应当严格按照本名录确定建设项目环境影响评价类别，不得擅自改变环境影响评价类别。

环境影响评价文件应当就建设项目对环境敏感区的影响作重点分析。

第五条　跨行业、复合型建设项目，其环境影响评价类别按其中单项等级最高的确定。

第六条　本名录未作规定的建设项目，其环境影响评价类别由省级环境保护主管部门根据建设项目的污染因子、生态影响因子特征及其所处环境的敏感性质和敏感程度提出建议，报环境保护部认定。

第七条　本名录由环境保护部负责解释，并适时修订公布。

第八条　本名录自2017年9月1日起施行。2015年4月9日公布的原《建设项目环境影响评价分类管理名录》（环境保护部令第33号）同时废止。

项目类别 \ 环评类别		报告书	报告表	登记表	本栏目环境敏感区含义
五十、核与辐射					
181	输变电工程	500千伏及以上；涉及环境敏感区的330千伏及以上	其他（100千伏以下除外）	/	第三条（一）中的全部区域；第三条（三）中的以居住、医疗卫生、文化教育、科研、行政办公等为主要功能的区域
182	广播电台、差转台	中波50千瓦及以上；短波100千瓦及以上；涉及环境敏感区的	其他	/	第三条（三）中的以居住、医疗卫生、文化教育、科研、行政办公等为主要功能的区域
183	电视塔台	100千瓦及以上	其他	/	
184	卫星地球上行站	一站多台	一站单台	/	
185	雷达	多台雷达探测系统	单台雷达探测系统	/	
186	无线通讯	/	/	全部	

续表

环评类别 项目类别		报告书	报告表	登记表	本栏目环境敏感区含义
187	核动力厂（核电厂、核热电厂、核供汽供热厂等）；反应堆（研究堆、实验堆、临界装置等）；核燃料生产、加工、贮存、后处理；放射性废物贮存、处理或处置；上述项目的退役	新建、扩建	主生产工艺或安全重要构筑物的重大变更，但源项不显著增加	核设施控制区范围内不带放射性的实验室、试验装置、维修车间、仓库、办公设施等	
188	铀矿开采、冶炼	新建、扩建及退役	其他	/	
189	铀矿地质勘探、退役治理	/	全部	/	
190	伴生放射性矿产资源的采选、冶炼及废渣再利用	新建、扩建	其他	/	

续表

项目类别 \ 环评类别		报告书	报告表	登记表	本栏目环境敏感区含义
191	核技术利用建设项目（不含在已许可场所增加不超出已许可活动种类和不高于已许可范围等级的核素或射线装置）	生产放射性同位素的（制备PET用放射性药物的除外）；使用I类放射源的（医疗使用的除外）；销售（含建造）、使用I类射线装置的；甲级非密封放射性物质工作场所	制备PET用放射性药物的；医疗使用Ⅰ类放射源的；使用Ⅱ类、Ⅲ类放射源的；生产、使用Ⅱ类射线装置的；乙、丙级非密封放射性物质工作场所；在野外进行放射性同位素示踪试验的	销售Ⅰ类、Ⅱ类、Ⅲ类、Ⅳ类、Ⅴ类放射源的；使用Ⅳ类、Ⅴ类放射源的；销售非密封放射性物质的；销售Ⅱ类射线装置的；生产、销售、使用Ⅲ类射线装置的	
192	核技术利用项目退役	生产放射性同位素的（制备PET用放射性药物的除外）；甲级非密封放射性物质工作场所	制备PET用放射性药物的；乙级非密封放射性物质工作场所；水井式γ辐照装置；除水井式γ辐照装置外其他使用Ⅰ类、Ⅱ类、Ⅲ类放射源场所存在污染的；使用Ⅰ类、Ⅱ类射线装置存在污染的	丙级非密封放射性物质工作场所；除水井式γ辐照装置外其他使用Ⅰ类、Ⅱ类、Ⅲ类放射源场所不存在污染的	

说明：（1）名录中涉及规模的，均指新增规模。

（2）单纯混合为不发生化学反应的物理混合过程；分装指由大包装变为小包装。

环境保护部关于发布《建设项目竣工环境保护验收暂行办法》的公告

国环规环评〔2017〕4号

为贯彻落实新修改的《建设项目环境保护管理条例》，规范建设项目竣工后建设单位自主开展环境保护验收的程序和标准，我部制定了《建设项目竣工环境保护验收暂行办法》（以下简称《暂行办法》，见附件），现予公布。

建设项目需要配套建设水、噪声或者固体废物污染防治设施的，新修改的《中华人民共和国水污染防治法》生效实施前或者《中华人民共和国固体废物污染环境防治法》《中华人民共和国环境噪声污染防治法》修改完成前，应依法由环境保护部门对建设项目水、噪声或者固体废物污染防治设施进行验收。

《暂行办法》中涉及的《建设项目竣工环境保护验收技术指南污染影响类》，环境保护部将另行发布。“全国建设项目竣工环境保护验收信息平台”将于2017年12月1日上线试运行，网址为http://47.94.79.251。可以登陆环境保护部网站查询建设项目竣工环境保护验收相关技术规范（kjs.mep.gov.cn/hjbhbz/bzwb/other）。

本公告自发布之日起施行。

特此公告。

附件：建设项目竣工环境保护验收暂行办法（略）

环境保护部

2017年11月20日

环境保护部公告

2017年 第57号

为深入推进“放管服”改革，确保各项改革措施有效落实，根据《国务院办公厅关于进一步做好“放管服”改革涉及的规章、规范性文件清理工作的通知》（国办发〔2017〕40号）、《国务院法制办关于做好法规清理工作的函》（国法函〔2017〕84号）的要求，我部对截至2017年6月底印发的现行有效规范性文件进行了清理。

经过清理，我部决定废止21件环境保护规范性文件。现予以公布，决定废止的规范性文件自公布之日起废止。

附件：环境保护部决定废止的规范性文件

环境保护部

2017年11月24日

附件

环境保护部决定废止的规范性文件

1.关于电磁辐射建设项目环境管理有关问题的复函（环函〔2003〕75号，2003年3月20日公布）

2.关于危险废物经营许可证申请和审批有关事项的通告（环函〔2005〕26号，2005年1月19日公布）

3.关于发布固体废物鉴别导则（试行）的公告（原国家环境保护总局、国家发展和改革委员会、商务部、海关总署、国家质量监督检验检疫总局公告 2006年第11号，2006年3月9日公布，2006年4月1日起施行）

4.关于执行《民用核安全设备监督管理条例》及其配套规章有关要求的通知（国核安函〔2008〕89号，2008年10月24日公布）

5.关于危险废物经营单位擅自从事一般工业废物处理处置活动适用法律问题的复函（环函〔2009〕128号，2009年6月4日公布）

6.关于印发《国家监控企业污染源自动监测数据有效性审核办法》和《国家重点监控企业污染源自动监测设备监督考核规程》的通知（环发〔2009〕88号，2009年7月22日公布）

7.关于加强国家重点监控企业污染源自动监测数据有效性审核工作的通知（环办〔2010〕116号，2010年8月18日公布）

8.关于进一步加强民用核安全设备境外单位注册登记工作的通知（国核安函〔2011〕37号，2011年3月29日公布）

9.关于机动车维修企业产生的废弃机油桶是否属于危险废物以及相关法律适用问题的复函（环函〔2011〕87号，2011年4月7日公布）

10.关于进一步做好污染源自动监测数据有效性审核工作的通知（环办函〔2011〕1117号，2011年9月19日公布）

11.关于加强γ辐照装置退役工作管理的通知（环办函〔2011〕1150号，2011

年9月27日公布）

12.关于印发《“十二五”主要污染物总量减排核算细则》的通知（环发〔2011〕148号，2011年12月22日公布）

13.关于进一步加强畜禽养殖主要污染物总量减排工作的通知（环发〔2013〕2号，2013年1月5日公布）

14.关于印发“十二五”主要污染物总量减排统计、监测办法的通知（环发〔2013〕14号，2013年1月24日公布）

15.关于通信基站电磁辐射环境保护法律适用问题的复函（环办函〔2013〕667号，2013年6月18日公布）

16.关于加强“十二五”主要污染物总量减排监测体系建设运行情况考核工作的通知（环发〔2013〕98号，2013年8月28日公布）

17.关于进一步加强造纸和印染行业总量减排核查核算工作的通知（环办〔2013〕110号，2013年11月27日公布）

18.关于对医疗污泥是否属于危险废物进行认定的复函（环办函〔2014〕439号，2014年4月17日公布）

19.关于用于原始用途的含有或直接沾染危险废物的包装物、容器是否属于危险废物问题的复函（环函〔2014〕126号，2014年7月4日公布）

20.关于印发《生态保护红线划定技术指南》的通知（环发〔2015〕56号，2015年4月30日公布）

21.关于用于原始用途的含有或直接沾染危险废物的包装物、容器属性认定有关问题的复函（环办政法函〔2017〕573号，2017年4月17日公布）

环境保护部
工业和信息化部　　公告
国家国防科技工业局

2017年　第65号

关于发布《放射性废物分类》的公告

为加强放射性废物的安全管理，保护环境，保证工作人员和公众健康，根据《中华人民共和国放射性污染防治法》《中华人民共和国核安全法》和《放射性废物安全管理条例》关于放射性废物分类的规定，环境保护部、工业和信息化部、国家国防科技工业局组织制定了《放射性废物分类》，现予公布，自2018年1月1日起施行。1998年发布的原《放射性废物的分类》（HAD 401/04）同时废止。

特此公告。

附件：放射性废物分类（略）

环境保护部
工业和信息化部
国防科工局
2017年11月30日

环境保护部令

第47号

《环境保护部关于修改部分规章的决定》已经2017年12月12日环境保护部部务会议审议通过，现予公布，自公布之日起施行。

环境保护部部长　李干杰

2017年12月20日

附件

环境保护部关于修改部分规章的决定

按照国务院关于做好“放管服”改革涉及的规章清理工作要求，环境保护部对有关规章进行了清理，决定对两部规章的部分条款予以修改。

一、对《国家级自然保护区监督检查办法》作出修改

（一）将第十三条第四项修改为：“（四）涉及国家级自然保护区且其环境影响评价文件依法由地方环境保护行政主管部门审批的建设项目在审批前，其环境影响评价文件中的生态影响专题报告是否征得省级环境保护行政主管部门的同意”。

第六项修改为：“（六）在国家级自然保护区的实验区开展参观、旅游活动的，自然保护区管理机构是否编制方案，编制的方案是否符合自然保护区管理目标；国家级自然保护区的参观、旅游活动是否按照编制的方案进行”。

（二）将第十九条第二项修改为：“（二）开展参观、旅游活动未编制方案或者编制的方案不符合自然保护区管理目标的”。

第四项修改为：“（四）不按照编制的方案开展参观、旅游活动的”。

二、对《放射性同位素与射线装置安全许可管理办法》作出修改

将第四条第一款修改为：“除医疗使用Ⅰ类放射源、制备正电子发射计算机断层扫描用放射性药物自用的单位外，生产放射性同位素、销售和使用Ⅰ类放射源、销售和使用Ⅰ类射线装置的辐射工作单位的许可证，由国务院环境保护主管部门审批颁发。”

第二款修改为：“除国务院环境保护主管部门审批颁发的许可证外，其他辐射工作单位的许可证，由省、自治区、直辖市人民政府环境保护主管部门审批颁发。”

《国家级自然保护区监督检查办法》《放射性同位素与射线装置安全许可管理办法》根据本决定作相应修改，重新公布。

环境保护部 国家卫生和计划生育委员会 公告

2017年 第66号

关于发布《射线装置分类》的公告

根据《放射性同位素与射线装置安全和防护条例》（国务院令第449号）关于射线装置实行分类管理的规定，环境保护部和国家卫生计生委对现行的《射线装置分类办法》（原国家环境保护总局公告2006年第26号）进行了调整和修订，制订了《射线装置分类》，现予公布，自公布之日起施行。原国家环境保护总局公告2006年第26号同时废止。

特此公告。

附件：射线装置分类（略）

环境保护部

国家卫生计生委

2017年12月5日

国家能源局公告

2017年 第3号

依据《国家能源局关于印发〈能源领域行业标准化管理办法（试行）〉及实施细则的通知》（国能局科技〔2009〕52号）有关规定，经审查，国家能源局批准《核电厂汽轮发电机仪表和控制技术条件》等67项能源行业标准（NB），现予以发布。

上述标准中，NB/T 25066—2017至NB/T 25077—2017由中国电力出版社出版发行，NB/T 20005.35—2017至NB/T 20425—2017由原子能出版社出版发行。

附件：行业标准目录

国家能源局

2017年2月10日

附件

行业标准目录

序号	标准编号	标准名称	代替标准	采标号	批准日期	实施日期
1	NB/T 25066—2017	核电厂非核级设备维修管理要求	DL/T 1026—2006			2017-7-1
2	NB/T 25067—2017	核电厂汽轮发电机仪表和控制技术条件				2017-7-1
3	NB/T 25068—2017	核电厂发电机氢油水系统技术条件				2017-7-1
4	NB/T 25069—2017	压水堆核电厂常规岛及辅助配套设施逆变器技术要求				2017-7-1
5	NB/T 25070—2017	核电汽轮机叶片用钢				2017-7-1
6	NB/T 25071—2017	核电厂常规岛及BOP机械设备工程建设阶段腐蚀管理导则				2017-7-1
7	NB/T 25072—2017	核电厂常规岛和BOP涂装技术规范				2017-7-1
8	NB/T 25073—2017	氢冷发电机供氢系统防爆安全验收导则				2017-7-1
9	NB/T 25074—2017	核电厂混凝土蜗壳循环水泵叶轮技术要求				2017-7-1
10	NB/T 25075—2017	核电厂电力变压器、油浸电抗器、互感器施工及验收规范				2017-7-1
11	NB/T 25076—2017	压水堆核电厂常规岛用全绝缘中压浇注母线技术要求				2017-7-1
12	NB/T 25077—2017	核电厂真空泵选型技术要求				2017-7-1
13	NB/T 20005.35—2017	压水堆核电厂用碳钢和低合金钢 第35部分：控制棒驱动机构用碳钢钢管				2017-7-1
14	NB/T 20005.36—2017	压水堆核电厂用碳钢和低合金钢 第36部分：蒸汽发生器用24Mn钢棒				2017-7-1

续表

序号	标准编号	标准名称	代替标准	采标号	批准日期	实施日期
15	NB/T 20005.37—2017	压水堆核电厂用碳钢和低合金钢 第37部分：蒸汽发生器用17Mn锻件				2017-7-1
16	NB/T 20006.36—2017	压水堆核电厂用合金钢 第36部分：反应堆压力容器堆芯区用19MnNiMo锻件				2017-7-1
17	NB/T 20006.37—2017	压水堆核电厂用合金钢 第37部分：反应堆压力容器非堆芯区用19MnNiMo锻件				2017-7-1
18	NB/T 20006.38—2017	压水堆核电厂用合金钢 第38部分：堆芯补水箱用19MnNiMo锻件				2017-7-1
19	NB/T 20007.45—2017	压水堆核电厂用不锈钢 第45部分：压紧弹性环用04Cr13Ni5Mo马氏体不锈钢锻件				2017-7-1
20	NB/T 20007.46—2017	压水堆核电厂用不锈钢 第46部分：蒸汽发生器用06Cr13Al不锈钢板				2017-7-1
21	NB/T 20007.47—2017	压水堆核电厂用不锈钢 第47部分：蒸汽发生器用06Cr13Al不锈钢扁钢				2017-7-1
22	NB/T 20008.26—2017	压水堆核电厂用其他材料 第26部分：控制棒驱动机构用球墨铸铁件				2017-7-1
23	NB/T 20008.27—2017	压水堆核电厂用其他材料 第27部分：控制棒驱动机构用ZCoCr29W4.5铸件				2017-7-1
24	NB/T 20008.28—2017	压水堆核电厂用其他材料 第28部分：安全级设备用NS3105合金锻件				2017-7-1
25	NB/T 20008.29—2017	压水堆核电厂用其他材料 第29部分：安全级设备用NS3105合金板材及带材				2017-7-1
26	NB/T 20008.30—2017	压水堆核电厂用其他材料 第30部分：安全级设备用NS3105合金管				2017-7-1

续表

序号	标准编号	标准名称	代替标准	采标号	批准日期	实施日期
27	NB/T 20008.31—2017	压水堆核电厂用其他材料 第31部分：安全级设备用NS3105合金棒				2017-7-1
28	NB/T 20009.23—2017	压水堆核电厂用焊接材料 第23部分：安全级设备用不锈钢手工电弧焊焊条				2017-7-1
29	NB/T 20009.27—2017	压水堆核电厂用焊接材料 第27部分：安全级设备用不锈钢焊丝				2017-7-1
30	NB/T 20009.30—2017	压水堆核电厂用焊接材料 第30部分：安全1级设备埋弧焊用低合金钢焊丝和焊剂				2017-7-1
31	NB/T 20009.31—2017	压水堆核电厂用焊接材料 第31部分：安全级设备不锈钢堆焊用焊带和焊剂				2017-7-1
32	NB/T 20009.34—2017	压水堆核电厂用焊接材料 第34部分：安全级设备镍基合金堆焊用焊带和焊剂				2017-7-1
33	NB/T 20037.10—2017RK	应用于核电厂的一级概率安全评价 第10部分：功率运行抗震裕度评价				2017-7-1
34	NB/T 20395—2017	主控制室可居留性设计要求				2017-7-1
35	NB/T 20396—2017	压水堆核电厂核安全有关的钢结构施工规范				2017-7-1
36	NB/T 20397—2017	压水堆核电厂核岛管道支吊架预制及安装技术规程				2017-7-1
37	NB/T 20398—2017	压水堆核电厂反应堆厂房内部结构施工及验收规范				2017-7-1
38	NB/T 20399—2017	压水堆核电厂核安全相关的混凝土结构施工及质量验收规范				2017-7-1
39	NB/T 20400—2017	压水堆核电厂反应堆堆腔水池与乏燃料水池中的不锈钢构件制造技术规程				2017-7-1

续表

序号	标准编号	标准名称	代替标准	采标号	批准日期	实施日期
40	NB/T 20401—2017	核电厂初步设计文件内容深度规定				2017-7-1
41	NB/T 20402—2017RK	压水堆安全重要流体系统单一故障准则				2017-7-1
42	NB/T 20403—2017RK	压水堆核电厂隔间压力与温度瞬态分析				2017-7-1
43	NB/T 20404—2017RK	压水堆核电厂安全壳压力和温度瞬态分析				2017-7-1
44	NB/T 20405—2017	核电建设项目工程总承包管理规范				2017-7-1
45	NB/T 20406—2017RK	压水堆核电厂流体系统的安全壳隔离装置				2017-7-1
46	NB/T 20407—2017	压水堆核电厂堆内构件设计制造规范				2017-7-1
47	NB/T 20408—2017	核电厂物项包装、运输、装卸、接收、贮存和维护要求				2017-7-1
48	NB/T 20409—2017	核电厂核安全相关建（构）筑物维修导则				2017-7-1
49	NB/T 20410—2017	核电工程纤维混凝土技术规程				2017-7-1
50	NB/T 20411—2017	核安全相关结构预埋件设计技术规程				2017-7-1
51	NB/T 20412—2017	压水堆核电厂结构模块组装及验收技术规程				2017-7-1
52	NB/T 20413—2017	压水堆核电厂结构模块安装及验收技术规程				2017-7-1
53	NB/T 20414—2017	核电厂核安全相关混凝土结构后锚固技术规程				2017-7-1
54	NB/T 20415—2017	核电厂钢结构二次设计技术规程				2017-7-1
55	NB/T 20416—2017	压水堆核电厂核级金属波纹管膨胀节设计制造规范				2017-7-1
56	NB/T 20417—2017	核电厂通风和排烟系统用防火阀门				2017-7-1
57	NB/T 20418—2017	核电电子文件元数据				2017-7-1
58	NB/T 20419—2017	压水堆核电厂安全壳过滤排放系统设计准则				2017-7-1
59	NB/T 20420—2017	核电厂安全级电缆及接头鉴定				2017-7-1

续表

序号	标准编号	标准名称	代替标准	采标号	批准日期	实施日期
60	NB/T 20421.1—2017	核电厂安全重要电缆状态监测方法 第1部分：总则		IEC/IEEE 62582-1:2011，MOD		2017-7-1
61	NB/T 20421.2—2017	核电厂安全重要电缆状态监测方法 第2部分：压痕模量		IEC/IEEE 62582-2:2011，MOD		2017-7-1
62	NB/T 20421.3—2017	核电厂安全重要电缆状态监测方法 第3部分：断裂伸长率		IEC/IEEE 62582-3:2011，MOD		2017-7-1
63	NB/T 20421.4—2017	核电厂安全重要电缆状态监测方法 第4部分：氧化诱导技术		IEC/IEEE 62582-4:2011，MOD		2017-7-1
64	NB/T 20422—2017	压水堆核电厂非能动氢气复合器的鉴定				2017-7-1
65	NB/T 20423—2017	核电厂移动式应急柴油发电机组调试技术导则				2017-7-1
66	NB/T 20424—2017	核电厂限流孔板设置要求				2017-7-1
67	NB/T 20425—2017	核电厂内部水淹概率安全评价开发方法				2017-7-1

国家能源局 国家标准化管理委员会 国家核安全局关于开展“华龙一号”国家重大工程标准化示范的复函

中国核工业集团公司、中国广核集团有限公司：

报来《关于开展“华龙一号”国家重大工程标准化示范项目建设的请示》（中核科发〔2016〕309号）、《关于依托“华龙一号”示范工程开展我国核电标准建设示范项目的请示》（中广核〔2016〕268号）收悉。经研究，现就有关事项函复如下：

一、原则同意依托“华龙一号”示范工程（中核集团福建福清核电项目5号机组、中广核集团广西防城港核电项目3号机组）开展核电标准化示范。利用四年左右的时间，健全一套自主的涵盖核电全生命周期的压水堆核电标准体系，支撑我国核电技术和装备走出去。

二、按照《“华龙一号”国家重大工程标准化示范实施方案》（附后）抓好落实。要深入调研我国现有核电标准体系，做好顶层设计，维护核电标准的统一，按照标准的类别和层次，突出重点开展工作；要以我国现有的核电标准和国内工业体系为基础，充分体现“华龙一号”技术创新特点，既具备可操作性又充分发挥标准对核电技术进步的促进作用；要借鉴国际广泛采用的成熟标准和先进经验，加强实验验证和基础研究，强化标准质量保证，避免标准混用。

三、强化组织保障和实施。建立“华龙一号”国家重大工程标准化示范工作机制，明确责任分工，加强组织协调和过程衔接，细化进度安排，加大经费等支持，确保责任落实和各项任务按计划实施。

四、请扎实做好有关工作，过程中有关重大情况及时上报。

特此函复。

附件：“华龙一号”国家重大工程标准化示范实施方案（略）

国家能源局

国家标准化管理委员会

国家核安全局

2017年2月23日

国家能源局公告

2017年第7号

依据《国家能源局关于印发〈能源领域行业标准化管理办法（试行）〉及实施细则的通知》（国能局科技〔2009〕52号）有关规定，经审查，国家能源局批准《压水堆核电厂钢制安全壳结构整体性试验》等81项能源行业标准（NB），现予以发布。

上述标准由原子能出版社出版发行。

附件：行业标准目录

国家能源局

2017年4月1日

附件

行业标准目录

序号	标准编号	标准名称	代替标准	采标号	批准日期	实施日期
1	NB/T 20426—2017	压水堆核电厂调试阶段设备的保养要求				2017-10-1
2	NB/T 20427—2017	核电厂防止人因失误管理				2017-10-1
3	NB/T 20428—2017	核电厂仪表和控制系统计算机安全防范总体要求		IEC 62645:2014，MOD		2017-10-1
4	NB/T 20429—2017	核电厂事故处理规程编写要求				2017-10-1
5	NB/T 20430—2017	非能动压水堆核电厂反应堆堆顶结构安装技术规程				2017-10-1
6	NB/T 20431—2017	压水堆核电厂钢制安全壳结构整体性试验				2017-10-1
7	NB/T 20432—2017	核电厂安全重要仪表正常和预计运行事件工况工艺流管内或管旁放射性连续监测设备		IEC 60768:2009，MOD		2017-10-1
8	NB/T 20433—2017	核电厂气态排出流（放射性）活度连续监测设备要求				2017-10-1
9	NB/T 20434—2017RK	压水堆核电厂反应堆首次装料试验				2017-10-1
10	NB/T 20435—2017RK	压水堆核电厂反应堆调试启动堆芯物理试验				2017-10-1
11	NB/T 20436—2017	压水堆核电厂水化学控制				2017-10-1
12	NB/T 20437—2017	核电工程混凝土试验、检验规程				2017-10-1

续表

序号	标准编号	标准名称	代替标准	采标号	批准日期	实施日期
13	NB/T 20438—2017	非能动压水堆核电厂屏蔽厂房屋顶结构施工技术规程				2017-10-1
14	NB/T 20439—2017	压水堆核电厂反应堆压力容器压力-温度限值曲线制定准则				2017-10-1
15	NB/T 20440—2017	压水堆核电厂反应堆压力容器防止快速断裂评定准则				2017-10-1
16	NB/T 20441—2017	压水堆核电厂蒸汽发生器二次侧水压试验技术规程				2017-10-1
17	NB/T 20442.2—2017	核电厂定期安全审查指南 第2部分：安全性能				2017-10-1
18	NB/T 20442.3—2017	核电厂定期安全审查指南 第3部分：程序				2017-10-1
19	NB/T 20442.4—2017	核电厂定期安全审查指南 第4部分：辐射环境影响				2017-10-1
20	NB/T 20442.5—2017	核电厂定期安全审查指南 第5部分：概率安全分析				2017-10-1
21	NB/T 20442.6—2017	核电厂定期安全审查指南 第6部分：构筑物、系统和部件的实际状态				2017-10-1
22	NB/T 20442.7—2017	核电厂定期安全审查指南 第7部分：经验反馈				2017-10-1
23	NB/T 20442.8—2017	核电厂定期安全审查指南 第8部分：老化				2017-10-1
24	NB/T 20442.9—2017	核电厂定期安全审查指南 第9部分：确定论安全分析				2017-10-1
25	NB/T 20442.10—2017	核电厂定期安全审查指南 第10部分：人因				2017-10-1
26	NB/T 20442.11—2017	核电厂定期安全审查指南 第11部分：设备合格鉴定				2017-10-1
27	NB/T 20442.12—2017	核电厂定期安全审查指南 第12部分：设计				2017-10-1
28	NB/T 20442.13—2017	核电厂定期安全审查指南 第13部分：应急计划				2017-10-1
29	NB/T 20442.14—2017	核电厂定期安全审查指南 第14部分：灾害分析				2017-10-1

续表

序号	标准编号	标准名称	代替标准	采标号	批准日期	实施日期
30	NB/T 20442.15—2017	核电厂定期安全审查指南 第15部分：组织机构和行政管理				2017-10-1
31	NB/T 20443—2017RK	核电厂运行辐射防护规定				2017-10-1
32	NB/T 20444—2017RK	压水堆核电厂设计基准事故源项分析准则				2017-10-1
33	NB/T 20037.1—2017RK	应用于核电厂的一级概率安全评价 第1部分：总体要求				2017-10-1
34	NB/T 20445.2—2017	应用于核电厂的二级概率安全评价 第2部分：功率运行内部事件				2017-10-1
35	NB/T 20037.7—2017RK	应用于核电厂的一级概率安全评价 第7部分：功率运行强风				2017-10-1
36	NB/T 20037.6—2017RK	应用于核电厂的一级概率安全评价 第6部分：功率运行其他外部事件筛选和保守分析				2017-10-1
37	NB/T 20446—2017RK	压水堆核电厂主蒸汽系统设计要求				2017-10-1
38	NB/T 20447—2017RK	与反应堆冷却剂压力边界相连的低压系统的超压保护				2017-10-1
39	NB/T 20448—2017	核电厂系统和软件的验证和确认				2017-10-1
40	NB/T 20449—2017RK	核电厂应急柴油发电机组燃油系统设计准则				2017-10-1
41	NB/T 20450.1—2017	压水堆核电厂核岛机械设备焊接另一规范 第1部分：通用要求				2017-10-1
42	NB/T 20450.2—2017	压水堆核电厂核岛机械设备焊接另一规范 第2部分：焊接材料				2017-10-1
43	NB/T 20450.3—2017	压水堆核电厂核岛机械设备焊接另一规范 第3部分：焊接工艺评定				2017-10-1

续表

序号	标准编号	标准名称	代替标准	采标号	批准日期	实施日期
44	NB/T 20450.4—2017	压水堆核电厂核岛机械设备焊接另一规范 第4部分：产品焊接和热处理				2017-10-1
45	NB/T 20450.5—2017	压水堆核电厂核岛机械设备焊接另一规范 第5部分：焊接检验				2017-10-1
46	NB/T 20143.3—2017	核空气和气体处理规范 工艺气体处理 第3部分：放射性废气滞留设备				2017-10-1
47	NB/T 20005.38—2017	压水堆核电厂用碳钢和低合金钢 第38部分：安全壳机械贯穿件用15MnHR焊接钢管				2017-10-1
48	NB/T 20008.32—2017	压水堆核电厂用其他材料 第32部分：控制棒驱动机构用NS3306合金板材及带材				2017-10-1
49	NB/T 20008.33—2017	压水堆核电厂用其他材料 第33部分：控制棒驱动机构用GH5605合金棒				2017-10-1
50	NB/T 20451—2017	核电工程施工信息化管理通用要求				2017-10-1
51	NB/T 20452—2017	核电工程安全管理技术规程				2017-10-1
52	NB/T 20453—2017	非能动压水堆核电厂主冷却剂管道安装技术规程				2017-10-1
53	NB/T 20454—2017	核电厂培训体系要求				2017-10-1
54	NB/T 20455—2017	核电厂运行绩效评估准则				2017-10-1
55	NB/T 20456—2017	核电厂钢板混凝土结构施工及质量验收规程				2017-10-1
56	NB/T 20457—2017	非能动压水堆核电厂钢制安全壳部件制造及质量验收规程				2017-10-1
57	NB/T 20458—2017	压水堆核电厂建安阶段清洁度管理规定				2017-10-1
58	NB/T 20459—2017	非能动压水堆核电厂钢制安全壳底封头灌浆技术规程				2017-10-1

续表

序号	标准编号	标准名称	代替标准	采标号	批准日期	实施日期
59	NB/T 20460—2017	核电工程现场安全标准化实施指南				2017-10-1
60	NB/T 20461—2017	压水堆乏燃料干法贮存设施设计准则				2017-10-1
61	NB/T 20462—2017	压水堆乏燃料干法贮存设施热工分析				2017-10-1
62	NB/T 20463—2017	压水堆乏燃料转运与干法贮存设施物项分级				2017-10-1
63	NB/T 20464—2017	核电厂蒸汽发生器传热管在役氦泄漏检测				2017-10-1
64	NB/T 20465—2017	核电厂淘汰品管理指南		IEC62402-2007，NEQ		2017-10-1
65	NB/T 20466—2017	核电厂立式蒸汽发生器二次侧管板水力清洗和清洁度视频检查				2017-10-1
66	NB/T 20467—2017	压水堆核电厂反应堆保护系统调试技术导则				2017-10-1
67	NB/T 20468—2017	压水堆核电厂甩负荷试验技术导则				2017-10-1
68	NB/T 20469—2017	压水堆核电厂失去厂外电源试验技术导则				2017-10-1
69	NB/T 20470—2017RK	核电厂选址假想事故源项分析准则				2017-10-1
70	NB/T 20471—2017	非能动压水堆核电厂厂用水系统设计准则				2017-10-1
71	NB/T 20472—2017RK	压水堆核电厂核岛工艺系统管道布置设计准则				2017-10-1
72	NB/T 20473—2017RK	核电厂应急柴油发电机压缩空气启动系统设计准则				2017-10-1
73	NB/T 20474—2017	核电厂控制用气系统设计准则				2017-10-1
74	NB/T 20005.7—2017	压水堆核电厂用碳钢和低合金钢 第7部分：1、2、3级钢板	NB/T 20005.7—2010			2017-10-1

续表

序号	标准编号	标准名称	代替标准	采标号	批准日期	实施日期
75	NB/T 20005.9—2017	压水堆核电厂用碳钢和低合金钢 第9部分：2、3级无缝钢管	NB/T 20005.9—2010			2017-10-1
76	NB/T 20005.12—2017	压水堆核电厂用碳钢和低合金钢 第12部分：主蒸汽系统、主给水流量控制系统、辅助给水系统和汽轮机旁路系统用无缝钢管	NB/T 20005.12—2010			2017-10-1
77	NB/T 20007.48—2017	压水堆核电厂用不锈钢 第48部分：安全级设备紧固件用不锈钢棒				2017-10-1
78	NB/T 20006.39—2017	压水堆核电厂用合金钢 第39部分：一体化堆顶组件用钢棒				2017-10-1
79	NB/T 20007.8—2017	压水堆核电厂用不锈钢 第8部分：1、2、3级奥氏体不锈钢无缝钢管	NB/T 20007.8—2010			2017-10-1
80	NB/T 20445.1—2017	应用于核电厂的二级概率安全评价 第1部分：总体要求				2017-10-1
81	NB/T 20475—2017	干式贮存系统和运输容器核临界控制用含硼中子吸收材料的鉴定和验收				2017-10-1

国家能源局关于印发《大型先进压水堆及高温气冷堆核电站重大专项事后立项事后补助项目（课题）管理实施细则（试行）》的通知

国能发核电〔2017〕2号

中国核工业集团公司、中国核工业建设集团公司、中国华能集团公司、国家电力投资集团公司、中国广核集团有限公司、清华大学、华能山东石岛湾核电有限公司、中核能源科技有限公司：

为加强大型先进压水堆及高温气冷堆核电站重大专项事后立项事后补助项目（课题）管理，突出成果导向，鼓励和引导社会力量自主投入、积极参与科技重大专项，根据国家科技重大专项相关制度改革要求，以及《民口科技重大专项后补助项目（课题）资金管理办法》（财教〔2013〕443号）、《国家科技计划及专项资金后补助管理办法》（财教〔2013〕433号）等有关规定，我们组织编制了《大型先进压水堆及高温气冷堆核电站重大专项事后立项事后补助项目（课题）管理实施细则（试行）》，现印发你部门。

附件：大型先进压水堆及高温气冷堆核电站重大专项事后立项事后补助项目（课题）管理实施细则（试行）（略）

国家能源局

2017年5月16日

国家能源局关于印发《能源行业市场主体信用评价工作管理办法（试行）》的通知

国能发资质〔2017〕37号

各派出能源监管机构，有关能源企业，有关行业协会：

为加快推进能源行业信用体系建设，规范能源行业市场主体信用评价活动，我局制定了《能源行业市场主体信用评价工作管理办法（试行）》，现印发你们，请遵照执行。

附件：能源行业市场主体信用评价工作管理办法（试行）（略）

国家能源局

2017年8月1日

国家核安全局关于发布核安全导则《城市放射性废物库安全防范系统要求》的通知

国核安发〔2017〕26号

各有关单位：

为进一步完善我国核与辐射安全法规体系，提高我国城市放射性废物库的安全防范水平，我局组织制定了核安全导则《城市放射性废物库安全防范系统要求》（HAD 802/01—2017），现予以发布。本导则自发布之日起实施。

附件：城市放射性废物库安全防范系统要求(略)

国家核安全局

2017 年 2 月 4 日

核安全文化特征

国家核安全局

前　言

国家核安全局历来高度重视并大力推进核与辐射安全法规制修订工作，自1984年10月成立至今，已有1部法律、7部行政法规、29项部门规章以及90项导则，法规体系已基本形成。核与辐射安全技术文件作为国家核安全局在核安全技术上的指导性文件，一般是以国际原子能机构或其他机构的技术出版物作为蓝本，借鉴国外核安全技术方面的资料，并结合我国的具体工程和管理实践编制而成的。

本文件是在充分研究国际国内核安全文化发展现状的基础上，根据《核安全文化政策声明》提出的八大特征，结合我国实际情况编制而成的，可作为我国核能行业核安全文化相关工作的参考资料。

本文件由国家核安全局委托环境保护部核与辐射安全中心编写。在编写和审查过程中，许多专家提出了宝贵意见和建议。国家核安全局以及编写单位对这些专家表示衷心的感谢。

国家核安全局

二〇一七年二月

引　言

我国十分重视核安全文化建设工作。2014年12月，国家核安全局、国家能源局和国防科工局联合发布《核安全文化政策声明》（以下简称《声明》），倡导培育和发展核安全文化，为开展核安全文化建设奠定了基础。进一步贯彻落实《声明》，加深对核安全文化的理解，开展核安全文化评估，促进核安全文化同核与辐射安全相关工作有机结合，成为持续推进核安全文化建设工作的必然要求。

《核安全文化特征》（以下简称《特征》）参考了国际核安全文化相关文件，体现监管部门所倡导的良好行为方式，是《声明》的细化支撑文件，是核安全文化评估活动的主要依据，也是行业核安全文化建设的工作指南。其中实践举例虽以核动力厂实践为基础编写，但具有普遍性，核设备、核技术利用以及核燃料循环领域可根据自身特点参照开展。

《特征》共包含八个部分，每部分分为三个层次。一是特征描述，摘录《声明》中每项特征原文；二是属性，逐条分解特征关注点或侧重点，每条属性均分为属性标题和属性描述两部分，各属性按顺序以A1、A2…H3、H4表示；三是良好实践举例，针对每条属性，结合国内外实践经验，以核动力厂核安全文化实践为主要内容，列举良好实践以供参考，便于加深对属性的理解。

1. 决策层的安全观和承诺（A）

决策层要树立正确的核安全观念。在确立发展目标、制定发展规划、构建管理体系、建立监管机制、落实安全责任等决策过程中始终坚持“安全第一”的根本方针，并就确保安全目标做出承诺。

A1安全承诺：决策层确保核安全高于一切。

良好实践举例：

（1）决策层在安全政策声明中承诺坚持“安全第一”的根本方针。

（2）决策层强化核安全至上的要求和意识，建立并保证核安全首要位置。尤其当安全与成本、进度发生冲突时，明确将核安全作为第一考虑要素。

（3）决策层坚持对重大核安全问题一票否决的安全底线，建立了对违反安全行为零容忍的制度。

（4）决策层传达对核安全的期望，让员工认识到安全是生产活动中最优先的要素。

（5）决策层采用多种方式与员工积极沟通，强化安全是压倒一切的首要任务。

A2决策行为：决策过程体现“安全第一”。

良好实践举例：

（1）决策层在制定发展战略和长远计划的过程中，体现了核安全的重要性。

（2）决策层在进行规划、部署和执行重大变化时，确保核安全得以维持。

（3）决策层“言行一致”，始终重视核安全，尤其是在解决核安全和生产之间的矛盾时。

（4）决策层应强化要求，当安全运行裕量出现不可接受的降级或反应堆的状态不明确时，领导应采取保守决策，确保反应堆处于安全状态。

A3责任落实：决策层明确岗位的职责和授权以确保核设施安全可靠地运行。

良好实践举例：

（1）决策层确保报告关系、资源控制和个人权力与其对核动力厂安全可靠运行所承担的责任一致。

（2）决策层确保岗位的职责和授权得到清晰明确的界定、理解，并通过文件的形式予以明确。

（3）决策层确保核动力厂的领导都了解各自的职责和安全责任。

（4）决策层经常进行现场巡视，进行工作活动的观察、指导，强化核安全要求。

A4资源保障：决策层确保组织内的管理体系有效运作。

良好实践举例：

（1）决策层为保证核动力厂短期和长期的安全可靠运行配备了充足的资源。

（2）决策层确保对有核安全影响的延期工作进行了严格的评估。

2. 管理层的态度和表率（B）

管理层要以身作则，充分发挥表率和示范作用，提升管理层自身安全文化素养，建立并严格执行安全管理制度，落实安全责任，授予安全岗位足够的权力，给予安全措施充分的资源保障，以审慎保守的态度处理安全相关问题。

B1表率作用：管理层在日常管理工作中以身作则，坚持“安全第一”的根本方针。

良好实践举例：

（1）当核安全和生产之间发生矛盾时，管理层处理矛盾时坚持“安全第一”

的根本方针。

（2）管理层提升核安全文化素养，以高标准规范自身行为。

（3）管理层在制定目标，提出潜在问题，启动或终止突发事件预案等重要运行决策时要沟通交流。

（4）核安全问题发生时，管理层能够准确掌握问题发生情况，迅速响应，妥善解决问题。

（5）管理层鼓励员工阻止不安全行为，消除不安全状态，并支持员工基于安全考虑停止相关工作。

B2安全责任：管理层应明确并落实安全责任，制定安全管理制度并严格执行。

良好实践举例：

（1）管理层在程序上明确各级人员的责任、角色与权力，并且确保这些内容被全体员工普遍理解。

（2）管理层落实在核安全决策中的个人责任制，确保相关人员切实担负起相应的责任。

（3）管理层严格执行安全管理制度，确保由关键安全岗位一线人员参与重要核安全决策的制定。

B3资源分配：资源分配体现安全业绩的重要性，确保为安全防范和处置措施配备足够资源。

良好实践举例：

（1）管理层确保人员配置与保持安全可靠的相关需求一致。

（2）管理层确保在所有运行工况下都有足够的合格人员，并满足工作时间的要求。

（3）管理层采取措施确保设施的有效性和定期维护，包括设备有效性、模拟机逼真度和应急设备可用性等。

B4常态检查：管理层应用各种监测工具确保核安全，包括持续审查核安全文化。

良好实践举例：

（1）管理层使用各种监测方式，包括员工调查、自我和独立评估、外部反馈等，定期监测核安全文化落实情况。

（2）管理层积极支持和参加对工作态度和核安全文化的评估活动，了解影响管理层信任以及有损核安全文化的因素，解决存在问题。

（3）管理层在现场及重要安全改进过程中通过聚焦问题、强化标准、指导问题改进和强化积极决策，以展示领导力。

（4）管理层与工作组或团队进行详细讨论，并对如何提高安全绩效提供有价值的反馈意见。

（5）管理层鼓励资深员工为安全行为和坚持高标准做出表率。

B5保守决策：管理层进行决策时应采用审慎的态度，必要时寻求不同工作组和组织意见；管理层支持员工解决实际问题时采取基于安全的保守方案。

良好实践举例：

（1）管理层坚持审慎保守的态度解决安全问题，特别是在信息不完整或特殊情况下。

（2）管理层在决定解决突发事件时，考虑了事件的长期后果。

（3）管理层从安全角度出发，及时

采取行动应对不利环境。

3. 全员的参与和责任意识（C）

全员正确理解和认识各自的核安全责任，做出安全承诺，严格执行各项安全规定，形成人人都是安全的创造者和维护者的工作氛围。

C1遵守法律法规和规章制度：员工理解遵守法律法规和规章制度的重要性。员工在工作中对违背法律法规和规章制度的行为和后果承担责任。

良好实践举例：

（1）员工充分关注核安全，并通过互助和讨论强化这种关注。

（2）员工有责任为遵守核安全法律法规和规章制度的行为做出表率。

（3）各级员工共同遵守法律和规章制度。

（4）员工主动听取有关遵守法律法规和规章制度的意见，并以坦诚开放的态度对待所提意见。

（5）员工帮助承包商理解和实践法律法规和规章制度所提倡的确保核安全的行为和行动。

C2遵守程序：员工遵循流程、程序和工作指令。

良好实践举例：

（1）员工遵循程序。

（2）在工作之前，员工审查程序和指令，以确认它们适用于工作，并且在工作实施前确保要求的变更已完成。

（3）员工操作设备前首先获得适当的授权，且在已批准的程序或工作指令的指引下进行。

（4）员工确保正确地记录了工作活动的状况。

C3责任意识：员工主动并正确理解和认识各自的核安全责任，并在支持核安全的行为和工作实践中体现责任意识。

良好实践举例：

（1）员工理解自身营造专业环境、鼓励团队合作及识别核安全潜在风险的职责。

（2）员工理解自身有职责提出核安全问题，包括他人发现的问题。

（3）员工对所承担工作的准备和执行负责。

（4）员工积极参加工前会，清楚自己在开工前有提出核安全方面问题的职责。

（5）员工积极接受培训，并具备执行所承担工作的资格。

（6）员工理解工作的目的、他们在活动中的作用以及他们自身对整体目标所负的安全责任。

C4团队合作：员工之间以及工作组之间，对于部门内部和跨部门的各类活动进行沟通协调，确保核安全。

良好实践举例：

（1）在工作中，员工表现出强烈的协作和合作意识。

（2）开展团队合作，进行互查、认证和培训，细化安全措施，积极帮带新员工，并分享工具和资料。

（3）员工努力遵守承诺，建立团队内部的相互信任。

4. 培育学习型组织（D）

各组织要制定系统的学习计划，积极开展培训、评估和改进行动，激励学习，提升员工综合技能，形成继承发扬、持续完善、戒骄戒躁、不断创新、追求卓越、自我超越的学习气氛。

D1培训：制定系统的培训计划，全面提升员工的综合技能，系统地发展领导力，除了传授知识和技能外，注重法规标准、管理要求和核安全价值观的传播和宣贯。

良好实践举例：

（1）采用系统化培训方法，制定系统、有效的培训计划，确保培训对象的全员性和培训内容的全面性。

（2）员工和承包商工作人员都能得到充分的培训，以保证具备综合技术能力，并充分理解工作要求和相关法规标准。

（3）决策层和管理层的领导和管理技能得到系统化培养。

（4）决策层和管理层掌握单位所涉及领域的基本知识、组织职能和相互关系，为科学决策和实践奠定坚实基础。

（5）培训注重强化核安全价值观和安全管理期望。

（6）利用员工和各领域专家的信息和反馈，持续改进培训。

D2评估和改进：定期开展自我评估，适当开展同行评估和第三方评估，并根据评估结果采取恰当的改进措施。

良好实践举例：

（1）全面、有效地开展自我评估、同行评估、第三方评估，包括核安全文化评估，为持续改进提供客观依据。

（2）重视评估中各方面人员（包括质量保证人员、评估人员、独立监督人员和普通员工等）提供的意见和建议，并给予反馈。

（3）定期开展自我评估，涵盖程序、实践、安全绩效、核安全文化和自我评估流程本身等一系列主题。

（4）确保自我评估工作小组包括组织内的员工和领导，必要时可以包括组织外部人员。

D3对标：通过与其他单位的对标来激励学习，不断提高知识、技能水平和安全业绩。

良好实践举例：

（1）将对标作为激励学习和获得核安全改进新理念的途径。

（2）对标学习的对象既包含核行业其他单位，也包括非核单位。

（3）利用对标寻求并履行最佳的业务实践和标准，从而提高安全业绩。

（4）员工积极参与对标。

D4学习氛围：努力营造继承发扬、持续完善、戒骄戒躁、不断创新、追求卓越、自我超越的学习氛围。

良好实践举例：

（1）管理层鼓励员工终身学习，对学习表现突出者给予激励。

（2） 管理层鼓励员工提出改进安全、提高绩效和改善管理等各方面建议，并给予适当奖励。

（3）除培训之外，制定其他有效的知识管理策略，继承和发扬现有知识和经验，例如有效使用经验反馈体系，挖掘典型事迹，树立先进榜样，促进员工间的相互学习等。

5. 构建全面有效的管理体系（E）

营运单位应建立科学合理的管理制度。确保在制定政策、设置机构、分配资源、制订计划、安排进度、控制成本等方面的任何考虑不能凌驾于安全之上。

E1组织机构：建立了责任清晰、分工明确的组织机构，以确保核安全。

良好实践举例：

（1）决策层和管理层明确地规定了各级员工的责任、角色和权利，确保岗位职责得到落实，不存在交叉或遗漏的地方。

（2）针对复杂多变的情况，营运单位建立了员工明确的决策程序并严格执行。

（3）营运单位建立了相关制度，并能确保影响核安全的重要决定都是由合适的人在适当的最低级别做出。

E2资源管理：人员、设备、程序和其他资源的管理能够对核安全提供足够的支持。

良好实践举例：

（1）资源配备满足核动力厂的优先顺序。

（2）资源需求如人员、资金、设备和零部件、信息等得到及时识别，且纳入核动力厂计划中并加以满足。

（3）文件、程序和工作资料包完整、准确、易读、易辨认、易获取，并确保为最新版本。

E3过程控制：工作策划、实施和审查过程体现了安全至上的原则。工作风险得到有效的识别和管理。

良好实践举例：

（1）工作得到有效的计划和执行，并且风险认知、工作现场条件以及与不同工作组或工作活动之间的协调均得到统一考虑。

（2） 适当地确定了工作的优先级别，工作过程考虑了应急计划、补偿措施和中断准则。

（3）领导考虑工作范围变更的影响并能及时将工作状态通知员工。

（4）工作过程能确保员工了解核动力厂状态、现场工作相关的核安全风险以及其他并行实施的核动力厂活动。

（5）日常工作和变更程序考虑了概率风险评估的结果。

（6）协调工作活动，解决矛盾冲突，将核安全作为全部生产活动的重中之重。

（7）工作过程应限制临时修改的情况发生。

E4问题的识别和解决：对可能影响安全的问题及时识别，充分评估并及时解决和纠正。

良好实践举例：

（1）员工理解标准和偏差，熟悉相关纠正行动程序，能按照要求及时发现、记录和报告问题。

（2）管理层和员工根据问题的安全意义进行适当的分类、优先级划分和评估。

（3）管理层和员工及时开展根本原因分析，识别直接原因和根本原因，发现问题所在，确定与其安全重要性相匹配的措施，避免重复发生。

（4）持证单位对所发现的问题采取了及时有效的措施，纠正行动的延期得到有效控制。

（5）管理层和员工定期进行问题的趋势分析，并能从纠正行动和其他活动中获得提升安全的信息和经验。

6. 营造适宜的工作环境（F）

设置适当的工作时间和劳动强度，提供便利的基础设施和硬件条件，建立公开公正的激励和员工晋升机制；加强沟通交流，客观公正地解决冲突矛盾，营造相互尊重、高度信任、团结协作的工作氛围。

F1工作安排和设施保障：合理安排工作时间和劳动强度及基础设施和硬件条件，以保证工作效率和办公环境。

良好实践举例：

（1）管理层合理规定员工工作时间，限制加班。

（2）员工可以监督加班情况，并向管理者报告不合理的加班情况。

（3）观察并及时总结员工绩效，合理编制倒班日程表。

（4）管理层经过培训能够识别压力，并能说明员工或承包商可能存在严重压力的表现和过度劳累的情形。

（5）管理层关注并检查员工的考勤情况，尤其是运行和维修人员。

（6）管理层关注员工工作的物质环境，例如办公室、办公用品、餐厅、休息室、班车等是否便利，定期检查并及时做出改进。

F2激励和晋升：建立体现“安全第一”的公开公正的激励和晋升机制，鼓励员工关心核安全。

良好实践举例：

（1）管理层按照公开公正的原则对员工的行为进行激励。

（2）管理层关注员工的绩效，分析绩效不达标的原因并进行改进。

（3）奖惩制度包括关注安全相关问题，并且员工了解这一点影响晋升。

F3沟通交流：加强各级员工之间的沟通和交流，包括上级对下级、下级对上级以及平级之间，在各项工作中保持信息畅通。

良好实践举例：

（1）各级员工之间保持及时、充分的交流，及时掌握各项信息，确保信息通畅，保障核安全。

（2）管理层以公正、真诚的态度积极响应员工的问题。

（3）具备有效的媒介交流方式以保障员工和管理者之间的信息交流，例如内部网、简报等。

F4解决矛盾：遇到冲突矛盾时，要以客观、公正、专业的方式解决。

良好实践举例：

（1）员工相信矛盾能以尊重、客观和专业的方式及时得到解决。

（2）管理层、员工和承包商之间就曾经发生过的矛盾进行经验教训的总结。

F5工作氛围：员工相互尊重，各级员工都能感受到彼此的高度信任，组织内

各工作组团结协作，工作气氛整体融洽。

良好实践举例：

（1）来自不同部门的每个员工和不同级别的管理者都能够感觉到同等的尊重。

（2）管理层和员工能够感受或体会到相互信任。

（3）管理层在核动力厂内做出与员工建立相互信任的行为，得到下属的信赖。

（4）在运行或变更期间与相关人员保持沟通，使得整个核动力厂保持高度的相互信任。

（5）整体保持融洽的工作氛围。

7. 建立对安全问题的质疑、报告和经验反馈机制（G）

倡导对安全问题严谨质疑的态度；建立机制鼓励全体员工自由报告安全相关问题并且保证不会受到歧视和报复；管理者应及时回应并合理解决员工报告的潜在问题和安全隐患；建立有效的经验反馈体系，结合案例教育，预防人因失误。

G1了解核能的特殊性：全员了解核能这种复杂的技术，会以不可预知的方式失效。

良好实践举例：

（1）即使在很有把握圆满完成任务的情况下，全员仍然避免自满，对人为错误、固有风险和潜在问题保持警觉。

（2）影响反应堆反应性的活动是在有专人监护且格外谨慎的情况下进行的。

（3）员工了解放射性产物，堆芯能量聚集和衰变热等核能特有的危害，并了解维持堆芯冷却、乏燃料冷却等专设安全设施功能的特殊重要性。

（4）决策层要求管理层充分了解并恰当处理降级状况，尤其是核安全设备质量降级的状况。

（5）管理层对各工况中出现的异常盘根问底，以了解可能造成的影响和后果。

G2质疑不明情况和不当之处：员工面对不明情况时中断工作，发现不当之处时提出自己的观点。

良好实践举例：

（1）管理层强调下述期望：员工应一次把工作做好，当遇到不确定的情况时寻求指导，遇到非预期的状态时中断工作。

（2）员工将非预期的运行状态告知主控室。

（3）员工遇到非预期的异常状况中断工作，与上级领导沟通，待评估并控制风险后再继续工作。在适当的时候向系统专家和设备专家咨询。

（4）员工在工作文件表述不清或者无法按其操作的情况下中断工作，直到问题得到解决。

（5）员工认为某项决策没有充分考虑核安全或者有悖于核安全时，进行质疑。

（6）在评估核安全相关事项时，管理层鼓励和重视不同的意见，避免出现从众现象。

G3注重安全的工作氛围：组织执行一种注重安全的政策，使得员工自由提出安全关注事项并且不用担心遭到歧视或者报复的权利和义务得到了有效维护。

良好实践举例：

（1）员工自由提出安全关注事项，并且不用担心遭到歧视或者报复。

（2）决策层提出并强调“建立和维护注重安全的工作氛围”的期望。

（3）政策或者工作程序强调员工提出安全关注事项的权利和义务，明确管理层营造“自由提出安全关注事项的工作氛围”的职责。

（4）员工接受相关培训以知晓：“歧视”和“报复”等妨碍提出安全关注事项的行为是违反政策且是不能被容忍的。

（5）对所有因提出安全关注事项而遭到的“歧视”和“报复”行为进行调查，并及时采取纠正行动。

（6）提出安全关注事项的渠道，运作简练且不受管理层级的限制。

G4响应安全关注事项：迅速审查员工提出的安全关注事项，并给予及时的反馈。

良好实践举例：

（1）员工在提出安全关注事项之后，能够收到及时的反馈。

（2）员工对于自己提出的安全关注事项能够得到恰当的处理有信心。

（3）政策或者工作程序中明确，管理层应当尊重并及时回应提出安全关注事项的员工。

（4）管理层接受相关培训以按照工作程序接收员工提出的安全关注事项，并确保安全关注事项能够得到及时、恰当的处理。

（5）决策层和管理层强调“不轻易责罚”的氛围，鼓励自我报告。

（6）处理安全关注事项的人员具备相应的能力。

G5经验反馈体系：对内部运行经验和外部运行经验进行及时、系统的收集和评估，并给予有效的落实。

良好实践举例：

（1）具备对内部运行经验和外部运行经验进行全面审查的专门程序。

（2）管理层通过改进程序、设备和培训大纲，有效地落实运行经验并将其制度化。

（3）决策层将运行经验反馈体系视为保持和改进运行安全的重要工具。

（4）员工在履行日常工作时使用运行经验，提醒自己“这里有可能发生类似的事件”。

（5）及时向员工和其他相关组织发布经验反馈信息。

G6预防人因失误：及时并定期开展人因方面的教育活动，使员工在执行工作时有效预防人因失误。

良好实践举例：

（1）决策层针对近期发生的重大人因事件，迅速开展教育活动，并以此为例不断强调和告诫。

（2）管理层从运行经验中选取人因事件，对员工定期开展教育活动，使员工了解与其自身工作相关的人因因素。

（3）决策层为人因实验室提供充足的资源。

（4）员工通过参加人因实验室的训练规范行为，并提高对人因失效征兆的识别能力。

（5） 员工掌握预防人因失误的技能，并应用于实际工作中。

8. 创建和谐的公共关系 (H)

通过信息公开、公众参与、科普宣传等公众沟通形式，确保公众的知情权、参与权和监督权；决策层和管理层应以开放的心态多渠道倾听各种不同意见、并妥善对待和处理利益相关者的各项诉求。

H1了解公众诉求：公众对核安全的诉求能够反馈到企业。

良好实践举例：

（1）决策层制定或批准了适用的舆情监测制度，明确了开展该项工作的部门和职责分工，掌握公众关心的问题。

（2）建立、维护并完善适用的渠道或平台，使得公众能够顺畅地反映诉求。

（3）组建了专职或兼职的舆情监测人才队伍，并不断提高自身能力。

H2公众沟通：开展公众沟通工作，及时有效地回应公众诉求。

良好实践举例：

（1）决策层根据国家的法律、法规以及管理部门的要求制定了企业级的公众沟通制度和方案等，并明确了公众沟通工作的执行部门和职责分工。

（2）管理层和相关员工根据职责要求，及时开展公众沟通工作。

（3）组建了专职或兼职的公众沟通人才队伍，并不断提高自身能力。

（4）充分运用各种传统的和新兴的工具开展工作。

（5）用于公众宣传的材料易于公众理解和接受，并能够及时更新。

（6）有专门的人员负责对外发布信息，且该人员接受了充分的培训。

（7）员工理解公众沟通的必要性和重要性，并且知道本厂与公众沟通的渠道和平台。

H3公众沟通成果：在一定的时间跨度内，公众沟通工作取得了一定的效果。

良好实践举例：

（1）在公众反馈的问题和意见中，负面问题和意见的占比呈下降趋势。

（2）没有发生具有一定社会影响力的群体性事件或网络舆情事件。

H4企业的社会责任：企业主动承担社会责任，做了更多造福厂址周边居民的事。

良好实践举例：

（1）决策层和管理层经常关心核动力厂厂址所在地的就业、基础设施建设等民生问题，关注当地居民除核问题之外的利益需求。

（2）决策层和管理层通过具体项目切实为解决关乎当地居民切身利益的问题做出了贡献。

国家核安全局关于发布《研究堆定期安全审查》和《研究堆长期停堆安全管理》两项核安全导则的通知

国核安发〔2017〕81号

环境保护部各核与辐射安全监督站、核与辐射安全中心、辐射环境监测技术中心，苏州核安全中心，中机生产力促进中心，北京核安全审评中心，中国核工业集团公司，中国核工业建设集团公司，中国华能集团公司，国家电力投资集团公司，中国广核集团有限公司：

为进一步完善我国核与辐射安全法规体系，提高我国研究堆安全监管水平，我局组织制定了核安全导则《研究堆定期安全审查》（HAD202/02—2017）和《研究堆长期停堆安全管理》（HAD202/03—2017），现予以发布。导则自发布之日起实施。

附件：1.研究堆定期安全审查（略）

2.研究堆长期停堆安全管理（略）

国家核安全局

2017 年 4 月 10 日

国家核安全局关于印发核安全导则《核动力厂安全分析用计算机软件开发与应用（试行）》的通知

国核安发〔2017〕323号

能源局、国防科工局，环境保护部各核与辐射安全监督站、核与辐射安全中心，中国核工业集团公司，中国华能集团公司，国家电力投资集团公司，中国广核集团有限公司：

为进一步完善我国核与辐射安全法规体系，规范和促进我国核动力厂安全分析用计算机软件的开发与应用，我局组织制定了核安全导则《核动力厂安全分析用计算机软件开发与应用（试行）》，现印发给你们，自印发之日起施行。

附件：核动力厂安全分析用计算机软件开发与应用（试行）（略）

国家核安全局

2017年12月20日

核能行业概况

综　述

2017年，是“十三五”规划的第二年。一年来，在习近平新时代中国特色社会主义思想指引下，我国核能行业认真贯彻创新、协调、绿色、开放、共享的发展理念，坚持安全高效发展核电的方针，稳中求进，继续保持了良好的发展态势。

在运核电机组安全稳定运行

2017年，广东阳江4号机组、福建福清4号机组分别于3月15日、9月17日先后投入商业运行。截至2017年底，我国投入商业运行的核电机组达到37台，分布在浙江、广东、江苏、辽宁、福建、广西、海南等沿海7个省区、13个核电基地，运行装机容量达到3 581万千瓦。1—12月商运核电机组累计发电量为2 474.69亿千瓦时，约占全国累计发电量的3.94%，与2016年同期相比增长17.55%。与燃煤发电相比，核能发电相当于减少燃烧标准煤7 646.79万吨，减少排放二氧化碳20 034.60万吨，减少排放二氧化硫65.00万吨，减少排放氮氧化物56.59万吨。

2017年全国核电设备平均利用小时数为7 108.05小时，设备平均利用率为81.14%，同比略有增长，这是自2014年连续三年下降以来首次回升。其中有13台机组的设备利用小时数超过7 400小时。红沿河、昌江、防城港等核电厂应电网要求调停等影响，机组设备利用率较低，部分机组设备利用率低于70%。

2017年，各运行核电厂严格控制机组的运行风险，继续保持安全、稳定运行，未发生国际核事件分级（INES）一级及以上的运行事件。各运行核电厂未发生较大及以上安全生产事件、环境事件、辐射污染事件，未发生火灾爆炸事故，未发生职业病危害事故。各运行核电厂放射性流出物的排放量远低于国家标准限值，环境空气吸收剂量率控制在当地本底辐射水平涨落范围内。

与世界核电运营者协会（WANO）规定的性能指标对照，在全球400多台运行机组中，我国运行机组80%的指标优于中值水平，70%达到先进值，与美国核电机组水平相当，且整体安全指标逐年提升。2017年，WANO对全球满足计算条件的388台机组综合指数进行计算排名，结果有57台机组获得100分，其中我国有11台获得满分（满足计算条件的36台机组参加排名），并列综合指数排名第一，分别是：秦山核电厂、大亚湾核电厂2号机组，秦山核电二厂1、2、3号机组、岭澳核电厂1、2号机组，田湾核电厂2号机组、红沿河核电厂2号机组、宁德核电厂2号机组和福清核电厂1号机组。

在建核电机组规模继续保持全球领先

截至2017年12月，我国在建核电机组达到20台[1]，装机容量2 287万千瓦，占世界在建核电机组的三分之一，继续保持全

1 根据我国核电行业统计惯例，本文中所指的我国在建核电机组包括已并网但尚未投入商业运行的机组。本数据包含霞浦示范快堆工程。

球领先地位。其中，三代在建核电机组达到10台，装机容量1 310万千瓦。

自主三代“华龙一号”核电示范工程建设按计划稳步推进。福建福清、广西防城港4台首批“华龙一号”机组先后于2015和2016年开工，是全球少数能够按照计划进度实施建设的三代核电机组。其中“华龙一号”全球首堆福清核电5号机组于2017年5月25日提前实现穹顶吊装，全面进入设备安装阶段。

引进三代核电依托项目AP1000和EPR核电工程取得重要进展。从美国西屋公司引进AP1000非能动核电技术的消化、吸收任务基本完成，根据国家核安全局装料前检查、四部委装料前联合检查和专家组论证评估结果，浙江三门、山东海阳首台机组均具备了装料试运行条件。广东台山两台引进法国的EPR机组也已具备装料试运行条件，继续领跑全球在建EPR工程。

12月27日，国家科技重大专项、世界首台具备第四代核电系统安全特性的华能石岛湾高温气冷堆核电站示范工程2号反应堆压力容器顶盖顺利吊装就位，标志着2号反应堆核心设备部件基本安装完成。

12月29日，中核集团宣布在福建省霞浦县示范快堆工程土建开工，成为我国2017年开工建设的唯一一台核电机组。示范快堆工程建设，是我国核能战略“三步走”的关键环节，也是新时代、新形势下中国核工业发展的标志性工程。

核电自主创新能力迈上新台阶

2017年10月30日，国家能源局召开新闻发布会，介绍大型先进压水堆核电站和高温气冷堆核电站专项实施近10年来取得的成绩。通过行业有关部门、科研院所等单位的共同努力，形成新产品、新材料、新工艺、新装置等980项，申请知识产权3 000余项，编制各类标准887份，培养41个创新团队和各类科技人才、青年学术和技术带头人800余人，涌现出一批创新领军人物。核电专项已立项课题201项，核定中央财政经费130.33亿元。在专项支持和带动下，全面掌握三代非能动核电技术，自主攻克具有四代特征的高温气冷堆技术，自主创新能力显著提升，我国核电技术水平实现了一次大跨越。作为国家重大科技专项支持的自主三代CAP1400核电项目，通过引进、消化、吸收和再创新，已完成型号研发和工程设计，具备开工建设条件。

“华龙一号”是由中核集团和中国广核集团联合研发的具有完全自主知识产权的三代百万千瓦级核电技术。该技术充分利用了我国近30年来在核电站设计、建设、运营及研发所积累技术和人才优势，吸收了国内外压水堆核电站设计、建造、运行的成功经验，借鉴了AP1000、EPR等国际先进三代堆型的设计理念，依托我国已形成的核电装备制造业体系和能力，充分体现了安全性与经济性的均衡、先进性与成熟性的统一、能动与非能动的结合，是可持续发展的自主三代核电技术。华龙国际核电技术有限公司在两方股东的支持下，在福清核电5、6号机组和防城港核电3、4号机组技术方案的基础上，形成了“华龙一号”融合技术方案。2017

年7月26日，国家能源局正式发文，同意华龙公司上报的《“华龙一号”技术融合方案》，为统一品牌进军国际市场打下了良好基础。与此同时，“华龙一号”标准化设计已正式启动，将依托示范工程开展核电标准化示范，进一步完善优化现有压水堆核电标准体系，形成一套自主的、能够满足“华龙一号”国内建设与出口需求的、涵盖核电全生命周期的压水堆核电标准体系。

核燃料循环产业取得新进展

近年来，我国北方可地浸砂岩盆地的铀矿地质勘查工作取得重大突破，新发现探明一批大型和特大型铀矿床。天然铀产业转型升级步伐加快，新疆伊犁首个千吨级绿色铀矿山基地建设正式投产。铀纯化转化、铀浓缩产能、压水堆核燃料组件生产能力大幅提升。2017年，我国铀转化生产线全线建成，成为具备万吨级铀转化能力的国家：新型专用设备大型商用示范工程首批机组在中核陕西铀浓缩有限公司成功启动；全球首条高温气冷堆核燃料生产线实现规模化生产；国内首条AP1000元件生产线正式进入生产阶段；采用N36包壳材料的CF3自主燃料元件研发取得重要进展。

核电装备制造自主化水平得到新提升

通过消化吸收国外先进技术，大力推进自主创新，我国三代核电关键设备和材料国产化取得重大突破，国产化率已达85%，形成了每年8～10套核电主设备制造能力。2017年，由中核集团自主设计的“华龙一号”全球首堆和海外首堆两台反应堆压力容器在中国一重通过出厂验收，“华龙一号”国内首台ZH-65型蒸汽发生器在东方电气（广州）重型机器有限公司吊装出厂，“华龙一号”首台具有完全自主知识产权的半转速汽轮发电机成功通过厂内型式试验，阳江核电5号机组安全级数字化控制系统（和睦系统）正式宣布可用，CAP1400核电站数字化仪控系统研制通过正式验收，CAP1400示范工程使用的DN450爆破阀顺利完成热态开启试验，高温气冷堆核电站示范工程的首台金属堆内构件、首台反应堆压力容器正式发运高温气冷堆示范工程现场。核电装备制造自主化水平的不断提升，为我国核电建设和“走出去”提供了有力支撑。

核电国际合作开创新局面

在实施核电“走出去”国家战略和“一带一路”倡议的新形势下，核电国际合作稳步推进。2017年9月8日，我国出口巴基斯坦第4台核电机组竣工，恰希玛核电一期工程4台机组全面建成，在运装机容量超过130万千瓦。采用“华龙一号”技术的卡拉奇K2、K3项目于2015、2016年先后开工，其中K2项目于2017年10月13日成功实现穹顶吊装，已全面进入安装阶段。11月21日，中核集团与巴基斯坦原子能委员会签署恰希玛核电5号机组商务合同，这是我国“华龙一号”成功“走出去”的第3台核电机组，也是我国向巴基斯坦出口的第7台核电机组，总装机容量达到463万千瓦。

2016年9月29日，中国广核集团与法国电力公司（EDF）在伦敦正式签署了英国新建核电项目一揽子合作协议，欣克利角C项目实质性启动。2017年11月16日，英国核能监管办公室和英国环境署发布联合声明，宣布“华龙一号”技术的通用设计审查（GDA）第一阶段工作完成，正式进入第二阶段。12月，拟采用“华龙一号”技术的布拉德韦尔B项目开启厂址地质勘查工作。

2017年3月16日，在习近平主席与沙特国王共同见证下，中国核建集团与沙特能源城签署了《沙特高温气冷堆项目联合可行性研究合作协议》。5月17日，在习近平主席与阿根廷总统共同见证下，中核集团与阿根廷核电公司签署了《关于阿根廷第四座和第五座核电站的总合同》。9月30日，由中核行波堆投资（天津）有限公司和美国泰拉能源行波堆能源开发有限公司共同投资的中美合资公司——环球创新核能技术有限公司成立，拉开了我国四代核电行波堆发展的序幕。

此外，我国还与沙特、土耳其、埃及、捷克等国分别签署有关协议，开展核电和相关领域合作。

核 电

发展现状

2017年，我国运行核电机组继续保持安全、稳定运行，取得了良好业绩。全年没有发生一级及一级以上的运行事件，核电厂人员的个人剂量和集体剂量均保持较低水平，放射性流出物排放总量低于国家监管部门批准排放年限值，环境空气吸收剂量率在当地本底辐射水平正常涨落范围之内，没有发生影响环境与公众健康的事件。

截至2017年底，我国商运核电机组数量达到37台，总装机容量为3 580.72万千瓦，商运核电机组总运行堆年为272.99堆年[1]，机组数量及装机容量均列世界第四。2017年，我国商运核电机组发电量为2 474.69亿千瓦时，同比增长17.55%；上网电量为2 316.42亿千瓦时，同比增长17.83%；核电装机容量约占全国电力总装机容量的2.02%，发电量占全国总发电量的3.94%；与燃煤发电相比，核能发电相当于减少燃烧标准煤约7 646.79万吨[2]，减少排放二氧化碳约20 034.60万吨、二氧化硫约65.00万吨、氮氧化物约56.59万吨。

截至2017年底，中国在建核电机组达到19台[3]，总装机容量为2 226.86万千瓦；世界在建核电机组共58台，总装机容量为6 396.89万千瓦。中国在建核电机组数量占世界在建核电机组数量的比例约为33%，装机容量占世界在建核电机组装机容量的比例为34.81%，在建机组数量及装机容量继续保持世界第一。

（说明：本文中所指的中国核电情况均未包括中国台湾地区的核电情况。）

一、2017 年全国　发电量统计

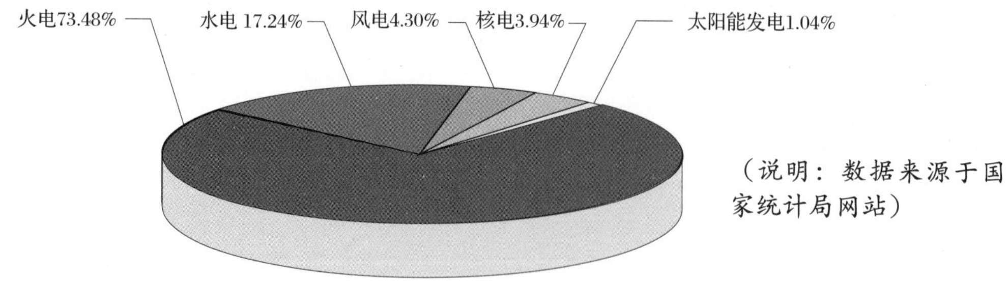

（说明：数据来源于国家统计局网站）

1. 运行堆年统计起止日期为机组首次并网之日至2017年12月31日。
2. 2016年中国火电供电煤耗（312克/千瓦时）的数据，来源于2017年1月20日中国电力企业联合会发布的《2016全国电力工业统计快报》；减排计算方法来源于国家统计局网站，按照工业锅炉每燃烧一吨标准煤产生二氧化碳2 620千克，二氧化硫8.5千克，氮氧化物7.4千克计算。
3. 根据我国核电行业统计惯例，本文中所指的我国在建核电机组包括已并网但尚未投入商业运行的机组。

二、2008—2017 年中国核电机组数量统计

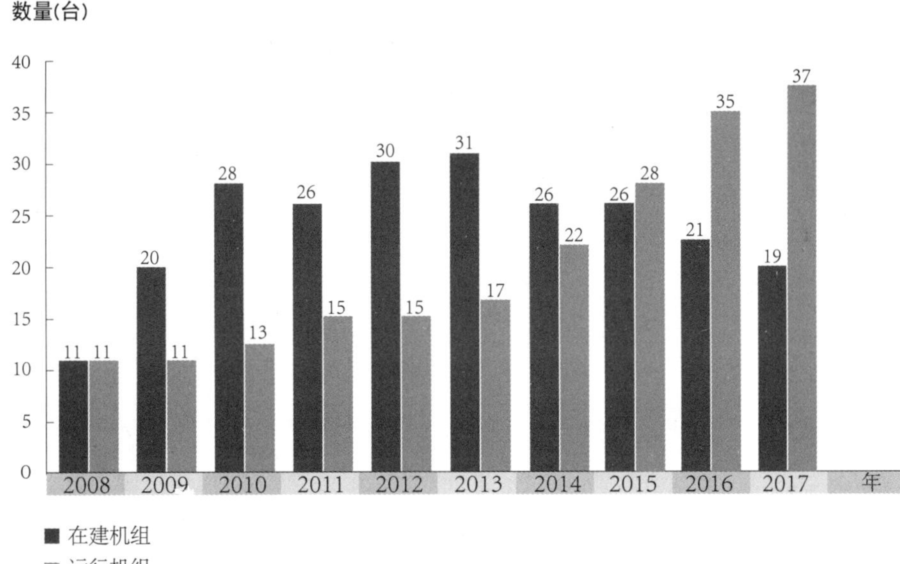

三、2008—2017 年中国核电装机容量统计

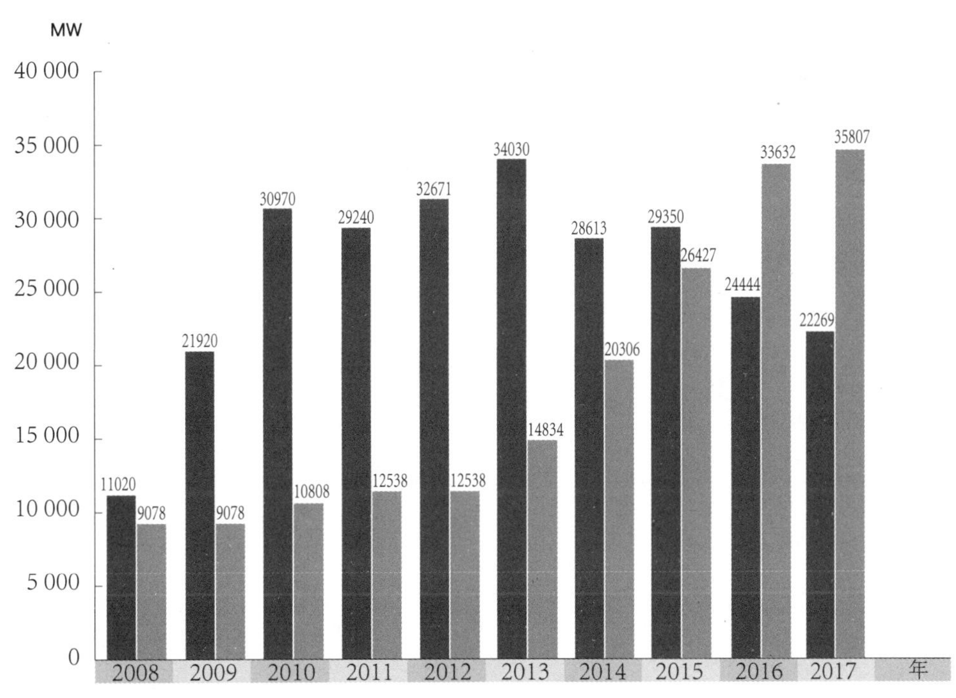

四、2008—2017 年中国核电发电量和上网电量统计

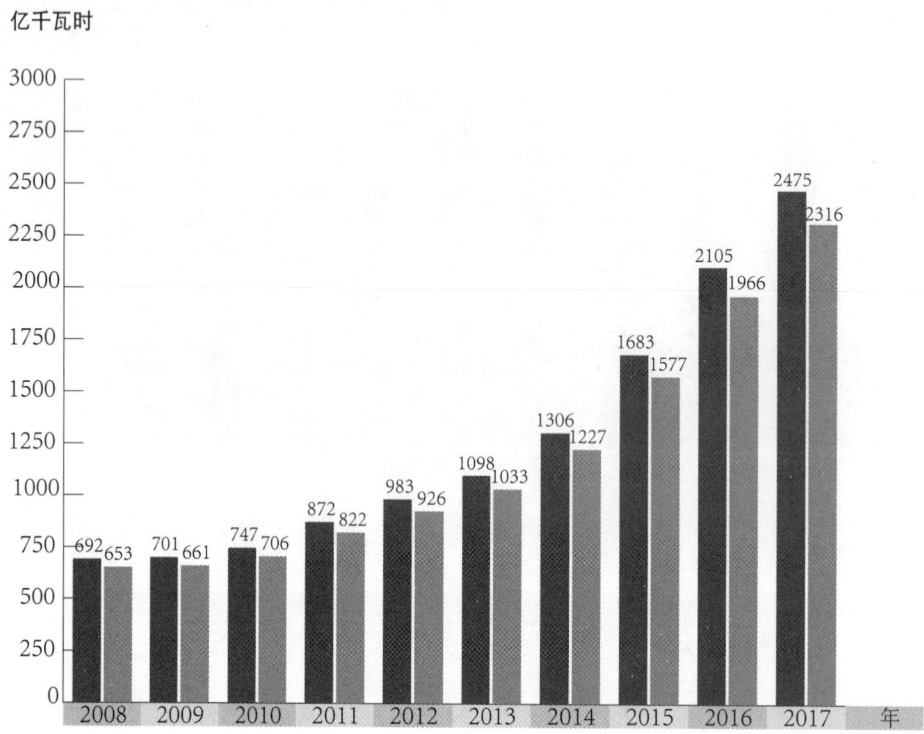

五、2017 年中国大陆运行、在建核电厂分布图

红沿河核电厂
石岛湾核电厂
海阳核电厂
田湾核电厂
秦山核电厂
秦山第二核电厂
秦山第三核电厂
方家山核电厂
三门核电厂
宁德核电厂
福清核电厂
大亚湾核电厂
岭澳核电厂
台山核电厂
阳江核电厂
防城港核电厂
昌江核电厂

辽宁省
北京
山东省
江苏省
浙江省
福建省
台湾省
广东省
广西壮族自治区
海南省
香港
南海诸岛

堆型	商业运行中	建设中
压水堆	●	●
重水堆	▲	△
高温气冷堆	■	□

六、2017年中国核电厂名录（截至2017年12月31日）

状态	核电厂/机组		机组CN号	所属集团	堆型	额定电功率（MW）	开工日期	首次并网日期	商业运行日期
运行中	秦山核电厂	1号机组	CN-01	中核集团	压水堆	310	1985-03-20	1991-12-15	1994-04-01
	大亚湾核电厂	1号机组 2号机组	CN-02 CN-03	中国广核集团	压水堆	2×984	1987-08-07 1988-04-07	1993-08-31 1994-02-07	1994-02-01 1994-05-06
	秦山第二核电厂	1号机组 2号机组	CN-04 CN-05	中核集团	压水堆	2×650	1996-06-02 1997-04-01	2002-02-06 2004-03-11	2002-04-15 2004-05-03
		3号机组 4号机组	CN-14 CN-15			2×660	2006-04-28 2007-01-28	2010-08-01 2011-11-25	2010-10-05 2011-12-30
	岭澳核电厂	1号机组 2号机组	CN-06 CN-07	中国广核集团	压水堆	2×990	1997-05-15 1997-11-28	2002-02-26 2002-09-14	2002-05-28 2003-01-08
		3号机组 4号机组	CN-12 CN-13			2×1086	2005-12-15 2006-06-15	2010-07-15 2011-05-03	2010-09-15 2011-08-07
	秦山第三核电厂	1号机组 2号机组	CN-08 CN-09	中核集团	重水堆	2×728	1998-06-08 1998-09-25	2002-11-19 2003-06-12	2002-12-31 2003-07-24
	田湾核电厂	1号机组 2号机组	CN-10 CN-11	中核集团	压水堆	2×1060	1999-10-20 2000-09-20	2006-05-12 2007-05-14	2007-05-17 2007-08-16
	红沿河核电厂	1号机组 2号机组 3号机组 4号机组	CN-16 CN-17 CN-26 CN-27	中国广核集团/国家电投	压水堆	4×1118.79	2007-08-18 2008-03-28 2009-03-07 2009-08-15	2013-02-17 2013-11-23 2015-03-23 2016-04-01	2013-06-06 2014-05-13 2015-08-16 2016-06-08
	宁德核电厂	1号机组 2号机组 3号机组 4号机组	CN-18 CN-19 CN-34 CN-35	中国广核集团	压水堆	4×1089	2008-02-18 2008-11-12 2010-01-08 2010-09-29	2012-12-28 2014-01-04 2015-03-21 2016-03-29	2013-04-15 2014-05-04 2015-06-10 2016-07-21
	福清核电厂	1号机组 2号机组 3号机组 4号机组	CN-20 CN-21 CN-42 CN-43	中核集团	压水堆	4×1089	2008-11-21 2009-06-17 2010-12-31 2012-11-17	2014-08-20 2015-08-06 2016-09-07 2017-07-29	2014-11-22 2015-10-16 2016-10-24 2017-09-17
	阳江核电厂	1号机组 2号机组 3号机组 4号机组	CN-22 CN-23 CN-40 CN-41	中国广核集团	压水堆	4×1086	2008-12-16 2009-06-04 2010-11-15 2012-11-17	2013-12-31 2015-03-10 2015-10-18 2017-01-08	2014-03-25 2015-06-05 2016-01-01 2017-03-15
	方家山核电厂	1号机组 2号机组	CN-24 CN-25	中核集团	压水堆	2×1089	2008-12-26 2009-07-17	2014-11-04 2015-01-12	2014-12-15 2015-02-12
	昌江核电厂	1号机组 2号机组	CN-36 CN-37	中核集团	压水堆	2×650	2010-04-25 2010-11-21	2015-11-07 2016-06-20	2015-12-25 2016-08-12
	防城港核电厂	1号机组 2号机组	CN-38 CN-39	中国广核集团	压水堆	2×1086	2010-07-30 2010-12-23	2015-10-25 2016-07-15	2016-01-01 2016-10-01
合计		37台				35 807.16			

续表

状态	核电厂 / 机组		机组 CN 号	所属集团	堆型	额定电功率（MW）	开工日期	首次并网日期	商业运行日期
建设中	三门核电厂	1号机组 2号机组	CN-28 CN-29	中核集团	压水堆	2×1250	2009-04-19 2009-12-15		
	海阳核电厂	1号机组 2号机组	CN-30 CN-31	国家电投	压水堆	2×1250	2009-09-24 2010-06-20		
	台山核电厂	1号机组 2号机组	CN-32 CN-33	中国广核集团	压水堆	2×1750	2009-11-18 2010-04-15		
	石岛湾核电厂	高温气冷堆核电站示范工程	CN-44	华能集团	模块式球床型高温气冷堆	211	2012-12-09		
	田湾核电厂	3号机组 4号机组	CN-45 CN-46	中核集团	压水堆	2×1126	2012-12-27 2013-09-27	2017-12-30	
		5号机组 6号机组	CN-55 CN-56			2×1118	2015-12-27 2016-09-07		
	阳江核电厂	5号机组 6号机组	CN-47 CN-48	中国广核集团	压水堆	2×1086	2013-09-18 2013-12-23		
	红沿河核电厂	5号机组 6号机组	CN-49 CN-50	中国广核集团/国家电投	压水堆	2×1118.79	2015-03-29 2015-07-24		
	福清核电厂	5号机组 6号机组	CN-51 CN-52	中核集团	压水堆	2×1150	2015-05-07 2015-12-22		
	防城港核电厂	3号机组 4号机组	CN-53 CN-54	中国广核集团	压水堆	2×1180	2015-12-24 2016-12-23		
合计		19台				22 268.58			

说明：

1.由于表格篇幅限制，表中各集团名称均为简称，中核集团全称中国核工业集团有限公司，中国广核集团全称中国广核集团有限公司，国家电投全称国家电力投资集团有限公司，华能集团全称中国华能集团有限公司。下文中上述各集团名称除特殊情况外均用简称。

2.机组CN号为国际原子能机构核动力堆信息系统（IAEA—PRIS）对我国核电机组的统一排序号。

七、2017 年世界在建核电信息

（一）2017 年世界在建核电厂一览表

国家（地区）	机组数(台)	装机容量（万千瓦）	反应堆型号
中国	19	2 226.86	M310 improvement type，6台； HPR1000，4 台；AP1000，4 台；EPR，2 台； VVER V-428M，2 台；HTGR，1 台
俄罗斯	7	593.70	KLT-40S ‘Floating’，2 台； VVER V-491，3 台；VVER V-392M，1 台； VVER V-320，1 台
印度	6	430.00	PHWR-700，2 台；Prototype，1 台； Horizontal Pressure Tube type，2 台； VVER V-412，1 台
阿联酋	4	560.00	APR-1400，4 台
韩国	4	560.00	APR-1400，4 台
日本	2	275.60	ABWR，2 台
中国台北	2	270.00	ABWR，2 台
美国	2	250.00	AP1000，2 台
白俄罗斯	2	238.80	VVER V-491，2 台
巴基斯坦	2	220.00	ACP1000，2 台
乌克兰	2	217.80	VVER V-392B，2 台
斯洛伐克	2	94.20	VVER V-213，2 台
芬兰	1	172.00	PRE KONVOI，1 台
法国	1	165.00	EPR，1 台
孟加拉	1	120.00	Prototype，1台
阿根廷	1	2.90	Prototype，1 台
合计	58	6 396.89	

（二）2017 年中国在建核电装机容量占世界比率

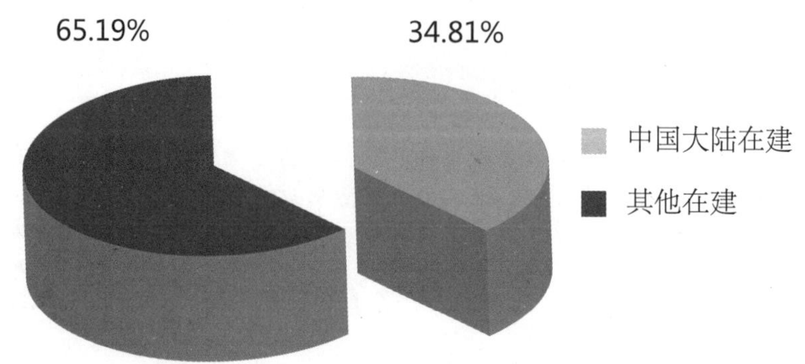

在役核电厂运行情况

2017年，我国运行核电机组继续保持良好的安全运行记录，未发生国际核事件分级（INES）一级及一级以上的运行事件。核电厂运行期间，工作人员接受的辐射剂量、放射性流出物的排放量均低于国家监管部门批准限值；环境监测表明，核电厂的运行对周围环境没有造成不良影响。

一、发电量和上网电量

2017年，中国核电37台商运核电机组全年发电量2 474.69亿千瓦时，上网电量2 316.42亿千瓦时，较2016年发电量增加17.55%，上网电量增加17.83%。

2008—2017年核发电量和上网电量

核电厂	年度	发电量（亿千瓦时）	上网电量（亿千瓦时）
秦山核电厂	2008	26.24	24.31
	2009	23.62	21.95
	2010	23.24	21.69
	2011	24.98	23.33
	2012	28.44	26.59
	2013	23.03	21.59
	2014	26.23	24.41
	2015	25.71	23.94
	2016	25.80	23.97
	2017	28.14	26.16
大亚湾核电厂	2008	160.81	154.30
	2009	163.74	156.62
	2010	157.04	150.15
	2011	160.18	153.36
	2012	159.30	152.51
	2013	148.95	142.41
	2014	151.40	144.97
	2015	154.25	147.75
	2016	151.72	145.26
	2017	164.33	157.20

续表

核电厂	年度	发电量（亿千瓦时）	上网电量（亿千瓦时）
秦山第二核电厂	2008	99.58	93.13
	2009	99.41	92.86
	2010	119.41	112.36
	2011	146.03	136.81
	2012	201.62	188.96
	2013	203.70	191.12
	2014	202.34	189.78
	2015	202.86	190.05
	2016	208.06	195.01
	2017	211.59	198.55
岭澳核电厂	2008	152.44	146.20
	2009	154.67	148.25
	2010	176.59	168.47
	2011	265.09	251.53
	2012	315.13	298.62
	2013	315.48	299.15
	2014	325.53	308.85
	2015	322.78	306.03
	2016	321.30	304.33
	2017	316.09	299.38
秦山第三核电厂	2008	112.38	104.12
	2009	117.23	108.53
	2010	114.12	105.57
	2011	115.01	106.53
	2012	116.27	107.55
	2013	119.17	110.31
	2014	116.88	108.18
	2015	112.35	103.82
	2016	108.63	100.30
	2017	109.76	101.42
田湾核电厂	2008	140.75	131.19
	2009	142.67	132.81
	2010	157.02	146.71
	2011	160.72	150.16
	2012	162.41	151.9
	2013	166.86	156.10
	2014	167.67	156.92
	2015	166.17	155.61
	2016	153.73	143.54
	2017	172.80	160.71

续表

核电厂	年度	发电量（亿千瓦时）	上网电量（亿千瓦时）
红沿河核电厂	2013	53.93	49.79
	2014	112.54	104.24
	2015	137.94	125.91
	2016	192.79	176.91
	2017	235.99	218.62
宁德核电厂	2013	67.20	62.20
	2014	116.24	108.02
	2015	195.85	182.26
	2016	241.29	223.36
	2017	305.08	284.69
福清核电厂	2014	10.33	9.61
	2015	83.39	76.72
	2016	156.61	144.60
	2017	248.99	232.45
阳江核电厂	2014	72.44	67.93
	2015	129.47	121.52
	2016	230.42	215.83
	2017	319.45	299.62
方家山核电厂	2014	4.20	3.96
	2015	151.68	142.63
	2016	161.15	151.52
	2017	161.07	151.51
昌江核电厂	2015	0.71	0.66
	2016	56.32	51.09
	2017	74.59	68.28
防城港核电厂	2016	97.42	90.14
	2017	126.81	117.82
合计	2017	2 474.69	2 316.42

二、机组能力因子和负荷因子

2008—2017年机组能力因子和负荷因子

核电厂/机组	项目/年份	机组能力因子（%）										机组负荷因子（%）									
		2008	2009	2010	2011	2012	2013	2014	2015	2016	2017	2008	2009	2010	2011	2012	2013	2014	2015	2016	2017
秦山核电厂	1号机组	95.55	87.43	83.35	88.04	99.94	81.61	92.69	90.92	91.38	99.97	96.36	86.98	83.99	89.11	101.19	82.17	96.58	91.74	91.80	103.62
大亚湾核电厂	1号机组	99.79	91.23	89.08	99.98	83.94	86.83	99.66	78.83	86.58	99.98	99.61	90.20	88.90	99.67	83.86	86.76	100.02	79.65	87.48	101.23
	2号机组	86.25	99.99	92.80	86.56	99.97	85.93	75.58	98.65	87.42	88.74	86.44	99.76	93.29	86.17	100.45	86.04	75.62	99.30	88.05	89.41
秦山第二核电厂	1号机组	85.35	82.66	91.70	73.71	85.24	85.79	83.53	88.93	90.45	99.52	87.41	84.46	93.45	75.17	84.66	86.80	85.60	89.31	88.34	100.00
	2号机组	85.21	88.21	86.64	90.95	79.68	88.74	85.01	90.84	82.96	88.83	87.00	90.12	88.71	93.27	81.05	90.02	86.59	91.27	84.64	89.86
	3号机组	–	–	–	81.60	90.10	93.50	92.00	85.60	99.81	88.42	–	–	–	83.12	90.65	94.63	91.14	83.53	96.92	87.96
	4号机组	–	–	–	–	95.81	84.28	89.77	90.65	92.39	90.62	–	–	–	–	96.77	84.56	89.27	89.49	91.60	90.40
岭澳核电厂	1号机组	92.11	90.38	93.71	91.39	93.59	82.94	90.44	86.80	99.81	89.15	90.72	89.05	92.93	91.05	91.87	82.38	88.59	86.37	99.11	84.59
	2号机组	85.24	91.09	91.12	94.05	91.25	88.58	94.55	93.64	88.65	96.32	84.57	89.30	90.52	93.12	89.70	87.28	93.46	91.01	83.94	93.22
	3号机组	–	–	98.60	72.06	88.45	90.11	89.42	90.10	91.62	86.99	–	–	98.75	71.14	86.30	88.78	87.88	88.90	89.23	84.19
	4号机组	–	–	–	99.58	80.60	88.95	90.31	90.29	87.84	91.33	–	–	–	98.78	78.52	88.18	88.35	88.69	80.72	85.97
秦山第三核电厂	1号机组	91.21	91.93	89.73	92.53	96.26	89.91	96.16	83.17	94.91	79.83	93.52	93.88	91.92	94.87	97.43	88.64	94.79	80.67	92.76	76.97
	2号机组	87.32	95.37	92.07	91.02	90.46	99.86	90.14	97.47	79.28	99.96	89.43	97.30	94.19	92.69	91.67	98.23	88.48	95.50	77.12	95.16
田湾核电厂	1号机组	70.97	74.12	87.02	86.55	86.78	90.70	89.83	91.07	81.87	92.05	74.76	77.84	86.92	86.16	86.72	90.60	89.64	90.81	81.59	91.10
	2号机组	81.20	80.70	82.28	87.05	87.77	89.14	91.11	88.22	87.23	99.90	85.47	85.02	82.18	86.92	87.71	89.10	90.94	88.15	85.09	95.00
红沿河核电厂	1号机组	–	–	–	–	–	99.90	70.04	87.75	87.19	88.92	–	–	–	–	–	96.33	67.13	82.57	66.36	79.41
	2号机组	–	–	–	–	–	–	75.69	65.53	87.49	98.08	–	–	–	–	–	–	74.80	39.26	57.56	63.77
	3号机组	–	–	–	–	–	–	–	100.00	94.90	83.07	–	–	–	–	–	–	–	24.44	59.90	61.46
	4号机组	–	–	–	–	–	–	–	–	99.98	85.76	–	–	–	–	–	–	–	–	49.02	36.14

续表

核电厂/机组 \ 项目/年份		机组能力因子（%）										机组负荷因子（%）									
		2008	2009	2010	2011	2012	2013	2014	2015	2016	2017	2008	2009	2010	2011	2012	2013	2014	2015	2016	2017
宁德核电厂	1号机组	–	–	–	–	–	99.95	57.31	88.22	98.13	83.66	–	–	–	–	–	98.51	56.70	85.93	76.44	79.86
	2号机组	–	–	–	–	–	–	99.83	80.73	86.38	98.80	–	–	–	–	–	–	98.66	73.72	65.46	91.11
	3号机组	–	–	–	–	–	–	–	94.37	80.08	95.62	–	–	–	–	–	–	–	81.67	68.91	88.20
	4号机组	–	–	–	–	–	–	–	–	99.98	84.38	–	–	–	–	–	–	–	–	92.47	60.63
福清核电厂	1号机组	–	–	–	–	–	–	–	74.08	99.31	89.46	–	–	–	–	–	–	–	69.05	75.84	83.69
	2号机组	–	–	–	–	–	–	–	99.06	81.55	86.73	–	–	–	–	–	–	–	89.11	69.11	82.20
	3号机组	–	–	–	–	–	–	–	–	–	83.01	–	–	–	–	–	–	–	–	–	66.36
	4号机组	–	–	–	–	–	–	–	–	–	100.00	–	–	–	–	–	–	–	–	–	99.93
阳江核电厂	1号机组	–	–	–	–	–	–	99.93	79.45	81.56	99.61	–	–	–	–	–	–	98.78	78.86	79.16	97.10
	2号机组	–	–	–	–	–	–	–	99.64	77.68	87.97	–	–	–	–	–	–	–	99.94	77.29	84.17
	3号机组	–	–	–	–	–	–	–	–	91.24	86.49	–	–	–	–	–	–	–	–	85.11	83.00
	4号机组	–	–	–	–	–	–	–	–	–	90.00	–	–	–	–	–	–	–	–	–	89.41
方家山核电厂	1号机组	–	–	–	–	–	–	–	83.68	91.23	89.52	–	–	–	–	–	–	–	80.03	87.11	84.98
	2号机组	–	–	–	–	–	–	–	93.10	86.88	85.72	–	–	–	–	–	–	–	89.24	81.36	83.86
昌江核电厂	1号机组	–	–	–	–	–	–	–	100.00	93.96	79.25	–	–	–	–	–	–	–	65.95	70.24	65.19
	2号机组	–	–	–	–	–	–	–	–	–	87.78	–	–	–	–	–	–	–	–	–	65.80
防城港核电厂	1号机组	–	–	–	–	–	–	–	–	99.02	76.19	–	–	–	–	–	–	–	–	81.21	59.05
	2号机组	–	–	–	–	–	–	–	–	99.95	80.70	–	–	–	–	–	–	–	–	84.12	74.25

说明：“–”为机组当年未投入商运或因不满足统计要求，无数据。

三、非计划自动紧急停堆情况

2008—2017年商运核电机组非计划自动紧急停堆次数统计

核电厂/机组 年度		2008	2009	2010	2011	2012	2013	2014	2015	2016	2017
秦山核电厂	1号机组	1	1	1	0	0	1	0	0	0	0
大亚湾核电厂	1号机组	0	0	0	0	0	0	1	0	0	0
	2号机组	1	0	0	0	0	0	0	0	0	0
秦山第二核电厂	1号机组	0	0	0	1	0	0	0	1	0	1
	2号机组	1	0	1	0	0	1	1	1	0	0
	3号机组	–	–	0	0	2	1	0	0	0	0
	4号机组	–	–	–	0	0	0	0	0	0	0
岭澳核电厂	1号机组	0	0	0	0	0	0	0	0	0	0
	2号机组	0	0	0	0	0	0	1	0	1	0
	3号机组	–	–	0	0	0	0	0	0	0	0
	4号机组	–	–	–	0	0	0	0	0	0	0
秦山第三核电厂	1号机组	0	0	0	0	0	0	0	0	2	0
	2号机组	0	0	0	0	0	0	0	0	0	0
田湾核电厂	1号机组	1	2	0	0	0	0	0	0	0	1
	2号机组	0	0	0	0	0	0	0	1	1	0
红沿河核电厂	1号机组	–	–	–	–	–	0	1	0	0	0
	2号机组	–	–	–	–	–	–	1	0	0	0
	3号机组	–	–	–	–	–	–	–	0	0	1
	4号机组	–	–	–	–	–	–	–	–	0	0
宁德核电厂	1号机组	–	–	–	–	–	0	0	0	0	0
	2号机组	–	–	–	–	–	–	0	0	0	0
	3号机组	–	–	–	–	–	–	–	2	0	0
	4号机组	–	–	–	–	–	–	–	–	0	0

续表

核电厂/机组 \ 年度		2008	2009	2010	2011	2012	2013	2014	2015	2016	2017
福清核电厂	1号机组	–	–	–	–	–	–	0	2	0	0
	2号机组	–	–	–	–	–	–	–	1	1	1
	3号机组	–	–	–	–	–	–	–	–	0	0
	4号机组	–	–	–	–	–	–	–	–	–	0
阳江核电厂	1号机组	–	–	–	–	–	–	0	0	0	0
	2号机组	–	–	–	–	–	–	–	0	0	1
	3号机组	–	–	–	–	–	–	–	–	0	0
	4号机组	–	–	–	–	–	–	–	–	–	0
方家山核电厂	1号机组	–	–	–	–	–	–	0	0	0	0
	2号机组	–	–	–	–	–	–	–	0	0	0
昌江核电厂	1号机组	–	–	–	–	–	–	–	0	0	0
	2号机组	–	–	–	–	–	–	–	–	1	0
防城港核电厂	1号机组	–	–	–	–	–	–	–	–	0	0
	2号机组	–	–	–	–	–	–	–	–	0	0
合计		4	3	2	1	2	3	5	8	6	5

说明：1. 秦山第二核电厂1号机组：6月27日，机组因主给水泵跳闸回路输出卡件或继电器偶发故障触发未能紧急停堆的预期瞬态（ATWT）系统信号导致停机停堆，消缺后于6月28日重新并网。

2. 田湾核电厂1号机组：10月19日，机组在实施TCA闭锁1JEB40CE811X参与TXS保护的过程中停堆。

3. 红沿河核电厂3号机组：5月25日，机组因海藻涌入循环水过滤系统（CFI）鼓网自动停堆，紧急抢修后于5月26日重新并网。

4. 福清核电厂2号机组：7月13日，机组因2号主变低压侧接地变压器，导致发电机出口断路器（2GSY001JA）和500kV断路器（0GEW220JA、0GEW230JA）分别跳闸，汽轮发电机停机并失去主厂外电源，三台主泵失去供电而停运，反应堆自动停堆。

5. 阳江核电厂2号机组：11月2日，机组主给水流量控制系统033号凝结水阀门（2ARE033VL）隔膜破损，导致蒸汽发生器水位异常，反应堆自动紧急停堆。

四、职业照射

国家标准《电离辐射防护与辐射源安全基本标准》（GB 18871—2002）中规定了工作人员职业照射的剂量限值：连续5年的年平均有效剂量不超过20 mSv，任何一年中的有效剂量不超过50 mSv。2008年至2017年，我国已投入商运核电厂工作人员所受到的照射剂量均远低于国家标准规定的限值。

2008—2017年核电厂工作人员职业照射情况

项目（单位）/核电厂名称	年份	年人均有效剂量（mSv）	年度最大个人剂量（mSv）	年度集体有效剂量（人·Sv）	归一化集体有效剂量（人·mSv/GWh）
秦山核电厂	2008	0.153	3.577	0.149	0.057
	2009	0.336	4.257	0.453	0.192
	2010	0.265	4.814	0.401	0.172
	2011	0.282	5.106	0.421	0.169
	2012	0.041	3.681	0.038	0.013
	2013	0.281	6.073	0.495	0.215
	2014	0.143	4.035	0.253	0.096
	2015	0.201	4.278	0.405	0.157
	2016	0.133	3.439	0.281	0.109
	2017	0.029	2.135	0.042	0.015
大亚湾核电厂	2008	0.305	5.988	0.826	0.051
	2009	0.283	5.194	0.715	0.044
	2010	0.343	10.843	0.946	0.060
	2011	0.327	8.434	0.993	0.062
	2012	0.413	8.116	1.235	0.078
	2013	0.549	13.345	1.769	0.119
	2014	0.462	6.906	1.512	0.100
	2015	0.331	7.140	1.035	0.067
	2016	0.303	8.277	1.032	0.068
	2017	0.242	6.756	0.712	0.433
秦山第二核电厂	2008	0.300	4.881	0.588	0.059
	2009	0.345	7.899	0.710	0.071
	2010	0.218	4.940	0.440	0.042
	2011	0.330	11.707	1.217	0.083
	2012	0.428	9.389	1.229	0.061
	2013	0.385	8.726	1.177	0.058
	2014	0.262	8.948	1.111	0.055
	2015	0.204	7.914	0.683	0.034
	2016	0.307	7.171	1.092	0.052
	2017	0.251	7.639	0.941	0.044
岭澳核电厂1、2号机组	2008	0.599	12.169	1.772	0.116
	2009	0.495	10.586	1.531	0.099
	2010	0.346	10.490	0.925	0.076
	2011	0.419	8.326	1.392	0.087
	2012	0.297	6.059	0.947	0.060
	2013	0.887	13.696	3.238	0.220
	2014	0.300	7.731	0.858	0.054
	2015	0.502	8.505	1.619	0.105
	2016	0.348	6.071	1.117	0.070
	2017	0.301	6.610	0.917	0.595

续表

项目（单位） 核电厂名称	年份	年人均有效剂量（mSv）	年度最大个人剂量（mSv）	年度集体有效剂量（人·Sv）	归一化集体有效剂量（人·mSv/GWh）
岭澳核电厂3、4号机组	2011	0.208	5.665	0.747	0.071
	2012	0.286	6.644	0.929	0.059
	2013	0.188	5.660	0.577	0.034
	2014	0.185	4.098	0.624	0.037
	2015	0.193	5.261	0.597	0.035
	2016	0.305	6.834	1.028	0.063
	2017	0.332	7.668	1.200	0.742
秦山第三核电厂	2008	0.364	9.102	0.788	0.070
	2009	0.327	6.415	0.748	0.064
	2010	0.329	5.430	0.727	0.064
	2011	0.361	14.637	0.832	0.072
	2012	0.316	8.661	0.689	0.059
	2013	0.324	6.362	0.630	0.053
	2014	0.342	7.192	0.721	0.062
	2015	0.366	4.964	0.804	0.072
	2016	0.474	7.167	1.009	0.093
	2017	0.303	6.033	0.702	0.064
田湾核电厂	2008	0.209	3.460	0.557	0.040
	2009	0.244	3.200	0.548	0.038
	2010	0.174	2.16	0.426	0.027
	2011	0.224	3.788	0.604	0.038
	2012	0.345	4.232	1.014	0.062
	2013	0.177	2.615	0.467	0.028
	2014	0.180	2.994	0.497	0.030
	2015	0.169	2.866	0.520	0.031
	2016	0.297	6.032	1.010	0.066
	2017	0.126	2.140	0.326	0.019
红沿河核电厂	2013	0.016	1.112	0.033	0.006
	2014	0.329	8.076	1.002	0.089
	2015	0.295	5.623	1.028	0.075
	2016	0.274	5.404	0.905	0.045
	2017	0.174	7.136	1.697	0.078
宁德核电厂	2013	0.012	1.272	0.026	0.004
	2014	0.311	6.064	0.786	0.068
	2015	0.497	12.008	1.841	0.094
	2016	0.398	7.532	1.484	0.062
	2017	0.514	8.624	1.965	0.064
福清核电厂	2014	0.016	3.323	0.028	0.017
	2015	0.258	6.072	0.787	0.094
	2016	0.239	8.763	0.920	0.057
	2017	0.363	8.007	1.609	0.065
阳江核电厂	2014	0.008	1.023	0.017	0.002
	2015	0.176	6.715	0.669	0.052
	2016	0.443	13.078	2.124	0.092
	2017	0.256	7.889	0.974	0.030
方家山核电厂	2014	0.012	2.528	0.016	0.039
	2015	0.389	6.904	1.102	0.071
	2016	0.234	6.595	0.723	0.045
	2017	0.352	8.503	1.168	0.073
昌江核电厂	2015	0.0004	0.016	1.22×10^{-4}	0.002
	2016	0.011	0.945	0.018	0.031
	2017	0.320	5.890	0.842	0.113
防城港核电厂	2016	0.011	0.432	0.022	0.002
	2017	0.431	8.034	1.377	0.109

五、放射性流出物的排放和环境监测

按照国家环境保护法规和环境辐射监测标准，依据国家监管部门批准的排放限值，我国核电厂对放射性流出物的排放进行了严格控制，对核电厂周围环境进行了有效监测。2017年环境监测结果表明，各商运核电厂运行期间放射性流出物的排放量均低于国家监管部门批准的排放限值。

2017年商运核电厂放射性流出物排放及放射性固体废物产生情况

核电厂名称		放射性废物种类	气态流出物（Bq）					液态流出物（Bq）			固体废物 (m^3)
			氚	碳–14	惰性气体	卤素	气溶胶	氚	碳–14	其余核素	
秦山核电厂		年累计排放量	4.07E+12	7.89E+10	6.13E+11	1.56E+06	1.07E+06	6.14E+12	2.78E+08	2.23E+08	42.00
		国家监管部门批准排放年限值	7.08E+14	5.10E+12	2.40E+15	8.00E+10	2.00E+11	8.04E+14	6.00E+11	2.00E+11	N/A
		占国家监管部门批准排放年限值的比例	0.575%	1.547%	0.026%	0.002%	0.001%	0.763%	0.046%	0.111%	N/A
大亚湾核电厂		年累计排放量	1.89E+12	4.73E+11	1.09E+12	8.82E+06	4.28E+06	4.09E+13	1.40E+10	2.21E+08	89.20
		国家监管部门批准排放年限值	2.40E+13	2.20E+12	7.00E+14	2.50E+10	3.80E+09	2.25E+14	3.00E+11	1.30E+11	N/A
		占国家监管部门批准排放年限值的比例	7.860%	21.510%	0.156%	0.035%	0.113%	18.170%	4.680%	0.170%	N/A
秦山第二核电厂		年累计排放量	1.90E+12	5.78E+11	6.47E+11	7.37E+06	1.36E+07	6.67E+13	8.87E+09	5.11E+08	308.29
		国家监管部门批准排放年限值	7.08E+14	5.10E+12	2.40E+15	8.00E+10	2.00E+11	8.04E+14	6.00E+11	2.00E+11	N/A
		占国家监管部门批准排放年限值的比例	0.268%	11.340%	0.027%	0.009%	0.007%	8.291%	1.479%	0.255%	N/A
岭澳核电厂	1、2号机组	年累计排放量	3.65E+12	5.24E+11	1.20E+12	2.20E+07	4.67E+06	4.79E+13	2.02E+10	1.83E+08	99.60
		国家监管部门批准排放年限值	2.40E+13	2.20E+12	7.00E+14	2.50E+10	3.80E+09	2.25E+14	3.00E+11	1.30E+11	N/A
		占国家监管部门批准排放年限值的比例	15.190%	23.840%	0.172%	0.088%	0.123%	21.280%	6.730%	0.141%	N/A
	3、4号机组	年累计排放量	1.49E+12	3.49E+11	8.14E+11	5.31E+06	4.29E+06	5.15E+13	1.86E+10	2.04E+08	87.60
		国家监管部门批准排放年限值	2.40E+13	2.20E+12	7.00E+14	2.50E+10	3.80E+09	2.25E+14	3.00E+11	1.30E+11	N/A
		占国家监管部门批准排放年限值的比例	6.220%	15.850%	0.116%	0.021%	0.113%	22.910%	6.200%	0.157%	N/A
秦山第三核电厂		年累计排放量	9.10E+13	4.47E+11	2.41E+12	1.66E+06	3.58E+06	1.24E+14	3.16E+08	3.32E+09	110.39
		国家监管部门批准排放年限值	7.08E+14	5.10E+12	2.40E+15	8.00E+10	2.00E+11	8.04E+14	2.88E+11		N/A
		占国家监管部门批准排放年限值的比例	12.854%	8.767%	0.100%	0.002%	0.002%	15.450%	0.174%		N/A
田湾核电厂		年累计排放量	5.19E+11	1.23E+11	6.56E+12	6.35E+06	7.40E+05	3.00E+13	6.65E+09	9.37E+08	94.95
		国家监管部门批准排放年限值	6.40E+12	6.00E+11	7.63E+13	3.70E+08	1.20E+08	6.60E+13	3.00E+10	7.40E+09	N/A
		占国家监管部门批准排放年限值的比例	8.110%	20.446%	8.598%	1.715%	0.617%	45.446%	22.152%	12.661%	N/A

续表

核电厂名称	放射性废物种类	气态流出物（Bq）					液态流出物（Bq）			固体废物（m^3）
		氚	碳-14	惰性气体	卤素	气溶胶	氚	碳-14	其余核素	
红沿河核电厂	年累计排放量	7.65E+11	5.95E+11	1.04E+12	1.06E+07	6.75E+06	5.36E+13	1.09E+10	1.74E+08	196.80
	国家监管部门批准排放年限值	1.40E+13	1.48E+12	7.06E+14	1.01E+10	6.12E+09	1.26E+14	2.00E+11	8.00E+10	N/A
	占国家监管部门批准排放年限值的比例	5.461%	40.230%	0.147%	0.105%	0.110%	42.530%	5.460%	0.217%	N/A
宁德核电厂	年累计排放量	7.03E+11	4.08E+11	5.61E+12	1.12E+07	5.17E+06	8.12E+13	2.56E+10	3.09E+08	176.40
	国家监管部门批准排放年限值	1.94E+13	1.48E+12	1.10E+15	1.18E+10	6.29E+09	1.75E+14	2.00E+11	8.00E+10	N/A
	占国家监管部门批准排放年限值的比例	3.630%	27.540%	0.510%	0.090%	0.080%	46.390%	12.780%	0.390%	N/A
福清核电厂	年累计排放量	7.03E+11	3.12E+11	5.56E+12	8.17E+07	7.61E+06	3.44E+13	5.26E+09	1.31E+09	80.00
	国家监管部门批准排放年限值	1.13E+13	1.53E+12	1.82E+14	1.29E+09	1.43E+08	1.26E+14	1.12E+11	8.50E+10	N/A
	占国家监管部门批准排放年限值的比例	6.221%	20.373%	3.055%	6.333%	5.322%	27.302%	4.696%	1.546%	N/A
阳江核电厂	年累计排放量	4.10E+11	3.08E+11	3.26E+12	1.68E+07	1.08E+07	7.58E+13	2.21E+10	3.05E+08	42.80
	国家监管部门批准排放年限值	1.94E+13	1.48E+12	1.10E+15	1.18E+10	6.12E+09	1.75E+14	2.00E+11	8.00E+10	N/A
	占国家监管部门批准排放年限值的比例	2.110%	20.810%	0.300%	0.140%	0.180%	43.290%	11.060%	0.380%	N/A
方家山核电厂	年累计排放量	5.21E+11	1.21E+11	1.01E+12	1.15E+07	6.59E+06	3.35E+13	1.63E+09	6.65E+08	88.80
	国家监管部门批准排放年限值	7.08E+14	5.10E+12	2.40E+15	8.00E+10	2.00E+11	8.04E+14	6.00E+11	2.00E+11	N/A
	占国家监管部门批准排放年限值的比例	0.074%	2.363%	0.042%	0.014%	0.003%	4.166%	0.272%	0.333%	N/A
昌江核电厂	年累计排放量	4.43E+11	2.27E+11	2.44E+12	9.48E+07	1.83E+07	1.74E+13	4.54E+09	3.96E+08	38.80
	国家监管部门批准排放年限值	1.93E+13	9.00E+11	7.72E+14	2.58E+10	6.44E+10	9.66E+13	1.93E+11	6.44E+10	N/A
	占国家监管部门批准排放年限值的比例	2.290%	25.190%	0.320%	0.370%	0.030%	18.050%	2.350%	0.620%	N/A
防城港核电厂	年累计排放量	2.67E+11	2.70E+11	2.16E+12	5.57E+06	5.56E+06	2.72E+13	1.48E+10	3.12E+08	101.25
	国家监管部门批准排放年限值	9.70E+12	7.40E+11	5.50E+14	5.92E+09	3.06E+09	8.74E+13	1.00E+11	4.00E+10	N/A
	占国家监管部门批准排放年限值的比例	2.750%	36.470%	0.390%	0.090%	0.180%	31.090%	14.820%	0.780%	N/A

说明：1. 放射性固体废物包含可压缩废物、不可压缩废物、废树脂、水滤芯、水泥固化物、浓缩液、有机废物等，国家监管部门未对核电厂放射性固体废物的产生量设置年限值。

2. 根据GB 6249－2011（核动力厂环境辐射防护规定），重水堆液态流出物的“碳-14”和“其余核素”合并在一起设定控制值。秦山核电基地的放射性流出物的国家监管部门批准排放年限值中，液态流出物的“碳-14”和“其余核素”排放年限值为7台压水堆机组共享（秦山第三核电厂2台重水堆机组将“碳-14”和“其余核素”合并在一起单独设定了排放年限值），其他所有的排放年限值为9台机组共享。

3. 大亚湾核电厂、岭澳核电厂的气态流出物及液态流出物的国家监管部门批准排放年限值为大亚湾核电基地6台机组共享。

4. 红沿河核电厂、宁德核电厂、阳江核电厂、昌江核电厂、防城港核电厂统计气态流出物时，卤素一项实际统计为碘、气溶胶一项实际统计为粒子。

六、机组大修

2017年，我国商运核电机组按计划共进行了27台•次大修。田湾核电厂1号机组第10次换料大修实际工期为27.11天，创造了世界VVER型机组最优工期纪录。宁德核电厂4号机组第1次换料大修实际工期为54.20天，创造了国内同类型机组首次大修工期最优记录。

2017年商运核电机组大修情况

核电厂	机组	大修轮次	起止日期	实际工期
秦山核电厂	1号机组		未安排大修	
大亚湾核电厂	1号机组		未安排大修	
	2号机组	19	2017.10.15—2017.11.23	39.19天
秦山第二核电厂	1号机组		未安排大修	
	2号机组	12	2017.07.27—2017.09.03	38.70天
	3号机组	6	2017.05.17—2017.06.25	39.26天
	4号机组	5	2016.12.31—2017.02.02	27.30[1]天
岭澳核电厂	1号机组	14	2017.01.22—2017.02.28	37.84天
	2号机组		未安排大修	
	3号机组	7	2017.04.02—2017.05.17	45.50天
	4号机组	6	2017.10.01—2017.10.31	29.98天
秦山第三核电厂	1号机组	9	2017.03.31—2017.06.12	73.40天
	2号机组		未安排大修	
田湾核电厂	1号机组	10	2017.05.29—2017.06.25	27.11天
	2号机组		未安排大修	
红沿河核电厂	1号机组	4	2017.10.17—2017.11.24	37.29天
	2号机组	2	2016.11.16—2017.01.06	51.15天
	3号机组	1	2017.02.08—2017.04.08	59.63天
	4号机组		未安排大修	
宁德核电厂	1号机组	3	2017.05.18—2017.07.01	44.06天
	2号机组		未安排大修	
	3号机组	2	2017.12.16—2018.01.25	40.66天
	4号机组	1	2017.08.21—2017.10.15	54.20天
福清核电厂	1号机组	2	2017.01.16—2017.02.22	36.60天
	2号机组	2	2017.10.01—2017.11.06	36.25天
	3号机组	1	2017.10.31—2018.01.14	74.90天
	4号机组		未安排大修	
阳江核电厂	1号机组		未安排大修	
	2号机组	2	2017.09.23—2017.11.01	39.73天
	3号机组	1	2016.11.30—2017.02.12	74.22天
	4号机组		未安排大修	
方家山核电厂	1号机组	3	2017.09.10—2017.10.15	35.44天
	2号机组	2	2016.12.23—2017.01.20	27.90天
		3	2017.12.01—2018.01.04	33.90天
昌江核电厂	1号机组	1	2017.01.13—2017.03.25	71.25天
	2号机组	1	2017.11.20—2018.02.18	90.70天
防城港核电厂	1号机组	1	2017.01.05—2017.03.27	81.75天
	2号机组	1	2017.09.08—2017.11.10	63.76天

1. 1月27日19:30，秦山第二核电厂4号机组临界及零功率物理试验后，大修主要工作全部结束，具备汽轮机冲转条件。按照华东电网春节期间发电计划，机组处于调停状态，并最终于2月2日6:58并网，大修顺利结束。

2008—2017年商运核电机组大修用时统计

核电厂 \ 年度		大修用时（天）									
		2008	2009	2010	2011	2012	2013	2014	2015	2016	2017
秦山核电厂	1号机组	/	37.23	56.29	40.83	/	68.30	18.12	31.76	29.37	/
大亚湾核电厂	1号机组	/	29.36	36.91	/	55.53	44.93	/	75.30	46.40	/
	2号机组	30.46	/	23.46	46.29	/	48.13	88.87	2.51	43.11	39.19
秦山第二核电厂	1号机组	55.33	88.58	/	65.67	51.71	47.33	56.21	35.85	32.78	/
	2号机组	47.25	39.08	41.58	31.08	39.71	35.29	45.80	/	59.62	38.70
	3号机组	/	/	/	63.92	32.67	21.33	28.80	28.80	/	39.26
	4号机组	/	/	/	/	/	55.50	31.50	32.30	27.36	27.21
岭澳核电厂	1号机组	25.92	29.92	19.70	28.65	20.79	59.17	31.78	46.00	/	37.84
	2号机组	50.31	29.53	27.02	19.88	28.06	39.83	16.46	19.92	38.36	/
	3号机组	/	/	/	79.03	35.93	30.99	35.85	30.64	27.76	45.50
	4号机组	/	/	/	/	68.13	36.68	32.88	33.20	42.17	29.98
秦山第三核电厂	1号机组	37.47	/	32.36	31.58	/	24.70	/	61.18	/	73.40
	2号机组	42.98	37.96	/	31.73	29.40	/	35.13	/	75.20	/
田湾核电厂	1号机组	108	55.37	46.55	48.04	47.90	33.39	36.32	31.81	63.26	27.11
	2号机组	66.3	50.17	44.09	39.2	44.24	29.10	31.75	29.38	43.92	/
红沿河核电厂	1号机组	/	/	/	/	/	/	80.79	39.54	37.62	37.29
	2号机组	/	/	/	/	/	/	27.29	149.01	45.58	5.57
	3号机组	/	/	/	/	/	/	/	/	/	59.63
	4号机组	/	/	/	/	/	/	/	/	/	/
宁德核电厂	1号机组	/	/	/	/	/	/	91.03	40.05	/	44.06
	2号机组	/	/	/	/	/	/	/	67.25	46.91	/
	3号机组	/	/	/	/	/	/	/	/	70.80	15.82
	4号机组	/	/	/	/	/	/	/	/	/	54.20

续表

核电厂		2008	2009	2010	2011	2012	2013	2014	2015	2016	2017
		大修用时（天）									
福清核电厂	1号机组	/	/	/	/	/	/	/	88.30	/	36.60
	2号机组	/	/	/	/	/	/	/	/	64.13	36.25
	3号机组	/	/	/	/	/	/	/	/	/	61.15
	4号机组	/	/	/	/	/	/	/	/	/	/
阳江核电厂	1号机组	/	/	/	/	/	/	/	73.93	65.68	/
	2号机组	/	/	/	/	/	/	/	/	78.53	39.52
	3号机组	/	/	/	/	/	/	/	/	31.84	42.38
	4号机组	/	/	/	/	/	/	/	/	/	/
方家山核电厂	1号机组	/	/	/	/	/	/	/	56.70	30.19	35.44
	2号机组	/	/	/	/	/	/	/	22.56	41.12	49.87
昌江核电厂	1号机组	/	/	/	/	/	/	/	/	/	71.25
	2号机组	/	/	/	/	/	/	/	/	/	42.00
防城港核电厂	1号机组	/	/	/	/	/	/	/	/	/	81.75
	2号机组	/	/	/	/	/	/	/	/	/	63.76

说明：1. “/”表示该年度机组未投入商运或未安排大修。

2. 秦山第二核电厂4号机组第5次换料大修跨2016年、2017年，其中2017年内大修用时27.21 天。
3. 红沿河核电厂2号机组第2次换料大修跨2016年、2017年，其中2017年内大修用时5.57天。
4. 宁德核电厂3号机组第2次换料大修跨2017年、2018年，其中2017年15.82天。
5. 福清核电厂3号机组第1次换料大修跨2017年、2018年，其中2017年61.15天。
6. 阳江核电厂3号机组第1次换料大修跨2016年、2017年，其中2017年内大修用时42.38天。
7. 方家山核电厂2号机组第2次换料大修跨2016年、2017年，其中2017年内大修用时为19.07天；第3次换料大修跨2017年、2018年，其中2017年内大修用时为30.80天。机组2017年大修合计用时49.87天。
8. 昌江核电厂2号机组第1次换料大修跨2017年、2018年，其中2017年内大修用时为42.00天。

七、WANO业绩指标

2017年运行核电机组WANO业绩指标达标情况

机组	达到先进值水平指标数量	介于先进值、中值水平之间指标数量	未达到中值指标数量(名称)
秦山第二核电厂1号机组	9	3	2（UA7、US7）
秦山第二核电厂2号机组	11	3	0
秦山第二核电厂3号机组	8	6	0
秦山第二核电厂4号机组	11	3	0
岭澳核电厂1号机组	12	1	1（CRE）
岭澳核电厂2号机组	12	2	0
岭澳核电厂3号机组	12	0	2（UCF 、CRE）
岭澳核电厂4号机组	12	1	1（CRE）
秦山第三核电厂1号机组	10	0	4（UCF、SP5、FRI、CRE）
秦山第三核电厂2号机组	13	0	1（SP5）
田湾核电厂1号机组	8	4	2（UA7、US7）
田湾核电厂2号机组	14	0	0
红沿河核电厂1号机组	9	4	1（CRE）
红沿河核电厂2号机组	12	1	1（UCLF）
红沿河核电厂3号机组	6	3	5（UCF、UA7、US7、FRI、CRE）
红沿河核电厂4号机组	9	3	2（UCF、CRE）
宁德核电厂1号机组	10	0	4（UCF、UCLF 、FLR 、CRE）
宁德核电厂2号机组	11	0	3（UCLF 、FLR、SP1）
宁德核电厂3号机组	12	1	1（SP1）
宁德核电厂4号机组	10	2	2（UCF、CRE）
福清核电厂1号机组	11	2	1（CRE）
福清核电厂2号机组	7	1	6（UCF、UCLF、FLR、UA7、US7、CRE）
福清核电厂3号机组	9	1	3（UCF、SP1、CRE）
阳江核电厂1号机组	13	0	1（SP5）
阳江核电厂2号机组	6	3	5（UA7、US7、SP5、FRI、CRE）
阳江核电厂3号机组	11	1	2（UCF、SP5）
阳江核电厂4号机组	10	1	3（UCLF、FLR、SP5）
方家山核电厂1号机组	10	2	2（CRE、CISA）
方家山核电厂2号机组	11	0	3（UCF、CRE、CISA）
昌江核电厂1号机组	10	0	4（UCF、SP5、CPI、CRE）
昌江核电厂2号机组	8	2	4（UCF、SP1、SP5、FRI）
防城港核电厂1号机组	10	1	3（UCF、SP5、CRE）
防城港核电厂2号机组	9	0	5（UCF、UCLF、FLR、SP5、CRE）

说明：1. 指标英文缩写含义如下：

UCF，机组能力因子；
UCLF，非计划能力损失因子；
FLR，强迫损失率；
GRLF，电网相关损失因子；
UA7，临界7 000小时非计划自动停堆次数；
US7，临界7 000小时自动停堆次数；
SP1，高压安注系统性能；
SP2，辅助给水系统系能；
SP5，应急交流电系统性能；
FRI，燃料可靠性；
CPI，化学性能；
CRE，集体辐照剂量；
ISA，工业安全事故率；
CISA，承包商工业安全事故率。

2. 福清核电厂3号机组2017年的FRI（燃料可靠性）不满足统计条件，无法计算，故其WANO业绩指标只有13项。

2017年运行核电机组单项WANO业绩指标统计

核电厂 / 机组号		机组能力因子（%）	非计划能力损失因子（%）	强迫损失率（%）	电网相关损失因子（%）	临界7 000小时非计划自动停堆次数	临界7 000小时非计划停堆次数	安全系统性能			燃料可靠性（Bq/g）	化学性能	集体辐照剂量（人·Sv）	工业安全事故率	承包商工业安全事故率
								高压安注系统	辅助给水系统	应急交流电系统					
秦山核电厂	1号机组	99.97	0.00	0.00	0.02	0.00	0.00	0.000 0	0.000 1	0.000 1	0.037	1.00	42.07	0.00	0.27
大亚湾核电厂	1号机组	99.98	0.00	0.00	0.00	0.00	0.00	0.000 0	0.000 0	0.000 0	0.037	1.00	56.26	0.00	0.00
	2号机组	88.74	0.01	0.01	0.00	0.00	0.00	0.000 0	0.000 0		0.037	1.00	655.67		
秦山第二核电厂	1号机组	99.52	0.36	0.36	0.00	0.80	0.80	0.000 0	0.000 0	0.000 2	0.037	1.00	32.99	0.00	0.00
	2号机组	88.83	0.01	0.01	0.00	0.00	0.00	0.000 0	0.000 0		0.037	1.00	398.75		
	3号机组	88.42	0.33	0.38	0.00	0.00	0.00	0.000 0	0.000 1	0.000 5	0.037	1.00	316.62	0.00	0.00
	4号机组	90.62	0.00	0.00	0.00	0.00	0.00	0.000 0	0.000 0		0.037	1.00	190.18		
岭澳核电厂	1号机组	89.15	0.01	0.01	0.00	0.00	0.00	0.000 0	0.000 0	0.000 0	0.037	1.00	809.30	0.00	0.00
	2号机组	96.32	0.46	0.48	0.00	0.00	0.00	0.000 0	0.000 0		0.037	1.00	108.08		
	3号机组	86.99	0.02	0.03	0.00	0.00	0.00	0.000 0	0.000 0	0.000 0	0.037	1.00	729.13	0.00	0.00
	4号机组	91.33	0.00	0.00	0.00	0.00	0.00	0.000 0	0.000 0		0.037	1.00	471.25		
秦山第三核电厂	1号机组	79.83	0.00	0.00	0.00	0.00	0.00	0.000 0	0.000 0	0.000 9	1.636	1.00	603.67	0.00	0.00
	2号机组	99.96	0.03	0.03	0.00	0.00	0.00	0.000 0	0.000 0		0.037	1.00	98.49		
田湾核电厂	1号机组	92.05	0.37	0.40	0.00	0.86	0.86	0.000 0	0.000 0	0.000 0	0.037	1.00	305.54	0.00	0.00
	2号机组	99.90	0.03	0.03	0.00	0.00	0.00	0.000 0	0.000 0		0.037	1.00	17.60		
红沿河核电厂	1号机组	88.92	0.38	0.43	0.00	0.00	0.00	0.000 0	0.000 0	0.000 3	0.037	1.00	626.14	0.00	0.00
	2号机组	98.08	1.53	0.00	0.00	0.00	0.00	0.000 0	0.000 0		0.037	1.00	28.72		
	3号机组	83.07	0.10	0.12	0.00	1.13	1.13	0.000 0	0.000 0		71.410	1.00	548.49	0.00	0.00
	4号机组	85.76	0.15	0.17	0.00	0.00	0.00	0.000 0	0.000 0		0.037	1.00	493.89		
宁德核电厂	1号机组	83.66	4.78	4.24	0.00	0.00	0.00	0.000 0	0.000 0	0.000 0	0.037	1.00	874.76	0.00	0.00
	2号机组	98.80	1.18	1.18	0.00	0.00	0.00	0.001 7	0.000 0		0.037	1.00	65.15		
	3号机组	95.62	0.01	0.01	0.00	0.00	0.00	0.001 6	0.000 0		0.037	1.00	300.38	0.00	0.00
	4号机组	84.38	0.10	0.11	0.00	0.00	0.00	0.000 0	0.000 0		0.037	1.00	724.03		

续表

核电厂 / 机组号（性能指标）		机组能力因子（%）	非计划能力损失因子（%）	强迫损失率（%）	电网相关损失因子（%）	临界7 000小时非计划自动停堆次数	临界7 000小时非计划停堆次数	安全系统性能			燃料可靠性（Bq/g）	化学性能	集体辐照剂量（人·Sv）	工业安全事故率	承包商工业安全事故率
								高压安注系统	辅助给水系统	应急交流电系统					
福清核电厂	1号机组	89.46	0.00	0.00	0.00	0.00	0.00	0.000 0	0.000 0	0.000 6	0.037	1.00	468.70	0.00	0.00
	2号机组	86.73	2.67	2.99	0.00	0.90	0.90	0.000 0	0.000 0		0.037	1.00	439.89		
	3号机组	83.01	0.00	0.00	0.00	0.00	0.00	0.000 2	0.000 1	0.000 0	N/A	1.00	695.04	0.00	0.00
阳江核电厂	1号机组	99.61	0.00	0.00	0.00	0.00	0.00	0.000 0	0.000 0	0.005 9	0.037	1.00	30.63	0.00	0.00
	2号机组	87.97	0.46	0.53	0.00	0.92	0.92	0.000 0	0.000 0		1 787.100	1.00	623.16		
	3号机组	86.49	0.00	0.00	0.00	0.00	0.00	0.000 0	0.000 0		0.037	1.00	298.19	0.00	0.00
	4号机组	90.00	9.99	9.99	0.00	0.00	0.00	0.000 0	0.000 0		0.037	1.00	10.82		
方家山核电厂	1号机组	89.52	0.07	0.07	0.00	0.00	0.00	0.000 0	0.000 0	0.000 0	0.037	1.00	447.17	0.00	0.12
	2号机组	85.72	0.00	0.00	0.00	0.00	0.00	0.000 0	0.000 0		0.037	1.00	720.56		
昌江核电厂	1号机组	79.25	0.00	0.00	0.00	0.00	0.00	0.000 0	0.000 0	0.001 2	0.037	1.06	529.79	0.00	0.00
	2号机组	87.78	0.71	0.00	0.00	0.00	0.00	0.0011	0.000 0		1.045	1.00	311.96		
防城港核电厂	1号机组	76.19	0.91	0.00	0.00	0.00	0.00	0.000 0	0.000 0	0.001 9	0.037	1.00	864.59	0.00	0.00
	2号机组	80.70	1.33	1.62	0.00	0.00	0.00	0.000 0	0.000 0		0.037	1.00	511.72		
WANO中值		87.88	1.13	0.64	0.00	0.00	0.00	0.000 1	0.000 1	0.000 7	0.285	1.00	405.68	0.00	0.00
WANO先进值		93.72	0.08	0.03	0.00	0.00	0.00	0.000 0	0.000 0	0.000 0	0.037	1.00	148.50	0.00	0.00

说明：1. 表中WANO单项指标的中值、先进值，为2017年度值，根据2018年3月WANO网站发布的文件《2017_WANO_PIData_Rev》查询得到。福清核电厂4号机组商运时间不满足WANO指标年度周期数据统计要求，故未统计2017年的各项WANO指标数据。2017年实际可统计WANO 性能指标的机组数量为36台。

2. WANO单项指标中，除机组能力因子数值越高表示业绩越好外，其余指标均是数值越低表示业绩越好（燃料可靠性最小值为0.037 Bq/g、化学性能最小值为1.00）。表中各机组的WANO性能指标数据的精度与WANO惯例保持一致，进行了四舍五入。

3. 表中浅灰色□表示该指标没有达到WANO中值，中灰色■表示该指标达到WANO中值但没有达到先进值，深灰色■表示该指标达到WANO先进值。

4. “N/A”表示福清核电厂3号机组第四季度未达到85%额定功率运行，不满足燃料可靠性指标计算要求。

在建核电项目进展情况

截至2017年底，我国共有19台在建核电机组。

一、三门核电厂1～2号机组

<table>
<tr><td colspan="4">一、基本情况</td></tr>
<tr><td>业主单位</td><td colspan="3">三门核电有限公司</td></tr>
<tr><td>主要股东</td><td colspan="3">中国核能电力股份有限公司（51%）、浙江浙能电力股份有限公司（20%）、中电投核电有限公司（14%）、华电福新能源股份有限公司（10%）、中核投资有限公司（5%）</td></tr>
<tr><td>厂址</td><td colspan="3">浙江省三门县健跳镇猫头山半岛</td></tr>
<tr><td>机组堆型</td><td colspan="3">AP1000</td></tr>
<tr><td>设计电功率</td><td colspan="3">1 250 MW</td></tr>
<tr><td rowspan="3">开工日期及计划完工日期</td><td>机组</td><td>开工日期</td><td>计划完工日期</td></tr>
<tr><td>1号机组</td><td>2009-04-19</td><td>2018-11-25</td></tr>
<tr><td>2号机组</td><td>2009-12-15</td><td>2018-12-31</td></tr>
<tr><td colspan="4">二、建设亮点</td></tr>
<tr><td colspan="4">2017年，1号机组先后解决了CA31及MN20中子屏蔽盒泄漏、CCS热交换器换热性能低、ADS1-3级阀门热粘连、ADS-4管道振动高、RV腔室混凝土温度高、PV02/32阀门裂纹、主控室噪音高、IEEE384电缆隔离变更、稳压器排气管线变更、PXS落水管改造、PMS软硬件变更等一大批制约项目进展的重大问题，于6月30日顺利完成补充热试验证，8月25日具备装料条件。2号机组充分结合1号机组的经验反馈，完成共性问题的整改落实并开展调试工作，于5月31日完成了安全壳整体泄漏率试验，9月2日完成冷态水压试验，11月15日开始热态试验。</td></tr>
</table>

三门核电厂1~2号机组里程碑完成情况

序号	里程碑	完成日期	
		1号机组	2号机组
1	框架性合同签订	2007-03-01	×
2	钢衬建造合同授权	2008-06-30	×
3	主合同签订	2007-07-24	×
4	主合同生效	2007-09-24	×
5	授权开工日	2007-12-31	×
6	初步安全分析报告提交给业主	2008-02-27	×
7	核岛开始负挖	2008-02-26	2008-02-26
8	模块预制厂	2008-05-30	×
9	建造许可证	2009-03-26	×
10	大吊车可用	2009-05-21	×
11	核岛FCD	2009-04-19	2009-12-15
12	CA20模块就位	2009-06-29	2010-06-27
13	CV底封头就位	2009-12-21	2010-06-13
14	常规岛FCD	2009-07-21	2010-05-16
15	CA01模块就位	2010-03-26	2010-12-26
16	CV1号环就位	2010-03-18	2010-11-16
17	CV2号环就位	2010-05-31	2011-03-30
18	CV3号环就位	2010-09-12	2011-07-18
19	汽轮机厂房吊车可用	2011-02-28	2012-05-24
20	反应堆压力容器到货	2011-07-29	2014-08-20
21	汽轮机区域开始安装	2011-05-30	2012-03-31
22	凝汽器到货	2011-04-18	2013-02-28
23	发电机到货	2011-08-22	2013-12-25
24	蒸汽发生器到货	2012-10-26	2015-03-05

续表

序号	里程碑	完成日期	
		1号机组	2号机组
25	汽轮机到货	2012-10-15	2013-12-25
26	CV顶封头就位	2013-01-29	2015-07-06
27	厂用电母线送电	2012-03-23	2015-08-25
28	核岛环吊可用	2013-04-22	2015-09-19
29	除盐水可用	2012-03-20	2015-12-18
30	仪控用压缩空气可用	2014-06-08	2015-12-20
31	最终安全分析报告	2012-01-31	×
32	反应堆冷却泵到货	2016-02-08	2016-12-10
33	操作员模拟机可用	2012-06-28	×
34	反应堆冷却系统移交	2016-04-09	2017-08-28
35	反应堆穹顶完工	2014-04-26	2016-04-01
36	主控室可用	2014-03-03	2015-11-25
37	冷态试验	2016-05-24	2017-08-31
38	凝汽器抽真空	2016-06-04	2017-08-26
39	汽机准备冲转	2016-07-20	2017-08-26
40	热态试验	2016-07-30	2017-11-15
41	漏泄率试验结束	2015-11-06	2017-05-31
42	颁发装料许可证	2018-04-25	
43	开始装料	2018-04-25	
44	首次临界		
45	首次并网		
46	性能试验结束		

说明："×"表示该机组没有或不适用此项里程碑。

二、台山核电厂1～2号机组

<table>
<tr><td colspan="4">一、基本情况</td></tr>
<tr><td>业主单位</td><td colspan="3">台山核电合营有限公司</td></tr>
<tr><td>主要股东</td><td colspan="3">中国广核电力股份有限公司（12.5%）、广东核电投资有限公司（10%）、法国电力国际公司（25.6184%）、台山核电产业投资有限公司（47.5%）、EDF（中国）投资有限公司（4.3816%）</td></tr>
<tr><td>厂址</td><td colspan="3">广东省台山市赤溪镇</td></tr>
<tr><td>机组堆型</td><td colspan="3">EPR</td></tr>
<tr><td>设计电功率</td><td colspan="3">1 750 MW</td></tr>
<tr><td rowspan="3">开工日期及计划完工日期</td><td>机组</td><td>开工日期</td><td>计划完工日期</td></tr>
<tr><td>1号机组</td><td>2009-11-18</td><td>2018年</td></tr>
<tr><td>2号机组</td><td>2010-04-15</td><td>2019年</td></tr>
<tr><td colspan="4">二、建设亮点</td></tr>
<tr><td colspan="4">2017年，安全质量总体情况平稳。1号机组热试完成，是全球首台完成该项里程碑的三代EPR项目。热试期间，机组性能和状态得到有效验证，锻炼了工程调试、生产运行队伍等对首堆机组的掌控能力，深化了对首堆建设的总体认识和经验积累。</td></tr>
</table>

台山核电厂1~2号机组里程碑完成情况

序号	里程碑	完成日期	
		1号机组	2号机组
1	核岛设计采购合同签订	2007-11-26	×
2	TG供应合同签订	2008-02-28	×
3	核岛FCD	2009-10-26	2010-04-15
4	常规岛FCD	2009-09-01	2010-03-13
5	泵房（HPX）FCD	2009-11-26	2010-02-04
6	汽轮机基座开始施工	2010-01-15	2010-09-01
7	核岛安装开始（HL*管道）	2010-11-01	2011-08-30
8	穹顶吊装	2011-10-23	2012-09-12
9	除盐水生产系统调试开始	2011-06-15	×
10	主行车可用	2011-12-27	2012-12-29
11	环吊可用	2012-04-23	2013-06-19
12	汽轮机LP1模块到货	2011-10-10	2013-09-15
13	反应堆压力容器到货	2011-10-28	2014-10-29
14	发电机定子到货	2013-10-05	2014-12-08
15	海底隧道完工	2012-11-04	2013-02-03
16	泵站进水	2014-10-30	2017-12-14
17	500 kV可用	2014-08-15	2018-06-21
18	安全壳试验	2016-06-24	
19	NCC(核回路管道冲洗)开始	2013-12-17	2017-12-26
20	冷试开始	2015-12-30	2018-07-03
21	热试开始	2018-04-01	
22	燃料组件到货	2017-04-03	
23	颁发装料许可证	2018-04-10	
24	装料开始	2018-04-10	
25	首次核临界	2018-06-06	
26	首次并网	2018-06-29	
27	具备商业运行条件		

三、阳江核电厂4～6号机组

<table>
<tr><td colspan="4">一、基本情况</td></tr>
<tr><td>业主单位</td><td colspan="3">阳江核电有限公司</td></tr>
<tr><td>主要股东</td><td colspan="3">中国广核电力股份有限公司（34%）、广东核电投资有限公司（25%）、广东省粤电集团有限公司（17%）、中电核电（阳江）有限公司（17%）、中广核一期产业投资基金有限公司（7%）</td></tr>
<tr><td>厂址</td><td colspan="3">广东省阳江市东平镇沙环村</td></tr>
<tr><td>机组堆型</td><td colspan="3">CPR1000</td></tr>
<tr><td>设计电功率</td><td colspan="3">1 086 MW</td></tr>
<tr><td rowspan="5">开工日期及计划完工日期</td><td>机组</td><td>开工日期</td><td>计划完工日期</td></tr>
<tr><td>4号机组</td><td>2012-11-17</td><td>2017-03-15</td></tr>
<tr><td>5号机组</td><td>2013-09-18</td><td>2018-07-15</td></tr>
<tr><td>6号机组</td><td>2013-12-23</td><td>2019-09-15</td></tr>
<tr><td colspan="3">备注：4号机组计划完工日期即实际商运日期。</td></tr>
<tr><td colspan="4">二、建设亮点</td></tr>
<tr><td colspan="4">2017年，5号机组建设克服了核岛安装承包商经验不足、设备质量缺陷等问题，顺利完成机组冷试、热试等里程碑节点。6号机组核岛、常规岛及BOP施工全面展开，核岛主设备实现全部到货并进行安装。</td></tr>
</table>

阳江核电厂4~6号机组里程碑完成情况

序号	里程碑	完成日期		
		4号机组	5号机组	6号机组
1	核岛FCD	2012-11-17	2013-09-18	2013-12-23
2	常规岛FCD	2011-04-08	2013-12-30	2014-05-13
3	核岛安装开始	2014-03-13	2015-03-12	2015-11-11
4	核岛穹顶吊装	2014-06-09	2015-06-12	2016-01-27
5	常规岛安装开始	2013-11-02	2016-01-10	2016-08-01
6	核岛环吊可用	2014-10-15	2015-10-14	2016-06-02
7	汽轮机首台低压缸模块到货	2014-03-10 2016-04-17 2017-03-03	2016-04-17	2017-03-03
8	发电机到货	2014-08-17	2016-11-06	2017-08-14
9	泵站进水	2014-12-29	2016-11-30	2017-07-18
10	反应堆压力容器与蒸汽发生器全部到货	2015-10-31	2016-09-30	2017-09-06
11	核岛主回路冷试开始	2016-04-30	2017-07-21	
12	核岛主回路热试开始	2016-08-22	2017-12-08	
13	开始装载核燃料	2016-11-19	2018-04-20	
14	首次核临界	2016-12-30	2018-05-20	
15	首次并网	2017-01-08	2018-05-23	
16	具备商业运行条件	2017-03-15		

四、田湾核电厂3～6号机组

<table>
<tr><td colspan="4">一、基本情况</td></tr>
<tr><td>业主单位</td><td colspan="3">江苏核电有限公司</td></tr>
<tr><td>主要股东</td><td colspan="3">中国核能电力股份有限公司（50%）、上海禾曦能源投资有限公司（30%）、江苏省国信资产管理集团有限公司（20%）</td></tr>
<tr><td>厂址</td><td colspan="3">江苏省连云港市连云区田湾</td></tr>
<tr><td>机组堆型</td><td colspan="3">VVER（3、4号机组）、M310改进型（5、6号机组）</td></tr>
<tr><td>设计电功率</td><td colspan="3">1 126 MW（3、4号机组）、1 118 MW（5、6号机组）</td></tr>
<tr><td rowspan="6">开工日期及计划完工日期</td><td>机组</td><td>开工日期</td><td>计划完工日期</td></tr>
<tr><td>3号机组</td><td>2012-12-27</td><td>2018-02-15</td></tr>
<tr><td>4号机组</td><td>2013-09-27</td><td>2018-12-27</td></tr>
<tr><td>5号机组</td><td>2015-12-27</td><td>2020-12-31</td></tr>
<tr><td>6号机组</td><td>2016-09-07</td><td>2021-10-31</td></tr>
<tr><td colspan="3">备注：3号机组计划完工日期即实际商运日期。</td></tr>
<tr><td colspan="4">二、建设亮点</td></tr>
<tr><td colspan="4">2017年，3、4号机组大胆开展技术创新，提升管理措施，推进工程建设安全、优质、高效开展。在3号机组热试的准备和实施期间，统筹制定了3号机组整体进度计划，确保机组整体状态的受控以及调试试验项目的顺利实施。在3号机组系统、厂房移交大面积滞后的严峻情况下，公司决策、部署实施3号机组系统和厂房移交代管工作，规范了人员行为，实现系统设备状态、工作管理流程向生产模式的转变，确保了机组装料安全质量。从技术、管理、人力、协调等各个方面进行了充分的筹备和创新，采取了一系列技术保障措施，最终保证国产首台HN1176-6.0型半速汽轮机暨3号机组核冲转一次成功。在3号机组启机试验过程中，公司积极协调华东电网和江苏省调提供机组并网试验窗口，试验参与人员保守决策、规范操作，最终保证了田湾3号机组首次并网一次成功。
2017年，5、6号机组核岛、常规岛重要里程碑节点均提前计划完成，其中5号机组穹顶吊装节点提前一级进度计划65天。</td></tr>
</table>

田湾核电厂3~4号机组里程碑完成情况

序号	里程碑	完成日期	
		3号机组	4号机组
1	建造许可证颁发	2012-12-26	2012-12-26
2	核岛FCD	2012-12-27	2013-09-27
3	常规岛FCD	2013-04-21	2014-02-21
4	UJA厂房内部结构至34 m板完成	2014-11-11	2015-08-09
5	反应堆厂房穹顶焊接完成	2014-12-29	2015-10-24
6	环吊可用	2015-01-20	2015-11-03
7	反应堆压力容器开始安装	2015-02-20	2015-12-12
8	主管道开始安装	2015-06-10	2016-04-13
9	汽轮机安装开始	2015-07-05	2016-07-13
10	除盐水可用	2015-12-14	2015-12-14
11	220 kV倒送电	2016-02-20	2017-01-07
12	预应力张拉完成	2016-03-26	2017-01-17
13	循环冷却（海）水供水	2016-06-05	2017-04-07
14	主控室投用	2016-07-29	2017-05-16
15	500 kV可用	2016-12-04	2017-09-10
16	主回路冷试开始	2016-11-27	2017-11-16
17	主回路热试开始	2017-03-06	
18	首次装料	2017-08-18	
19	首次临界	2017-09-29	
20	首次并网	2017-12-30	
21	商业运行	2018-02-15	

田湾核电厂5~6号机组里程碑完成情况

序号	里程碑	完成日期	
		5号机组	6号机组
1	长周期设备采购合同重启	2015-08-31	2015-08-31
2	项目核准	2015-12-22	2015-12-22
3	获取项目建造许可证	2015-12-23	2015-12-23
4	核岛FCD	2015-12-27	2016-09-07
5	MX常规岛FCD	2016-04-29	2016-10-29
6	PX泵房FCD	2016-06-21	2016-06-21
7	核岛安装开始（NX厂房安装开始）	2017-08-02	2018-03-15
8	穹顶吊装	2017-09-26	2018-05-05
9	常规岛主行车可用	2018-02-05	
10	环吊完全可用	2018-02-06	
11	龙门吊完全可用	2018-04-16	
12	汽轮机安装开始（低压缸安装开始）		
13	压力容器吊装		
14	KX燃料厂房水池可用		
15	主管道焊接开始		
16	220 kV倒送电		
17	PX泵房进水		
18	主控室可用		
19	主泵到货（第三台水力部件及电机）		
20	500 kV可用		
21	安全壳密封性试验完成		
22	冷试开始		
23	汽轮机盘车可用		
24	热试开始		
25	燃料到场		
26	获取装料许可证		
27	装料开始		
28	首次临界		
29	首次并网		
30	商业运行		

五、红沿河核电厂 5～6 号机组

<table>
<tr><td colspan="4">一、基本情况</td></tr>
<tr><td>业主单位</td><td colspan="3">辽宁红沿河核电有限公司</td></tr>
<tr><td>主要股东</td><td colspan="3">中广核核电投资有限公司（45%）、中电投核电有限公司（45%）、大连市建设投资集团有限公司（10%）</td></tr>
<tr><td>厂址</td><td colspan="3">辽宁省瓦房店市红沿河镇东岗村</td></tr>
<tr><td>机组堆型</td><td colspan="3">CPR1000</td></tr>
<tr><td>设计电功率</td><td colspan="3">1 118.79 MW</td></tr>
<tr><td rowspan="3">开工日期及计划完工日期</td><td>机组</td><td>开工日期</td><td>计划完工日期</td></tr>
<tr><td>5号机组</td><td>2015-03-29</td><td>2021-01-31</td></tr>
<tr><td>6号机组</td><td>2015-07-24</td><td>2021-08-31</td></tr>
<tr><td colspan="4">二、建设亮点</td></tr>
<tr><td colspan="4">工程建设推进总体顺利，2017年度一级里程碑按期完成率100%，二级里程碑累计完成率90.1%。工程项目整体安全稳定，安全标准化建设水平呈常态化和稳步上升趋势。红南线建设推进取得重大成果，9月30日完成红南1线送电，标志着红沿河核电一期工程具备了4回500千伏送出线路，实现了2个不同外部电源接入点的安全保障。</td></tr>
</table>

红沿河核电厂5~6号机组里程碑完成情况

序号	里程碑	完成时间	
		5号机组	6号机组
1	取得建造许可证	2015-03-13	2015-03-13
2	核岛FCD	2015-03-29	2015-07-24
3	常规岛FCD	2015-05-15	2015-08-04
4	泵房FCD	2015-08-12	×
5	BOP安装开始	2016-08-15	×
6	核岛安装开始	2016-11-30	2017-08-07
7	穹顶吊装	2017-04-12	2017-09-08
8	反应堆厂房环吊可用	2017-10-31	
9	常规岛安装开始	2017-08-25	2018-01-19
10	反应堆压力容器到货	2018-03-18	
11	汽轮机首台低压缸到货	2017-12-22	
12	发电机到货		
13	泵站进水		
14	500 kV可用		
15	冷试开始		
16	热试开始		
17	核燃料组件运到现场		
18	取得装料许可证		
19	装料开始		
20	首次临界		
21	汽轮机冲转		
22	首次并网		
23	具备商运条件		

说明：“×”表示该机组没有或不适用此项里程碑。

六、福清核电厂4～6号机组

<table>
<tr><th colspan="4">一、基本情况</th></tr>
<tr><td>业主单位</td><td colspan="3">福建福清核电有限公司</td></tr>
<tr><td>主要股东</td><td colspan="3">中国核能电力股份有限公司（51%）、华电福新能源股份有限公司（39%）、福建省投资开发集团有限责任公司（10%）</td></tr>
<tr><td>厂址</td><td colspan="3">福建省福州市福清市三山镇前薛村</td></tr>
<tr><td>机组堆型</td><td colspan="3">M310改进型（4号机组）、“华龙一号”（5、6号机组）</td></tr>
<tr><td>设计电功率</td><td colspan="3">1 089 MW（4号机组）、1 150 MW（5、6号机组）</td></tr>
<tr><td rowspan="5">开工日期及
计划完工日期</td><td>机组</td><td>开工日期</td><td>计划完工日期</td></tr>
<tr><td>4号机组</td><td>2012-11-17</td><td>2017-09-17</td></tr>
<tr><td>5号机组</td><td>2015-05-07</td><td>2020-07-08</td></tr>
<tr><td>6号机组</td><td>2015-12-22</td><td>2021-04-30</td></tr>
<tr><td colspan="3">备注：4号机组计划完工日期即实际商运日期。</td></tr>
<tr><th colspan="4">二、建设亮点</th></tr>
<tr><td colspan="4">2017年，福清核电厂5号机组提前15天实现穹顶吊装，荣获“2015—2017年度中国十大核科技进展”，首台蒸发器成功吊装就位标志着该机组核岛安装进入高峰期；6号机组提前完成穹顶现场拼装。
2017年，福清核电树立“技能优先”理念，培养“福核工匠”，组建核心技术团队6个，技能工作室3个；制定组织实施专项工作任务，编制具有自主知识产权的《“华龙一号”标准化管理手册》，成立维修人员技能培训专项组，校企合作开展新员工技能专项培训。</td></tr>
</table>

福清核电厂4号机组里程碑完成情况

序号	里程碑	完成日期
1	核岛FCD	2012-11-17
2	常规岛第一罐混凝土	2013-01-23
3	核岛安装开始	2014-03-27
4	穹顶吊装	2014-06-24
5	环吊可用	2014-11-12
6	常规岛主行车可用	2014-11-29
7	压力容器安装开始	2015-01-20
8	汽轮机安装开始	2015-04-30
9	主管道焊接完成	2016-04-15
10	主控室部分可用	2015-07-31
11	电气厂房送冷风	2015-12-28
12	500 kV可用	2016-03-31
13	冷试开始	2016-12-19
14	热试开始	2017-03-25
15	燃料到场	2017-03-16
16	获取装料许可证	2017-06-13
17	装料开始	2017-06-13
18	首次临界	2017-07-16
19	首次并网	2017-07-29
20	临时验收	2017-09-14

福清核电厂5~6号机组里程碑完成情况

序号	里程碑	完成日期	
		5号机组	6号机组
1	获取项目建造许可证	2015-05-06	2015-05-06
2	核岛FCD	2015-05-07	2016-02-28
3	常规岛FCD	2015-10-30	2016-08-24
4	泵房FCD	2015-11-06	2015-11-06
5	反应堆厂房内筒体混凝土施工开始	2015-10-18	2016-07-12
6	核岛安装开始	2016-09-20	2017-08-06
7	内穹顶吊装	2017-05-25	
8	BOP安装开始	2017-04-06	
9	环吊可用	2017-10-12	
10	常规岛安装开始	2017-09-17	
11	反应堆压力容器到场		
12	反应堆压力容器安装完成		
13	最后一台蒸发器到场	2017-12-24	
14	DCS全部到场		
15	汽轮机安装开始		
16	220 kV倒送电		
17	主泵全部到场		
18	主管道焊接完成		
19	主控室部分可用		
20	泵房进水		
21	500 kV可用		
22	冷试开始		
23	汽轮机盘车可用		
24	燃料到场		
25	热试开始		
26	获取装料许可证		
27	装料开始		
28	首次临界		
29	首次并网		
30	具备商运条件		

七、防城港核电厂3～4号机组

<table>
<tr><td colspan="4">一、基本情况</td></tr>
<tr><td>业主单位</td><td colspan="3">广西防城港核电有限公司</td></tr>
<tr><td>主要股东</td><td colspan="3">防城港3、4号机组股东及股比暂未确定</td></tr>
<tr><td>厂址</td><td colspan="3">广西壮族自治区防城港市光坡镇红沙澫</td></tr>
<tr><td>机组堆型</td><td colspan="3">“华龙一号”（3、4号机组）</td></tr>
<tr><td>设计电功率</td><td colspan="3">1 180 MW（3、4号机组）</td></tr>
<tr><td rowspan="3">开工日期及计划完工日期</td><td>机组</td><td>开工日期</td><td>计划完工日期</td></tr>
<tr><td>3号机组</td><td>2015-12-24</td><td>2021-02-28</td></tr>
<tr><td>4号机组</td><td>2016-12-23</td><td>2022-02-28</td></tr>
<tr><td colspan="4">二、建设亮点</td></tr>
<tr><td colspan="4">2017年，3、4号机组工程建设稳步推进，全年5个工程一级里程碑全部完成。施工图纸设计进度满足现场需求，全厂采购包全部签约完成，主设备制造进展顺利，安全、质量状态良好，总体风险可控。</td></tr>
</table>

防城港核电厂3~4号机组里程碑完成情况

序号	里程碑	完成日期	
		3号机组	4号机组
1	场平工程开工	×	×
2	核岛负挖工程开工	2015-02-08	2016-01-11
3	RPV、SG合同签订	2015-05-23	×
4	常规岛FCD	2016-09-28	2017-05-26
5	核岛FCD	2015-12-24	2016-12-23
6	DCS合同签订	2016-02-23	×
7	泵房FCD	2016-11-28	2017-01-11
8	BOP安装开始	×	×
9	核岛安装开始	2017-10-16	
10	安全壳穹顶吊装		
11	常规岛安装开始		
12	首个单系统（SDA）调试开始		×
13	反应堆厂房环吊可用		
14	汽轮机首个LP模块到货		
15	发电机定子到货		
16	反应堆压力容器和蒸汽发生器全部到货		
17	泵站进水		
18	500 kV可用		
19	核岛主回路冷试开始		
20	核岛主回路热试开始		
21	装料		
22	首次临界		
23	首次并网		
24	具备商业运行条件		

说明：“×”表示该机组没有或不适用此项里程碑。

八、海阳核电厂1～2号机组

<table>
<tr><td colspan="4">一、基本情况</td></tr>
<tr><td>业主单位</td><td colspan="3">山东核电有限公司</td></tr>
<tr><td>主要股东</td><td colspan="3">国家核电技术公司（65%）、山东省国际信托股份有限公司（10%）、烟台蓝天投资控股有限公司（10%）、中国国电集团公司（5%）、中国核能电力股份有限公司（5%）、华能核电开发有限公司（5%）</td></tr>
<tr><td>厂址</td><td colspan="3">山东省海阳市大辛家</td></tr>
<tr><td>机组堆型</td><td colspan="3">AP1000</td></tr>
<tr><td>设计电功率</td><td colspan="3">1 250 MW</td></tr>
<tr><td rowspan="3">开工日期及合同规定完工日期</td><td>机组</td><td>开工日期</td><td>合同规定完工日期</td></tr>
<tr><td>1号机组</td><td>2009-09-24</td><td>2014-05-31</td></tr>
<tr><td>2号机组</td><td>2010-06-20</td><td>2015-03-31</td></tr>
<tr><td colspan="4">二、建设亮点</td></tr>
<tr><td colspan="4">2017年，面对建安、调试、生产深度交叉的局面，充分发挥业主作用，统筹协调，建立调试生产一体化协调机制，强化关键路径控制，狠抓先决条件落实，加强现场组织和资源配备，山东核电有限公司围绕年初确定的“保安全、保质量、抓体系、抓生产、促管理、促发展”核心任务，全力推进各方面工作：1号机组完成了热态补充试验，现场已具备装料条件，待颁发装料许可证后，即可开始装料工作；2号机组已全面进入调试阶段，实现了主泵到场安装、燃料厂房可用、PMS安装调试、CV泄漏率试验、冷试等重要节点。</td></tr>
</table>

海阳核电厂1~2号机组里程碑完成情况

序号	里程碑	完成日期	
		1号机组	2号机组
1	框架协议签订	2007-03-01	2007-03-01
2	主合同签字	2007-07-24	2007-07-24
3	主合同生效	2007-09-24	2007-09-24
4	ATP授权开工	2007-12-31	2007-12-31
5	最初安全分析报告提交业主	2007-12-01	2007-12-01
6	授予模块预制合同	2008-11-13	2008-11-13
7	开始核岛负挖	2008-07-29	2008-08-31
8	重型吊车可用	2009-12-31	2009-12-31
9	获得建造许可证	2009-09-24	2009-09-24
10	核岛FCD	2009-09-24	2010-06-20
11	常规岛FCD	2010-05-15	2010-09-16
12	CA20模块就位	2010-01-30	2010-12-21
13	安全壳底封头就位	2010-04-09	2010-10-30
14	CA01模块就位	2010-09-27	2011-04-06
15	安全壳1号环就位	2010-07-01	2011-03-13
16	安全壳2号环就位	2010-10-12	2011-04-28
17	安全壳3号环就位	2010-11-29	2011-10-30
18	安全壳4号环就位	2011-09-22	2012-05-13
19	常规岛汽轮机安装开始	×	×
20	冷凝器到货	2011-11-10	2013-08-13
21	压力容器交付至现场	2011-11-09	2014-09-10
22	发电机到货	2012-05-21	2014-05-30
23	电站设施母线受电	2012-12-28	2014-12-23
24	两台蒸汽发生器交付至现场	2012-12-11	2015-03-31
25	除盐水可用	2012-12-21	2012-12-21
26	最终安全分析报告提交	2012-08-31	2012-08-31
27	模拟机可用于运行培训	2013-05-03	2013-05-03
28	安全壳顶封头就位	2013-03-29	2015-08-04
29	核岛环吊可用	2013-06-29	2015-10-30
30	核岛反应堆外穹顶完工	2013-03-29	2015-08-04
31	主控室可用	2015-05-25	2016-05-28
32	汽轮机具备受汽条件	2015-12-23	2016-12-16
33	开始热试	2016-08-31	2018-02-25
34	装料许可发布		
35	开始装料		
36	首次临界		
37	首次并网		
38	性能试验结束EPT		

说明：“×”表示该机组没有或不适用此项里程碑。

九、石岛湾核电厂高温气冷堆核电站示范工程

<table>
<tr><td colspan="3">一、基本情况</td></tr>
<tr><td>业主单位</td><td colspan="2">华能山东石岛湾核电有限公司</td></tr>
<tr><td>主要股东</td><td colspan="2">中国华能集团公司（47.5%）、核建高温堆控股有限公司（32.5%）、清华控股有限公司（20%）</td></tr>
<tr><td>厂址</td><td colspan="2">山东省荣成市石岛管理区宁津街道办事处辖区</td></tr>
<tr><td>机组堆型</td><td colspan="2">高温气冷堆</td></tr>
<tr><td>设计电功率</td><td colspan="2">211 MW</td></tr>
<tr><td rowspan="2">开工日期及计划完工日期</td><td>开工日期</td><td>计划完工日期</td></tr>
<tr><td>2012-12-09</td><td>2020-06-30</td></tr>
<tr><td colspan="3">二、建设亮点</td></tr>
<tr><td colspan="3">2017年，示范工程以主设备、主工艺系统安装为主线，以系统移交为抓手开展各项工程管理。完成了汽轮机扣缸、220 kV倒送电、2号陶瓷堆内构件安装、2号堆压力容器扣盖、汽轮机投盘车等关键节点，系统移交稳步推进。</td></tr>
</table>

石岛湾核电厂高温气冷堆核电站示范工程里程碑完成情况

序号	里程碑	完成日期
1	建造许可证获颁	2012-12-04
2	核岛第一罐混凝土开始浇筑	2012-12-09
3	反应堆厂房 ± 0.00 m板施工完成	2014-03-28
4	常规岛第一罐混凝土开始浇筑	2014-09-07
5	反应堆厂房+28.05 m板施工完成	2015-04-20
6	汽轮机厂房封顶	2015-10-24
7	常规岛厂房主行车可用	2015-11-12
8	上报装料许可证申领文件（FSAR等）	2015-12-17
9	2号反应堆具备主设备吊装条件	2016-03-10
10	反应堆厂房大厅吊车可用	2016-03-06
11	模拟机可用	2015-12-20
12	2号反应堆陶瓷堆内构件安装开始	2016-11-25
13	汽轮机台板就位	2016-07-10
14	110 kV倒送电	2016-10-16
15	主控室可用	2016-12-29
16	2号蒸汽发生器到货	
17	2号反应堆三壳组装完成	
18	220 kV倒送电	2017-06-19
19	汽轮机扣缸	2017-03-31
20	2号反应堆主回路试压开始	
21	循环水系统通水	
22	燃料元件到场	
23	2号反应堆主回路热试开始	
24	2号反应堆装料开始	
25	汽轮机油循环结束	2017-05-31
26	2号反应堆空气气氛下首次临界	
27	汽轮机调速静止试验结束	
28	2号反应堆氦气气氛下首次临界	
29	汽轮机核冲转	
30	首次并网	
31	2号反应堆满功率试验结束	
32	100小时满功率运行	

核燃料循环

发展现状

“国内开采、海外开发、国际贸易、战略储备”四位一体的天然铀供应保障体系逐步完善。国内铀勘查与采冶能力不断提升，截至2017年底，我国已经落实了6个万吨至10万吨级铀矿资源基地，已探明的32个大型及以上规模的铀矿床的资源量约占全国已查明铀矿资源量的近60%。我国绿色铀矿大基地建设步伐加快，蒙其古尔绿色铀矿山基地全面建成，松辽盆地西南部初步发现长度超过10 km的砂岩铀矿带，800 m超深地浸采铀工艺取得突破。海外铀资源开发取得重大进展，通过投资开发项目、积极参股国际铀资源公司、加大铀贸易力度，海外铀资源掌控能力进一步加强。

核燃料加工能力不断提升，关键环节实现技术重大突破，为满足国内及出口核电站对核燃料的需求提供了保障。经过“十二五”期间的发展，铀纯化转化、铀浓缩产能与压水堆组件生产能力均大幅提升。2017年，我国铀转化生产线全线建成，成为具备万吨级铀转化能力的国家，新一代铀浓缩专用设备实现工程化运行。国内核电站基本实现核燃料本土化供应，自主品牌核燃料组件正在加快发展，核级锆材完成国产化。AP1000核燃料元件生产线全面建成，实现了国产化；三门核电首炉换料燃料组件生产任务圆满完成，自主研发的CAP1400燃料定型组件顺利下线。CF3核燃料组件研制顺利推进，完成全部堆外试验。核燃料关键材料N36锆合金具备批量化生产和应用条件。最新型的CF3A先导组件研制成功，即将在方家山核电机组进行运行考验。全球首条高温气冷堆燃料元件生产线实现规模化工业生产。事故容错燃料（ATF）从概念、材料研究开始转向工程示范研究，中核研制的ATF燃料碳化硅包壳管实现入堆辐照，中广核的ATF候选材料正式进入研究堆进行中子辐照测试。

乏燃料管理水平和能力不断提升。2017年，中核集团成功研发了具有自主知识产权的大型商用乏燃料运输容器原型样机（龙舟－CNSC），并具备批量化生产能力，乏燃料运输容器长期依赖国外制造的情况将得到改善。国家正着力筹建公－海－铁联合的乏燃料运输体系，已经启动相关准备工作。在后处理方面，我国已经掌握了乏燃料后处理主要工艺流程，60吨规模的乏燃料后处理中试厂于2010年完成热调试；自主建设的200吨乏燃料后处理示范工程项目已经获得批复，配套水池已经开工建设。中法合作建设大型商业后处理厂商务谈判进入尾声。

放射性废物管理工作继续向前推进。近年来，各核电厂加强废物最小化管理，通过源头控制、合理分类收集和改进处理工艺等措施，取得了良好效果。低中放废物处置库初步建成一定规模。中低放废液处理处置能力全面形成。高放废物处理处置取得阶段性进展。通过国际合作，中国已经基本建成煅烧—熔融两步法玻璃固化装置，并正在开发冷坩埚玻璃固化技术。与高放废物地质处置库建设相关的选址、地质处置物理化学、处置工程、安全评价等工作也在向前推进中。

铀矿勘查与采冶

一、中国核工业集团有限公司

2017年，中国核工业集团铀业有限公司获得国防科技进步二等奖2项、三等奖5项，集团科技进步二等奖7项、三等奖8项，其中《中国砂岩型铀矿理论技术体系创新与找矿重大突破》荣获集团科技特等奖。“千吨级大型铀矿基地绿色高效浸出技术及工程应用”取得5项内容共15个技术创新，通过国防科工局组织的重大科技成果鉴定。

加强核心技术专利群建设，全年申报发明专利100多项、授权70余项；新制（修）订核行业标准12项，制定集团企业标准10项。

承办中国核学会铀矿地质分会和铀矿冶分会学术会议。受IAEA委托，组织承办“地浸采铀良好实践、安全与监管国际研讨会”，来自38个国家的135名代表参会，达成多项国际合作意向。参展2017中国国际矿业大会并主办“铀论坛”，国土资源部和天津市有关领导对中国铀业科技创新、铀矿找矿、绿色矿山和“一带一路”等成果给予高度评价。参加内蒙古国际清洁能源产业博览会，组织参与中国矿联组织的绿色矿业发展战略联盟。

取得重大科研成果10项。北方沉积大盆地首次突破1 000m深度砂岩型铀矿三维地震探测技术，预测成矿远景区20余片。南方相山等地区实现了1:5万到1:1万大比例尺高精度物化探测量全覆盖，构建了可透视化“玻璃体”地质结构和四维成矿模型。自主研发了我国首个铀矿地质野外移动实验室，在国内同领域测量元素种类最多、技术指标国内领先。地质科研工作承接了土壤调查、环境评价、页岩气、地灾治理、地理信息等多个领域技术服务项目，成效显著。

伊犁突破了800米深钻孔成井工艺。通辽突破了新型防砂可更换式钻孔结构，铀资源回收率提高了15%。沽源氧压浸出现场试验钼回收率由30%~40%提高到90%以上，并应用于日产600吨的钼矿技改项目工业设计。首次建立了虚拟现实VR系统应用于数字化矿山建设，实现了三维虚拟场景沉浸式体验及数据关联，三维协同设计能力大幅提升。全面打通从独居石精矿回收铀、钍、稀土的关键技术流程和设备制造工艺，完成日产1吨的现场扩大试验，为年产3万吨的独居石工业项目提供设计依据。云南381地浸试验基地完成50 000 t地下水修复，铀浓度由5 mg/L降至0.7 mg/L。

通过调整改革，硬岩产量比例由36%下降至20%，砂岩产量比例由64%上升至80%，形成以北方砂岩大基地为主体，南方硬岩大基地为补充的天然铀产能布局结构。

以对标促达标，以对标促管理，以对标创效益，完善对标管理体系。将生产原材料、动力消耗等列入车间考核内容，优化工艺参数、降低生产材料单耗。2017年铀矿山企业主要原材料与动力成本较上年降低0.22万元/吨。

依照质量综合提升工程实施方案，组织开展确定年度质量提升阶段目标和行动计划，分别组织了“核地质分析测试技术与质量研讨会”“放射性勘查计量与测量学术交流会”等学术会议，取得了良好的效果。鼓励广大一线员工积极参与质量改进活动，组织评选优秀QC小组向集团公司推荐，全员质量管理思想和质量管理工作在班组建设中得到广泛应用，获得集团公司优秀QC小组一等奖、二等奖2项、三等奖5项。全年钻探优质孔率95%，继续保持高位运行；天然铀产品质量一次交验合格率98%，铀纯化产品出厂合格率100%。

系统开展“4.6”安全活动日、全国安全生产月、职业病防治宣传周、领导一堂课、全员安全承诺等活动。

持续开展隐患排查治理。2017年排查隐患3 971项，完成整改3 940项，整改率99.22%。开展反“三违”工作，处理“三违”行为190人次，罚款61 680元。

全面启动了安全生产标准化达标评审工作，9家单位通过了复评，6家单位达到二级。

投入安全环保整治资金2 304万元，实施了60项较大隐患的整治。

二、中国广核集团有限公司

1.中广核湖山铀矿生产爬坡趋于稳定

2017年，中广核在纳米比亚的湖山铀矿项目正式投产，全年天然铀产量达到1 000余吨八氧化三铀，首批铀产品已运回国内，打通生产、运输、销售全流程。

2.国内铀矿开采试点取得突破

2017年9月7日，经国务院批准，国防科工局正式同意中广核试点开采新疆萨瓦甫齐铀矿。这是中广核在国内投资的第一个天然铀资源基地，铀资源储量已达到国内大型矿床级别。目前坑探工程首次掘进至含铀矿层。

核燃料生产

一、中国核工业集团有限公司

1.重点项目投资建设

基本建设投资。中国核燃料有限公司进一步规范项目管理，加强项目验收前审核把关等关键环节管控，工程项目建设完成年度任务。会同地方工办顺利完成4个项目验收前的合规性检查和现场竣工验收。工程质量符合国家规范和行业质量标准，各个工程均按年度计划顺利完成了考核目标。

2.重点科研

关键技术研究。强化重大科研项目和成果知识产权管理，加大对生产运行技术服务与支持力度。积极推进国防预研、核能开发、集团重大专项，重点完成N36锆合金管棒材工艺和产品合格性鉴定，为20组CF3燃料组件制备N36管棒材；推进稳定同位素制备等项目实施，推进智能制造相关研究项目立项。

重大科研成果。2017年，中国核燃料有限公司获国防科技进步一等奖1项，二、三等奖9项。获集团公司科技进步奖27项。申请专利655件，获授权专利302项，其中发明专利129项。“全球首条高温气冷堆元件生产线投料生产”“中国先进大型铀纯化转化生产线建成投产”入选“2015—2017年度中国十大核科技进展奖”。此外，2017年中国核燃料有限公司举办首届“核燃料杯”青年科技报告会。

二、中国广核集团有限公司

1.核燃料生产方面

中哈合资组件厂是国家“一带一路”倡议和哈萨克斯坦“光明之路”的标志性项目，也是中广核核燃料产业布局的重大战略项目。2017年，项目工程建设、生产准备、组件采购及运输等各项工作都在稳步推进中，预计2018年完成厂房设计并启动厂房改造工程。

2.乏燃料和放射性废物处理、处置的情况

2017年，中广核积极构建乏燃料运输体系。从西班牙采购的国内首台高燃耗乏燃料运输容器实现“零关税”进口，并完成设备调试；新增采购6台乏燃料运输容器已完成采购合同签署；乏燃料运输所需的体系建设、人才培养工作也在同步开展。

三、国家电力投资集团有限公司

国核铀业发展有限责任公司（简称“国核铀业”）成立于2016年8月31日，是国家核电的全资子公司，是国家核电所属核电项目天然铀及核燃料集中采购与供应平台。成立以来，国核铀业本着“创新、创造、创业”的理念，企业规模迅速壮大，建立起天然铀、燃料组件和乏燃料处理等研发设计团队，成为国内第三家天然铀进口专营企业，各项业务均取得了阶段性进展。

核能科研

国家科技重大专项

一、大型先进压水堆核电站

CAP1400示范项目核岛各厂房0版工程设计图纸已基本完成，累计发布设计文件/图册34 000余份；核岛BOP子项共计45个，已完成33个子项的施工设计；常规岛及BOP已正式提交施工图纸630册，设计工作量完成已超过95%。施工图纸文件准备满足FCD开工及后续施工要求。

二、高温气冷堆核电站示范项目

高温气冷堆核电站示范工程进展情况

（一）科研攻关和技术研发进展

设计进展和图纸供应满足工程计划总体要求。核岛、常规岛系统安装图于5月全部提交，工程设计基本完成。系统关键技术研发及试验验证基本完成，燃料装卸系统试验验证于4月全部完成，控制棒驱动机构热态试验抽查4套全部完成，17套完成冷态试验；设计方于7月提出将吸收球停堆系统落球方式由非能动变更为能动，相关设计方案已完成。

（二）设备制造进展

两台蒸汽发生器壳体完成水压试验，38套换热单元全部制造完成，给水连接管于6月初全部焊接完成，第一台设备已全面重启出口连接管焊接工作；两台主氦风机于4月总装完成，正在进行性能试验；控制棒驱动机构48套棒体于5月全部装配完成；首堆吸收球落球装置于9月到货；已完成31万个核燃料元件加工，燃料元件运输、贮存容器于3月开工制造；各主设备及仪控系统的制造质量和进度总体受控。

（三）土建安装进展

示范工程核岛、常规岛各子项已全部移交安装；1号堆金属堆内构件堆芯壳于2017年1月21日完成吊装，9月24日调整就位；2号压力容器顶盖于10月21日试装完成，12月27日吊装就位；汽轮机于7月30日投盘车成功；首堆陶瓷堆内构件于6月8日完成安装；核岛、常规岛系统安装分别完成约78.6%和85%。

（四）科技创新工作进展

华能山东石岛湾核电有限公司牵头实施的重大专项课题共申请专利123项，其中发明专利申请62项，已授权专利76项，申请计算机软件著作权3项，发表论文30余篇，形成技术标准（企业标准）175项，技术秘密7项，开发工装、工具、设备和辅助检测装置20余套，形成关键技术文件、报告100余份。各项研究课题均为高温气冷堆关键系统，填补了国内多项技术空白。

重大专项课题主要成果包括建成了具

有自主知识产权和工业规模的高温气冷堆核燃料元件生产线；金属堆内构件制造技术研究中突破了关键核心技术：堆芯壳埋弧焊接技术、堆芯壳热丝TIG焊接技术；成功研制高温气冷堆汽轮机、高温气冷堆主氦风机、高温气冷堆主蒸汽隔离阀、高温气冷堆汽水分离器、氦气辅助系统隔膜压缩机样机，取得CNFC-HTR新燃料运输容器设计批准书。

核能科研开发成果

一、中国核工业集团有限公司

科技创新是企业增强核心竞争力的动力和源泉。2017年，中核集团深入贯彻实施创新驱动发展战略，在加快建设创新型集团方面做了一系列卓有成效的工作。加强科技创新顶层设计，发布《科技创新发展战略纲要（2030）》。对接国家战略需求，部署一批重大科研项目。持续加大科技投入，2017年研发投入达到56亿元，占营业收入6.4%。发布《创新科技管理体制机制、促进科技成果转化的若干措施》，设立“彭士禄核动力创新奖”，启动实施“核技术创新联合基金”。

“华龙一号”标准化取得新进展。“燕龙”泳池式低温供热堆正式发布，为冬季供暖提供新的选择。核动力综合保障破冰船工程全面启动。海南昌江小堆示范工程获得路条。突破800米超深地浸采铀工艺，初步形成“第二开发空间”。新一代铀浓缩专用设备研制进展顺利。核燃料关键材料N36锆合金具备批量化生产和应用条件。CF3A先导组件研制成功，完成产品交付。ATF燃料碳化硅包壳管在国内率先实现入堆辐照。后处理科研专项获国家批复。新型玻璃固化技术取得重要进展，初步掌握高放废液转形技术。我国第一座低放有机废液处理工程冷试成功，填补国内相关技术空白。新型放射性同位素热源研制成功。完成230兆电子伏质子治疗核心部件研制，具备总装集成条件。中国先进研究堆首次产生冷中子束流，束流品质达到国际先进水平。超安微堆合作进入实质性阶段。数字核工业建设取得新突破。

2017年，集团公司获国家科技进步一等奖1项；首次获得国防科技进步特等奖1项，获一等奖3项；获中国专利优秀奖1项。申请专利2 300余项，获专利授权1 100余项。为鼓励科技创新，授予成员单位集团科技奖130项。核动力院荣获全国质量奖卓越项目奖，工程公司、海南核电等4个质量管理小组获得国际金奖。

二、中国广核集团有限公司

2017年，中广核多项重大科研项目包括“华龙一号”、先进燃料组件、和睦系统等，取得可喜成果，集中推动提升中广核科技能力，助力中广核实现建设世界一流清洁能源企业目标。

承担国家科研项目方面，2017年中广核牵头的两项国家科技部重点研发计划“核电堆芯运行状态监测仪研发与应用”

与“核电关键材料服役行为的高通量评价与预测技术”正式获批并启动。同时，一批国家项目通过正式验收。其中，“核电站严重事故应急救援专用装备研制”项目通过国家能源局组织的验收，相关成果已应用于台山、岭澳等核电项目，并可推广至船舶、港口等非核领域；“反应堆系统提升严重事故应对能力关键技术研究”项目通过国防科工局组织的验收并被评定为“优秀”，在严重事故缓解、诊断、预测等方面取得一批重要成果，已成功应用于多个核电应急场合。

核能研发平台建设方面，2017年中广核积极开展8个国家级研发中心、1个国家重点实验室和6个集团级研发中心的建设，在研发能力、国家与省部级奖项等方面取得较大的成果。其中，核电站安全壳内不可接近设备研发和试验中心二期项目通过验收，“和睦系统实时操作系统设计技术”荣获中国核能行业协会2017年度科学技术奖一等奖，“基于FPGA技术的核电站仪控系统平台研制”荣获中国仪器仪表学会2017年度科学技术奖一等奖。

三、国家电力投资集团有限公司

核能科技创新能力显著提升，在大型先进压水堆核电站和高温气冷堆核电站国家科技重大专项的支持和带动下，通过引进消化吸收和再创新，我国快速掌握了世界先进的非能动设计理念，并成功借鉴和应用到自主三代核电设计中，大大提升了核电站的安全性。

截至2017年底，重大专项共形成知识产权成果3 492项，申请中国专利1 622项（其中发明专利700项），已获得中国授权专利1 109项（其中发明专利250项），各类标准751份，形成新产品、新材料、新工艺、新装置293项，新建43个试验台架，改造11个试验台架。完成CAP1400关键技术研究，CAP1400反应堆保护系统1:1工程样机研制成功，CAP1400屏蔽主泵空载试验和诊断实验顺利完成，CAP系列爆破阀顺利通过全部鉴定，CAP1400示范工程1号机组主管道全部制造完成，CAP1400反应堆压力容器水压试验一次成功，堆内构件完成研制，控制棒驱动机构完成寿命考核试验。基本完成CAP1400型号施工设计，完成核岛各厂房0版工程设计，完成CAP1400示范工程FCD所有施工准备工作。我国首条AP1000核燃料元件生产线正式建成投产，堆内考验用新锆合金小组件通过验收。

2017年1月，具有我国完全自主知识产权的NuPAC平台，通过中国国家核安全局和美国核管理委员会（NRC）许可，成为全球首个通过中美政府核安全监管机构行政许可的核电站反应堆保护系统平台。NuPAC平台的研发成功，打破了国际知名核电仪控企业在该领域的长期垄断，为中国先进核电技术进入欧美市场提供了技术准入，对于我国的核电技术走向全世界具有重要的示范意义。

2017年3月17日，全球首台CAP1400反应堆压力容器用国产O形密封环进行水压试验一次成功，顺利通过“大型先进压水堆及高温气冷堆核电站”国家科技重大专项CAP1400示范工程1号机组反应堆压力容器水压试验。该水压试验一次性顺利完成，标志着核电站主回路压力边界核心设备的国产O形密封环已实现国产化，并进入了实际工程应用，为三代核电批量化建设打下良好基础。O形密封环是核电站主回路压力边界核心设备，长期以来一直依赖进口，核心技术和产品被国外垄断。CAP1400反应堆压力容器O形密封环的研制成功，打破了国外公司的独家垄断局面，填补了国内空白，技术水平达到了国际先进水平，部分优于国外产品。

核电工程设计、建造与管理

发展现状

2017年，阳江核电4号机组、福清核电4号机组先后投入商业运行。田湾核电3号机组首次并网成功。中核集团在福建省霞浦宣布示范快堆工程土建开工，成为我国2017年开工建设的唯一一台核电机组。我国在建核电机组达到20台，装机容量2 287万千瓦，在建规模仍居世界首位，在建核电工程质量得到有效控制。

台山核电1号机组在全球第一个完成了EPR项目热态功能试验的里程碑，进入装料准备阶段。AP1000自主化依托项目建设取得新的进展，三门核电1号机组、海阳核电1号机组均通过首次装料前综合核安全检查，具备装料条件。“华龙一号”全球首堆示范工程—福清核电5号机组提前15天实现穹顶吊装，全面进入设备安装阶段。石岛湾高温气冷堆核电站示范工程主体工程进入安装调试高峰，质量和进度总体受控。其他核电项目进展顺利。

核电工程设计与管理

一、中国核工业集团有限公司

2017年，是中国核电工程有限公司(以下简称“工程公司”)全面深化改革的一年，是实现“十三五”规划承前启后、继往开来的关键之年。在集团公司的坚强领导下，工程公司深入学习贯彻党的十九大精神，党建及党风廉政建设全面加强，专项工程研发设计取得突破，在建总包核工程项目有序推进，生产经营活力与管理水平持续提升，圆满完成了2017年度各项工作。后处理科研专项获国家批复；“华龙一号”全球首堆示范工程里程碑节点按期或提前实现，李克强总理对福清核电5号机组建设作出重要批示；821总包项目进展获国防科工局肯定；大型乏燃料运输容器研制成功，打破国外技术垄断；工程公司参与的“核燃料元件研制线”获国防科技进步一等奖，“非能动安全壳热量导出系统”首次获国家专利优秀奖；顺利通过安全生产标准化达标复评，工程设计综合甲级资质延续申请获批；再次斩获两项国际质量管理小组大会金奖，全年安全、质量整体受控，未发生失泄密事件以及违法违规事件。

2017年，工程公司获得国防科学进步奖特等奖1项，一等奖1项，二等奖1项，三等奖1项；获得集团科技奖一等奖3项，二等奖5项，三等奖13项。已申请中国专利148件，其中发明102件。获得中国专利授权111件，其中发明63件；获得海外专利授权6件。

联合集团优势力量，全力提升工程建设能力。在集团公司的坚强领导下，工程公司秉承开放、包容、合作、共赢的发展理念，牢固树立集团公司工程建设“一盘棋”的意识，全面深化与项目各参建单位的沟通与合作，联合集团优势力量，全力推进在建工程项目建设，积极谋划待开工项目，持续提升公司工程建设水平与项目管理能力。

目前工程公司总包的福清、田湾与821在建项目进展顺利，一级里程碑全部按时或提前完成，“四大控制”平稳受控；小堆、漳州、徐大堡等项目开工前准备工作积极推进，整体进度符合要求；海南3、4号，田湾7、8号等重点前期项目稳步开展，为后续厂址开发工作奠定了基础。

在切实做好在建、待建和前期项目的同时，工程公司全面贯彻落实集团公司要求和部署，与兄弟单位开展了卓有成效的合作，在优化改进核电项目交钥匙总承包模式、落实核电“走出去”战略、统一集团内咨询监理工作、打造集团公司集中采购与招投标平台、推动“华龙一号”融合、持续改进及后续项目建设等方面作出了突出的贡献。

一是大力推进核电项目总承包模式优化调整。目前徐大堡项目、漳州项目已按照工程公司标准化组织机构和管理模式开展项目管理工作。工程公司牵头设立专项组，顺利完成业主公司人员的人事与组织关系划转方案；与中国核电进行了新模式下工程总承包合同的多轮洽商，总承包合同标准文本主条款已全部固化。同时梳理与中核咨询接口关系，福清5、6号咨询监理合同责任主体已切换，监理工作模式已确定。

二是打造核电出口亮丽名片，海外工程项目建设顺利推进。工程公司积极为中原对外海外项目建设与市场开发提供技术保障和支持，K2/K3项目设计文件交付率优于福清5、6号机组；C5项目完成主合同全部技术谈判和文本固化，有力支持了项目正式签约；配合中原对外全力推进阿根廷、沙特、约旦、菲律宾等海外市场，在国际上确立了中核集团核能技术地位及核能技术和平利用的企业形象。

三是坚决落实集团公司关于集中采购工作的决策部署，助力集团公司集中采购和招投标平台建设取得阶段性成果。配合上海浦原研究制订了集团公司集中采购和招投标平台建设框架方案，完成公司招标中心平稳整建制划转至上海浦原的工作目标，确保“目标不变、人员不散、体系不乱、业务不断、待遇不降”。在集团规划发展部和工程管理中心的支持和帮助下，公司采购招标活动已全部通过集团电子采购和招投标平台开展。

四是积极响应国家“一个华龙、一面旗帜”的战略要求，全力推动“华龙一号”持续改进及后续项目建设。与华龙国际精诚合作，推动《“华龙一号”技术融合方案》获国家能源局正式批复；全力争取“华龙一号”国家重大科技专项，持续改进华龙技术；积极谋划“华龙一号”新建项目，先后签署漳州1、2号机组与海南3、4号机组核岛初步设计阶段联合设计合同，为“华龙一号”的批量化建设创造了有利条件。

二、中国广核集团有限公司

中广核工程有限公司设计院是我国首家集核电站核岛、常规岛、电站辅助设施及全厂总体设计为一体的核电、火电工程设计高新技术单位，具备核电厂咨询、工程设计、设备设计的全部资质。在2017年ENR/建筑时报中国工程设计企业60强中排名第20位，比2016年上升3位。

（一）设计平台建设

2017年，设计院在设计平台建设、项目支持等方面全面持续推进信息化建设，落实设计院信息规划工作要求。在平台建设方面，聚焦项目需求，优化设计院信息化考核指标体系，全面推进协同设计平台、设计数据总线的建设和应用，持续优化设计管理平台和工程文档管理平台，完善信息基础设施建设，促进设计质量和效率提升；在项目支持方面，从多堆型支持转向全面为“华龙一号”项目设计服务，专注于打通正向设计过程中的瓶颈，全力支持华龙示范项目设计和工程建设，为各项目提供个性化服务、开展项目支持基础工作和推进项目文档服务，为设计人员从整体上对设计质量和进度进行精细化管控提供技术支持。

（二）工程设计

1.红沿河项目二期工程

截至2017年12月底，5、6号机组核岛土建施工图已出版约98%。核岛安装EM4施工图已出版图纸占总量约98%，核岛安装EM5施工图已出版图纸占总量约99%，核岛安装EM8施工图设计工作已出版部分图纸。5、6号机组常规岛土建施工图已出版约100%。5、6号机组常规岛安装施工图已出版约70%。

2.阳江项目

2017年，阳江项目5、6号机组施工图设计工作进入收尾阶段。2017年设计二级里程碑共计16项，按期完成率100%；累计出版1 037份文件，按期出版率100%；CR、FCR、DCR、UES按期回复率分别为99.42%、99.79%、97.85%、96.93%，平均答复周期分别为1.25、0.83、2.50、2.53天；5号机组遗留项累计清除率为91%。

3.防城港二期项目

2017年，防城港二期3号机组核岛土建施工图共5 338份，年度实际已完成4 186份，占全周期的81.3%，4号机组完成1 495份。防城港二期项目采购技术文件已全部完成，其中2017年出版1 206份。3号机组EM4文件已完成22 256份，占全周期的76.3%；3号机组EM5文件已完成8 672份，占全周期的59%。

4.台山项目

工程设计方面，全厂工程设计完成，正在执行局部的修改工作。

三、国家电力投资集团有限公司

（一）AP/CAP1000后续项目设计情况

后续AP/CAP1000型核电项目主要包括海阳3、4号、陆丰一期、徐大堡一期及三门二期等，其中前三个项目在2016年11月已经通过了国家核安全局组织的专委会评审，各项现场准备工作已完成，具备项目开工条件。在工程设计方面，海阳3、4号机组工程设计文件已完成38 000余份，核岛主厂房土建结构图纸已全部提交。核岛系统、设备、模块设计已基本完成。常规岛主厂房土建施工图已经全部提交。施工图纸文件满足FCD开工及连续施工要求。

（二）CAP1400示范项目工程设计情况

CAP1400示范项目核岛各厂房0版工程设计图纸已基本完成，累计发布设计文件/图册34 000余份；核岛BOP子项共计45个，已完成33个子项的施工设计；常规岛及BOP已正式提交施工图纸630册，设计工作量完成已超过95%。施工图纸文件准备满足FCD开工及后续施工要求。

核电工程建筑安装与管理

一 、中国广核集团有限公司

2017年，中广核共有8台在建核电机组（其中2台机组处于土建施工阶段、4台机组处于安装施工阶段、2台机组处于调试阶段），1台投入商业运行。

1.红沿河核电二期工程

2017年，红沿河核电二期工程实现5号机组穹顶吊装、环吊可用、常规岛安装开始、汽轮机首台低压缸到货和6号机组核岛安装开始、6号机组穹顶吊装等重大里程碑节点。

设备供货方面，主设备到货8台套，DCS 10台套，其他设备7 741批次，处理各类设备问题1 792项。

2.阳江核电

截至2017年底，阳江核电4号机组已投入商业运行，5号机组调试，6号机组安装施工；全年完成4号机组首次并网、4号机组商运、5号机组冷试开始、5号机组热试开始、6号机组汽轮机首台低压缸到货、6号机组发电机到货、6号机组RPV和SG全部到货、6号机组泵站进水等重大里程碑节点。

设备供货方面，主设备到货26台套，DCS 72台套，柴油机到货2台，其他设备524批次，处理各类设备问题18 025项。

3.防城港核电二期工程

截至2017年底，防城港核电3、4号机组土建施工；全年完成3号机组穹顶现场拼装开始、3号机组BRX厂房内部结构+11.6 m板施工完成、4号机组泵站FCD、4号机组常规岛FCD等重大里程碑节点。

设备供货方面，主设备到货3台，其他设备762批次，处理各类设备问题1 812项。

4.台山核电

截至2018年2月底，台山核电一期工程两台机组工程建设完成总量的94.7%，其中1号机组完成总量的97.6%，2号机组完成总量的91.0%。设备采购与制造方面，设备采购工作已经完成，1号机组主要设备已全部制造完成，2号机组设备制造处于收尾阶段。现场施工方面，1号机组建安施工已完成，2017年8月4日完成热试；2号机组土建施工基本完成，全面进入系统调试阶段，核回路冲洗第一阶段工作已于2017年12月29日完成。

二、国家电力投资集团有限公司

AP1000三代核电自主化依托项目三门核电1号机组、海阳核电1号机组先后完成冷试和热试里程碑节点，并通过国家主管部门组织的3次严格的装料前检查。CAP1400示范工程已具备开工条件，CAP1400示范工程在试验验证、施工设计、设备采购与供货、安全评审、可研取文、现场准备等各方面已全面具备开工建设条件。

核设备制造

发展现状

通过消化吸收国外先进技术，大力推进自主创新，我国三代核电关键设备和材料国产化取得重大突破，国产化率已达85%，形成了每年8～10套核电主设备制造能力。核电装备制造自主化水平的不断提升，为我国核电建设和“走出去”提供了有力支撑。

2017年3月2日，由上海第一机床厂承制的国家科技重大专项——高温气冷堆核电站示范工程的首台金属堆内构件，由上海电气承制首台反应堆压力容器正式发运高温气冷堆示范工程现场。上述两项核岛主设备均打破了世界上同类产品的最大尺寸记录，标志着通过自主创新，核岛主设备已经完全实现了国产化。

6月30日，东方电气的CAP1400示范工程首台汽轮机低压模块LP2完成总装盖缸。此次低压模块盖缸涉及的部件包括低压内缸、隔板、端汽封、转子及低压轴承箱、轴承、支撑臂等。进入总装工序前，低压转子已完成转子动平衡及超速试验。

7月12日，哈电集团、中国核动力研究设计院研制的我国出口海外首堆“华龙一号”机型核电机组3台蒸汽发生器顺利完成出厂验收并发运，此蒸发器实现了设计、制造全部国产化，具有完整自主知识产权，对中国核电产业进一步拓展海外核电装备市场、带动核电技术装备“走出去”将产生积极影响。

9月15日，东方电气研制的具有完全自主知识产权的单机容量1 550 MW的CAP1400半转速汽轮发电机通过厂内型式试验，各项技术性能满足合同和相关技术标准，综合技术指标全面达到当前国际先进水平，标志着我国具有完全自主知识产权的单机容量最大的CAP1400半转速汽轮发电机研制成功，填补了我国超大容量核电半转速汽轮发电机的自主设计空白，实现了从“引进技术”到“自主技术”的跨越。

10月5日，哈电集团承制的田湾核电3号机组汽轮发电机组顺利冲转至目标转速1 500转/分钟并稳定3小时，各项参数满足标准要求，标志着田湾核电3号机组汽轮发电机首次冲转成功。12月30日一次并网成功。

10月17日，东方电气研制的国内首台福清核电5号机组蒸汽发生器在东方重机发运。

10月20日，上海第一机床厂研制生产的高温气冷堆1号吸收球停堆系统实现交付。吸收球停堆系统作为高温气冷堆第二套反应性控制系统，起到辅助停堆作用，与控制棒系统同时使用可使反应堆达到更低温度的冷停堆状态。

10月20日，“华龙一号”国内首堆福清核电5号机组第一台蒸汽发生器在东方电气（广州）重型机器有限公司发运到现场，12月10日和12月27日第二、第三台分别发运到现场。

11月6日，东方电气承制的“华龙一号”机型首台发电机通过“型式试验”，全部指标达到和优于设计要求，标志着我国“华龙一号”首台发电机自主研制成功。“华龙一号”首台核能发电机由东方电机自主研制，将应用于中核集团福清核电5、6号机组。“型式试验”结果显示，轴承振动要求不高于50微米，实测最小端仅为3.9微米。其他部件振动也大大低于设计要求。

11月22日，基于NuPAC平台的CAP1400反应堆保护系统1:1工程样机研制成功，通过中国机械联合会组织的鉴定。

11月22日，CAP1400示范工程使用的DN450爆破阀顺利完成热态开启试验。本次试验标志着CAP系列爆破阀顺利通过全部鉴定，自主化研制取得圆满成功。

11月23日，“华龙一号”燃料元件关键材料具备批量化生产和应用条件——N36锆合金管棒材通过转批量化阶段工艺评审。此举，为“华龙一号”提供了关键材料保障，有力支撑了我国核电“走出去”战略的实施，对促进军民融合、保障我国核电安全发展具有重要意义。

12月9日，东方电气自主设计制造的“华龙一号”首台（福清核电5号机组）首根核电汽轮机低压转子完成了高速动平衡试验，标志着“华龙一号”核电低压转子研制成功，这是继今年6月份“华龙一号”首根核电高中压转子高速动平衡试验后的又一里程碑节点。

12月17日，哈电集团供货的AP1000依托项目三门核电2号汽轮发电机组非核冲转试验圆满成功，试验期间汽轮发电机组转子振动、位移、轴承温度等关键参数满足验收标准要求，机组制造、安装质量良好。此次非核冲转试验成功是继三门核电1号机组、海阳核电1号机组后第三台完成非核冲转的AP1000汽轮发电机组，标志着哈电集团在AP1000常规岛设备制造上已具备成熟技术和批量化生产能力，为后续AP1000项目市场开发工作奠定了良好的基础。

12月17日，由上海第一机床厂有限公司承制的石岛湾高温气冷堆示范工程第一套控制棒系统交付。控制棒系统是高温气冷堆其中一套独立的反应性控制和停堆系统，具有正常的反应性控制、补偿和调节作用，以及各种工况下的热停堆。

12月19日，中国二重研制的世界首套CAP1400主管道通过技术鉴定。

12月22日，哈电集团自主设计、制造的福清核电5号机组核主泵开始全流量试验。

12月底，由上海第一机床厂、中国核动力研究设计院研制的全球首台“华龙一号”福清核电5号机组堆内构件完成总装工作。

设备自主化研制生产

一、哈尔滨电气集团有限公司

2017年，哈尔滨电气集团有限公司

全面完成了相关考核指标，整体发展稳中向好。核电产业营业收入20.57亿元，完成年计划90.6%；核电产业正式合同签约额28.01亿元，完成年计划的52.9%；核电产业合同兑现率17个，完成年计划的40.5%；核电产业应收账款（原值）1 962万元，完成年计划。

市场开发取得较好成绩。核电市场总计开标项目44个，总计金额64.95亿元。哈电集团中标项目23个（占比52.27%），中标金额27.10亿元（占比41.72%），实现正式合同签约额28.01亿元。哈电集团中标惠州核电1号机组蒸发器，廉江核电1、2号机组核主泵，昌江核电3、4号机组核主泵，昌江“玲龙一号”核主泵和汽轮发电机组，白龙核电1、2号机组高加除氧器等项目。此外，阀门公司获得核动力院CENTER项目安全阀项目，取得首个核级阀门业绩；锅炉公司以福清项目联箱满足现场交货为突破口扭转了企业被动形象，获得了大量后续市场订单。

重点项目显现成果。C4机组蒸发器、核主泵顺利交付，机组实现商运；K2项目首台“华龙一号”机型蒸发器走出国门；田湾核电3号机组TG核冲转一次成功；田湾核电4号机组TG交货满足现场要求；福清核电5、6号机组联箱设备满足现场交货需求；红沿河核电5号 K1类电机制造完成，填补了国内空白，达到国际先进水平；K3类10 kV电机样机通过鉴定；完成昌江核电101大修。

二、东方电气股份有限公司

（一）东方电气所属主要核设备制造企业概况

1.东方电气集团东方汽轮机有限公司(简称东方汽轮机)

东方汽轮机是我国从事电站动力设备和新能源领域开发与制造的国有大型骨干企业之一，在核电设备制造方面主要制造核岛控制棒驱动机构及常规岛汽轮机。

2.东方电气集团东方电机有限公司(简称东方电机)

东方电机是国内发电设备制造大型骨干企业之一，主要从事水轮发电机组、热能发电机（燃煤、燃气、核能）、交（直）流电机、电站控制系统及军工产品的研发、设计、制造和服务，在核设备制造方面主要制造常规岛发电机及核电主泵电机等。

3.东方电气（广州）重型机器有限公司（简称东方重机）

东方重机是我国大型核承压设备国产化的专业制造基地之一，主要生产核电反应堆压力容器、蒸汽发生器、汽水分离再热器、非能动余热排出热交换器、稳压器等核电站核岛及常规岛主设备。

4.东方电气集团东方锅炉股份有限公司(简称东方锅炉)

东方锅炉是我国大型发电设备制造和出口基地之一，在核电方面主要制造核电核岛稳压器、硼注箱、安注箱、重型支撑、堆顶结构等设备。

5.东方阿海珐核泵有限责任公司(简称

东方阿海珐)

东方阿海珐是东方电气股份有限公司与法国阿海珐集团（AREVA GROUP）下属的热蒙股份有限公司（JSPM）共同出资组建的合资公司，主要从事核电站反应堆冷却剂泵及其驱动电机的设计、制造、检测、试验、销售及售后服务业务，并向核电站提供备品、备件。

6.东方电气（武汉）核设备有限公司(简称东方武核)

东方武核是民用核电堆内构件设备制造商，主要制造各种堆型反应堆堆内构件、各种容器设备等。

（二）核设备制造能力、业绩

设备制造能力表

	设备名称	年产能
核岛设备	反应堆压力容器（RPV）	4～6台
	蒸汽发生器（SG）	12～18台
	堆内构件（RVI）	4套
	控制棒驱动机构（CRDM）	4～6套
	一回路主泵（RCP）	12～18套
	稳压器（PRZ）	6～8台
	余热排出热交换器（PRHR）	6～8台
常规岛设备	汽轮发电机组（TG Package）	6～8套

东方电气核电业绩表（截至2017年12月31日）

堆型	出力范围	投运机组	东方电气供货
二代加	1 000 MW	岭澳核电二期2台	核岛主设备：2号机组蒸汽发生器、反应堆压力容器、反应堆主冷却剂泵；1号、2号机组稳压器、安注箱、硼注箱、重型支撑等； 常规岛：1号、2号机组汽轮发电机组。
		红沿河核电一期4台	核岛主设备：2号、3号、4号机组蒸汽发生器、反应堆压力容器；1号、2号、3号、4号机组反应堆主冷却剂泵、稳压器、重型支撑；4号机组控制棒驱动机构；1号、2号、3号机组安注箱；1号、2号、3号机组硼注箱等； 常规岛：1号、2号、3号、4号机组汽轮发电机组。
		宁德核电一期4台	核岛主设备：1号机组蒸汽发生器、反应堆压力容器；1号、2号机组稳压器；1号、2号、3号、4号机组反应堆主冷却剂泵、安注箱、硼注箱、重型支撑等； 常规岛：1号、2号、3号、4号机组汽轮发电机组。
		阳江核电4台	核岛主设备：1号机组蒸汽发生器、2号、4号机组反应堆压力容器；2号机组稳压器；4号机组控制棒驱动机构、堆内构件；1号、2号、3号、4号机组主泵、安注箱、硼注箱、重型支撑等。
		福清核电一期4台	核岛主设备：1号、2号、3号、4号机组蒸汽发生器、重型支撑等； 常规岛：1号、2号、3号、4号机组汽轮发电机组。
		方家山核电2台	常规岛：1号、2号机组汽轮发电机组。
		防城港核电一期2台	核岛主设备：1号、2号机组蒸汽发生器、反应堆压力容器、主泵、稳压器、重型支撑；1号机组反应堆压力容器、2号机组堆内构件。
共计		22台	16台汽轮发电机组和20台套核岛主设备由东方电气供货。

三、上海电气（集团）总公司

（一）设备制造能力及产出

2017年，实际交付或完工主设备出产数量共计9台/套，较前几年出产数量不多，但在制任务依然繁重。

项目执行的亮点是我国自主知识产权的首台“华龙一号”机组堆内构件实现出产；四代高温堆主设备继续出产。

新三代项目陆续启动，包括“华龙一号”的防城港二期、卡拉奇项目、漳州一期、宁德、惠州等主设备已陆续开始前期准备工作。

1.核岛设备：共交付或完工7台/套核岛主设备，包括“华龙一号”首台机组福清核电5号堆内构件实现出产；四代高温堆主设备完工1套控制棒驱动机构及1套吸收球装置；交付二代加阳江核电6号堆内构件及控制棒驱动机构，红沿河核电5号第二、三台蒸发器；核二三级容器20台；人桥吊、辅助吊3台；预埋件、支撑等8台。

2.常规岛设备。共完工交付汽轮机1台、发电机1台、核二三级容器45台/套和常规岛辅机7套；配套电机36台。

3.仪控仪表类设备。已完成或交付各类仪表和器件、主控制台盘、接线盒、调节阀、电动执行机构共计672台/套。

4.核电配套大锻件。已完成44件，共计1 535吨。

（二）核电质量管理

2017年，注重、完善核电质量管理的经验反馈共享平台，做好质量案例分析工作，分享质量经验，起到举一反三、预防于未然的作用。

根据项目执行、质保监查、用户监督、项目运行情况，对核电项目管理进行有效管控；对产品实物和软件质量进行有效控制，实现了项目质量目标。核电项目质保体系运行有效，注重过程中存在的问题，完善核电质量经验反馈工作。通过矩阵式一体化管理模式、联合办公团队及风防小组等创新工作模式，对核电项目综合管理运行水平的提升起到了良好的促进作用。

质量管理得到相关方认可，在2017年上海市核电质量工作会议上，市核电办授予上海电气电站设备有限公司汽轮机厂“上海市核电质量先进单位”称号；上海电气电站设备有限公司发电机厂、上海电气电站服务有限公司、上海电气核电设备有限公司、上海电气凯士比核电泵阀有限公司4人获得先进个人称号。

质量管理的工作抓手落在：

1.定期评估质量管理体系的适宜性、充分性和有效性；

2.完善并严格质量预警机制和处理机制；优化质量奖惩体系，完善质量考核问责制；

3.开展专项监查，并进行量化评估；

4.建立不符合项原因分析和损失统计制度；

5.抓住典型案例，剖析根源，制定整改和规避措施。

（三）核电技术进步

通过科研攻关和产品开发，上海电气

的核电制造技术能力在近几年的批量供货中得到了初步验证。AP1000核岛关键设备制造技术已全面覆盖，包括压力容器、蒸汽发生器、堆内构件、控制棒驱动机构、稳压器，以及安注箱、装卸料机等均已实现了产品制造交付。高温气冷堆关键设备压力容器、金属堆内构件、主氦风机也已具备了制造能力，实现了产品交付。

为使核电技术能适应未来市场需求，上海电气重点聚焦大型先进压水堆（自主三代技术）和高温气冷堆技术，同时积极参与快堆和钍基熔盐堆等堆型的前期研发。以国家重大专项及先进核能系统研发项目为抓手，以项目为导向（高温气冷堆项目的压力容器、蒸汽发生器、金属堆内构件、控制棒驱动系统、主氦风机和汽轮机等；CAP1400项目的蒸汽发生器、堆内构件、控制棒驱动机构、主泵和稳压器等；“华龙一号”压力容器、蒸汽发生器、金属堆内构件、控制棒驱动系统），以技术瓶颈为突破口，加大加快新技术的开发。2017年，上海电气承担的国家科技重大专项大型先进压水堆重大专项课题全面实现了验收，包括高温气冷堆压力容器、金属堆内构件课题，CAP1400项目的蒸汽发生器、控制棒驱动机构课题。

（四）核电市场成果

积极跟踪、开拓国内外市场。2017年仅有1台机组开工建设，新项目招投标以“华龙一号”为主，其次是CAP1000。在激烈的竞争环境中，全年承接蒸汽发生器、堆内构件等共计7台（套）。

四、中国一重集团有限公司

（一）设备制造能力及产出

2017年，中国一重在制核反应堆压力容器15台、蒸汽发生器3台、稳压器1台、泵壳18台、堆芯补水箱2台、容器支承5台等。中国一重制造完成了福清核电5号、巴基斯坦卡拉奇2号、CAP1400重大专项1号、海阳核电3号和CENTER项目反应堆压力容器5台，福清核电5号机组和巴基斯坦卡拉奇2号机组泵壳6台，陆丰核电2号机组和CAP1400重大专项1号机组堆芯补水箱2台，福清核电5号机组和巴基斯坦卡拉奇2号机组容器支承2台。实现主营业务收入7.29亿元。

（二）核电产品科研开发

2017年，中国一重在新一代核电核岛主设备大锻件用钢的研发上取得了创新突破，实现了700 mm级壁厚锻件的制造，掌握了新型材料热加工制造工艺基础，在此基础上牵头承担了国家计划项目“新一代核压力容器用钢工程化研究”的科研课题，在国内率先实现新一代核压力容器用钢SA-508Gr.4N的初步工程化运用，为实现我国核电锻件材质的垂直换代打下坚实基础。

核电大型铸锻件的科研攻关取得了多项重大技术突破。一是中广核“华龙一号”不锈钢主管道锻件实现稳定制造，在冶炼、空心锻造、弯制等环节取得重大突破，刷新了中国一重核电不锈钢主管道研制历史，实现不锈钢锻件空心制造稳定供货，为后续防城港核电4号机组主管道合同的顺利执行打下坚实基础。二是CAP1400主管道研制，实现了不锈钢主管道热段锻件采用空心锻造技术的突破，并可推广应用于大型不锈钢空心锻件锻造，性能和晶粒度均满足技术文件要求，热加工制造工艺可靠，为实现供货打下坚实基础。三是采用整体仿形胎膜锻造方法，在国内首次制造出带非对称非等高接管的超大厚壁的中广核“华龙一号”蒸发器一体化水室封头锻件，所有性能满足技术文件要求。四是完成SA-508MGr.1新材料CAP1400壳法兰锻件制造，各项指标优于国外水平，打破国外制造厂的技术垄断，突破该类锻件的制造瓶颈。五是完成了厚度超过270 mm的SA-508Gr.3Cl2材质锻件强韧性匹配差、韧性不达标难题，实现了稳定制造。六是完成快堆支承环锻件制造工艺方案研究，为四代核电堆型的制造提供支撑。

核电核岛主设备的焊接技术、自动化和智能化技术等方面取得了多项重大突破。针对“华龙一号”、CAP1000、CAP1400等堆型核反应堆压力容器顶盖J型焊缝，建立了焊接专家库，成功开发出J型焊缝机器人自动TIG焊接技术，并成功应用于陆丰核电项目、徐大堡核电项目、海阳核电4号机组、K3项目核反应堆压力容器顶盖J型焊缝的镍基隔离层堆焊，和海阳核电3号机组核反应堆压力容器顶盖J型焊缝密封焊。通过民用核电蒸汽发生器的研制，在自动化和智能化技术方面取得了突破，开发了蒸汽发生器管束内壁清洗机器人设备及清洗工艺，实现了管束内壁的自动清理。该技术在阳江核电6号蒸发器上成功应用，效果良好，一次性交检合格，得到了用户的高度赞扬。开发了管子—管板密封焊设备及密封焊接工艺，实现了焊接离线编程、激光自动定位、参数数据采集、钨极自动更换、专家在线检测、焊后自动打磨等功能，该技术于2017年3月31日通过了专家评审。

中国一重在核电大型铸锻件的研制、核电压力容器研制过程中形成了一些专有技术，并成功应用到产品的制造中。一是针对不锈钢锻件“高成本、高难度、高风险”的制造特点，创造性地开发了空心锻造技术，在锻件上最大程度保留有效锻造区域；开发热弯成型技术，解决了大尺寸主管道锻件弯曲成型后尺寸精度差的问题；开发了保温锻造技术，有效解决了不锈钢锻件锻造温度区间窄、锻造易开裂的问题；开发了不锈钢锻造晶粒度控制技术，有效解决奥氏体不锈钢锻造晶粒粗化的难题。二是针对带不对称超大接管的超大型封头类锻件无法实现仿形锻造的世界性难题，突破传统成形方式，首创了“模具内分步旋转锻造”“渐变拉伸锻造”“压挤结合的特殊锻造”等技术，实现了“华龙一号”超大型管嘴实心锻件的“近净成形”。三是针对新型材质SA-508MGr.1特厚锻件韧性差、国外垄断制造的问题，开发了新型热处理工艺，实现强韧性大幅增加，解决制造瓶颈，打破国外技术封锁。四是针对新型核电材质SA-508Gr.4N锻件国内首次工程化制造面临的难题，开发了该材质大厚壁锻件热加工制造工艺技术，700 mm级全壁厚性能满足技术文件要求，实现了国内首次制造。五是自主研发的“中国首台拥有自主知识产权百万千瓦核反应堆压力容器制造技术”，成功应用于“华龙一号”示范项目福清核电5号机组反应堆压力容器，该项目于2017年完成制造，自主化率达到90%。

中国一重与中广核（上海）工程科技有限公司合作，联合开发“压水堆核电站废液治理关键技术开发及装置研制”项目，主要包括：核电站废液处理的絮凝工艺技术和装置、电除盐工艺技术和装置。其中，中国一重自主研发的“中低放射性废液絮凝吸附装置”样机，通过反复冷态试验，成功掌握了痕量放射性核素的絮凝吸附技术，并完成了成套絮凝装置的设计和制造。研发过程中共申报发明专利3项、实用新型专利2项。该技术旨在提高核电中低放废液的处理水平，弥补核电站原有废水处理配套装置对某些核素处理效果差的问题，实现低放废液处理装置的国产化。在2017年9月，中低放絮凝吸附装置鉴定大纲通过了中国核能行业协会组织的以叶奇蓁院士任专家组组长的评审，并得到了各位专家的一致好评。

积极承担或参加国家能源局组织的核电行业标准的编制工作，主编顶盖、泵壳等核电大锻件标准六项，参编核电锻件标准5项，为我国核电行业标准自主化打下坚实基础。

（三）质量管理提升

2017年，中国一重进一步强化质量管理，通过完善质量体系建设，严格质量考核，加大技术质量攻关力度，深入开展质量提升活动等有效举措，圆满完成了全年质量目标，保证了产品质量平稳提升。

一是完成了《民用核安全设备制造质量保证大纲》及管理程序文件的修订升版工作，完成了质量保证体系内部质保监查工作，确保了质量保证体系运行的有效性。二是制定执行《2017年质量考核办法》，进一步完善《公司质量管理细则》，严格实施质量考核，强化对质量问题的责任追究。三是针对制约产品质量的瓶颈问题，加大技术攻关力度，使核电锻件用钢的冶金质量不断好转。四是开展“质量强企，从细节做起”系列质量提升活动，从根源上解决工艺纪律执行没有完全到位、过程控制薄弱和个别员工质量意识淡薄等问题，全面提高整体质量管理水平。五是深入开展了核电产品质量风险防范工作，2017年初将风险防范控制点进行了全面梳理优化，提升了风防工作的针对性及有效性，共召开了11期的核电产品质量风险防范工作例会，大大促进了核电锻件质量平稳提升。

五、中国第二重型机械集团有限公司

（一）设备制造能力及产出

1.哈电重装K2、K3余热排出换热器锻件完工。

2.国家科技重大专项CAP1400示范工程1号机组主管道完成验收。

3.哈电重装田湾核电5、6号电机锻件完工交付。

4.“华龙一号”海外首堆巴基斯坦K3项目主管道和波动管完成制造。

5.“华龙一号”示范工程广西防城港核电蒸汽发生器首件国产化上封头锻件完工交付。

6.国内首件CPR1000铸造泵壳通过联合鉴定以及转到红沿河核电5号机组的专家评审。

7.“华龙一号”示范工程福清核电6号泵壳锻件3件完成加工。

8.防城港核电3、4号汽轮机核电高压汽缸铸件花落二重，实现了阳江、防城港共计10台核电机组高压汽缸全由二重承制的良好业绩。

9.中国二重形成核电常规岛高中压气缸产品批量化供货能力。预计全年可出产核电半速转子6件，完工核电大汽缸5套、CB2汽缸10套。

10.截至2017年末，中国二重已陆续完成石岛湾核电、田湾核电、巴基斯坦卡拉奇核电等项目共计15件常规岛核电半速转子，在国内核电常规岛同类装备市场占有率达到80%。

（二）核电产品科研开发

全年承担的国家级、省级重大核电科研专项课题包括：

1.大型先进压水堆核电站国家重大科技专项课题《CAP1400冷却剂主管道研制》，由二重牵头实施，课题依托CAP1400示范工程主管道产品验证，形成CAP1400主管道锻造成形（实心锻造和空心锻造）、大孔径深孔套料、弯制成形（冷弯成形和热弯成形）、固溶热处理防变形与校形等一系列核心工艺技术，完成材料性能评定与检测技术研究，达到CAP1400大型先进压水堆示范电站的应用要求，使我国在大型复杂管道制造领域的技术达到世界领先水平。

2.高档数控机床与基础制造装备国家科技重大专项《核电大型复杂管件关键制造工艺及应用研究》，课题依托AP1000主管道热段L001A和稳压器波动管，采用挤压制坯工艺代替传统的实心锻造工艺，探求主管道和稳压器波动管制坯新方法，提高内部质量、降低制造成本、缩短制造周期，使我国主管道和波动管制造技术始终处于国际领先水平。

3.国家重大专项《蒸汽发生器长直段锥形筒体研制》，本课题由二重与上海核工院共同承担。

4.国家重大专项《中国先进核电标准体系研究—核岛设备专题子专题—2》。

在核电常规岛方面，中国二重细化管控，深耕现有产品市场，大力开展内部持续攻关，解决新产品开发技术难题，陆续完成阳江核电6号机组、田湾核电6号机组发电机转轴锻件，福清核电站6号机组发电机转轴锻件及中压排汽缸，“一带一路”重点工程巴基斯坦卡拉奇核电3号机组高压转子锻件及2、3号机组高压内缸等产品的研制供货，为我国核电装备制造及“华龙一号”核电技术出口提供了有力支撑。

2017年，中国二重共获得核电及压力

容器制造类发明专利权2项，实用新型专利2项（其中1项与中广核工程有限公司共同发起申请），申报发明专利5项，申报实用核电新型专利4项。

（三）核电质量保证体系建设

2017年，中国二重重大质量责任事故为零，核电不符合项控制程序指标下降到0.14次/千工时，核电锻件一次交检合格率100%。

1.积极推动班组建设，开展全员QC活动。对存在质量问题进行梳理，针对问题成立QC小组，分步实施，有效发挥班组作为质量管理基础单元的积极性，使班组在制度落实、经验反馈、典型质量问题分析、质量预防和改进等方面发挥更大作用，规范了班组质量管理行为，形成有效核电质量控制体系。

2.SOP（标准化作业指导书）落地执行。对关键工序形成标准作业指导书。前期作了大量准备工作，与操作者、工艺人员就合理可行性、经济性等方面进行了多次讨论定稿形成指导书。为保证SOP指导书得到严格执行，通过拍摄标准作业影像等方式向操作者宣传SOP，起到很好指导示范作用。

3.稳步推进质量工程师队伍建设。制定下发《质量工程师管理办法》，明确质量工程师工作职责，规范工作行为，并对质量工程师进行业务培训。组织以质量工程师为主的督导队，每月对各单位“质量年”活动开展进行督导。

4.加强合格供方管理，全面实施监造制度。

5.组织核电制造风防工作的持续开展，核电风防工作已在中国二重形成了流程清晰、形式规范，各部门响应及时、工作主动、风险意识高的良好态势，为建立主动型质量管理奠定了基础。

六、中国广核集团有限公司

1.应急柴油机发电机。2017年12月4日，红沿河核电二期5、6号机组LOT75应急柴油发电机组供货项目首套（5LHP）柴油发电机组通过出厂验收。此次出厂试验成功，标志着中广核研究院在百万千瓦机组EDG机组1E级电控设备的自主化研发，打破了国外垄断局面。

2.池边检查设备。2017年4月22日，中广核研究院自研燃料组件池边检查设备正式投入L307大修使用，于5月1日以优异的性能完成首次先导组件检查任务。这是国内首套自主研制的池边检测设备，打破了国外垄断，且技术路线优于国外通用池边检测模式。其中组件变形测量工艺、组件扭转变形算法以及LVDT测量技术等关键技术采用全新自主技术，形成9项专利成果。

3.“华龙一号”设备国产化研发工作。中广核工程公司与常州格林开展“华龙一号”主设备大型阻尼器的研发工作，已基本完成样机制造，正在开展试验验证工作，试验成功后将完成主设备大型阻尼器的国产化突破；与东方电气开展“华龙一号”汽轮机控制系统的国产化研发工作，各项工作正在全面展开。

4.国产化窄间隙TIG自动焊接系统。苏州热工研究院研发的国产化窄间隙TIG自动焊接系统，吸收了国外设备的先进技术经验，通过机械式圆周形轨道，双丝盘、双向行走、二次气综合保护功能，实现管道全位置窄间隙焊接功能，伴随位置变化将圆周等分为16个分段焊，进行参数修正，维持工艺稳定性；同时，增加AVC弧压跟踪控制钨极高度，弧压仿形跟踪控制钨极的行走位置中心追踪；独特的电极旋转摇动控制功能，又进一步加强了窄间隙焊接侧壁熔合能力；综合技术提升，将本次研发的窄间隙TIG自动焊设备从适用范围上，由传统的不锈钢焊接扩展到不锈钢+高温耐热合金（如P91/92材料）全覆盖；耗材上，大幅降低了保护气体的消耗的保护气体成分的要求，实现了技术进步能力与经济性的双相平衡，本设备在2017年得到实际应用。

5.乏燃料水池平板自动焊接系统。2017年，苏州热工研究院自主化研发一套乏燃料水池平板自动焊接系统，本次研发的自动焊接系统电源机头设备属TIG焊。运用特制的吸盘式轨道作为运行导轨，便于设备在水池内改变位置，实现全位置焊接功能；同时设备带有AVC即时反馈功能，可实现平板焊接过程中因焊接变形引起的弧高实际变量的参数修正，保证焊接成型；控制采集系统可实现焊接电流、焊接电压反馈的全程跟踪，实现焊接过程数据的可追塑性；而焊枪同步脉冲OSC功能，实现在预设间隙与焊接收缩变化过程中对焊缝熔宽的可控，实现了焊接过程的精准控制管理。

七、国家电力投资集团有限公司

三代核电站压力容器、蒸汽发生器、主管道等一大批重型设备实现了国产化，屏蔽电机主泵、数字仪控系统、爆破阀等核心设备均已完成样机制造。AP1000依托项目4台机组的核岛关键设备国产化计划任务全部完成，并且在超大型锻件、核级锆材、核级电缆、Inconel 690合金U形管、部分核级焊材、安全壳钢板、双向不锈钢板等一批关键材料研制上取得成功，打破了国外技术垄断，填补了国内空白，为CAP1400的研发和后续CAP1000项目的设备自主化打下了坚实的基础。

核级焊材研制成功，改变了我国核电焊接材料长期依赖进口的局面；首批CAP1400核电用Inconel 690合金传热管在宝银正式交付出厂，传热管国产化由民营企业研制成功；国核宝钛锆业受让西屋锆材生产链的全部技术，建成了首条从海绵锆到成品管、板、棒、带材的完整生产线，为CAP1400和“华龙一号”的自主化燃料研发提供了有力支撑。

2017年9月15日，CAP1400发电机型式试验顺利完成。CAP1400发电机单机容量1 550 MW，将应用于CAP1400示范工程1号机组。试验结果表明，发电机各项性能优异，综合技术指标全面达到当前国际先进水平，标志着我国突破了技术瓶颈的长期制约，大型设备制造能力得到提升，自主创新和可持续发展能力得到增强。自主研制的CAP1400发电机在新结构、新工艺、新材料等新技术领域，取得了半速四极汽轮发电机电磁计算方法、通风冷却系统、三段式机座布置方式、机端变静态励磁系统和大电流集电环系统等创新成果。

2017年11月22日，CAP1400示范工程使用的DN450爆破阀顺利完成热态开启试验，标志着CAP系列爆破阀顺利通过全部鉴定，自主化研制取得圆满成功。本次试验的CAP1400首台DN450爆破阀，经历了原理样机研究、工程样机研究、工程样机制造及试验验证、工程样机鉴定等阶段，通过了一系列苛刻试验考核，完全由国内自主研制，具有完整自主知识产权，突破了多项关键设计、制造、试验和鉴定技术，能够满足未来国内发展和核电“走出去”的需求。

核安全监管和核事故应急

核与辐射安全监管

一、综述

2017年，我国民用核设施的运行安全和建造质量处于良好状态，运行核电厂、研究堆、核燃料循环设施、放射性废物贮存和处理处置设施以及放射性物品运输活动均未发生国际核事件分级表（INES）2级及以上的安全事件或事故，核设施的运行事件和建造事件得到了妥善处理。

2017年，全国辐射环境质量总体良好。环境电离辐射水平处于本底涨落范围内，核设施周围环境电离辐射水平总体无明显变化；环境电磁辐射水平总体情况较好，电磁辐射发射设施周围环境电磁辐射水平总体无明显变化。

（一）能力建设

环境保护部（国家核安全局）稳步推进国家核与辐射安全监管技术研发基地建设。

加强监测能力建设，大力推动核研发基地国控监测点升级、国控自动站、东北边境地区应急监测能力、监测标准物质配置等项目。印发自动站建设标准，完成仪器设备性能测试和自动站选址，启动建设自动站96个，建成和升级自动站27个。

印发《关于加强核与辐射安全监管能力建设工作的通知》，指导省级环境保护部门加强核与辐射安全监管能力建设，保障核与辐射安全监管工作。

加强核与辐射安全监管业务培训顶层设计，完善分级分类培训体系。指导举办民用核安全设备无损检验人员技能竞赛暨行业交流活动。

加强信息化和大数据建设，推进信息系统整合。民用核安全设备监管信息系统上线试运行。

（二）强化监管

截至2017年12月底，我国共有37台商业运行核电机组、19台在建核电机组和19座民用研究堆（临界装置）。我国核电厂报告40起零级执照运行事件，13起建造事件；研究堆报告9起零级执照运行事件。总体上，运行核电机组和研究堆状态正常，三道安全屏障完整，未发生危及公众和环境安全的放射性事件。

环境保护部（国家核安全局）全年组织对9台核电机组首次装料批准书申请文件、10台核电机组建造许可证申请文件、10台核电机组运行许可证申请文件以及6台核电机组厂址安全分析报告、27台核电机组环境影响报告书的技术审评。完成福建福清核电厂4号机组、田湾核电厂3号机组首次装料批准书的颁发。

我国运行核电厂经验反馈体系有效运行，为我国运行核电机组的安全运行和持续改进提供有效支持。国家核安全局核电厂PSA试点应用工作稳步推进，田湾核电厂1、2号机组风险指引型在役检查优化项目和安全系统在线维修项目分别于2017年1月和3月获国家核安全局批准。为探索风险指引型核安全监管工作，发布《改进核电厂维修有效性的技术政策》，并在秦山核电厂、大亚湾核电厂和田湾核电厂开展第一批的试点工作。推进核电厂运行许可证延续工作，有序开展秦山核电厂运行许可证延续申请审评工作。

完成以提升放射源安全水平为核心的全国放射源安全检查专项行动，完成对10 750家放射源生产、销售和使用单位的检查，进一步核实全国放射源应用现状，摸清放射源底数，消除辐射安全隐患。

环境保护部（国家核安全局）负责监管的247家核技术利用单位的辐射安全均处于受控状态，全年接报辐射事故4起，均为一般辐射事故。

组织第三次全国民用核安全设备质量管理现场经验交流，发布3份民用核安全设备设计、制造单位资格条件，依法查处12家存在违法违规行为的持证单位。

推进特种人员资格管理优化改革，开展人员管理专项检查，处罚并通报核动力厂操纵员违法违规行为。

（三）核安全文化建设

环境保护部（国家核安全局）发布《核安全文化特征》，指导行业核安全文化建设。组织开展核安全文化良好实践推广活动，开展多层次核安全文化培训，促进了经验交流和实践推广。组织开展国外核安全监管机构核安全文化研究，为监管部门核安全文化建设提供借鉴。

二、政策与法规

（一）核安全法立法

环境保护部（国家核安全局）组织全国人大法工委赴广东、甘肃、青海等省份对核能产业开展全链条调研，听取地方人大、政府部门和一线企业专家意见。就核损害赔偿等专题，组织行业研讨，提供立法建议。保障《中华人民共和国核安全法（草案）》提请十二届全国人大常委会第二十四次会议二审、第二十九次会议三审并通过，由国家主席习近平签署第七十三号主席令发布。巩固了三十年核安全监管成果，明确了全领域、全环节核安全责任，实现了核安全领域立法的重大突破。全面学习宣贯《中华人民共和国核安全法》，编制释义，修订完善配套法规标准和程序制度，持续完善法规标准体系。

（二）核安全政策

环境保护部（国家核安全局）深入加强核与辐射安全监管体系和监管能力现代化理论体系研究，开展核与辐射安全监管体制机制改革和福岛核事故影响分析等专题研究，编制《中国的核安全》白皮书，加强核与辐射安全监管领域管理和技术政策制定发布工作，保障核与辐射安全监管科学化、高效化开展。每季度开展核与辐射安全监管形势分析，为核与辐射安全监管决策提供有力支撑。

（三）核安全规划发布

《核安全与放射性污染防治“十三五”规划及2025年远景目标》（以下简称《核安全“十三五”规划》）经中央领导审阅同意、国务院批复实施。环境保护部（国家核安全局）会同国家能源局、国家国防科技工业局召开新闻发布会，并在环境保护部网站公布；组织召开全国宣贯大会，深入地方、企业开展宣贯，组织发表一批解读文章，编写宣传手册，有效增进全社会对《核安全“十三五”规划》的理解。环境保护部（国家核安全局）会同国家发展和改革委员会、财政部、国家能源局、国家国防科技工业局组织《核安全“十三五”规划》实施，会同有关部门制订并印发《〈核安全“十三五”规划〉重点任务、重点工程和保障措施部门分工方案》，科学开展环境保护部内实施任务分工，扎实推动规划落实。科学开展规划管理，积极推动《核安全“十三五”规划》与上层规划和行业内专项规划有效融合，多措并举推动核安全重点项目落地。

（四）核安全法规

落实《核与辐射安全法规制修订“十三五”规划》，修订完善核安全法配套法规和程序制度。环境保护部（国家核安全局）组织召开核与辐射安全法规标准审查会5次，审查法规报批稿7项，送审稿11项。2017年发布法规7项，包括《放射性废物分类》《射线装置分类》《研究堆定期安全审查》《研究堆长期停堆安全管理》《城市放射性废物库安全防范系统》等5项核安全导则，以及《核动力厂场内应急设施设计准则》《核安全文化特征》等2项技术文件。开展环境保护部涉核部门规章与规范性文件清理工作。依托核安全业务培训班，开展法规专题教育。

（五）核安全标准

环境保护部（国家核安全局）落实《中华人民共和国核安全法》要求，研究完善核安全标准体系。推动标准制修订工作，发布5项核与辐射安全标准。开展2018年度标准项目征集工作，完成4项标准制定项目立项。开展与核安全相关的能源行业核电标准认可工作，认可10项与核安全相关的能源行业核电标准。

三、核材料管制和核设施实物保护

2017年，环境保护部（国家核安全局）依据《中华人民共和国放射性污染防治法》《民用核设施安全监督管理条例》《核材料管制条例》等相关法律法规，履行核设施核材料管制和实物保护监督管理、技术审评、核材料许可证核准等工作职责，并持续加强相关法规、标准、导则的制修订工作。

（一）核材料许可证核准

完成对中广核铀业发展有限公司的核材料许可证申请文件核准。

（二）核设施实物保护审评和监督

组织对中核核电运行管理有限公司、大亚湾核电运营管理有限责任公司等单位实物保护系统进行有效性评估。组织对民用核材料许可持证单位材料管制和实物保护开展全覆盖式专项监督检查。

四、民用核安全设备监管

（一）行政审批

2017年，环境保护部（国家核安全局）全年受理并立项审查民用核安全设备许可证申请单位共170家；审查批准了新取证单位16家，变更单位77家，延续许可证单位28家。截至2017年底，国内持有民用核安全设备设计、制造、安装和无损检验许可证的单位共计193家，其中核安全机械设备（设计、制造）持证单位154家，核安全电气设备（设计、制造）持证单位59家，安装单位11家，无损检验单位4家。

2017年新受理并立项审查进口民用核安全设备注册登记申请单位共26家，审查批准了34家单位的注册登记申请。截至2017年底，持有民用核安全设备设计、制造和无损检验注册登记确认书的单位共计178家，其中综合类注册登记单位4家，机械设备注册登记单位124家，电气设备注册登记单位60家，无损检验注册登记单位3家。

（二）进口设备安全检验

环境保护部（国家核安全局）依法开展进口民用核安全设备安全检验工作。受理安全检验申报材料（含口岸和开箱文件）478批次，其中机械设备283批次、电气设备195批次，审查放行418批次，退回60批次。参加开箱见证91批次，参加检验试验见证66批次，编制技术审查报告48份。编制安检总报告5份，参加机组装料前现场综合性及专项检查4次，编制经验反馈报告15份。

（三）监督检查

环境保护部（国家核安全局）依据监督检查大纲和工作计划，共对国内单位实施了52次综合性检查和32次专项检查，对境外单位实施了1次专项检查。

及时对监督检查中发现的问题提出整改要求，组织专家对影响核安全的重大不符合项进行了审评和专项检查。2017年度民用核安全设备设计、制造、安装和无损检验活动质量基本处于受控状态。

五、辐射环境监测及管理

环境保护部（国家核安全局）加强统筹协调，大力推动国控辐射环境自动监测站、核与辐射应急监测能力建设及辐射监测标准物质配置等能力建设项目；组织开展国控网运行管理情况核查，持续加强国家辐射环境监测网运行管理，自动监测站实时监测数据获取率稳定在97%以上。举办2017年全国辐射环境监测技能竞赛活动，进一步调动监测技术人员学习钻研业务知识的积极性，按计划完成2批次全国辐射监测人员持证上岗考核和16期辐射环境监测技术培训。印发集中式饮用水水源放射性水平调查技术要求，组织开展饮用水水源地放射性水平调查工作。

（一）环境电离辐射

2017年，全国环境电离辐射水平处于本底涨落范围内。实时连续空气吸收剂量率和累积剂量处于当地天然本底涨落范围内。空气中天然放射性核素活度浓度处于本底水平，人工放射性核素活度浓度未见异常。七大流域、浙闽片河流、西北诸河、西南诸河及重点湖泊（水库）中天然放射性核素活度浓度处于本底水平，人工放射性核素活度浓度未见异常。城市集中式饮用水水源地水及地下饮用水中总α和总β活度浓度低于《生活饮用水卫生标准》（GB 5749—2006）规定的指导值。近岸海域海水和海洋生物中天然放射性核素活度浓度处于本底水平，人工放射性核素活度浓度未见异常，其中海水中人工放射性核素活度浓度远低于《海水水质标准》（GB 3097—1997）规定的限值。土壤中天然放射性核素活度浓度处于本底水平，人工放射性核素活度浓度未见异常。

（二）运行核电基地周围环境电离辐射

2017年，运行核电基地周围实时连续空气吸收剂量率未监测到异常。红沿河、宁德、福清、防城港和昌江核电基地周围空气、水、土壤、生物等环境介质中人工放射性核素活度浓度均未见异常，秦山、大亚湾、阳江和田湾核电基地周围部分环境介质中氚活度浓度与核电厂运行前本底相比有所升高。评估结果表明，上述核电厂运行对公众造成的辐射剂量均远低于国家规定的限值。

（三）民用研究堆周围环境电离辐射

2017年，清华大学核能与新能源技术研究院和深圳大学微堆等设施周围环境γ辐射空气吸收剂量率、气溶胶、沉降物、水和土壤中人工放射性核素活度浓度未见异常。中国原子能科学研究院和中国核动力研究设计院周围部分环境介质中检出微量的人工放射性核素碘–131和钴–60。评估结果表明，上述民用研究堆对公众造成的辐射剂量均远低于国家规定的限值。

（四）核燃料循环设施和废物处置设施周围环境电离辐射

2017年，中核兰州铀浓缩有限公司、中核陕西铀浓缩有限公司、中核北方核燃料元件有限公司、中核建中核燃料元件有限公司和中核四〇四有限公司等核燃料循环设施，以及西北低中放固体废物处置场和广东低中放固体废物北龙处置场周围环境γ辐射空气吸收剂量率处于当地天然本底涨落范围内，环境介质中与上述企业活动相关的放射性核素活度浓度未见异常。

（五）铀矿冶设施周围环境电离辐射

2017年，铀矿冶设施周围辐射环境质量总体稳定。周围环境γ辐射空气吸收剂量率、空气中氡活度浓度、气溶胶中总铀和总α浓度、地表水及土壤中总铀和镭–226浓度与历年处于同一水平，周边饮用水中总铀、铅–210、钋–210和镭–226浓度低于《铀矿冶辐射防护和环境保护规定》（GB 23727—2009）的相应限值。

（六）环境电磁辐射

2017年，直辖市和省会城市环境电磁辐射水平远低于《电磁环境控制限值》

（GB 8702—2014）规定的公众曝露控制限值。监测的广播电视发射设施、移动通信基站天线周围电磁环境敏感目标的电磁辐射水平、输电线和变电站周围电磁环境敏感目标的工频电场强度和磁感应强度均低于《电磁环境控制限值》（GB 8702–2014）规定的公众曝露控制限值。

六、核与辐射安全人员资质管理

环境保护部（国家核安全局）进一步简政放权，推进核动力厂操纵人员、核设备特种工艺人员、注册核安全工程师等资格管理优化改革；加强监督检查，组织开展核安全特种人员资质管理风险排查“回头看”和核动力厂操纵人员专项检查；弘扬大国工匠精神，指导举办第一届民用核安全设备无损检验人员技能竞赛；强化从严监管，依法处罚福建宁德核电有限公司违法违规操纵人员，吊销1名值长的高级操纵员执照，对1名操纵人员给予警告，责令哈电集团（秦皇岛）重型装备有限公司停止焊工考试3个月；加强核与辐射安全监管业务培训，发布2017年度业务培训计划，举办核与辐射安全监管高级研讨班等。

（一）民用核设施操纵人员资质管理

环境保护部（国家核安全局）负责核动力厂操纵人员执照核准，统一负责研究堆操纵人员资格管理。截至2017年12月，共计2 530人持有核动力厂操纵人员执照，其中1 296人持有高级操纵员执照，1 234人持有操纵员执照；共计270人持有研究堆操纵人员执照，其中137人持有高级操纵员执照，133人持有操纵员执照。

2017年，共组织召开4次民用核设施反应堆操纵人员资格核准委员会会议，颁发9批民用核设施操纵人员执照，共计1 548人，其中核动力厂操纵人员1 462人，民用研究堆操纵人员86人。

（二）民用核安全设备无损检验人员资质管理

环境保护部（国家核安全局）统一负责民用核安全设备无损检验人员资格管理。截至2017年12月，共计6 158人持有13 199张民用核安全设备无损检验资格证书，其中高级（Ⅲ级）证书279张，中级（Ⅱ级）证书10 772张，初级（Ⅰ级）证书2 148张。

2017年发布了2批民用核安全设备无损检验人员考核计划，组织全国5家无损检验人员考核单位举行101批次考核活动，全年颁发8批民用核安全设备无损检验人员资格证书，共批准2 097人，2 823项，全年核准2名境外无损检验人员资格，共2项。

依据监督检查大纲和工作计划，对5家民用核安全设备无损检验人员考核单位实施3次综合性检查，9次现场见证点检查，对监督检查中发现的问题及时提出了整改要求。

（三）民用核安全设备焊工焊接操作工资质管理

环境保护部（国家核安全局）统一负责民用核安全设备焊工焊接操作工资格管理。截至2017年12月，共计9 272人持有

20 785张民用核安全设备焊工焊接操作工资格证书。

2017年发布2批民用核安全设备焊工焊接操作工考试计划，组织全国15家民用核安全设备焊工焊接操作工考核单位举行23批次基本理论知识考试，211批次项目考试，全年颁发10批民用核安全设备焊工焊接操作工资格证书，共批准2 424人，5 429项。发布9批民用核安全设备焊工焊接操作工理论考试合格人员名单及编号，共计2 249人。

依据监督检查大纲和工作计划，对15家民用核安全设备焊工焊接操作工考核单位实施8次综合性检查，36次现场见证点检查，对监督检查中发现的问题及时提出整改要求。

（四）注册核安全工程师资质管理

环境保护部（国家核安全局）负责注册核安全工程师执业资格考试相关工作，统一负责注册核安全工程师执业资格注册管理。截至2017年12月，全国共计4 042人获得注册核安全工程师执业资格证书，2 056名注册核安全工程师在250家单位执业。

2017年，共有1 310人参加注册核安全工程师执业资格全国统一考试，91人取得注册核安全工程师执业资格。共批准1 257人的注册申请，其中首次注册391人，延续注册864人，变更注册领域2人。

（五）核与辐射安全监督检查人员培训

编制发布《国家核安全局2017年度业务培训计划》，举办辐射安全监管中级培训班和核与辐射安全监管高级研讨班各1期，参加培训人员117人。

（本部分材料由国家核安全局提供）

核与辐射事故应急

2017年，全国各级核应急组织按照《“十三五”国家核应急工作规划》年度任务和国家核应急工作要点要求，求真务实、开拓创新，全国核应急工作成果丰硕、亮点纷呈。配合全国人大出台《核安全法》；推进《“十三五”国家核应急工作规划》实施；圆满完成香港回归20周年庆祝活动、厦门金砖国家会晤、“一带一路”重大活动、喜迎党的十九大胜利召开的核应急工作和涉核突发事件应对等重大任务。全国核应急工作稳步推进，核应急事业彰显新活力，实现新跨越。

一、重要事件与活动

9月18日，国家原子能机构主任唐登杰率团出席在奥地利维也纳召开的国际原子能机构第61届大会。唐登杰强调，中国在核能事业发展过程中，始终秉持中国国家主席习近平提出的理性、协调、并进的核安全观，在确保安全的基础上高效发展核电。唐登杰表示，希望国际原子能机构在促进核能与核技术可持续发展、提升核安全与核安保水平以及加强防扩散与核保障体系等方面发挥更大作用。

9月11—13日，国家原子能机构副主任王毅韧率团出席国际原子能机构9月理事会，并就核安全、核安保、核应急以及核技术合作等议题阐述了中方立场。王毅韧表示，中国在坚定不移地发展核能的同时，始终将核安全放在首位，积极推进核安全法律法规建设。

9月中旬至10月上旬，国防科工局王毅韧副局长、姚斌司长和黄敏副司长分别带队对山东省、吉林省、辽宁省进行了反恐专项督查和核应急工作检查；对四川、甘肃、辽宁、天津等地重点核设施单位进行了军工核安全大检查。检查组在各单位认真查看隐患治理情况，召开核应急安全会议，传达习近平总书记、李克强总理和马凯副总理等中央领导重要指示精神，听取核应急安全总体情况汇报，并就核应急安全工作中存在的问题检查督导。

10月30日，第四届21世纪核能部长级国际大会在阿拉伯联合酋长国首都阿布扎比开幕。国家原子能机构副主任、国家核应急办主任王毅韧出席会议。王毅韧在会议发言中阐述了中国核能发展、核安全、核应急、核安保的政策和主张，宣传了中国核能事业取得的成就，推介了中国核能发展能力和经验。

国家核应急办组织做好十九大期间全国核应急值班备勤工作。10月18—26日，国家核应急办组织实施了为期9天的24小时强化值班。相关省级核应急组织，涉核集团公司（院）及其下属的全部核设施营运单位，以及各国家级核应急技术支持中心和分队加强值班备勤，严格执行“零报告”工作制度。国家核应急响应技术支持中心定期汇总各单位情况并上报国家核应急办。各核应急战线上的同志以高度的政治责任感和使命感坚守岗位、尽职尽责，圆满完成此次强化值班任务。圆满完成2017年金砖国家领导人厦门会晤等重大活动核与辐射应急安保备勤任务。圆满完成第六次朝鲜核试验辐射环境应急，及时公开辐射环境监测等相关信息。辐射监测及综合研判表明，第六次朝鲜核试验未对我国周边环境造成影响。

国务院办公厅印发《关于推动国防科技工业军民融合深度发展的意见》，对推动国防科技工业军民融合深度发展作出全面部署，同时，对核应急安全建设作出要求：一是提升核应急和安全能力；二是按照国家核应急体系建设整体布局，加强国家核应急救援力量建设；三是推进核安全技术研究，军地联合加快国家核安全体系重大工程建设；四是加强核安全监管，增强核安保能力；五是加快军工核设施退役治理，提升军工核设施实物保护能力。

二、规划

2月21日，国家核事故应急办公室印发了《2017年国家核应急工作要点》，部署了落实《“十三五”国家核应急工作规划》、健全核应急法规制度、完善核应急预案体系、推进核应急能力建设、强化核应急演习和培训管理、开展核应急科研工作、做好核应急公众宣传及舆情应对工作、拓展核应急领域国际及地区合作与交流、做好全国核应急值班管理等9方面工作。

三、核设施应急准备工作监督管理

环境保护部（国家核安全局）完成海阳核电厂、台山核电厂1号机组首次装料前场内核事故应急专项检查和综合应急演习监督评估，印发检查报告。完成田湾、秦山、福清、宁德、大亚湾、阳江、昌江、防城港、红沿河核电基地，清华大学核能与新能源技术研究院、中核北方核燃料元件有限公司、中国核动力研究设计院、中核建中核燃料元件有限公司、中核四〇四有限公司、中核兰州铀浓缩有限公司、中核陕西铀浓缩有限公司等核设施营运单位的场内综合应急演习监督评价。

四、应急计划批复

环境保护部（国家核安全局）完成山东海阳核电厂、三门核电厂等核电厂核事故应急计划首次审查和批复，完成宁德核电厂、中国原子能科学研究院、中核二七二铀业有限责任公司、田湾核电厂、广西防城港核电厂、清华大学核能与新能源技术研究院、海南昌江核电厂等民用核设施核事故应急计划复审和批复。

五、预案

7月12日，《山东省核应急预案(修订版)》由山东省政府办公厅正式印发实施。此次修订工作是按照国家核应急办要求，结合山东省实际，针对预案适用范围、工作原则、组织架构、响应流程等做出适应性调整和优化。

六、组织机构

辽宁省完成核应急专家队伍调整工作。今年初，辽宁省核应急办印发了《辽宁省核应急专家咨询组管理工作制度》。根据规定，辽宁省核应急办向省内涉核相关单位印发了推荐省核应急专家的通知。经过各单位推荐、筛选、审批等各环节，最终确定核应急相关专业领域30名同志作为辽宁省核应急专家，并印发文件向社会公布，4月20日，在省核应急专家工作会议上，正式履行了专家聘任程序，完成了辽宁省核应急专家队伍的调整。

七、能力建设

JRODOS后果评价系统在国家核应急响应技术支持中心上线运行。2月16日，中欧核应急技术合作项目“提升中国在核应急管理与严重事故管理领域的能力：在国家核应急响应中心部署JRODOS决策支持系统”项目成果发布。JAVA版RODOS(Real-time on-line decision support)是应用于场外核应急管理的、全面的后果评价与决策支持系统。目前，该系统已经安装并应用于欧洲及世界范围内的十余个国家。随着最新版JRODOS系统的测试验证通过，JRODOS系统在国家核应急响应技术支持中心正式上线运行。该系统的运行丰富了我国对核与辐射事故或事件所引起的放射性影响进行全面评估的技术手段，为核应急管理、准备与响应的高效协同提供了借鉴。

10月17日，国家核事故应急办公室印发《陆上小型压水堆核应急工作指导意见（试行）》（国核应办〔2017〕29号），推进陆上小型压水堆的工程应用，指导做好陆上小型压水堆核应急各项准备工作。

11月23日，国家核事故应急协调委员会印发《国家核应急舆情引导管理办法》（国核应委〔2017〕7号），规范涉核事件应急时的舆情引导工作。

八、统筹指导省级环境保护部门辐射事故应急演练

环境保护部（国家核安全局）协调并指导地区监督站督导新疆、贵州、海南、山西、河北、安徽等6个省市环境保护部门实施辐射事故综合应急演习。通过演习增进了地方政府对辐射事故应急工作的重视，落实了地方政府辐射应急工作主体责任，锻炼了队伍，检验了应急预案和设施设备，提高了应急响应与处置能力，进一步推动了辐射安全监管工作。同时，通过现场和视频评估，强化了各省间的应急经验交流，取得了以演代训、以点带面、示范引领、互学互鉴的效果。

九、应急响应能力有效维持

环境保护部（国家核安全局）持续做好核与辐射事故应急响应工作，实行24小时应急值班制度，确保核与辐射应急响应体系有效运转和通信渠道畅通。整合核与辐射事故应急决策支持与指挥调度系统和应急监测调度平台。科学开展环境保护部核与辐射安全应急培训。

十、培训演习

3月22—24日，海南省核应急办在海南昌江组织进行了核应急桌面推演。推演模拟昌江核电厂1号机组主变在带额定功率运行时突然发生故障起火，事故由应急待命逐步升级到场外应急状态。在省核应急指挥部的统一指挥下，重点推演了信息传递、指挥决策、撤离隐蔽、去污洗消、舆情应对、应急支援和特殊情况处置等内容。

4月26日，江苏省核应急委员会组织实施“江苏省田湾核电站核事故场内外联合演习”。演习首次全程运用江苏省核应急指挥信息平台分析、研判、决策、指挥、调度演习，采取时空压缩、军地联合、异地同步、演检结合、以少代多、以点带面的方式组织实施，全过程演练四级、三级、二级、一级直至应急终止五个阶段。

4月19—20日，吉林省核应急办在长春举办核应急专题培训班。吉林省核应急委成员单位联络员和各级核应急办、相关市（州）、县（市、区）工作人员共180余人参加培训。培训班上，专家对国家核应急预案体系、《吉林省核应急预案》和专业组执行程序进行了梳理和解读，讲授

了核事故影响分析和保密知识。

4月25日，福建省核应急办联合中国核学会、省科协在福州举办核电公众沟通讲座“核电对现代社会的影响与安全保障”。讲座邀请中国科学院院士王乃彦、法国电力（中国）执行副总裁高德龙（Didier Cordero）针对提高核电公众可接受性、核能对现代社会的影响、核电的安全性与保障措施等公众关心的问题为现场观众进行解读。

6月9日，国家核应急航空监测技术支持中心和国家核应急救援航空辐射监测分队在石家庄组织开展了“无线传输系统快速展开与启动”单项演习。演习分指挥组、基地数据传输组、航空监测组、实时传输中继组、数据实时接收与分析组、应急保障组六个小组。演习动用航空辐射监测系统一套、地面实时接收与处理系统一套、指挥通信系统一套、车辆三台。

6月23日，山东省核应急委员会组织开展了山东海阳核电厂首次装料前场内外核事故应急联合演习。演习以海阳核电厂1号机组主管线泄漏，导致放射性物质释放为事故主线。省核应急委员会接到事故情况报告后，立即按照省核应急预案要求开展应急响应工作，同时启动山东省、海阳市、海阳核电厂核应急指挥中心。按照“时空压缩、异地同步、实战实兵”的方式，全过程、全科目，实时、实兵、实况，全面展开各项应急响应行动。

5月31日—6月1日，辽宁省核应急办在辽宁红沿河组织召开了全省核应急协调委联络员培训会议。培训会上，资深专家分别对辽宁省核应急预案进行全面梳理和解读，详细介绍了核应急措施和辽宁红沿河核电厂应急监测执行程序。同时，培训会还组织了对红沿河核电厂场外核应急执行程序修订讲解辅导和分组讨论。

6月9日，甘肃省核应急办组织召开核应急功能建设研讨暨第四期核应急培训班预备会议。会议就甘肃省军工核应急功能建设原则建议和路径方法、2020年甘肃省核应急功能设计、区域性发展机制的运作条件办法和意见、对培育和发展核应急产业的思考等重点发展问题进行了深入研讨。

6月26—29日，国家核应急办在湖南省衡阳市举办了第六期全国核应急管理干部培训班。此次培训班由国家核应急办与国际原子能机构联合授课，以学习宣传国际国内核应急最新标准为主题，邀请国际原子能机构和清华大学专家为学员讲授了《核或辐射紧急情况准备与响应安全标准文件GSR Part7》等13门课程。

9月15日，国家电力投资集团公司核应急培训在集团核应急响应与支援指挥中心举办。培训班对《国家核应急预案》进行了解读，针对涉核集团公司核应急管理能力建设与程序体系、海阳核电厂场内应急计划、辽宁红沿河核电厂场内应急计划等主题开展讲授。

9月19—21日，江苏省核应急办在南京举办全省核应急工作联络员培训班。此次培训采取理论授课、参观学习、讨论交流等形式，围绕国家核应急预案主要内容、我国核应急工作法规制度、日本福岛核事故教训剖析、突发事件舆情管控技能、核事故应急演习组织与实施等内容进行辅导培训。

9月30日，中国原子能科学研究院组织开展核应急综合演习。演习以中国实验快堆主容器泄漏为始发事件，并以触发方式来控制演习进程，事故应急状态从“厂房应急”等级发展到“场区应急”等级。自主响应期间穿插恐怖袭击未遂事件、火情、人员烧伤、网络舆情等。演习启用新核应急指挥中心，在数据传输、决策支持、可居留性等方面有较大提升。

11月1—3日，福建省核应急办与省委党校、省行政学院联合举办2017年全省核应急联络员培训班。培训邀请专家讲授了核应急法律法规、核应急预案及应急响应、公众沟通与舆情应对等课程，并组织学员到福清核电现场教学。

11月3日，“红核—2017”辽宁红沿河核电厂场内外核事故联合演习在辽宁举行。演习以应对处置红沿河核电厂1号机组一回路出现破口假想事故的发展为演习情景，依次启动了核应急Ⅳ级、Ⅲ级、Ⅱ级、Ⅰ级响应行动。演习真实展现了8个场所实时联动，10项应急处置工作，重点检验了省核应急指挥部署决策能力，大连市核应急队伍应急响应能力。

12月12日，福建省举行“太姥—2017”宁德核电厂核事故场内场外应急桌面演习。演习形式以室内桌面推演为主，主要演练前沿指挥部指挥应急响应行动的能力；以室外现场行动为辅，主要演练组织公众参与防护行动。演习完整演练了预案规定的四至一级响应程序。

12月18—22日，香港特别行政区举行《大亚湾应变计划》的规划和准备的棋盘Ⅱ演习。应香港特区政府保安局的邀请，国家核应急办领导率团赴香港现场观摩并围绕核应急工作新形势新任务、核应急演习、核应急技术合作、涉核舆情宣传及引导等事项与港方进行了深入交流和探讨。

十一、国际合作

2月8—10日，打击核恐怖主义全球倡议（GICNT）2017年执行和评估组会议（IAG）在印度新德里召开。本次IAG会议主要是审议2015年至2017年工作计划，总结分享过去相关活动经验，并提出下一阶段的工作安排，为7月在日本召开的全体伙伴国大会提供议题和支持。来自41个国家、4个国际组织的150多名代表参加会议。我国代表团由外交部负责组团，5名参会代表分别来自外交部、国防科工局、环境保护部和中国海关。

5月22—23日，中美第二次核安全对话会在华盛顿召开。会上，中美双方评估和探讨了当前国际核安保形势，对双方核应急、核安保、核安全政策举措进行了交流讨论，回顾了中美双方核安保合作进展并提出下一步合作方向。中美双方同意共同推动落实核安全峰会成果，支持国际原子能机构在协调国际核安保合作方面发挥核心作用，同意在多边层面加强沟通协调。

6月21—22日，中国首次作为参演

国，参加了国际原子能机构组织的三级公约演习。演习以匈牙利波克什核电站为假想事故国家，82个国家和11个国际组织注册参加演习。演习重点检验严重事故国家双边及多边信息沟通情况，评估USIE（应急信息交换系统）、RANET（救援网络）等国际应急管理系统，评估国际援助部署的有效性，以及国家级/国际级核安全和核安保机构之间的联系和应对协调水平等。国家核应急响应技术支持中心承担中方演习的技术支持工作。我国派出气象、卫生、医学救援、辐射防护、辐射监测、防化等注册了国际救援能力的9支队伍以及田湾核电站参演。

我国参加国际原子能机构首次联合援助演习。10月2—6日，IAEA在日本福岛县举行了首次国际核应急响应援助网络（RANET）联合援助队（JAT）演习，演习重点是辐射巡测、环境采样及分析。演习模拟“班霸国”某压水堆核电厂发生蒸汽发生器传热管破裂（SGTR）事故，导致大量放射性物质释放到环境中，而“班霸国”自身应急响应能力有限，请求IAEA提供辐射巡测和样品采集与分析两方面的援助。IAEA根据援助公约，在RANET框架下向已注册的各成员国发出援助请求，我国同意派出由中国辐射防护研究院和中国原子能科学研究院组成的援助力量代表我国参加演习。参加本次演习的有来自中国、美国、澳大利亚、法国、乌克兰、德国和日本等7个国家的13支队伍。

10月10—11日，国家原子能机构与欧盟委员会联合研发中心在北京召开“核应急与严重事故管理能力提升”项目总结会暨成果发布会。该项目参照欧洲及国际先进管理实践经验，通过学术研讨、实地观摩及在职培训等方式，对标中欧核应急管理标准，交流中欧核应急航空监测与管理技术，分享核电站严重事故分析和管理软件及技术。

12月4—6日，首届“核安全•核应急•核安保国际学术会议”在湖南衡阳顺利召开。会议设置开幕式、大会报告、专题研讨会等交流活动。17位国内外知名专家做大会报告，介绍了核安全、核应急、核安保、核能知识管理等研究领域的前沿成果。分会场围绕“核安全、核应急、核安保的理论、技术、方法，核设施退役与废物管理，核能知识管理”等技术专题开展研讨。

12月5—8日，国家核应急响应技术支持中心代表我国参加了国际原子能机构2017年度ConvEx-2b公约演习。演习以菲律宾首都马尼拉发生人为放置危险放射源恐怖袭击为假想场景，以国际通报的方式，用3天时间演练了事故国和援助国之间开展请求援助和提供援助活动等内容。本次演习是国际原子能机构在ConvEx-3（2017）三级公约演习之后组织的最重要的国际公约演习，我国以援助国角色参演。国家核应急中心组建了专门的参演团队，圆满完成了全部演习任务，得到国际原子能机构的高度肯定。

（本部分材料由国家核安全局和国家核应急响应技术支持中心提供）

核专业人才培养和职工培训

中国核工业集团有限公司

强化三支人才队伍建设。坚持事业为上、人事相宜，改革成员单位班子管理体制，强化日常监督管理。完成28家成员单位“董书法”一肩挑领导体制调整。组建专职董监事队伍，选派专职董监事25名。加大年轻干部选拔力度，在全系统公开选拔20名党组管理干部。统筹领军技术人才建设，选聘12名集团公司首席专家，25名科技带头人，9名首席技师。加快高层次人才选拔培养，引进“千人计划”1人，3人入选国家百千万人才工程，51人入选国务院特贴专家，2人获“全国创新争先奖”先进个人称号，6人获“全国技术能手”称号。与巴黎政法大学签署战略合作协议。推进高层次专业人才境外培训，举办两期科技创新、大国工匠境外培训班。

中国广核集团有限公司

2017年，中广核累计学习时间为437万小时，同比增加5%；人均学习时间为103小时，其中核电板块的人均学时为139学时。

一、重大培训项目

2017年，中广核大学（党校）对部分培训项目进行优化升级，成功举办一系列重大培训项目。

(一)长湾领导力论坛

围绕“核电安全管理提升”成功举办主题为“切实加强（核）安全管理，彻底消除（核）安全隐患——让安全真正落地”的中广核2017年长湾领导力论坛，有力地助推了核安全管理提升方案宣贯和落地，为持续营造良性的安全文化氛围发挥了重要作用。

（二）EDP（集团高管系统培训）项目

围绕“精益化”和“国际化”主题，中广核开展了高层管理干部系统培训（EDP培训），使高管认识到集团国际化各方面存在的差距，帮助高管建立对集团“国际化”“精益化”战略的共同认知。集团公司班子成员、集团公司党组管理干部200多人参训。

（三）“白鹭计划”系列培养项目

1.高管后备培养项目

中广核首期高管后备人才培养项目“白鹭—飞翔计划”“白鹭—启翔计划”第一期培养班历时438天，于2017年9月结束。人均脱产培训超过200学时，培养后备干部120名。这是中广核历史上培养周期最长、一次培养干部人数最多的培养项目。

2.新任管理者转型培养项目

2017年完成第四期面向新任高管的

“白鹭—翱翔计划”培养班，来自中广核14家成员公司的25名高管学员完成各项学习任务并顺利结业。举办面向新任基层干部的“白鹭—助跑计划”培养班8期，共219人参训；举办面向新任中层干部的“白鹭—展翅计划”培养班6期，共143人参训。

（四）核电专业人才培养

2017年，中广核各基地共培养操纵员（RO）289名，培养高级操纵员（SRO）153名，满足了各核电厂对执照人员数量的需求。各基地已累计培养操纵员（RO）1 808名，累计培养高级操纵员（SRO）1 081名。为保证群厂运行人员培养高标准快速一致，完善了执照人员培训体系，目前同类型机组执照人员初、复训课程体系、教学文件、考核标准一致性已达100%；同时组织群厂关键岗位技术与技能专项强化培训，以提升值长、隔离经理、安工等运行高岗位人员的专业技能。在OJT岗位培训方面，进一步设计并开发完整的主控室操纵员、隔离经理、机组长、值长、安工系列培训课程，实现运行人员岗位培训系列化。核电运营培训领域持续推进“安全文化再教育”活动，全年共有3 108人次参加培训，近2万人通过网络考试，考试通过率均超99%。

为适应核电工程建设的战略发展和当前工程建设的要求，在打造完整人才培养体系的基础上，重点围绕“华龙一号”、项目管理人才、经营商务人才、工程控制人才、国际化人才等开展了多批次的专项人才培养。

（五）企校联合培养

全年通过“订单+联合”培养模式与13所高校合作培养准员工551名，通过“联合培养”（苏州）与7所高校合作培养准员工164名。加强与中山大学中法核学院在核电“工程师教育”联合培养项目上的合作，累计安排248人次的实习和实践任务。积极履行央企的社会责任，积极接收高校学生实习，全年累计安排高校学生实习1 019人次。

二、优化师资队伍建设

中广核建立骨干员工担任兼职教员的制度，促进了组织知识的有效传承。全集团拥有专职教员人员194人，兼职教员885名。认证铜牌教员247名，银牌教员20名，金牌教员2名。管理干部参与授课，分享知识与经验，2017年公司管理干部平均授课时间为10.1小时。

三、夯实培训基础

加强课程研发推广，加大培训设施的投入。目前全集团已有各类课程达到15 710门，其中，网络课程超过3 500门。集团公司相关部门积极参与课程开发，促成管理经验、知识的沉淀和分享。举办2017年第二届“安全文化杯”微课大赛，开发高质量微课378门，共有1 057人参赛。目前中广核拥有核电站全范围模拟机13台，各类其他模拟机24台，培训相关建筑面积达13.34万平方米。

四、主要荣誉

中广核人才培养工作得到业界的高度认可，人才培养已成为中广核的一张名片。2016年12月，中广核高票当选中国企业高管培训发展联盟新一届轮值主席单位，2017年在集团外部不同场合累计分享超过20次。2017年12月，荣获“中国最佳学习型企业”奖。2017年11月，“中广核管理者学习地图项目”荣获“拉姆•查兰管理实践奖优秀奖”。2017年7月，中广核大学（党校）荣获“中国最具价值企业大学”奖，连续两年获此奖项。2017年4月，在由新华报业集团《培训》杂志主办的“2017中国企业培训与发展年会”上，中广核荣获“中国人才发展最佳企业奖”，连续三年获此奖项。

国家电力投资集团有限公司

积极开展核专业人才培养。核电项目单位高度重视核电专业人员的培养，按照专门的培养方案不断推进并开展取证工作，山东核电第三批操纵员取得执照，同时组织操纵人员开展了大量培训，强化值长担当，提高操纵人员专业素养，提升实操能力。国核示范2017年首批预备操纵员通过操纵员执照考试，通过率94.7%，远高于国内同期平均通过率。对涉及122个关键岗位的221名生产人员分阶段进行岗位培训。继续开展为期1年的生产领域管理人员及技术骨干专项培训，全面提升生产人员管理和技术水平。

优化教育培训程序和流程，编制《教育培训工作手册》。组织完成国家核电个人发展计划（IDP）的制订和实施，完成IDP的全覆盖。国家核电全系统的IDP平均执行率为98%。2017年开展南非民用核能第三阶段在岗培训，21名南非学员分别在上海核工院、国核工程等5家单位培训学习。在全面完成南非培训项目的基础上，进一步完善了核电国际培训体系。国家核电与清华大学签署了《联合培养国际核电研究生协议》，首届招生录取外籍学生7人，选拔推荐企业导师7人。

中国华能集团有限公司

高温气冷堆示范工程首批63名操纵员和38名高级操纵员先后通过国家能源局操纵员资格审查委员会审查；生产相关人员202人完成防人因失误技能培训。华能山东石岛湾核电有限公司已基本形成自主开展技术人员基础理论培训的能力，专业技术人才队伍建设稳步推进。

截至2017年年底，华能山东石岛湾核电有限公司已建立一支专业结构合理、从业经验丰富、总数达817人的人才队伍，拥有一支具有丰富核电建设和运营管理经验的优秀管理团队，其中，中层以上干部近60%来自运行和在建核设施单位。

国际合作与两岸交流

政府方面

一、《核安全公约》和《乏燃料管理安全和放射性废物管理安全联合公约》履约

环境保护部副部长、国家核安全局局长刘华率中国政府代表团出席《核安全公约》第七次审议会议。中国国家报告受到各方高度评价，会议认为中国相关工作完全符合《核安全公约》和《维也纳核安全宣言》的要求，“及时修订并发布实施《核动力厂设计安全规定》”等7个方面的工作被认定为良好业绩，值得在国际同行中推广。筹备《乏燃料管理安全和放射性废物管理安全联合公约》下一周期履约工作。成功推荐我国两名人员担任联合公约第六次审议会议官员，大幅度提升我国话语权。

二、多边领域

（一）与国际原子能机构（IAEA）合作交流情况

1.与IAEA开展合作活动

4月5日，国家原子能机构副主任王毅韧会见来华访问的国际原子能机构总干事天野之弥一行，双方就进一步加强核领域全方位合作交换了意见。会见前，双方签署了国际原子能机构低浓铀银行低浓铀过境运输协定。

9月8日，国际原子能机构对我国开展的首次国际核安保专项评估圆满结束。此次评估是落实习近平主席核安全峰会承诺，展示中国核安保能力建设水平，加强核安保国际合作的重要举措。评估高度赞扬了我国持续加强核安保的努力，充分肯定了我国加强核安保工作、保障核工业可持续发展、强化核安保责任担当、参与构建全球核安保治理体系取得的成就。

2017年9月，中国国家原子能机构与教育部共同设立“中国政府原子能奖学金”，以哈尔滨工程大学为试点，未来五年每年为发展中国家和新兴核能国家培养40名核工程和核技术硕士及博士研究生。

2017年，环境保护部（国家核安全局）深入参与IAEA安全标准委员会、全球核安全与安保网络、亚洲核安全网络、监管合作论坛等各类重要机制，在国际原子能机构安全标准制定、能力建设、各个技术领域发挥积极作用。全年环境保护部57人参加国际原子能机构活动31次。落实国家推送优秀人才到国际组织工作的政策，推荐两名人员到国际原子能机构工作一年。

2.与IAEA开展沟通交流活动

4月6日，国务院副总理马凯在北京会见国际原子能机构总干事天野之弥一行。

双方就核能发展、核技术应用、核安全、核安保等领域交流与合作交换了意见。

6月12日，国家原子能机构副主任王毅韧出席国际原子能机构六月理事会并在年度报告审议中发言，对今后工作计划提出了建设性意见。

9月11—13日，国家原子能机构副主任王毅韧率团出席国际原子能机构9月理事会，并就核安全、核安保以及技术合作等议题阐述了中方立场。

9月18日，国家原子能机构主任唐登杰率团出席国际原子能机构第61届大会，宣读了李克强总理致国际原子能机构60周年贺信，阐述中国安全高效核能发展政策和主张。大会期间，唐登杰会见了国际原子能机构总干事天野之弥，见证签署了教育培训合作实际安排；还分别会见了美国能源部长佩里、伊朗副总统兼原子能组织主席萨利希、法国原子能委员会主席韦尔威尔德、经合组织核能署总干事麦格伍德、巴基斯坦原子能委员会主席纳伊姆等，就共同关心的问题交换了意见。

11月27—30日，由国家原子能机构主办的首期国际原子能机构国际职员后备人才培训班在京举办。

（二）与经合组织核能署合作

2017年9月，经合组织核能署（OECD-NEA）召开的“核电厂多国设计评价机制”（MDEP）政策组会议正式通过我国关于设立“华龙一号”国际工作组的提议，标志着我国自主研发的核电技术将与美法俄等国际主流核电技术在同一平台上接受各国核安全监管部门的共同评价。这是落实习近平主席在第四届核安全峰会上提出的“中国将推广国家核电安全监管体系”倡议的具体举措。中国发起成立并牵头运行“华龙一号”国际工作组，与国际社会分享核电安全监管经验，不仅展现了我国核安全监管工作高度透明的形象，也为全球核安全贡献了中国智慧和力量。

环保部全年41人参加核能署及MDEP活动15次；参与经合组织核能署下的“燃料包壳安全联合研发”等各类项目和活动，提名两名人员担任经合组织核能署核安全监管委员会与核设施安全委员会委员。推荐环保部一名人员到经合组织核能署工作一年。

4月28日，国家能源局副局长李凡荣在京会见了经济合作与发展组织核能署署长威廉•麦克伍德，双方签署了《中国国家能源局和经济合作与发展组织核能署关于开展民用核能领域合作的谅解备忘录》，并就核电领域的进一步合作进行了交流。

（三）中日韩合作

2017年，环境保护部（国家核安全局）继续保持中日韩区域核安全合作机制。

（四）其他合作与交流

环境保护部（国家核安全局）积极参与全球核治理方面，作为“核安全峰会成果落实联络人小组”主要成员单位，会同外交部参与联络人小组框架下的“加强地区核安全能力建设工作组”工作，在“后峰会”时代全球核安全治理中发挥积极作用。并在第二次中美核安全对话、参与“打击核恐怖主义全球倡议”中也发挥重要影响。

4月29日，由国家原子能机构主办的核能发展与公众沟通国际研讨会在北京召开，深入探讨新形势下核能公众沟通和宣传工作，为核行业发展创造良好舆论氛围出谋划策。

7月3日，国家原子能机构副主任王毅韧出席第25届国际核工程大会开幕式并致辞，介绍中国核工业发展取得的最新成就和“十三五”发展规划，并就促进世界核工业发展分享了中国经验。

10月30日，国家原子能机构副主任王毅韧出席第四届21世纪核能部长级大会，宣传中国核能政策，分享中国核能发展经验。

三、双边合作

（一）中美合作

2017年，环境保护部推进与美国在核安全监管领域的合作，与美续签AP1000核电厂核安全合作谅解备忘录，积极参加《中美和平利用核技术协定》框架下各项活动。2月28日—3月2日，中美和平利用核技术合作协定（PUNT）第五工作组在南京召开了2017年工作会议并开展了相关合作交流活动。美国能源部将与中国环境保护部在PUNT框架下继续开展放射源安保合作，美方将尽快完成资助内蒙辐射站的STOP BOX的加工生产，提供给中方作为示范项目；双方将在放射源替代技术、放射性物品运输在线监控、高风险移动放射源的实时监控等方面开展双边技术交流与合作。

5月25日，国家原子能机构秘书长刘永德在京会见美国国务院国际安保与不扩散代理助理国务卿艾略特•康，双方就国际核能发展情况以及中美核领域合作等议题深入交换意见。

6月6日，国家原子能机构副主任王毅韧会见美国能源部部长里克•佩里。双方回顾了中美两国在核安保、核不扩散领域取得的一系列合作成果，并就共同促进地区和全球核安保交换了意见。

7月31日，国家原子能机构秘书长刘永德在华盛顿与美国核军工管理局代理副局长惠赞戈就中美核能合作、核安保合作以及微堆低浓化等深入交换了意见。

7月31日，国家原子能机构秘书长刘永德访问美国能源部，与环境管理办公室助理部长帮办马克森•德林就加强中美在放射性废物管理、退役治理等领域的互利合作深入交换了意见。

8月1日，国家能源局副局长李凡荣在北京会见西屋电气公司首席运营官马拉诺一行，双方就AP1000现有项目、下一步合作计划等交换了意见。

11月3日，国务院总理李克强会见美国泰拉能源公司董事长、微软公司创始人比尔•盖茨，积极评价行波堆研发合资公司成立。

11月3日，环境保护部副部长、国家核安全局局长刘华会见美国泰拉能源公司董事长、微软集团创始人比尔•盖茨，双方就行波堆以及共同关心的核电安全与核电发展等问题进行了交流。

11月3日，国家发展改革委副主任、国家能源局局长努尔•白克力在北京会见美国泰拉能源公司董事长比尔•盖茨一行，双方就行波堆领域的合作交换了意见。

11月3日，国家原子能机构主任唐登杰会见泰拉能源公司董事长比尔•盖茨，双方就核能领域科技创新和安全高效发展交换了意见。

11月8日，环境保护部副部长、国家核安全局局长刘华在北京会见了美国西屋电气公司总裁兼首席执行官何睿泽先生，双方就AP1000项目以及核电安全与发展等共同关心的问题进行了交流。

（二）中俄合作

3月21日，国家原子能机构副主任王毅韧在京会见俄罗斯国家原子能集团公司副总经理斯巴斯基，双方就中俄核领域新项目合作深入交换意见。

8月31日，国家原子能机构副主任王毅韧会见俄罗斯国家原子能集团公司副总经理斯巴斯基，就中俄核领域新项目合作交换了意见。

9月4—5日，国务院副总理、中俄总理定期会晤委员会中方主席汪洋在伏尔加格勒与俄罗斯副总理、委员会俄方主席罗戈津共同主持委员会双方主席会晤。双方就核能、航天、农业、北极、民用航空、数字经济等领域合作深入坦诚地交换了意见。国家原子能机构副主任王毅韧出席了会议。

9月15日，国家原子能机构主任唐登杰与俄罗斯国家原子能集团公司总经理利哈乔夫在莫斯科主持召开了中俄总理定期会晤委员会核问题分委会第21次会议。双方回顾了一年来的合作，商定了下步工作计划。会后，双方签署了会议纪要。

9月20日，国务院副总理、中俄能源合作委员会中方主席张高丽在北京与俄罗斯副总理、委员会俄方主席德沃尔科维奇举行中俄能源合作委员会第十四次会议。双方就天然气、石油、电力、煤炭、核能、新能源、标准互认等领域合作深入交换意见。国家原子能机构主任唐登杰出席了会议。

10月18日，国家原子能机构副主任王毅韧会见俄罗斯国家原子能集团公司副总经理斯巴斯基。

10月30日，国务院副总理、中俄总理定期会晤委员会中方主席汪洋在重庆与俄罗斯副总理、委员会俄方主席罗戈津共同主持中俄总理定期会晤委员会第二十一次会议。双方系统梳理了委员会过去一年来的工作进展，就下一步的各领域合作深入交换意见，签署了《中俄总理定期会晤委员会第二十一次会议纪要》。国家原子能机构主任唐登杰出席会议。会前，唐登杰会见了俄罗斯国家原子能集团公司副总经理斯巴斯基，就推动中俄核领域合作交换了意见。

11月21日，国家原子能机构副主任王毅韧会在莫斯科与俄罗斯国家原子能集团公司副总经理斯巴斯基举行中俄核领域新项目合作磋商。

11月28日，国家原子能机构副主任王毅韧在北京与俄罗斯国家原子能集团公司副总经理斯巴斯基举行中俄核领域新项目合作磋商。会后，双方签署了会议纪要。

（三）中英合作

9月，环境保护部副部长、国家核安全局局长刘华与英国核管制办公室首席监督员理查德•赛维之共同主持召开了首次中英核安全合作指导委员会会议，双方商定未来两年将围绕“华龙一号”安全审评、核电厂安保、核电厂严重事故分析、放射性废物管理四个主题开展具体的合作活动。

12月16日，国务院副总理马凯与英国财政大臣哈蒙德在北京共同主持第九次中英经济财金对话。有关核能领域合作列入对话成果清单。国家原子能机构主任唐登杰出席第九次中英经济财金对话，推动中英核燃料循环全产业链合作。12月15日，为配合此次中英经济财金对话，国家能源局与英国商业、能源与工业战略部在北京共同举办第五次中英能源对话。国家发展和改革委员会副主任、国家能源局局长努尔•白克力和英国商业、能源与工业战略部内阁大臣格雷格•克拉克共同主持对话，并于会后签署了《中英清洁能源合作伙伴关系实施行动计划》。该行动计划确定了双方未来合作的重点领域，其中包括清洁能源技术、民用核能、电力市场改革及在“一带一路”框架下开展第三国合作等。

（四）中法合作

4月27日，国家发展改革委副主任、国家能源局局长努尔•白克力在京会见了法国电力集团董事长兼总经理乐维，双方就民用核能、常规电力、清洁能源等领域的合作及共同开拓第三国市场等问题交换了意见。

4月28日，国家发展改革委副主任、国家能源局局长努尔•白克力在京会见了法国阿海珐核电集团首席执行官方特纳，双方就中国核电发展前景以及在民用核能、核电技术与装备等领域的合作交换了意见。

8月31日，国家能源局副局长刘宝华在北京会见法国阿海珐公司首席执行官方特纳一行，双方就中国“十三五”能源规划、现有合作项目、未来合作前景和当前主要工作等交换了意见。

11月9—10日，国家能源局副局长刘宝华出席在法国召开的国际核能合作框架（IFNEC）第八次部长级会议。来自中国、法国、美国、英国、俄罗斯等21个成员国及4个观察员国际组织代表参加会议。会议期间，刘宝华分别与法国、阿根廷、澳大利亚、约旦等国代表团团长就双方共同关心的议题交换了意见。会议最后讨论通过了本次会议的国际核能合作框架联合声明。

11月30日至12月1日，第五次中法高级别经济财金对话在北京举行，国务院副总理马凯与法国经济和财政部长勒梅尔共同主持对话。有关核能领域合作对话成果摘录如下：

贸易投资和产业合作

双方欢迎由中国能源局和法国生态转型部于11月30日举行的首次中法能源对话。该机制将分享能源政策方面的经验，并定期回顾在该行业的合作。双方同意建立定期沟通机制，起草未来能源合作工作计划，其成果将报告给中法高级别经济财金对话。中国国家能源局和法国核电标准规范协会（AFCEN）将在中法高级别经济财金对话期间签署《中法核电标准规范合作协议》，以推动双方在核电规范和标准领域的合作。

中法两国政府重申支持负责任地发展和利用核能，并及时落实2015年6月30日中华人民共和国国务院总理李克强访法期间，两国政府在巴黎发表的《中法两国深化民用核能合作的联合声明》。双方欢迎在落实联合声明上取得的进展。双方欢迎欣克利角C项目的开工建设和“华龙一号”（HPR1000）在英国启动通用设计评审。法方将继续鼓励法国电力集团为“华龙一号”核反应堆设计提供支持，并协助其完成英国相关管理机构的认证。双方将鼓励两国企业在互利基础上，就共同开发第三国核电项目展开讨论。双方将继续致力于台山核电项目1号机组的建成和运行，共同推进这一重要的能源合作项目。

双方重视核燃料闭式循环在核能可持续发展中的重要作用，同意就中国的后处理/再循环工厂项目努力加强磋商，并将尽快完成交易谈判。马克龙总统即将对中国进行的访问将是再次确认这一努力的重要里程碑。双方将继续在中国国家原子能机构和法国原子能委员会的第十二个和平利用核能协定框架下深化核领域的研发合作。双方对中核集团与新阿海珐集团签署的产业和商业合作框架协议表示欢迎，该协议旨在将合作领域扩展到核燃料循环全产业链，展示了双方强有力的伙伴关系。双方将在平衡互利的基础上，在该协议下开展务实高效的合作。

双方将继续加强在风电、太阳能等可再生能源领域的合作，共同推进两国低碳经济的发展。

11月30日，为配合第五次中法高级别经济财金对话，国家能源局与法国生态转型部在北京举办首次中法能源对话。国家能源局副局长刘宝华和法国生态转型部能源与气候署署长洛朗•米歇尔共同出席会议。会议期间，双方代表就中法能源发展政策和规划、民用核能、电力市场化改革、智能电网、石油和天然气、新能源、市场监管等议题展开积极交流。会后，国家能源局分别与法国生态转型部、法国核电标准协会签署了《第一次中法能源对话纪要》和《中法核电标准规范合作协议》两份合作文件。

2017年，环境保护部继续加强中法双方在EPR核电厂安全等领域的合作。

（五）中欧合作

2017年，环境保护部推动中欧核安全合作二期项目有效执行。欧盟二期项目共11个技术子项，合作内容涉及多个领域，包括放射性废物、核燃料、公众沟通、应急响应与准备以及核安全监管技术研发基地建设等方面。

6月2日，为配合第十九次中欧领导人会晤，第七次中欧能源对话在布鲁塞尔召开。国家发展改革委副主任、国家能源局局长努尔•白克力与欧盟气候行动和能源委员卡内特共同主持对话并发言。对话期间，双方就可再生能源、能效、核电、电动汽车、全球能源互联网、能源创新与投资、多边框架下合作等一系列问题深入交换意见，取得了广泛共识。会后，在双方领导人的见证下，努尔•白克力与卡内特共同签署了《中欧能源合作路线图2017—2018年度工作计划》。

9月19—20日，国家能源局与欧盟能源总司在京联合主办中欧能源政策研讨会。国家能源局副局长李凡荣、欧盟驻华大使史伟出席会议并致辞。会议期间，双方代表就中欧能源政策、电力市场监管、能源效率、可再生能源发展等议题展开积极对话和交流。

11月8日，中国—中东欧能源博览会暨论坛在罗马尼亚首都布加勒斯特开幕。国家发展和改革委员会副主任、国家能源局局长努尔•白克力出席博览会暨论坛并作开幕致辞和主题发言。与会代表就中国—中东欧加强能源合作，共同构建现代、高效、可持续的全球能源架构等议题展开讨论，并通过了《中国—中东欧能源合作联合研究部长声明》和《中国—中东欧能源合作白皮书》。在“16＋1合作”框架下成立的中国—中东欧能源项目对话与合作中心，为双方合作搭建了有效平台，双方企业在电网、核电、新能源、清洁化煤电等领域合作广度和深度不断扩大，成效十分显著。

（六）中阿合作

5月17日，在国家主席习近平与阿根廷总统马克里共同见证下，中核集团与阿根廷核电公司在京签署了关于阿根廷第四座和第五座核电站的总合同。

11月21日，环境保护部副部长、国家核安全局局长刘华在北京会见了阿根廷核监管局局长内斯特•马斯里拉先生，双方就核电安全与发展、中阿核电领域的合作等共同关心的问题进行了交流。

（七）中韩合作

12月14日，国家发展改革委副主任、国家能源局局长努尔•白克力在北京会见韩国产业通商资源部部长白云揆。双方就加强中韩两国在可再生能源、石油及液化天然气、电力互联互通、智能电网及核电安全运行等领域的合作交换了意见。双方同意成立司局级对话机制，进一步深化上述合作内容。

（八）其他双边合作

1月24日，国家发展改革委副主任、国家能源局局长努尔·白克力在北京会见菲律宾能源部长阿方索·库西，双方就两国在电力、液化天然气、可再生能源、核电等领域合作深入交换了意见，并就建立双边能源合作机制达成共识。

3月1日，环境保护部副部长、国家核安全局局长刘华在北京会见了芬兰核安全局局长皮特瑞•提帕纳先生，双方就中芬核电安全领域合作等问题进行了交流。

3月29日，国家发展改革委副主任、国家能源局局长努尔•白克力与泰国能源部部长阿兰他蓬•甘乍纳拉在北京签署《中华人民共和国政府和泰王国政府和平利用核能合作协定》，双方还就两国在核电、电力联网、电力贸易等领域的合作深入交换了意见。

4月5日，中国—哈萨克斯坦能源合作分委会第十次会议在北京召开，国家能源局副局长李凡荣与哈萨克斯坦能源部副部长马加沃夫共同主持会议。会上听取了相关企业合作情况的报告，梳理了两国能源领域合作情况，与会双方还就合作中面临的问题坦诚交换了意见，并达成多项共识。会议期间，双方共同签署了《中哈能源合作分委会第十次会议纪要》。

4月23日，国家原子能机构推动中伊企业签署伊朗阿拉克重水堆改造项目首份商业合同，标志阿拉克重水堆改造进入实施阶段，充分体现了中国维护国际核不扩散体系的坚定承诺，展现了负责任大国形象。

5月15日，国家发展改革委副主任、国家能源局局长努尔•白克力在北京会见菲律宾能源部长库西，双方就两国在商用电厂、核电评估、新能源和油气领域合作等深入交换了意见。

5月24日，国家原子能机构副主任王毅韧在京会见阿拉伯原子能机构总干事萨勒姆•哈姆迪一行，双方就中阿核领域合作交换了意见。会前，双方共同签署了共建阿拉伯和平利用核能培训中心的谅解备忘录。

6月7日，国家发展改革委副主任、国家能源局局长努尔•白克力会见加拿大自然资源部长吉姆•卡尔，双方就两国在石油天然气、核电等领域的合作以及召开下一届能源联合工作组会议等议题交换了意见，并签署了《中国国家能源局与加拿大自然资源部关于能源领域合作的谅解备忘录》和《中国与加拿大能源二轨对话工作条款》。同日，还会见了南非能源部长马摩洛克•库巴伊，双方就两国在能源信息与政策交流、核电和可再生能源等领域的合作交换了意见。

6月14日，国家原子能机构副主任王毅韧访问加拿大坎杜能源公司总部，与斯沃福德总裁就先进核能技术研发和第三国核电建设合作交换了意见。

6月15日，国家原子能机构副主任王毅韧在加拿大渥太华会见加拿大自然资源部部长卡尔，就铀资源、先进核能技术研发以及第三国核电市场开发交换了意见。同日，王毅韧还会见了加拿大核安全委员会主席宾德，就核安全、放射性废物管理以及《联合公约》履约等问题交换了意见。

7月5日，国家发展改革委副主任、国家能源局局长努尔•白克力会见泰国能源部部长阿兰他蓬•甘乍纳拉，双方就建立政府间核电合作机制，进一步推动电力互联互通，加强洁净煤发电、电动汽车、油气、太阳能发电、可燃冰等领域合作深入交换了意见并达成重要共识。同日，努尔•白克力还会见了泰国国家电力公司总裁康瓦斯特•帕克坦努，双方就两国电力结构、洁净煤发电、核电、电力互联互通等领域合作深入交换了意见。

7月14日，国家能源局副局长李凡荣在北京会见波兰能源部副部长安德烈泽杰一行，双方就两国能源合作前景和下一步计划等深入交换了意见。期间，李凡荣与安德烈泽杰共同签署了《中波关于民用核能领域合作的谅解备忘录》。

7月25日，国家能源局副局长李凡荣在北京会见土耳其能源与自然资源部副次长雅马奇，双方就核能领域合作、土耳其第三核电项目开发、能源合作机制、能源政策与技术交流等议题深入交换了意见。

8月23日，国家发展改革委副主任、国家能源局局长努尔•白克力与沙特阿拉伯核能及可再生能源城主席哈希姆•亚马尼在京共同主持召开中沙核能合作联委会第三次会议。双方回顾了一年来中沙核能合作取得的积极进展，并就进一步深化合作交换了意见。

8月29日，加纳微堆高浓铀燃料顺利由加纳运抵中国原子能科学研究院，标志加纳微堆低浓化改造项目圆满完成，践行了习近平主席在核安全峰会上的重要承诺，为国际社会加强核安保和防止核扩散作出了积极贡献。

9月，环境保护部副部长、国家核安全局局长刘华会见芬兰核安全局局长佩特里•提帕那并签署了中芬核安全监管合作协议。

9月1日，国家发展改革委副主任、国家能源局局长努尔•白克力在芬兰首都赫尔辛基访问了芬国有能源企业富腾公司，双方就可再生能源、生物质能、垃圾处理与循环转化、区域供热制冷、核电及核废料处理等问题交换了意见。

10月26日，第五次中国—加拿大能源合作联合工作组会议在京召开。国家能源局副局长李凡荣和加拿大自然资源部助理副部长杰•科斯拉共同主持会议，加拿大驻华大使约翰•麦家廉出席会议并致辞。会议期间，双方代表就中加能源发展战略、能源现状及最新进展、石油与天然气、能效和可再生能源、核能、智能电网等议题展开积极交流，并就中加能源二轨对话机制达成共识。会后，中加能源二轨对话主席单位签署了《中国—加拿大能源二轨对话框架》。

12月27日，国家能源局副局长刘宝华在北京会见印度尼西亚原子能机构主席贾洛特，双方就核能领域合作等深入交换了意见，并共同签署了《中国国家能源局与印度尼西亚国家原子能机构关于在和平利用核能研发领域开展合作的谅解备忘录》。

截至2017年年底，环境保护部（国家核安全局）已和巴基斯坦、罗马尼亚、南非、阿根廷、捷克、土耳其、沙特阿拉伯、英国、越南等国家签署了核安全合作协议，覆盖了绝大多数“一带一路”沿线核电“走出去”重点国家。在推动协议落实方面，与英国、阿根廷、巴基斯坦等国家建立指导委员会机制，进一步加强与核电出口对象国的合作。

部分企业集团

一、中国核工业集团有限公司

2017年，集团公司持续加大海外开发力度，充分发挥全产业链优势，整合开发平台，国际市场开发取得新突破。

继续深耕巴基斯坦市场。海外第三座“华龙一号”C5项目签订商务合同。恰希玛C4核电站提前32天并网发电，恰希玛一期工程全面建成。“华龙一号”海外首堆K2项目成功实现穹顶吊装，K2/K3项目建设进展顺利。

加大国际核能市场开发。在习近平总书记与阿根廷总统的共同见证下，与阿方签署了重水堆和“华龙一号”总合同，“一个合同、分步实施”的中阿核电合作战略全面落实。在习近平总书记与沙特国王的共同见证下，中沙签署铀钍资源合作协议，正式开启了核能全产业链合作新篇章。援助柬埔寨打井找水一期工程顺利实施。加纳微堆低浓化改造圆满完成，高浓铀燃料安全返运回国。积极稳妥推进LH项目股权收购。

深化与核大国合作。行波堆中美合资公司成立，中美两国核能合作迈入新阶段。对俄合作取得重要突破，快堆、田湾7、8号，新厂址项目等一揽子合作加快推进。中法核循环项目合作商务合同谈判取得积极进展。积极参与国际热核聚变试验反应堆（ITER）研究，提供技术和装备。与加拿大坎杜能源公司深化核能合作。中英核技术联合研发中心取得新进展。

二、中国核工业建设集团有限公司

2017年，中国核工业建设集团公司大力拓展海外工程市场。整合海外业务资源，理顺海外业务管理体制，增强对拓展海外的统筹协调能力，民用项目海外业务平台搭建完成。整合配置内部资源，初步采用海外事业部牵头、多家单位共同参与的海外项目实施模式，在市场拓展、项目营销等环节齐心协力，进行新市场开拓与培育。采用BOT等多种建设模式，不断提高新模式所占合同额的比重。海外核电市场方面，制定国际核电业务发展的方向和战略，中标英国欣克利角核电项目子项工程，有力推动巴基斯坦恰希玛C5核电项目投标工作，核电工程建设真正“走出去”迈出坚实一步。经与国际原子能机构协商，成功将核电建设国际培训协议有效期延长5年，助力海外事业发展。

3月16日上午，在国家主席习近平与沙特阿拉伯王国国王萨勒曼的共同见证下，中国核工业建设集团公司与沙特能源城签署了《沙特高温气冷堆项目联合可行性研究合作协议》。

5月15—17日，沙特高温堆项目可行性研究工作启动会在京召开。中沙联合工作组约40名专家参加了会议。期间，联合工作组讨论了沙特高温堆项目应用领域、知识产权和产业链合作方案、沙特高温堆项目投资建设方案、沙特核监管体系建设等方面内容，确定了可行性研究报告的框架结构、内容深度、任务分工和工作计划。

8月24日，应邀访问沙特的中共中央政治局常委、国务院副总理张高丽，与沙特王储穆罕默德共同主持召开中沙高级别联合委员会第二次会议。期间，在张高丽和默罕默德的共同见证下，中国核工业建设集团公司与沙特技术发展公司签署《关于高温堆海水淡化合资公司的谅解备忘录》。双方将联合组织开展高温堆海水淡化可行性研究、高温堆海水淡化合资公司筹建谈判等前期工作，为深化中沙两国高温堆项目合作、开拓沙特核能海水淡化市场奠定基础。

8月29日，中国核建集团党组副书记、副总经理祖斌在纳米比亚首都温得和克拜会纳米比亚总统哈格•根哥布，就纳米比亚高温气冷堆项目及相关产业发展进行深入交流。

9月8日，中国核建集团承建的恰希玛核电4号机组竣工，标志着恰希玛核电一期工程4台机组全面建成。

10月13日10时16分，“华龙一号”海外首堆巴基斯坦卡拉奇核电站2号机组核岛穹顶顺利吊装就位，标志着卡拉奇核电站2号核岛建设全面转入设备安装阶段。

11月23日9时16分，中核五公司承建的“华龙一号”海外首堆巴基斯坦卡拉奇核电2号机组主管道开始焊接，成为全球在建“华龙一号”核电机组中首个开始主管道焊接的项目。

三、中国广核集团有限公司

1月29日，在中国广核电力股份公司总裁高立刚与韩国斗山重工（Doosan）核电事业集团总裁罗基龙的共同见证下，北京广利核系统工程有限公司与韩国斗山核电集团在深圳签署“合作协议及韩国古里3&4、韩光1&2号核电机组棒控系统改造项目供货合同”。

2月28日，在集团公司副总经理郑东山和罗伊斯•罗尔斯仪控公司全球核能业务总裁Harry先生见证下，北京广利核系统工程有限公司总经理江国进与罗罗公司（法国）总经理艾瑞克在英国伦敦签署合作意向书，双方将就下一代安全级仪控系统平台研发等加强合作。

3月，泰国国家电力公司下属RATCH发电集团与中广核签署《关于合资建设防城港核电项目二期的合作协议》和《关于合作建设防城港核电项目三期的框架协议》等合作文件。

3月，应肯尼亚邀请，中广核牵头组织我驻肯尼亚大使馆经济商参处、东方电气集团、哈尔滨工程大学及中国银行等参加肯尼亚核能周及利益相关方论坛，与肯方全面分享中国核电发展经验及中国三代核电技术“华龙一号”，展示中国强大的核电开发实力。中广核还与肯方就合作等相关事宜进行沟通和交流。

6月9日，中广核在2017阿斯塔纳世博会上，积极展示和推介在清洁能源领域的全产业链能力，为我国进一步深化与世界各国的能源合作展开探索，凭借自主三代技术“华龙一号”，在3个月的开幕时间里助力中国馆吸引50余万来自世界各地的政要及观众，为全世界更深入了解我国核电制造契机。世博会期间，集团公司董事长贺禹在阿斯塔纳与哈萨克斯坦等国相关合作方举行会谈，受邀参加世界核能发展论坛并在“核能——未来能源”分论坛发表题为《低碳发展，核能引领》的演讲。

9月，中广核与英国曼彻斯特大学签署关于成立联合研发中心的谅解备忘录，联合研发中心拟利用双方在核能研发方面的优势，在事故容错燃料、放射性废物处理以及“华龙一号”GDA等领域开展合作，并探索中广核在全球配置研发资源的可行之路。

9月12日，集团公司副总经理束国刚在中国—东盟商务与投资峰会上，向参会嘉宾介绍中广核与东盟国家合作发展情况，表示中广核将以“华龙一号”三代核电技术为依托，积极发展与东盟国家的清洁能源合作，响应“一带一路”倡议，造福沿线国家。

10月，中广核研究院与西班牙核企联盟签署核电站技术服务、产品研发和推广领域的谅解备忘录。

11月8—10日，中国—中东欧能源博览会暨论坛在罗马尼亚首都布加勒斯特举办。中广核作为中方唯一参展核电企业，就“推动核能的安全、和平利用”及“中国与中东欧核能合作潜力”等主题进行发言。

11月，泰国核学会代表团赴防城港核电基地参观考察，与中广核签署合作谅解备忘录。

12月13日，在中国广核电力股份有限公司总裁高立刚和罗尔斯•罗伊斯集团（Rolls-Royce）全球核能业务总裁Harry Holt的共同见证下，北京广利核系统工程有限公司总经理江国进与Rolls-Royce民用核电仪控总经理Eirc Blanc在英国驻华大使馆官邸签署谅解备忘录（MOU）。

四、中国华能集团有限公司

2月13—17日，华能山东石岛湾核电有限公司邀请世界核电运营者协会（WANO）6位专家开展运行准备协助活动。专家通过现场巡视、观察、访谈、查阅资料等形式，对运行、电厂状态及配置管理、运行值绩效观察等领域进行了评估，为后续顺利完成启动前同行评估（PSUR）打下了基础。

5月25日和11月30日，国际原子能机构（IAEA）核保障司专家到华能山东石岛湾核电有限公司交流高温堆示范工程核保障事宜。专家一行参观了展示中心，实地勘察了高温气冷堆示范工程现场，了解了高温气冷堆示范工程项目技术特点和进展情况、核燃料相关系统、核材料衡算体系建设。

7月31日至8月1日，华能山东石岛湾核电有限公司开展WANO观察指导TSM培训。WANO亚特兰大中心项目顾问Ralph KOTHE结合电厂生产实践经验介绍了国际核行业内所推行的观察指导工具的使用方式、方法，讲解了观察指导的要点，通过互动交流使员工了解观察指导具体工作，掌握观察指导基本技能。

12月11—14日，华能山东石岛湾核电有限公司开展WANO运行决策TSM活动。WANO亚特兰大中心项目顾问Scot SWANSON结合行业、个人经验，详细介绍了国际核行业内使用的运行关注、风险管理、保守决策方法及使用方式，运用实际案例重点讲解了运行决策（ODM）的流程。

五、中国东方电气集团有限公司

3月，东方电气第一个出口欧洲的核电设备法国EDF低压加热器设备顺利完工交运。

7月12日，波兰能源部副部长访问东方重机，考察了解东方电气核电产业的研发、生产制造、供应链管理及质量控制与供货业绩情况。

10月11日，东方重机圆满承办ITER项目屏蔽包层集成供货团队会议（ITER Blanket Integreated Product Team Meeting，简称BIPT会议）第76次会议，来自法国、俄罗斯、韩国、欧盟成员国的ITER项目参与方及核工业西南物理研究院共计40余人参加现场及线上会议。

9月底，“华龙一号”海外首堆巴基斯坦K2项目两台安全壳喷淋热交换器制造完工并发运。

12月，东方电气分别与法国Framatome公司和美国GE公司就英国欣克利角C核电站核岛和常规岛设备分包供货合同订单达成一致意见，东方电气将提供蒸汽发生器支撑、稳压器支撑、主泵支撑以及汽轮机低压外缸。东方电气核电设备“走出去”取得了欧洲市场的突破。

中国核能行业协会

2017年，中国核能行业协会成功举办了第十二届中国国际核电工业展览会暨第二届世界核能发展论坛，取得了经济效益和社会效益的双丰收；再次启动组织行业单位以国家展团形式参加第三届法国世界核工展，参展面积达到331平方米，比上届增长41%，超过了上届最大面积的美国国家展团；首次完成了《中国核能行业指南》中英文版的编制，并将在英国首次对外发布指南英文版；组织了最大规模的大陆代表团赴台参加第五届海峡两岸核能合作研讨会，并签署了两岸首个有实质项目的合作备忘录；首次开设了第四代核能系统主题展，邀请了GIF国际组织专家做专题报告；利用GIF联络办平台首次承担横向咨询课题，并且与GIF国际组织秘书处合作，首次在境外举办了GIF方法学培训；首次策划并启动了中国国际核技术应用产业大会，并完成了前期调研、方案策划和会场考察工作。

除此以外，2017年，在服务政府方面，我们受国防科工局委托，整理更新了近十五年的核能合作国际公约与双边协定汇编；承办了核能发展与公众沟通国际研讨会，承办了核进出口管理政策经验交流会。根据国家能源局的要求参加了中英核能合作工作组第四次会议；根据科技部要求，继续做好GIF联络办相关工作。

2017年，共举办各类会议和展览10个，同比下降16%；参加境外活动17个，同比增长142%，创历史新高；办理出境手续23人次，同比增长228%，为历史最高；安排外事会见24场，同比下降25%。

一、第十二届中国国际核电工业展览会暨第二届世界核能发展论坛

2017年4月27—29日，第十二届中国国际核电工业展览会在北京成功举办。本届核电展总面积13 650平方米，吸引了来自亚洲、欧洲、美洲的200余家中外知名核电企业、科研院所参展。邀请了国际原子能机构、经合组织核能机构、世界核电运营者协会、第四代核能系统国际论坛等国际组织高级管理人员和部分驻华使馆高级官员出席展览开幕式，并参观展览。期间，就“华龙一号”示范工程落地英国最新进展、高温气冷堆示范工程、“核电基地防范低空飞行物安全管控系统”项目、GIF组织与第四代核能系统技术路线图等热点问题召开专题发布会。据专业统计，本届核电展参观人数超过15 000人次，取得了良好的社会效益。

作为本届展览的亮点之一，GIF联络办联合中国原子能科学研究院、中国核动力研究设计院、清华大学核能与新能源技术研究院、中国科学院核能安全技术研究所、中国科学院上海应用物理研究所等国内五家单位共同设立了第四代核能系统主题展，展示了我国在第四代核能系统研发方面所取得的成果。系统介绍国际第四代核能系统的总体情况和发展路线图，以及中国在该领域的研发和工程进展情况。主题展还邀请了GIF国际组织专家站台并召开专题会进行介绍。

本届展览的亮点之二，4月28日，召开了以“发展核能，应对全球气候变化”为主题的第二届世界核能发展论坛。国家能源局、国家原子能机构、国家核安全局，捷克工业贸易部、英国国际贸易部等国内外政府部门代表；国际原子能机构、经合组织核能机构、世界核电运营者协会、世界核协会、日本原子力产业协会、法中电力协会，第四代核能系统国际论坛、国际热核聚变实验堆组织等国际组织代表；中核集团、中国广核集团，俄罗斯国家原子能公司、美国西屋公司、法国电力公司、新阿海珐集团等中外企业代表等，围绕如何通过发展核能实现“巴黎协定”目标、我国核能行业“十三五”发展规划、核电及核燃料循环发展战略、核能安全、科技创新为核能发展注入活力等方面，同时就中法企业在英国项目上的机遇与挑战、核电与公众沟通等热点话题，分别进行了专题发言和圆桌讨论。论坛吸引了国内外约230人参加。

核电展是一个孕育了二十多年的成熟品牌，在国际核电领域展览中就其规模和知名度而言已跻身前列。

二、编制《中国核能行业指南》

为推动中英民用核能合作，协会曾于2015年与英国核工业协会正式签订合作备忘录，致力于加强两国核能领域产业链合作。2016年，应国家能源局要求，协会参加中英政府间民用核能合作第三次工作组会议，并根据会议要求，编制《中国核能行业指南》中英文版。经过一年多努力，中英文《指南》的编制工作均已完成，并将在英国伦敦召开的英国核工业年会上与英国国际贸易部共同发布。

《指南》作为首个面向国外同行的出版物，详细介绍了中国核电发展总体情况，政府管理部门及其相关政策，核安全文化与监管，核电供应链及主要企业，新建核电项目及对外合作需求等内容。它将对帮助外国企业了解中国市场概况和如何进入中国市场具有很好的参考和借鉴作用。

三、第五届海峡两岸核能合作研讨会

为深化两岸核能领域间的交流与合作，2017年10月22—28日，协会秘书长张廷克带队，组织了19人的大陆代表团赴台参加第五届海峡两岸核能合作研讨会。会议除了对核电运维与安全、放废管理、乏燃料管理和大陆核电产业发展等四个方面进行研讨之外，还参访台电公司总部、核二厂、核三厂等单位，就设备制造、公众沟通等两岸关心的议题进行交流。本届海峡会具有以下三个特点，一是大陆代表团历年来规模最大，由19人组成；二是代表团成员包括中国广核集团有限公司、国家核电技术公司，三门核电有限公司、国核示范电站有限责任公司、福建宁德核电有限公司等，以及地方核电管理部门、研究设计院、工程公司和民营企业的领导；三是在这次会议上福建宁德核电公司与台湾益鼎工程股份有限公司签订了核电技术合作意向书，将在辐射环境监测比对、蒸汽发生器化学清洗、承包商资质管理与专业培训等领域开展实质性合作。这是两岸首次围绕具体项目达成的合作协议。

四、《核能合作国际公约和双边协定汇编》

2003年，为使有关部门对国防科技工业国际合作条约和协定有一个全面了解，原国防科工委国际合作司对相关条约和协定进行了清理，并对有效的条约和协定进行了编辑，完成了《中国国防科技工业国际合作条约和协定汇编》，分为军技合作、航天合作、核能合作三个部分。十五年来，随着核能领域国际合作业务的不断拓展，与我们建立正式合作关系的国际组织和国家明显增加，合作领域逐步扩大，通过“请进来”和“走出去”的方式，不断签订新的合作协议。为便于国内相关单位全面了解我国核能领域的国际合作条约和协定，为积极有效开展对外合作提供法律依据，协会于2016年底建议国防科工局系统工程二司更新此汇编，2017年7月，国防科工局正式委托协会开展此项工作。

更新后的内容分为国际公约与双边协定、政府间协定、部门间协定三卷。所收录的条约和汇编均为有效且非涉密文件，时间截至2017年12月31日，采用中英文原件扫描方式。为完成资料收集和整理的工作，协会派专人驻系统工程二司开展工作，最终共收集整理了1 940页文件，具体分为19份国际公约与多边协定、35份政府间协定、67份部门间协定，并对所有文件进行了专业扫描，同时，对所收集的文件的规范性进行审查，发现了39个问题项，并以问题清单的形式反馈系统工程二司。这项工作意义重大，一是汇总了国家原子能机构国际合作所涉及的所有法律文件，集中展示了数十年工作成果；二是将这些纸质文件电子化，便于永久保存和查阅。

五、GIF联络办相关工作

作为例行工作，GIF联络办组织召开了2017年度中国参与GIF工作研讨会以及第八届超临界水堆国际研讨会；组织中方代表参加了GIF国际组织在法国和南非召开的第43届、44届政策组等会议；协调国内单位完成GIF相关项目安排协议的签署；完成GIF中方代表的更换；编制中国核能进展情况国家报告；翻译2016年GIF年度报告等。此外，协会利用GIF联络办平台承担了工程公司委托的GIF方法学调研任务，编制了第四代核能系统和评估方法学研究两份课题报告，组织工程公司人员赴GIF秘书处进行培训并参观相关设施，并完成了国内培训的策划工作。

国际热核聚变实验堆（ITER）计划中方工作

2017年是中国加入ITER计划的里程碑年。为回顾过去，展望未来，中国国际核聚变能源计划执行中心（ITER计划国内机构，以下简称“核聚变中心”）与科技部基础司、合作司、资管司共同主办“ITER十年——回顾与展望”活动。科技部部长万钢到会并致辞，外交部、国防科工局、中科院等多家单位领导参会并充分肯定了中方参与ITER计划十年来在各方面取得的成绩。会议上来自国际国内专家联合签名发表《北京聚变宣言——支持中国聚变能源发展》，大幅度提升了中国在聚变世界舞台上的影响力。

一、参与高层管理，维护中方权益

1.积极参与理事会及其附属机构高层决策

2017年共召开了两次ITER组织理事会会议，其中，6月科技部副部长黄卫率团出席了第二十届理事会，11月科技部合作司副司长陈霖豪率团出席了第二十一届理事会。会议期间中方参会代表积极履行理事会的议事决策权利和义务，与欧盟、印度、日本、韩国、俄罗斯和美国等其他六方就推进ITER计划进程和加强计划进度管理进行了商谈，充分发挥了中方的话语权和影响力。核聚变中心深入分析，总结梳理，完成ITER计划新基准的国内相关报批程序，为中方继续有效参加ITER计划提供了强有力的经费保障，也为ITER计划顺利推进起了重要积极作用。

2.积极参与ITER国际组织高层协商和管理

一年来，核聚变中心主任罗德隆多次出席IO的项目执行委员会（EPB）会议和联合项目协调组（JPC）会议，每次会前，都要召集专门会议就关键事项进行讨论，做好会前准备、沟通和会后落实，积极参与重大事项的平等磋商和决策，确保中方权益。在ITER国际组织管理方面，密切关注ITER项目2016基准的落实、控制和监督，积极参与基准各层级文件的制定、讨论和修订，组织翻译了ITER组织管理架构、安装采购策略、关于CMA合同的进展报告以及ITER组织相关的合同策略、ITER现场施工流程文件等多份重要基准文件。进一步捋清理顺中心与ITER组织各部门的人员对应关系，建立稳定的合作关系，逐步向ITER组织渗入“中国治理”理念和措施。

3.开展ITER框架下的双边及多边国际合作

核聚变中心作为核聚变领域国内统筹协调单位，会同科技部相关司局、国内科研院所和高校，在ITER计划的框架下，开展了一系列双边及多边的国际科技合作与交流。成立中法聚变联合研究中心，科技部与法国原子能委员会签署框架协议，中心牵头国内研究单位与法方签署执行协议。组织参加了中日核聚变双边合作联合工作组第十次会议。牵头主办了中韩核聚变双边合作联合协调委员会第五次会议、中日韩三方ITER技术工作组第四次会议。召开中欧聚变研发技术及管理合作协调会议，参加中俄高技术工作组会议及中美双边核聚变合作视频会议等，有力推动了我国核聚变能源国际研发合作。派员参加第十三届国际聚变核技术大会、国际聚变反应堆材料、ITER国际托卡马克物理研究计划（ITPA）、AFCEN、ITER商业论坛（IBF）等多边合作框架会议，充分利用多边框架加强核聚变领域的技术和管理合作。

4.加强ITER国际组织中方员工的管理

核聚变中心积极向ITER组织推荐中方人员参与岗位竞聘。通过一系列极有成效的人才培养和选拔措施，如结合ITER组织今年新提出的IPA项目等，我方向ITER组织派遣国际职员工作取得持续进展，截至2017年11月，ITER组织中方职员人数增至76人，比例提升至9.5%，位居除东道主欧盟外其余六方之首。为了培养具有国际视野的国际组织后备人才，核聚变中心与科技部人事司联合举办第五期国际组织及国际大科学计划人才能力建设研修班。来自科技部系统、科研院所、高校及相关企业37家单位的70名学员参加培训。

二、加强过程管理，全面完成采购包年度目标任务

根据年初确定的工作目标，ITER采

购包的年度计划完成率80%以上，产品一次交验合格率90%以上。根据2017年采购包执行年度计划（AWP），选择确定了15个控制点（含1个TBM），包括生产设计评估、过程测试节点见证、出厂验收测试、首件制造与测试、正式部件交付等。截至12月底完成12个，完成率80%，达到年度AWP完成率质量目标。本年度目前已交付目的地并完成现场验收的20批/件交付物项全部通过现场交验检测，一次交验合格率达到100%；本年度对科技部主管司局和ITER组织的满意度调查结果为：非常满意11项，满意16项，无不满意项，达到年度质量目标。

为了加强采购包管理，核聚变中心开展进度控制管理，加强前瞻性管理，做好项目进度纵向管理工作；加强费用和预算管理，组织开展采购包经费评估，不断探索改进评估方式，提高评估效率和质量；开展横向和纵向质保工作，建立中方不符合项（NCR/DR）管理机制，在对全部NCR/DR数据整理分析的基础上，开展中方NCR/DR的管理工作。

三、突破管理障碍，推动国内核聚变领域发展

1.善于谋划，突破承接重点研发计划管理障碍

由于历史和环境等多种因素，核聚变中心在承接ITER计划国内配套项目过程管理多项工作中面临重重困难。科技部高度重视，要求相关司局商议解决方案，并积极关注进展状况。核聚变中心深入梳理，理清路子、开对方子，不断加强与部内机构沟通协调，终于初步破解多年顽疾，突破障碍，以专项专业化管理者参加到国家重点研发计划管理行列，实现全面承接核聚变重点研发计划过程管理任务的目标，为核聚变中心统筹做好ITER专项国际国内任务打下基础。

以核聚变中心质保体系为载体，制定相关管理制度，深入分析梳理相关经验，建立专项经验教训库。通过内审、外审、临时抽查等方式，保障高质量完成重点研发计划各项任务。目前，在科技部相关司局指导和帮助下，核聚变中心圆满完成了国际创新合作专项磁约束核聚变能发展研究2017年度第一批项目的申报平台和专家库建设、申报材料形式审查、组织专家评审、立项和任务书签订等全链条过程管理各项任务；协助科技部基础司编制第二批项目指南，并启动申报材料受理等工作。同时，在科技部基础司指导下，组织开展了2015年21个在研项目中期评估和2013/2014年15个在研项目验收工作。

2.深图远虑，加强国内聚变研究统筹管理

按照科技部领导要求，积极组织完成我国聚变实验堆建设论证工作并起草论证报告，从战略、规划和计划三个层面提出有效建议，并得到科技部领导的高度重视和重要批示。立足全局，积极开展国际托卡马克物理行动（ITPA），ITER研究网络和研究计划等调研活动，和国际、国内知名专家充分沟通交流国际聚变发展方

向，积极谋划推动国内托克马克物理行动（CTPA）。

为未来建设聚变堆做好技术储备，积极开展采购包未涵盖的实验包层模块（TBM）项目顶层设计，从根本上解决了原TBM管理制度和实践要求不匹配的问题，做好TBM原有管理模式和未来采购包管理模式之间的有效衔接。

组织开展ITER计划国内研发项目完成情况分析评估，完成了2008至2015年期间52项聚变材料类项目的分析，对合理布局后续磁约束核聚变技术发展提供了重要参考。深思熟虑，总结ITER计划的经验教训，结合国际国内聚变技术发展现状，编写专报，为政府策划我国牵头国际大科学工程出谋划策。

四、积累过程资产，打造一流管理团队

2017年，核聚变中心依据GB-T 19001—2016／ISO 9001：2015质量管理体系更新要求，及时完成中心质量管理体系换版和再认证工作。以体系文件换版和再认证准备工作为重点，及时落实体系运行日常工作，汇总报批中心年度质量目标、质量工作计划、人员授权方案，跟踪了解体系年度监督审核结果和新时代认证中心的调整情况。

开展信息化系统运维及建设，建成工程文档电子数据库。积极与国标委、中核集团、中科院等相关单位沟通，稳步推进ITER采购包标准化建设工作，推动筹建全国核能标准化技术委员会核聚变分技术委员会。对知识产权工作管理策略开展初步研究，制定实施方案，确定短期目标和长期目标，征集、审查、管理及合理选择并提交中方知识产权，中方实现ITER计划产生知识产权数据库“零”突破，目前中方已经提交4个产生中知识产权。

重视核安全管理，通过各方面培训提升中方核安全文化氛围，普及核安全知识；完成ITER组织风险与机遇管理框架，以及具体风险与机遇的识别、定性定量分析、登记等各项工作。

（本部分材料由中国国际核聚变能源计划执行中心提供）

核能骨干企业

中国核工业集团有限公司

2017年是党和国家事业发展极其重要的一年，也是中国核工业集团有限公司改革发展取得显著成绩的一年。面对错综复杂的国际国内经济环境和市场变化的挑战，集团公司深入学习领会党的十九大精神，贯彻落实党中央、国务院、中央军委的各项战略部署，围绕年初制定的“一个坚持、五个必须”的工作思路，集团公司全体员工齐心协力、奋力拼搏，各项工作取得了显著成绩。

2017年，集团公司克服核电调峰降荷、限发、降价等不利因素，采取提质增效、去杠杆等有效措施，积极应对风险挑战，全面实现了经营目标。全年实现总产出1 080亿元，同比增长8.4%；实现营业总收入873亿元，同比增长13.1%；实现利润总额138亿元，同比增长7.5%；经济增加值（EVA）78.4亿元，“两金”占比49%，全面优于国资委年度考核目标。

一、改组改制

2017年，集团公司积极贯彻国有企业改革的各项要求，以深化供给侧结构性改革为主线，调整改革步伐不断加快。

现代企业制度建设取得新进展。集团公司完成公司制改制。修订并发布“三重一大”决策制度，为提升集团公司治理效能奠定更加科学的制度基础。完善子公司法人治理结构，在一批单位建立了董事会。上市公司管理、资本运作进一步强化，中国核电资本运作迈出新步伐。组建中国铀业、中核环保公司；集团公司事业部全部完成实体化。华龙国际公司股权结构与公司治理不断优化。新闻宣传中心成功改制。同辐公司上市工作进展顺利。

组织机构和产业架构持续完善。总部部门结构调整优化，成立市场开发与资本经营部、核技术应用/军民融合办公室。新设国际市场、装备制造、集中采购3个平台。核动力院、核电工程公司、监理公司成为集团公司直属单位。原子能公司和核燃料公司重组整合。汇能公司、核动力运行研究所并入中国核电。调整设立区域核工业局与联络部，强化区域统筹发展。

全面落实“三去一降一补”工作要求，供给侧结构性改革顺利推进。中国铀业调整改革全面完成人员分流安置，7户硬岩铀矿山企业改革任务三年目标两年实现。全面实现28户企业“压减”第一阶段目标。“三供一业”分离移交提前完成年度任务，签订协议26.4万户，完成总任务86.4%，全面超过国资委年度目标。

二、重大项目

深入推进核电、核燃料产业重大项目。核电始终保持安全高效运行，在役核电机组17台，总装机容量1 435万千瓦，年度发电量首破千亿千瓦时，整体运行指标连续五年国内领先，达到世界先进水平。在建核电机组9台，装机容量991万千瓦。霞浦示范快堆工程土建开工，我国核能“三步走”战略的关键环节实现重大突破。“华龙一号”示范工程福清核电5号机组提前实现关键工程节点目标，福清核电4号机组投入商运，创造压水堆单机组工期全球最短纪录。三门核电1号机组完成装料前准备。松辽盆地发现大型砂岩铀矿床。四〇四、二七二铀转化生产线建成。AP1000燃料组件实现中国造，首炉换料产品下线。全球首条高温气冷堆燃料元件生产线实现规模化工业生产。八二一中低放废液处理处置能力全面形成。

加快核技术应用及非核产业拓展。中国同辐三大药物基地建设取得新进展，首批医用钴-60正式生产，百万居里钴-60实现规模化出口。发挥中核控股质子治疗、核素诊疗等特色优势，医养结合产业发展驶入“快车道”。集团公司地热产业联盟成立，向世界地热领军企业迈进。核服务产业拓展步伐加快。

积极深化与各级政府、中央企业多维度合作。加强区域统筹，积极推进与上海、甘肃、天津、浙江、四川、西藏等省（区、市）的纵深合作。成功竞得“月亮船”地块，上海产业集群建设迈出关键一步。与衡阳市共建白沙绿岛军民融合产业园。与多家中央企业联合推动行波堆、海洋浮动平台、先进设备制造等重点领域的科研和产业合作。

三、走向海外

2017年，集团公司持续加大海外开发力度，充分发挥全产业链优势，整合开发平台，国际市场开发取得新突破。

继续深耕巴基斯坦市场。海外第三座“华龙一号”C5项目签订商务合同。恰希玛C4核电站提前32天并网发电，恰希玛一期工程全面建成。“华龙一号”海外首堆K2项目成功实现穹顶吊装，K2、K3项目建设进展顺利。

加大国际核能市场开发。在习近平总书记与阿根廷总统的共同见证下，与阿方签署了重水堆和“华龙一号”总合同，“一个合同、分步实施”的中阿核电合作战略全面落实。在习近平总书记与沙特国王的共同见证下，中沙签署铀钍资源合作协议，正式开启了核能全产业链合作新篇章。援助柬埔寨打井找水一期工程顺利实施。加纳微堆低浓化改造圆满完成，高浓铀燃料安全返运回国。积极稳妥推进LH项目股权收购。

深化与核大国合作。行波堆中美合资公司成立，中美两国核能合作迈入新阶段。对俄合作取得重要突破，快堆、田湾7、8号，新厂址项目等一揽子合作加快推进。中法核循环项目合作商务合同谈判取得积极进展。积极参与国际热核聚变试验反应堆（ITER）研究，提供技术和装备。与加拿大坎杜能源公司深化核能合作。中英核技术联合研发中心取得新进展。

四、工作创新

管理能力持续提升。加强集团公司战略研究，重大问题研究工作取得新的成效。集团公司当选为中央企业智库联盟第二届理事长单位，技术经济总院入选中国核心智库。不断完善权责体系，梳理总部对二级单位审批、审核、监督等权力事项210项。信息化建设持续完善，集团公司商网实现全覆盖。“法治中核”建设深入推进，法治工作组织领导不断加强，总法律顾问行权履职有效落实。建立向董事会负责的审计工作机制，实现风险管理与具体业务的融合。

五、人才队伍建设

强化三支人才队伍建设。坚持事业为上、人事相宜，改革成员单位班子管理体制，强化日常监督管理。完成28家成员单位“董书法”一肩挑领导体制调整。组建专职董监事队伍，选派专职董监事25名。加大年轻干部选拔力度，在全系统公开选拔20名党组管理干部。统筹领军技术人才建设，选聘12名集团公司首席专家，25名科技带头人，9名首席技师。加快高层次人才选拔培养，引进“千人计划”1人，3人入选国家百千万人才工程，51人入选国务院特殊津贴专家，2人获“全国创新争先奖先进个人”称号，6人获“全国技术能手”称号。与巴黎政法大学签署战略合作协议。推进高层次专业人才境外培训，举办两期科技创新、大国工匠境外培训班。

六、核与辐射安全保持良好记录

开展“安全管理提升年”活动，坚决筑牢安全环保基石。核与辐射安全总体保持良好记录，核设施运行状况良好，环境安全受控，核设施周边辐射环境处于本底水平，核设施退役、放射性废物贮存、尾矿库、放射源等处于安全受控状态。职业危害得到较好控制，无急性职业病发生。全年未发生影响安全考核的扣分项。

七、其他工作

2017年，集团公司保密管理工作登上新台阶。加大精准扶贫，召开首次扶贫帮困工作会。坚持扶贫与扶智、扶志相结合，培训定点贫困县企业家及干部80名。开展系统内帮扶困难职工募捐活动，共募集资金620多万元。全年帮扶困难职工1.7万人次。发挥青年突击队的品牌作用，青年创新创效工作取得新进展。离退休工作不断加强，老干部“两项”待遇得到切实落实，“畅谈”和“建言”活动取得积极成效。新闻宣传工作取得新突破，华龙主题化宣传在《人民日报》发稿14条，央视报道超120次。在军事博物馆设立核工业常设展厅，进一步提升了集团的知名度与美誉度。排查化解信访积案，加强源头预防管理，依法维护职工利益，保持职工队伍总体稳定。

中国核工业建设集团有限公司

2017年，中国核建集团党组团结带领广大干部职工，认真贯彻党的十九大精神，全面落实党中央、国务院的决策部署，坚持稳中求进工作总基调，全面加强党的领导和党的建设，全面落实平台发展战略，按照“集团化、市场化、信息化、国际化”的思路，推动经营质量整体向好，开创了中国核建集团改革发展党建工作新局面。

一、稳增长任务圆满完成

面临内外部经营改革发展困难，核电与军工工程量不足、高温气冷堆等战略性业务持续性投入、海外市场开发风险加剧、瘦身健体任务艰巨以及重组等外部因素影响，中国核建集团党组带领广大干部职工同心协力，营业收入再创历史新高，其中中核地产、中核华建、中核动力、中核投资等成员单位，扭亏减亏成效显著、金融板块增盈明显，稳增长任务圆满完成，全面保障了中国核建集团持续健康发展，维护了广大干部职工切身利益。

二、全面深化改革取得阶段性成果

全面完成公司制改制工作。按照《国务院办公厅关于印发中央企业公司制改制工作实施方案的通知》要求，2017年年底前，中央企业全部改制为有限责任公司或股份有限公司。中国核建集团倒排改制“工期”，在12月1日全面完成包括本级在内的5户全民所有制企业的工商登记变更，集团公司更名为中国核工业建设集团有限公司。公司制改制圆满完成，为加快形成有效制衡的公司法人治理结构和灵活高效的市场化经营机制奠定了良好基础。

混合所有制改革迈出坚实步伐。中国核建集团把握方向，从不同层次全面推进混改工作，不断试水多种有效实现形式。股份公司层面大力实施引战工作，向6家优秀非公战略投资者开放了初步尽调材料。子公司法人层面试点先行，新华发电所属湖南自动化成为中国核建集团第一家实现核心员工持股新三板上市企业；中核能源积极推进针对管理层及骨干员工的股权出售（增资扩股）工作；中核投资所属中核新能源引进6家外部投资者；中核华兴参与成立了5家混合所有制公司，与无锡市共同打造的军民融合新样板中核梁溪正式落地实施；混改试点取得实质性突破。

持续优化管理体系为战略目标实现提供管理支撑。按照中国核建集团“十三五”战略定位和发展目标，以打造责权明确、精干高效的组织机构和管控模式为目标，不断深化组织机构变革，优化管理体系。重新定位两级总部，理顺管理体制、健全授权体制，完善公司治理，推动两级总部的完全分离。集团总部更加突出战略管控、财务管控和资本运作的功能，股份公司本部更加突出市场经营管理能力，通过“放、管、服”，逐步实现自主经营、自负盈亏、自担风险、自我约束和自我发展。集团总部部分业务职责下沉股份公司。各成员单位按照市场化要求和发展实际，优化配置内部资源，深化机构变革，推动实现高效管理。

干部“能上能下”动真碰硬。“三能”改革，难点是领导干部能上能下，关键是“能下”“真下”。中国核建集团完善领导干部考核评价机制，加大考核结果与薪酬、晋升挂钩力度，对年度综合测评得分在本企业领导班子中连续两年排名末位的副职适时进行调整，共调整干部3人。中核二四健全干部能上能下机制，强化考核结果运用，全年降职11人，免职42人，降免职比率达12%。

瘦身健体攻坚战实现阶段性目标。中国核建集团把“压减”“处僵治困”“三供一业”分离移交作为深化改革的重要举措，统筹开展，全面推进。“压减”方面，制定法人“压减”和新增标准，对不符合主业发展方向、空壳公司进行了专项清理，全年减少下属法人企业44户，完成全部压减60户目标的73%。“处僵治困”方面，以治理目标节点倒排工作时间，“一企一策”制定措施，顺利完成四川利原、新疆华水2户僵尸企业处置，完成中核动力1户特困企业的治理任务。“三供一业”分离移交方面，签署分离移交项目协议46份。同时，充分利用政策红利和有利时机，制定一揽子解决历史遗留问题工作方案，进一步研究剥离企业办社会工作思路，制定中核二二医院、四川核工业技师学院剥离改制方案。

三、转型升级取得重要进展

PPP模式推动业务结构调整。自2013年财政部推广PPP模式以来，关于PPP业务的相关政策密集出台。2014年发改委发布PPP业务指导意见，对PPP项目提出规范性要求。中国核建集团2015年试水PPP业务模式，目前PPP业务涉及市政工程等九大行业领域，遍及江苏、新疆等15个省份，有力推动了基础设施业务的快速发展和品牌提升。2017年新签约项目21个，累计签约项目38个。

金融业务推动产业升级。中国核建集团自2015年开始通过控股或参股方式布局金融业务，核建财务、核建基金和核建租赁相继成立，资本控股平台基本成型，金融板块助力实体产业能力进一步增强。中国核建集团利润来源更加多元化。“F+EPC”业务理念持续深化落地，金融服务促进产业发展效果持续显现。

大力拓展海外工程市场。整合海外业务资源，理顺海外业务管理体制，增强对拓展海外的统筹协调能力，民用项目海外业务平台搭建完成。整合配置内部资源，初步采用海外事业部牵头、多家单位共同参与的海外项目实施模式，在市场拓展、项目营销等环节齐心协力，进行新市场开拓与培育。采用BOT等多种建设模式，不断提高新模式所占合同额的比重。海外核电市场方面，制定国际核电业务发展的方向和战略，中标英国欣克利角核电项目子项工程，有力推动巴基斯坦恰希玛C5核电项目投标工作，核电工程建设真正“走出去”迈出坚实一步。经与国际原子能机构协商，成功将核电建设国际培训协议有效期延长五年，助力海外事业发展。

集中采购快速打开工作局面。根据国资委集中采购管理要求，充分吸收以往采购管理的相关经验，并借鉴兄弟央企的成功实践，经党组决策，2017年4月股份公司正式组建集中采购中心，开创性地提出了“三层分离”的采购管控模式。集采中心成立后，完善了采购管理制度体系，建立了采购业务标准规范，统一了采购管理物项编码，搭建了完成采购管理统一平台。特别是仅用3个月时间，完成统一集中采购信息化平台从选型、开发，到正式上线全过程，初步实现了统一交易平台、统一基础数据、统一采购流程，统一供应商管理的总体目标。

四、各项业务发展势头向好

为促进各项业务发展，积极搭建平台创造投资发展机会，2017年，中国核建集团与上海市等9个省市级政府签订战略合作协议11份。目前，不同领域、不同层次的战略合作伙伴达52家，为市场开拓、业务稳健发展奠定了基础。

一**是**建筑业务稳步发展。

核电与军工工程方面。质量、安全管理体系总体运行有效，在建国内外核电机组共计21台，共实现福清“华龙一号”首堆穹顶吊装在内的里程碑节点13个。新签霞浦示范快堆核岛项目合同，漳州1、2号机组核岛土建项目合同。完成30台机组日常维修，参与27台机组大修，创下9台机组重叠大修记录。其中宁德核电ND401大修创造了中广核十年大修54.2天的最短工期纪录。卡拉奇“华龙一号”核电项目首创采用开顶法吊装引入核岛设备的工艺，大大缩短了项目建造周期，赢得了业主高度赞誉。全面推进军民融合战略，锆铪产品顺利通过合格性鉴定，标志着我国具有自主知识产权的锆铪产品生产技术取得重要突破。

重大民用业务方面。深耕区域市场取得新成效，市场竞争力和影响力不断增强。拓展基础设施、能源环保等领域，完成一批具有代表性的项目，韩城市西延桥梁工程，顺利实现景观桥主塔竖转，主塔施工提升重量、塔身高度均创国内同类项目之最；深圳南山建工村等项目装配率达到50%以上，装配式建筑施工迈出坚实一步；扬州铜山体育小镇项目正式启动。2017年民用业务新签合同额同比增长30.2%。

二**是**清洁能源业务稳步发展。

高温气冷堆业务。作为中国核建集团战略性产业，全面开展高温气冷堆推广工作。国内方面，浙江高温气冷堆电站项目初步可行性研究报告顺利通过评审；国际方面，在习近平主席见证下，与沙特能源城签订《沙特高温气冷堆项目联合可行性研究合作协议》；在张高丽副总理见证下，与沙特科技城签订《关于高温堆海水淡化合资公司的谅解备忘录》；积极推进印尼项目，努力将高温气冷堆打造成为核电“走出去”的国家新名片。

五、管控能力不断提升

成本管控见成效。推进全员成本目标管理，按照综合成本下降1%的目标推进工作，各项成本费用指标总体控制在预算目标内。2017年，发生成本费用总额低于营业总收入增幅0.8个百分点。其中，人工成本利润率提高1%，人事费用率同比降低0.35%。

财务管控见成效。加大“两金”压控力度，存量两金压降比例均超过了序时进度。资金集中能力不断提升，年末全口径资金集中度同比提高7.1%。融资渠道不断拓宽，获批发行面值总额不超过40亿元的公司债券，发行成功30亿元超短期融资券和18亿元永续中票。圆满完成中国核建集团统一保险第一阶段工作。

投资全过程管理见成效。加强投资全过程管理，研究提出投资项目负面清单，突出对高负债企业的投资管控，强化对投资事项的科学研判和风险防控。

信息化支撑管理见成效。积极推进标准化与信息化融合，推进人、财、物与信息化系统融合，人力资源管理系统升级后正式投入使用，财务管理系统久其网络平台全面实施完成，审计管理信息系统正式上线，总部主数据管理系统已实现人员、组织机构等主数据信息的统一管理和在线共享等功能，信息化基础保障能力不断增强。全年未发生重大网络信息安全事故。

首轮审计“三年全覆盖”圆满收官。完成中国核建集团首轮审计“三年全覆盖”，共开展了598家独立核算主体的审计，覆盖率100%，提出审计建议1 031条。2017年，股份公司荣获中国内部审计协会颁发的“全国内部审计先进集体”称号。

六、科技创新取得新成果

打造中国核建集团科技创新实施主体，成立中国核建研究院。全面掌握钢制安全壳（CV）、主管道、乏燃料水池等自动焊技术；研发制造的国内首台乏燃料干式贮存混凝土外容器关键设备样机顺利通过验收；推进“华龙一号”及高温气冷堆行业标准体系建设与研究。推进建筑工业化、BIM技术等研究与应用。获批中国人民解放军装备发展部武器装备预先研究项目三项。2017年申报专利198项，获专利授权145项，其中发明专利40项；获得中国专利奖优秀奖1项，中国核能行业协会科技奖3项。

七、企业文化品牌与干部人才队伍建设呈现新亮点

企业文化与品牌建设有声有色。加强思想政治工作引领与研究，着力落实意识形态责任制，做好砥砺奋进的五年等重大

主题的宣传策划，既准确传递了中央、党组的声音，又及时反映了基层企业情况。推进企业文化建设，开展“优秀一线故事”征集评选，其中讲述刘满堂同志扶贫事迹的《小山村里的大村官》，获国资委一线故事最终大奖；编制员工行为准则和礼仪手册，推进员工共同行为模式养成。全年累计投入500余万元用于陕西省旬阳县和白河县帮扶解困，彰显负责任央企形象。

干部队伍与人才队伍显现活力。树立正确选人用人导向，中国核建集团党组采用组织选拔和公开招聘相结合方式，按照国有企业20字好干部标准，加大干部交流调整力度，选拔任用一批敢于担当、善于开拓的干部，激发干部队伍整体活力。选优配强成员单位领导班子，分2批拿出6个成员单位总经理岗位面向全社会公开招聘。择优选派优秀干部到新疆等艰苦地区挂职，为地方发展提供人才支持。聚焦重点、畅通通道，有效推动人才队伍建设，评选首届首席及高级技术、技能专家推荐人选26人。

八、安全生产常抓不懈

以落实主体责任、强化风险管控为重心，以“核电安全管理提升年”“安全生产大检查”“安全环保信息系统建设”等专项工作为抓手，全面推进安全生产标准化建设，完成全年安全生产管控目标。加重安全生产事故的处罚力度，明确安全生产“一票否决”制，对发生的安全生产事故及瞒报事件进行严肃处理。

中国广核集团有限公司

2017年，中广核全体干部员工紧密团结在以习近平同志为核心的党中央周围，坚决贯彻落实党中央、国务院的决策部署。在国务院国资委领导下，在国家有关部委支持下，中广核发展质量稳步提高，经营业绩快速增长，综合实力持续提升，较好地完成了年度各项任务，继续保持国内第二大清洁能源发电企业、全球第三大核电企业和全球最大核电建造商，海外气电装机国内第一，是国务院国资委重点盈利企业和重点增利企业，综合业绩保持在央企第一方阵。

一、全面提升核安全管理

为贯彻落实中央领导对核安全方面的指示精神，集团公司党组经过认真研究，将2017年定位为“核电安全管理提升年”，集团公司党组专门召开党组扩大会议，强调“没有核安全就没有中广核”，在8个领域部署153项安全提升行动。各单位一把手郑重宣誓，庄严承诺，迅速动员全体干部员工积极行动，狠抓落实。安全管理长效机制更加稳固，安全水平迈上新台阶，取得历史最好成绩，赢得国际声誉。

2017年，核电成熟机组72％的WANO指标达到前十分之一卓越水平，新机组72％的WANO指标达到前四分之一先进水平。大亚湾基地在实现八个“零安全事故”指标基础上，上网电量达到457亿千瓦时，创历史最高纪录。岭澳核电1号机组安全运行近4 300天，在国际同类机组中继续排名第一。核电工程建设连续4年零死亡，连续两年零重伤，各个项目现场安全全部达到或超过国际标杆7级水平，红沿河核电和防城港核电达到最高级别8级。全集团10年来首次实现“零死亡”“零重伤”，20万工时事故率稳定在国际先进水平。

二、做实做强“华龙一号”

2017年，中广核攻坚克难，坚定不移做实做强华龙，取得积极成效。

第一，示范项目推动有力。在华龙示范项目——防城港核电二期大力推进技术创新和管理创新，工程建设屡创佳绩。安全、质量全面创优，设计、设备、建安全面超预期完成年度任务。造价、进度全面可控，示范效应逐步显现。

第二，GDA工作取得阶段性成果。GDA申请于2017年1月正式获得英国政府受理。在第一阶段工作中，各方面主动对接，大力协同，按计划于11月16日正式进入第二阶段。布拉德韦尔B项目进入厂址勘查阶段。在欣克利角C项目上，工作团队紧密配合，主动作为，工期、造价上升趋势得到有效控制，年度六大里程碑全面实现。

第三，技术自信初步形成。2017年，“华龙一号”融合得到国家认可，技术方案完成对接。三维工具的开发应用，从源头实现对造价和技术状态的控制，大幅提升设计文件出版质量和效率，华龙正向设计优势开始显现。设计再优化工作稳步推进，已经完成25项。自主研发的蒸汽发生器开工制造。华龙的技术自信初步形成。

三、狠抓经营管理

2017年，面对复杂的电力市场形势，中广核向安全质量要效益，向精益化要效益，向市场要效益，实现稳步增长。

第一，经营业绩良好，环保效益显著。集团营业收入同比增长29.3%，利润总额同比增长15.3%，上网电量同比增长20%，增速均位居电力央企首位。全年清洁能源上网电量2 119亿千瓦时，相当于减少燃煤9 200万吨，对应减排二氧化碳2亿吨、氮氧化物和二氧化硫各32万吨，环保效益相当于造林57万公顷。

第二，精益化管理成效明显。**一是**成本大幅下降。核电度电成本下降超额完成预定目标。**二是**集约化取得新成效。核电全年完成13次大修和2次小修，其中5个首次大修，5个深度重叠大修，在保证质量的同时，整体工期持续创优。其中宁德核电401大修工期54.2天，创国内同类型机组首次大修优秀记录。集团招标中心实现全流程电子招评标，过程更加规范，效率显著提升。**三是**较好地完成年度“两金”压控目标，超额完成国务院国资委法人压减考核指标，累计压减法人50户，压减比例达9%。

第三，电力市场营销取得积极进展。在电价下行、电量受限的情况下，中广核上下联动，度电必争、毫厘必争。核电实现上网电量1 377亿千瓦时，同比增长19.2%。红沿河核电努力多年的核南线正式投运，上网电量达到219亿千瓦时，比上年增加41.7亿千瓦时。防城港核电抢抓机遇，争取到有利的市场电价。

第四，重大项目稳步推进。阳江核电4号机组建成投运，工期51.9个月，创全球同类机组最短记录，集团运行机组达到20台。台山核电1号机组完成装料前安全检查，继续领跑EPR全球建设，中法两国元首亲自为首堆工程揭牌。湖山铀矿月产能稳步提升。

四、坚持科研创新

2017年，中广核科技研发方面的工作紧密围绕中广核科技“十三五”规划展开。2017年，中广核进一步完善科技创新体系、着力推进战略专项和尖峰计划，强化国家科研项目管控、培育并新建研发中心、推进科技成果市场转化，取得丰硕成果。

2017年，中广核科技活动总投入达31.3亿元，研发投入达17.3亿元，保持科技投入连年增长态势，为中广核自主创新发展，核电生产业绩创优及新业务开发提供强有力的技术支撑与保障。

2017年，中广核科技研发成果丰硕。

ACPR50S海上实验堆主设备及船体平台设计固化，一回路主设备合同签订，“两评”报告获国家主管部门受理。自主研发的STEP-12C燃料组件设计通过专家评审。容错燃料小样品材料入堆辐照。核级DCS完成阳江项目交付、高温气冷堆项目出厂、阿尔及利亚改造项目验收，并与斗山重工签订4台核电机组改造供货合同，成功打入韩国市场。自主设计的应急柴油机通过出厂验收，填补国内空白。

2017年，中广核共申请专利1 033项（其中发明专利545项），专利授权627项（其中发明专利303项），6项专利获得第十九届中国专利优秀奖。获得41项省部级以上科技奖励，中广核首次获得一项国家科技进步二等奖。

五、有效推进精准扶贫和关爱职工工作

2017年，集团党组牵头，深入实地，研究落实扶贫工作，探索长效扶贫新路子。全年累计投入扶贫专项资金4 144万元。其中国家定点扶贫投入2 506万元，实施精准扶贫项目17个，帮助410户贫困户、共计1 659人实现脱贫。开设“中广核－凌云县少数民族白鹭班”，资助贫困少数民族学生350名。一年来，党组成员带头、各级公司领导班子身体力行，深入现场，慰问一线员工，与青年员工面对面，帮助解决基层实际困难，为职工“办实事、解难事”346项。落实深圳市配租的人才安居房1 300多套，有效缓解员工“居住难”问题。发布集团首个《中长期青年发展规划》，深入推进青年创新创效，开展各类青工技能竞赛，产生成果200多项，并在中央企业创新大赛上获得金、银奖各1个，一大批优秀青年脱颖而出。

国家电力投资集团有限公司

国家电力投资集团公司重组后，国家核电作为国家电投控股的产业集团公司，继续承担我国三代核电技术引进、消化、吸收、再创新的战略任务，专业从事核电及相关领域的投资运营、技术研发、工程服务以及电源、电网、新能源工程技术服务等业务。2017年，国家核电全体干部员工，迎难而上，锐意进取，扎实推进各项工作，超额完成全年经营目标，安全生产保持稳定，依托项目通过了最严格的装料检查，示范工程具备开工条件，后续项目开发有序开展，“一体两翼”战略布局进一步形成并得到巩固，技术创新成果丰硕，深化改革不断推进，党的建设和队伍建设不断得到加强，各项工作均取得了新进展、新成效。

一、安全生产保持稳定

全年未发生目标控制的安全事故和质量事件。以“核电安全管理提升年”专项活动为抓手，扎实开展核电安全管理自查自纠、问题整改和总结提升。深入学习宣贯《核安全法》，通过专项评估、培训宣贯、经验反馈等举措，进一步加强了核安全文化建设。以国核示范为试点，与挪威船级社合作，开展HSE管理体系建设。持续加强质量体系建设，完成质量保证有效性提升第一阶段任务。完成国家电投核应急响应与支援指挥中心硬件建设。落实“党政同责、一岗双责”，健全了安全生产责任制。加强安全文明施工管理，推广应用标准化成果。推广核电管理理念和良好实践，进一步提升非核领域的安全管理水平。

二、战略布局不断巩固

全面推进“一体两翼”战略，核心业务取得了一系列重要进展。三门核电、海阳核电1号机组具备装料条件，通过了国家层面组织的三次专项检查。三门核电2号机组完成热试，海阳核电2号机组完成冷试。持续推进示范工程、海阳二期设计和施工优化，瞄准开工后连续按逻辑建造目标，做好开工前各项准备。CAP1400反应堆压力容器、主管道、堆芯补水箱等关键设备完成制造，具备交付条件；爆破阀研制成功；屏蔽电机主泵开始样机试验。海阳首次换料燃料组件锆材完成交付，民用锆产品打开市场。产业链进一步拓展，获得天然铀进口贸易资质。

电站服务业以工程总承包和海外经营为重点，加强市场开发和业务转型。电站服务集成能力不断提升，国核电力院荣获“全国质量奖”，山东院（工程公司）湄洲湾项目荣获“国际卓越项目管理大奖金奖”和“全国质量奖卓越项目奖”，国核工程荣获“中国质量奖提名奖”，高端品牌形象进一步提升。全年投产新能源规模25.9万千瓦，核准（备案）46.79万千瓦，全面完成“6·30”目标，投产当年实现盈利。

三、技术创新成果显著

CAP1400关键设计技术研究等7项重大专项课题通过验收，反应堆保护系统工程样机等40多项科技成果通过专家鉴定，多项成果填补了国内空白。建成核电设备与材料鉴定咨询中心和清洁高效煤电成套设备国家工程研究中心，组建国家电投集团公司电站寿期服务、垃圾发电等技术中心，加强大容量高参数火电、智能电网、海上风电、节能环保、储能等关键技术研究，世界领先的6300C二次再热燃煤发电技术方案通过国家能源局评审，国家电投集团公司火电综合一体化节能改造、废水零排放等示范项目落地实施，引领行业的技术能力持续增强。积极开展技术经营工作，签订新产品、新技术服务合同100余项。全年新增立项课题29项，其中压水堆重大专项牵头7项、参研9项。荣获省部级及行业协会科技进步奖56项，其中一等奖7项，发布国标、行标及军标33项。

四、加强企业文化建设

深入学习宣贯党的十九大精神和习近平新时代中国特色社会主义思想，结合“两学一做”常态化、制度化建设，各级领导班子和领导干部带头学习、带头宣讲、带头贯彻，促进了国家核电系统学习教育的不断深入。贯彻落实全国国企党建工作会议精神，完成了党建工作进章程，完善了“三重一大”决策机制，党组织的领导核心和政治核心作用进一步发挥。加强党风廉政建设，认真落实“两个责任”，扎实开展巡视自查自纠和问题整改。开展了作风建设专项行动，国家核电系统工作作风持续改进。坚持“以奋斗者为本”，统筹抓好领导班子和干部队伍建设，按照国家电投集团公司党组的统一部署，系统地调整了各级领导班子。深入开展延川县定点帮扶精准扶贫工作，认真履行国企的政治责任和社会责任。组织成员单位广泛开展核电公众宣传，山东核电科技馆、上海核工院科普场馆入选国家核科普教育基地。加强群团工作和企业文化建设，大力弘扬“创新创造创业”的三代核电自主化精神，“六合之花”子品牌进一步推广，凝聚力和向心力进一步增强。

中国华能集团有限公司

2017年，中国华能集团有限公司坚决贯彻党中央、国务院决策部署，深入贯彻新发展理念，按照党中央统筹推进“五位一体”总体布局和协调推进“四个全面”战略布局的重大部署，持续推进做强做优做大，公司安全生产、经营绩效、结构调整、资本资金运作、改革创新、全面从严治党等工作取得了新的成效，累计完成发电量6 608亿千瓦时，其中，国内发电量6 496亿千瓦时，实现合并营业收入2 586亿元，资产负债率78.74%，主要经营指标保持行业领先。截至2017年年底，华能集团公司境内外全资及控股电厂装机17 182万千瓦，低碳清洁能源装机比重达到31%。持续推进全面从严治党，党的领导、党的建设得到全面加强，公司发展迈上新台阶。

华能集团公司始终坚持绿色低碳清洁能源发展战略，提出了奋力发展核电的产业发展布局，全力推进高温气冷堆示范工程建设和核电项目开发，切实提升核电专业化管理水平。

一、高温堆示范工程建设

土建安装工作稳步实施。核岛、常规岛及其BOP土建41个子项全部移交安装，1号堆金属堆内构件堆芯壳完成吊装并调整就位，首堆陶瓷堆内构件全部安装完成，2号压力容器顶盖试装完成，汽轮机投盘车成功，核岛、常规岛系统安装分别完成约78.6%和85%。核岛、常规岛系统安装图全部提交，燃料装卸系统试验验证完成，控制棒驱动机构热态试验抽查4套全部完成，17套完成冷态试验。两台蒸汽发生器壳体完成水压试验，38套换热单元全部制造完成；两台主氦风机总装完成；首堆吸收球落球装置到货。各主设备及仪控系统的制造质量和进度总体受控。工程建安、设计研发及设备制造总体进展符合预期。

调试接产工作有序开展。《调试大纲》（E版）上报国家核安全局；系统调试大纲全部提交，调试试验程序编制完成95.8%。220 kV倒送电一次成功，提前完成里程碑节点，全部调试过程232步操作实现“零差错”。系统调试全年共移交279个系统，累计移交64.6%，按计划移交率86.1%；需调试系统共计311个，128个已调试完成；压缩空气生产系统等130个系统完成向生产移交。燃料元件产能基本稳定在3.2万个/月，全年完成31万个核燃料元件加工，总累计完成36.5万个。生产技术文件编制完成总量的54.4%，按计划发布率99.4%，满足工程进度需求。首批38名高级操纵员于9月通过高级操纵员取照考试，通过率82.6%。运行、维修、技术支持、保健物理等各领域工作按计划协同推进，符合生产准备计划总体安排。

二、核电项目前期开发

石岛湾压水堆扩建工程。调整石岛湾核电厂址开展总体规划、厂址总平面、施工组织方案，开展压水堆扩建工程厂址安全分析报告和选址阶段环评报告修编工作，初可研报告通过评审并完成收口，完成向国家主管部门上报项目建议书。

霞浦核电项目。霞浦核电厂外“三通”工程的供水和供电工程开工，完成压水堆项目可研报告初稿编制，启动60万千瓦高温气冷堆项目初可研工作。

中国大唐集团公司

2017年，中国大唐集团公司认真贯彻党中央、国务院重大决策部署，按照“1126”总体要求，努力应对复杂严峻形势，保持安全生产总体平稳，经营发展持续向好，职工队伍和谐稳定的良好态势。

一、2017 年工作开展情况

（一）安全生产持续稳定

安全基础更加强化。认真贯彻习近平总书记、李克强总理关于安全生产工作的重要指示批示，坚持“防大抓小”，深化“七个加强”，推进班组建设、检修管理，保持安全形势持续平稳。未发生较大及以上事故，全系统99%的企业安全生产无事故。安全工作抓的早、抓的实、抓的严，安全形势是近年来较好的一年。

环保工作更加强化。102家发电企业全部按期取得排污许可证。累计完成超低排放机组改造达到202台，共计8 441万千瓦，占在役燃煤机组容量的87.5%，居五大发电集团前列。健全重污染天气应急管理，强化污染物排放控制，单位发电量二氧化硫、氮氧化物、烟尘、废水排放均同比下降，环保运行水平持续提升。

圆满完成党的十九大保电任务。集团公司全体干部职工坚守阵地，圆满完成党的十九大政治保电任务，获得国家能源局和相关部门肯定。

（二）经营绩效全面提升

生产运营管理全面加强。深入开展优化运行“达设计值”和能耗对标管理，深化降缺陷、降非停、创金牌行动。集团公司12台机组在电力可靠性评比中获奖，41台机组在全国能效对标竞赛中获奖，均居行业前列。燃料、营销防线全面加强。成本、资金管控全面加强。

（三）发展质量创新提高

结构调整更加有力。认真贯彻国家防范化解煤电产能过剩风险要求，集团重点战略项目顺利推进。低风速风电取得突破，多能互补分布式能源加快推进。精品工程建设再上新台阶，长河坝成功实现一年四投，托克托电厂成为世界最大在役发电厂，临清、八〇三、楼兰项目造价与同期同类型行业相比是最低的。

资本运营更加有力。实施大唐国际A+H非公开增发，大幅提升集团公司持股比例。全面完成集团公司改制。

科技支撑更加有力。郓城630 ℃超临界二次再热项目通过评优成为国家电力示范项目，引领煤电发展新方向。率先示范应用首套国产大型燃机静止变频启动装备等一批重大技术。大型火电机组深度调峰运行优化及控制等一批关键技术研究取得重大进展。科技创新激励机制实现重大突破，颁发年度500万元科技奖励基金。“四大中心”二期、燃机数据中心、财务及相关业务一体化等信息化系统建设加快开展。荣获国家科技进步二等奖，专利和标准拥有量继续保持五大发电集团首位。荣获中国电力创新大奖、中国产学研合作成果一等奖、中央企业智库联盟优秀课题一等奖。

国际化发展更加有力。基本完成葡萄牙风电项目并购，实现集团公司在发达国家和境外可再生能源领域投资零的突破。印尼米拉务、老挝北本、巴基斯坦卡西姆港等项目推进取得新进展。

（四）法治管控能力显著增强

集团化管控更加完善。完成集团总部集中办公改革，成立京津冀、海南、青海、湖北等分子公司和境外代表处。加强“四新”总部建设，成立党组与董事会办公室、企业管理与法律事务部和国际合作部。完成山西、江苏和云南区域一体化改革，完成22家二级企业大部制改革。

市场化体制机制更加完善。营销体制改革有序推进，批复设立21家省级营销公司和2家基层售电公司。燃料体制改革持续深化。采购与物资管理体制改革取得重大进展，“两横两纵”体系构架基本形成。

法治化管理体系更加完善。落实企业主要负责人法治建设第一责任人制度，率先开展公司律师试点工作，集团公司入选国务院国资委法治建设优秀案例。加强投资、财务管理等制度建设，全面风险管理体系进一步强化。组建区域联合审计组，开展境外项目审计。深化中央巡视、国家审计整改落实，全力配合监事会集中重点检查。

二、核能方面的主要成绩

2017年，集团公司核电工作重点抓好宁德二期、庄河等核电项目前期工作，并按照有关法规条例标准和既定战略，加强自身建设，补齐能力短板，努力做好厂址保护工作。结合全年工作计划，开展了以下主要工作：

（一）积极联合中国广核集团，推进宁德二期项目报批

按照年内核准的原定目标，4月与中国广核集团联合出文向国家能源局申请将宁德二期5、6号机组列入我国2017年核电项目核准开工计划，并就宁德二期项目核准申请和环评等问题进行了多次沟通，协作推进。双方多次与国家核安全局、国家能源局沟通协调，推动两评报告批复和项目核准事宜。目前，宁德二期项目26项核准支持性文件已取得22项，两评报告、可研收口等剩余4项正在努力取得批复文件，总图设计已基本确定，现场的表土剥离、临时码头、厂内应急道路等场平准备工作也已全面开展。限于国家核电项目审批仍未开闸等原因，项目核准目标已推至明年。

（二）着力推进庄河项目征地动迁准备工作，努力维护项目开发主导权

庄河项目是集团公司“十三五”规划中突破核电控股资质的重点依托项目。根据年度投资计划，2017年要开展征地、征海和动迁等施工准备工作，已完成征地动迁方案论证和施工准备文件的预审，并按相关程序上报集团公司审批。同时，集

团公司高度重视，从不同层面积极与辽宁省、大连市和庄河市政府进行大量而艰苦的协调和公关，努力维护项目的开发主导权。

（三）严格按照年度计划，稳步推进前期工作

根据年度计划稳步开展和推进各项目前期工作：拜访了海南省发改委和地方政府，海南近海厂址初可研工作取得了地方政府的初步支持，完成了初可研总包合同的招标工作，海南初可研工作正式启动；就宁德三期前期工作与宁德市、福鼎市有关领导进行沟通，获得地方政府的认可；完成了湖南龙门核电厂址项目建议书上报工作；与上海核工院开展了退役火电改建小堆现场踏勘和技术交流；完成了安徽宣城项目的初可研报告修编，并现场进行了厂址复核踏勘。

（四）充分利用“三会”机制，强化核电股权管控

充分利用“三会”机制，深度参与参股核电项目的重大决策和重大事项经营管理。按照集团公司股权管理及投资管理有关制度，完成了集团公司核电投资的计划和注资审批流程，重点审议了合作核电项目年度投资计划和预算等议题，参加了宁德一期、宁德二期、徐大堡、阳西、瑞金等项目2017年度多次“三会”或项目专题会，并对宁德二期、阳西项目进行了专题调研，协调推进了宁德二期核准准备、阳西项目前期费用审计评估等工作。

（五）跟踪《核电管理条例》进展，落实人才队伍建设计划

密切保持与国务院法制办工交司的联系和沟通，及时了解和掌握《核电管理条例》（送审稿）的审批进展情况。同时，按照《核电管理条例》（送审稿）对核电控股资质的要求和集团公司“十三五”发展规划，根据宁德二期项目和庄河项目进展情况，适时选派业务骨干进入项目公司，加强集团公司核电人才队伍建设，补齐短板，尽早具备争取资质的条件。人才队伍建设方面，与中国广核集团研究协调宁德二期组织机构设置和人员落实方案等工作，并对庄河项目公司组织机构进行优化配置，加强项目公司的规范化管理。

国家能源投资集团有限责任公司

2017年，在党中央、国务院的正确领导下，在国务院国资委和国有企业监事会的指导监督下，国家能源集团认真贯彻党的十八大、十九大精神和全国国有企业党建工作会精神，以习近平新时代中国特色社会主义思想和总书记视察集团的重要讲话精神为指引，坚持党的领导、加强党的建设，深入践行五大发展理念，坚持稳中求进工作总基调，坚持底线思维和价值创造，把公司重组、战略转型、结构调整、创新驱动作为新引擎，不断深化供给侧结构性改革，全力打好提质增效攻坚战，保持了安全生产总体平稳、经营发展持续向好、职工队伍和谐稳定的良好态势，实现了各项工作的圆满收官。

一、深化供给侧结构性改革，推动集团战略布局优化和结构调整

一是积极推进清洁发展。煤炭清洁开采方面，建设绿色矿井，开发环保产品，发展科学产能。集团核增先进产能煤矿5处产能1 990万吨。在2017中国煤炭企业科学产能百强排行榜中上榜22家，核定科学产能2.4亿吨，占全国38%。煤炭清洁供应方面，开行块煤集装箱列车，实现煤炭供应定制化、个性化服务。清洁高效火电发展方面，坚持绿色发展，脱硫、脱硝机组比重均已达到100%。1.35亿千瓦机组实现超低排放，占现役煤电机组容量76%。东部地区全部实现超低排放。全集团煤电60万千瓦及以上机组占比59.2%，超临界、超超临界机组占比53.4%，百万千瓦机组累计达到27台，占全国25.9%。清洁和可再生能源装机占比达24%，同比提高1.4个百分点。海上风电储备总容量超过800万千瓦，牢牢把握了海上风电开发的技术和规模优势。扎实推进CIGS薄膜太阳能技术研发和项目平台建设，BIPV 课题研究及示范项目建设有序进行。与中核集团开展战略合作，成立行波堆科技投资公司，积极参与核能建设运营。

二是大力推进结构调整。严控各类投资，着力做强做优煤炭、新能源、运输等业务。加大煤电去产能力度，实现从速度规模型向质量效益型转变。2017年退出煤矿2处、产能270万吨。两年来共退出煤矿11处、产能1 096万吨。退出火电前期项目5个、装机384万千瓦。圆满完成年度煤、电去产能任务。

三是积极响应“一带一路”建设。与美国西弗吉尼亚州签订总投资837亿美元的页岩气和化学品生产项目框架协议。建设运营的加拿大风电项目成为中国企业投资的首个海外风电项目。南非德阿风电项目高标准投产，实现全产业链“走出去”，被誉为“金砖”国家能源合作典范。积极推进澳大利亚沃特马克、俄罗斯扎舒兰和老挝华潘项目。澳大利亚沃特马克项目成功收回探矿权补偿款2.62亿澳

元。南苏电厂荣获“2017年度最佳创新电力企业”称号，在印尼综合评比排名第一，并成功收回资本金，爪哇7煤电项目在印尼总统见证下开工建设。等离子点火等节能环保技术与产品出口美欧亚20多个国家和地区。第82届萨洛尼卡国际博览会参展圆满成功，希腊风电项目顺利签订合作开发协议，波兰科里特尼察风电项目立项，巴基斯坦凯桥风电项目列入中巴经济合作走廊项目清单，哈萨克斯坦风电项目进展顺利。

四是主动参与雄安新区建设。认真学习贯彻习近平总书记关于河北雄安新区规划建设的重要指示精神，主动加强与河北省沟通联系，组织编制参与雄安新区规划建设工作方案、支持参与雄安新区建设行动计划，形成集团全面参与雄安新区建设的总体规划书和行动路线图，积极为雄安新区建设做贡献。

二、全力抓好安全生产和节能环保工作，安全环保指标继续保持国内领先、世界先进水平

贯彻落实《中共中央国务院关于推进安全生产领域改革发展的意见》，按照“党政同责、一岗双责、齐抓共管、失职追责”原则，扎实推进风险预控体系和安全生产标准化建设，深入开展安全环保大检查和安全环保管理审计，集团安全环保生产形势总体保持稳定，全年未发生较大及以上事故。集团14个煤矿安全生产10周年以上，29个煤矿安全生产超过3 000天，65个煤矿安全生产超过1 000天。2017年煤炭业务亿吨死亡率0.98，继续保持世界先进水平。集团97.8%的发电企业实现安全生产无事故，395个发电企业安全生产超过1 000天。主要水电机组实现汛期零非停，风电设备故障时间（小时）同比减少29%，均为历年最优水平。全集团完成供电煤耗307.9克/千瓦时，同比降低2.8克/千瓦时。铁路、港口、航运业务全部实现“零死亡”安全目标。全集团二氧化硫、氮氧化物排放量为11万吨和17万吨，同比分别下降26%和11%。所属燃煤机组全部实现烟气排放达标。2017年集团淘汰6 900台落后机电设备，治理736台燃煤工业锅炉，实施60 项废水防治工程，整改消缺15项重大环境隐患，寿光电厂等16个项目完成竣工环保验收。环保实现“零事件”。

三、公司改革不断深化，企业内生动力进一步增强

企业重组整合、国有资本投资公司试点、三项制度改革、管理层级压减和“僵尸企业”处置、特困企业治理、电力营销改革等工作稳步实施。

一是探索股权激励方式，完善多元化激励手段，在市场化程度较高的科技型企业开展职业经理人选聘试点。**二是**优化激励分配机制，实施工资薪酬与业绩考核直接挂钩，打破管理人员能上不能下、员工能进不能出、收入能增不能减坚冰。**三是**企业层级“压减”和“三供一业”分离移

交深入推进。**四是**处僵治困工作取得新成效。**五是**低效无效资产稳妥处置。

四、全力打好提质增效攻坚战，生产经营绩效得到全面提升

一是强化对标指引，加强成本管控。在效益同比大幅增长的情况下，各板块单位成本均实现同口径同比下降，成本下降同比增利72.2 亿元。

二是管理运营效率效益进一步提高。煤炭方面，强化生产组织，超前预判市场形势，灵活调整价格政策和经营策略，全年煤炭产量、销量、北方港占比均创历史新高。销售总量连续三年稳步增长，创造利润402亿元。

三是积极释放煤炭先进产能。满足自有电厂和重点长协用户煤炭供应，全年长协煤合同兑现率达90%以上。

五、稳妥推进核电项目前期工作

（一）推进漳州核电高管派驻和智深DCS 参与核电建设

一是落实集团公司派驻高管，中核集团同意集团公司向漳州核电派驻两名高管。

二是推进智深DCS参与核电建设。赴漳州核电调研、协调中核控制赴泰州电厂调研、智深派人进驻中核控制，拜访中国核动力研究设计院，了解智深DCS研发实力。推进智深参与漳州核电、霞浦快堆、海南小堆项目。

三是跟踪核蓄一体化进度。参加《漳州核蓄一体化开发运营模式研究初步成果》汇报讨论会、《漳州核电核蓄一体化开发运营模式研究第二阶段研究成果汇报会》。就漳州核蓄一体化项目，与水新部协商立项流程。与漳州公司协商推进项目可研。

四是通过三会了解漳州核电项目进展。

五是配合财务部完成资本金拨付。

（二）跟踪小型堆开发进度

一是跟踪小型堆工作进展。多次互访并拜访中核集团规划发展部，沟通小型堆海南首堆推进方式、莆田项目公司迁址事宜。

二是了解中核新能源公司工作进展。赴海南参加海南首堆项目可研报告评审。参加小堆公司前期工作专题会和三会，研究海南示范项目推进方式，以及莆田项目公司已投入资本金的处置。研究中核新能源公司海南小堆项目的商业计划书、投资协议、章程。

三是请中核新能源公司提供近年工作进展情况和财务数据，完成小堆公司近年工作总结。

（三）跟踪山东海阳核电调概情况

参加三会，了解工作进展。参加调概专题会，了解概算调整情况。完成山东海阳核电经济性分析，预计电价盈亏平衡点。

完成资本金拨付，了解2018年资金计划；完成山东国际信托股份有限公司关于山东核电有限公司股权划转的相关工作。

（四）参股行波堆

一是与中核集团签署《中核集团与神华集团深化战略合作协议》。**二是**与中国核电、浙能电力和河北建投能源共同签署行波堆投资协议、公司章程，共同拉开四代核电行波堆发展序幕。**三是**参加行波堆投资公司、项目公司的第一届股东会、董事会、监事会。**四是**参与注册成立行波堆投资公司“中核行波堆投资（天津）有限公司”、项目公司“中核河北核电有限公司”。**五是**参加中美行波堆合作成果汇报会。会上，国家能源局副局长刘宝华、美国能源部北京办事处主任共同为行波堆中美合资公司“环球创新核能技术有限公司”揭牌。中核行波堆科技投资（天津）公司与美国泰拉能源在该公司中各持股50%，原神华集团推荐曹君第在该公司担任总会计师。

（五）稳步开展核电前期研究以及相关业务

湖南核电厂址列入国家核电“十三五”规划，河南平顶山核电厂址列入河南省十三五能源规划保护厂址目录，现场调研河南平顶山核电厂址。赴武汉，和广核华中片区筹建处讨论江西、河南厂址合作。

参与中国核能行业协会、电机工程学会核能分会、电促会核电分会相关活动，获取资讯。

六、积极履行社会责任，创建和谐企业

扎实开展精准扶贫工作，出资6亿元参与设立中央企业扶贫产业投资基金。积极开展援青援藏援疆，全年安排援助资金4 850万元，援助资金、援建项目、派驻干部继续位居央企前列。持续开展公益慈善活动，为内蒙古民生事业、宁夏老区教育办学、陕西困难地区给予大力支持。与中国银行共同发起成立扶贫战略联盟，联合首农集团实施“首农－宁城国际农产品物流园区”等扶贫项目，内蒙古宁城、山西右玉和青海曲麻莱定点扶贫工作取得积极成效。

开展为困难职工送温暖活动，走访慰问困难职工、劳模等3.8万人次，慰问一线职工9万人次，为困难职工发放补助金8 040万元。建立劳模工作室，推行“首席制”，组织开展系列劳动技能竞赛，促进职工成才成长。2017年4月19日，陕西神木地方煤矿发生透水事故，集团积极救援连续奋战77小时，6名被困矿工全部成功救出。集团积极参与榆林市子洲、绥德两县城区抗洪抢险工作，帮助灾民渡过难关，受到当地政府和兄弟企业高度评价。

中国长江三峡集团有限公司

2017年，中国长江三峡集团有限公司（以下简称“三峡集团”）高举习近平新时代中国特色社会主义伟大旗帜，深入学习贯彻党的十九大精神，认真贯彻落实党中央、国务院决策部署和国资委工作要求，坚持稳中求进工作总基调，坚持新发展理念，以供给侧结构性改革为主线，砥砺奋进、担当有为，有效应对各种困难和挑战，全面推进改革发展党建各项工作，全力打好瘦身健体提质增效攻坚战，全面超额完成了年度生产经营目标任务。

一、改革发展情况

2017年，三峡集团深入推进改革发展研究，全力推动集团公司在改革的重要领域和关键环节取得新突破；精心建设好运行好以三峡工程为骨干的流域梯级电站群，积极服务长江经济带建设；乌东德、白鹤滩两座水电站同时进入主体工程大规模混凝土浇筑施工和移民大搬迁安置关键期，带领中国水电进入世界最前列；积极参与长江大保护，在共抓长江大保护中发挥骨干主力作用；坚决贯彻绿色发展理念，大力实施清洁能源战略和海上风电引领者战略；积极服务“一带一路”建设，全力打造“走出去”升级版；坚决打好瘦身健体提质增效攻坚战；积极参与川滇两省扶贫攻坚等工作，为国民经济稳增长、促改革、调结构、惠民生、防风险作出了新贡献。

二、生产经营情况

截至2017年底，三峡集团可控装机规模超过7 000万千瓦，已建、在建和权益总装机规模达到1.24亿千瓦，其中可再生清洁能源装机占99%，可控水电装机占全国水电装机的16%；完成发电量2 846亿千瓦时，同比增长8.4%。实现营业收入901亿元，同比增长15%；实现利润总额420亿元，同比增长10.5%。全员劳动生产率、人均利润、人均上缴利税、成本费用利润率等指标继续在中央企业中名列前茅；资产总额近7 000亿元，国有资本保值增值率109%，资产负债率46.9%，信用评级指标保持稳定，资产质量保持优良。

三、核电方面工作开展情况

（一）做好已投资核电项目的管理

三峡集团已明确长江电力作为集团公司核电投资的唯一平台，以长江电力为主体，负责核电业务的研究、投资开发和管理工作。2017年，长江电力积极做好现有参股企业中国核能电力股份有限公司、中广核电力H股、湖南桃花江核电公司、中核霞浦核电有限公司的股权管理工作。

（二）重视业内交流，扩大行业影响力

三峡集团以副理事长单位加入中国核能行业协会以来，积极参加核能行业协会组织的年会、核电展等活动，参与内陆核电相关研究，通过行业协会平台加强与政府机构及业内同行的交流和沟通，取得良好效果。

哈尔滨电气集团有限公司

哈尔滨电气集团有限公司（简称“哈电集团”）是由国家“一五”期间苏联援建的156项重点建设项目的6项沿革发展而来，是为适应成套开发、成套设计、成套制造和成套服务的市场发展要求，最早组建而成的我国最大的发电设备、舰船动力装置、电力驱动设备研究制造基地和成套设备出口基地，是中央管理的51户关系国家安全和国民经济命脉的国有重要骨干企业之一。

哈电集团在核电板块累计投资54余亿元进行装备制造能力提升，现已建成以核岛、常规岛、泵阀、通用电机为主导产品的“四大核电装备制造业基地”，具备年产4台套核岛、常规岛主设备制造能力，在手核电项目60余个，合同总额300多亿元，合同期持续到2021年。

2017年是哈电集团核电产业改革攻坚、转型升级的一年，也是备战严冬、主动求变的一年。面对严峻形势，在党中央和国务院的坚强领导下，全体干部职工凝心聚力、攻坚克难，奋力打好“六场硬仗”，全面完成了相关考核指标，整体发展稳中向好。核电产业营业收入20.57亿元，完成年计划90.6%；核电产业正式合同签约额28.01亿元，完成年计划的52.9%；核电产业合同兑现率17个，完成年计划的40.5%；核电产业应收账款（原值）1 962万元，完成年计划。

一、市场开发迈出步伐

一是增强营销策划。哈电集团通过核电市场分析会等各类型会议，对国际、国内的每个潜在市场进行分析研究，制定了相应的营销策略，明确了工作目标，理清了集团公司、核电事业部、各涉核企业在营销工作中的职责。

二是策划高层走访。集团公司领导高度重视市场开发工作，积极参加市场走访、重要会议、跟踪项目进展等重要活动，扩大了哈电集团的影响力和话语权，增进了哈电集团与用户之间的友谊。

三是理顺定价机制。哈电集团通过不断探索、优化，逐步确立核电市场统一营销模式。明确核岛主设备、核二三级设备、汽轮发电机组、辅机设备的投标模式。

四是取得较好成绩。2017年，核电市场总计开标项目44个，总计金额64.95亿元。哈电集团中标项目23个（占比52.27%），中标金额27.10亿元（占比41.72%），实现正式合同签约额28.01亿元。哈电集团中标惠州核电1号机组蒸发器，廉江核电1、2号机组核主泵，昌江核电3、4号机组核主泵，昌江“玲龙一号”核主泵和汽轮发电机组，白龙核电1、2号机组高加除氧器等项目。此外，阀门公司获得核动力院CENTER项目安全阀项目，取得首个核级阀门业绩；锅炉公司以福清项目联箱满足现场交货为突破口扭转了市场形象，获得了大量后续市场订单。

五是签订合作协议。哈电集团与中国广核集团签署战略合作协议，与中国核电签订核电运维服务合作框架协议，与用户的关系更加密切，拓展了业务范围和市场空间。

二、项目管理取得突破

一是通过项目会议进行宏观掌控。哈电集团通过核电项目分析会等途径对每个在手项目的进展情况、交货期、主要节点、存在问题、解决措施、货款回收等方面进行了详细分析，从集团公司层面掌握了在手核电项目的执行情况。

二是通过TOP10风险预警机制带动管理水平提高。哈电集团借鉴先进项目管理经验，通过季度立项、月度调整、会议联评等方式建立集团公司核电产业项目管理TOP10风险预警机制，从高层推动了核电项目管理水平。

三是重点项目显现成果。C4机组蒸发器、核主泵顺利交付，机组实现商运；K2项目首台“华龙一号”机型蒸发器走出国门；田湾核电3号机组TG核冲转一次成功；田湾核电4号机组TG交货满足现场要求；福清核电5、6号机组联箱设备满足现场交货需求；红沿河核电5号 K1类电机制造完成，填补了国内空白，达到国际先进水平；K3类10 kV电机样机通过鉴定；完成昌江核电101大修。

四是项目执行获得用户认可。田湾核电3号机组核蒸汽冲转成功后，哈电集团收到中核集团感谢信，哈电股份获得“华龙一号”项目管理团队先进团队荣誉；佳电股份按计划完成任务后，核电事业部收到中核工程公司感谢信；昌江核电1号机组荣获南方五省区“2016年系统运行效能优胜奖”，摘得“金牌机组”桂冠。

三、质量管理取得进展

一是核电取证工作正式启动。哈电集团完成取大证调研、核安全法规培训、取大证可行性内部讨论和方案策划；成立了核电取证组织机构；召开了启动会；编制了取证方案和工作计划；召开了技术专家组第一次会议；发布了《取证方案和工作计划》并报送国家核安全局；编制了《质保大纲》《控制程序》、协调《项目管理类程序》等文件。

二是质量改进工作稳步推进。哈电集团完成了核电质量改进项目的立项、审批、策划，召开启动会，确定改进问题（34项）清单，对整改固化措施审核，收集验证资料，效果验证，编制经验反馈单，编制完工报告，召开预验收准备会，召开预验收专家评审会。

三是质量管控工作有效开展。哈电集团通过每季度的NCR趋势分析、典型质量问题经验反馈、体系运行分析工作，监督各涉核单位制定纠正措施，持续改进。按照核电项目买方要求，编制《项目质保大纲》、专用程序、经验反馈材料，对各涉核单位开展项目监查监督。接受科技管理部、中机质协对核电事业部的三体系审核并完成相应问题项的整改。

四、内部改革取得成绩

一是调整运作模式。哈电集团核电事业部率先进行机构改革，工作重心从原来以项目管理为中心转向以市场和用户为中心。设立事业一部、事业二部、事业三部，分别对口中核集团、中国广核集团和国家电投等业主公司，承担从市场开发、项目管理到售后服务的全产业链工作，对口提供“定制”服务。此次改革后，工作对象、工作目标、工作责任更加清晰，可多层次联系和切入市场。

二是明确职责要求。哈电集团在核电产业改革中逐步明晰“四个主”作用，各事业分部发挥主体作用，各分管副总经理发挥主管作用，各部门部长发挥主将作用，各部门员工骨干发挥主力作用，通过抓住关键少数，加强带头人队伍建设，有效带动了核电事业部整体能力的提高。

三是建立报告制度。哈电集团定期出版《核电季度报告》，以市场、项目、质保工作为中心，采用市场对标分析、项目风险管理分析、质量趋势分析等先进管理工具和方法，形成集团公司核电产业发展的“大事记”。为集团公司决策部署、核电事业部沟通协调、各涉核单位之间的信息沟通提供了帮助和支持。

东方电气股份有限公司

2017年，面对严峻的宏观经济形势、煤电市场疲软和行业效益下滑的局面，东方电气在危中寻机，逆势求进，创新求变，实现扭亏为盈，一举扭转了连续3年利润下滑的被动局面。

2017年，东方电气实现营业收入308亿元，新增订单320 亿元，完成发电设备产量3 047万千瓦。2017年，东方电气核电产业取得可喜的成绩：中标6台“华龙一号”堆内构件和2台“华龙一号”控制棒驱动机构；获得四代核电示范快堆蒸汽发生器、中间热交换器和独立热交换器技术设计及试验验证研发服务合同；“华龙一号”示范项目福清核电5号机组3台蒸汽发生器制造完工发运，汽轮发电机组等主设备完成重要制造节点；自主三代CAP1400示范工程汽轮发电机组等完成重要制造节点。

一、市场开拓

2017年，东方电气中标6台“华龙一号”堆内构件和2台“华龙一号”控制棒驱动机构；中标“华龙一号”惠州项目1号机组反应堆压力容器供货合同；完成彭泽TG项目转移到廉江项目的工作；在四代核电方面，争取到了四代核电示范快堆蒸汽发生器、中间热交换器和独立热交换器技术设计及试验验证研发服务合同；获得徐大堡一体化堆顶包合同，补齐了东方电气核岛设备的短板。

二、设备制造

2017年，东方电气第一个出口欧洲的核电设备法国EDF低加完工交运；“华龙一号”首堆示范项目福清核电5号机组首台蒸汽发生器顺利发运；“华龙一号”示范项目防城港核电3号机组三台安注箱按期交货；“华龙一号”海外首堆K2项目两台安全壳喷淋热交换器完工发运；AP1000项目陆丰核电2号控制棒驱动机构250 ℃高温线圈研制成功。CAP1400 示范工程1号机低压模块扣缸、汽水分离再热器(MSR)水压试验、发电机型式试验以及“华龙一号”福清核电5 号机高中压模块总装配、MSR水压试验、发电机型式试验等自主设计机组主设备制造关键节点全面实现。台山核电1号机组顺利完成非核蒸汽冲转，福清核电4号机组具备商运条件。

三、质量管控

对集团核岛主设备集成供货管理进行改进，加强对子公司监督，加强对持证供方管理，加强核安全文化建设。推进各子公司开展预防性质量工作，如经验反馈、制造期间风险防范、不良作业习惯整治、降低到货类NCR数量等。

四、科研管理

2017年7月至11月，CAP1400常规岛关键设备自主设计和制造课题进行了验收审计工作，并通过了立信会计师事务所的审计。2017年12月14—16日通过了国家电投重大专项办公室对CAP1400常规岛关键设备自主设计和制造课题的预验收。

上海电气（集团）总公司

2017年，多种堆型产品、批量化生产的项目管理模式依旧是上海电气核电项目运作的特点，项目运作态势整体平稳。集团各企业保持着“管理常态化、质量稳定化”的运作态势，以保证质量、满足工程需求为第一前提，宏观调控和微观运作，很好实现了当年必需的出产任务。

截至2017年底，上海电气累计承接包括二代改进，AP1000、“华龙一号”和CAP1400等三代以及高温气冷堆等不同堆型的核电主设备（压力容器、蒸汽发生器、稳压器、堆内构件、控制棒驱动机构、主泵、汽轮机和汽轮发电机）共计313台（套）；车间在制维持在70～80台（套）水平，专业化基地的产能效益得到有效体现。

一、核电项目管理

2017年，实际交付或完工主设备出产数量共计9台（套），较前几年出产数量不多，但在制任务依然繁重。

项目执行的亮点是我国自主知识产权的首台“华龙一号”机组堆内构件实现出产；四代高温堆主设备继续出产。

新三代项目陆续启动，包括“华龙一号”的防城港二期、卡拉奇项目、漳州一期、宁德、惠州等主设备已陆续开始前期准备工作。

1.核岛设备：共交付或完工7台（套）核岛主设备，包括“华龙一号”首台机组福清5号堆内构件实现出产；四代高温堆主设备完工1套控制棒驱动机构及1套吸收球装置；交付二代加阳江核电6号堆内构件及控制棒驱动机构，红沿河核电5号第二、三台蒸发器；核二三级容器20台；人桥吊、辅助吊3台；预埋件、支撑等8台。

2.常规岛设备。共完工交付汽轮机1台、发电机1台、核二三级容器45台（套）和常规岛辅机7套；配套电机36台。

3.仪控仪表类设备。已完成或交付各类仪表和器件、主控制台盘、接线盒、调节阀、电动执行机构共计672台（套）。

4.核电配套大锻件。已完成44件，共计1 535吨。

二、核电质量管理

2017年，注重、完善核电质量管理的经验反馈共享平台，做好质量案例分析工作，分享质量经验，起到举一反三、防患于未然的作用。

根据项目执行、质保监查、用户监督、项目运行情况，对核电项目管理进行有效管控；对产品实物和软件质量进行有效控制，实现了项目质量目标。核电项目质保体系运行有效，注重过程中存在的问题，完善核电质量经验反馈工作。通过矩阵式一体化管理模式、联合办公团队及风防小组等创新工作模式，对核电项目综合管理运行水平的提升起到了良好的促进作用。

质量管理得到相关方认可，在2017年上海市核电质量工作会议上，市核电办授予上海电气电站设备有限公司汽轮机厂“上海市核电质量先进单位”称号；上海电气电站设备有限公司发电机厂、上海电气电站服务有限公司、上海电气核电设备有限公司、上海电气凯士比核电泵阀有限公司4人获得先进个人称号。

质量管理的工作抓手落在：

1.定期评估质量管理体系的适宜性、充分性和有效性；

2.完善并严格质量预警机制和处理机制；优化质量奖惩体系，完善质量考核问责制；

3.开展专项监查，并进行量化评估；

4.建立不符合项原因分析和损失统计制度；

5.抓住典型案例，剖析根源，制定整改和规避措施。

三、核电技术进步

通过科研攻关和产品开发，上海电气的核电制造技术能力在近几年的批量供货中得到了初步验证。AP1000核岛关键设备制造技术已全面覆盖，包括压力容器、蒸汽发生器、堆内构件、控制棒驱动机构、稳压器，以及安注箱、装卸料机等均已实现了产品制造交付。高温气冷堆关键设备压力容器、金属堆内构件、主氦风机也已具备了制造能力，实现了产品交付。

为使核电技术能适应未来市场需求，上海电气重点聚焦大型先进压水堆（自主三代技术）和高温气冷堆技术，同时积极参与快堆和钍基熔盐堆等堆型的前期研发。以国家重大专项及先进核能系统研发项目为抓手，以项目为导向（高温气冷堆项目的压力容器、蒸汽发生器、金属堆内构件、控制棒驱动系统、主氦风机和汽轮机等；CAP1400项目的蒸汽发生器、堆内构件、控制棒驱动机构、主泵和稳压器等；“华龙一号”压力容器、蒸汽发生器、金属堆内构件、控制棒驱动系统），以技术瓶颈为突破口，加大加快新技术的开发。2017年，上海电气承担的国家科技重大专项大型先进压水堆重大专项课题全面实现了验收，包括高温气冷堆压力容器、金属堆内构件课题，CAP1400项目的蒸汽发生器、控制棒驱动机构课题。

四、核电市场成果

积极跟踪、开拓国内外市场。2017年仅有1台机组开工建设，新项目招投标以“华龙一号”为主，其次是CAP1000。在激烈的竞争环境中，全年承接蒸汽发生器、堆内构件等，共计7台（套）。

五、今后发展目标

（一）明确目标，苦练内功，适应新态势下核电技术装备产业的新趋势

1.打造三大愿景

打造核电制造业核安全文化示范基地；

打造设备集成供货和综合服务的装备集团；

打造国内领先、受行业尊敬的品牌供应商。

2.落实四大目标

质量：稳定受控，安全可靠；

项目：确保工程，树立口碑；

市场：国内领先，国外突破；

科研：瞄准主流，超前投入。

3.强化核安全文化

行为准则：凡事有章可循；凡事有据可查；凡事有人负责；凡是有人监督。

核心价值观：担当、诚信、透明、规范。

（二）巩固优势，加快转型，迎接新态势下核电技术装备产业的新发展

1.技术升级

从三代制造技术（AP1000、EPR、CAP1400、“华龙一号”）到四代制造技术（高温气冷堆、快堆、钍基熔盐堆）；从主设备制造到核电站服务等多种产品供货等。

2.系统集成

从单个、小批设备合同尽可能地扩大设备集成供应范围。

3.业务链拓宽

从目前以核岛和常规岛主设备供应为主体的业务链逐步建立产品性能试验和电站运行服务等业务。

4.产业模式转变

通过研发合作平台，培育产业创新能力，从单纯设备销售向“设备集成＋技术服务”的产业发展模式发展。

5.智能化制造

搭建数字化制造协同管理平台，实现核电产品从“传统离散型制造”向“数字化高端装备制造”的生产模式转变。

中国一重集团有限公司

中国一重集团有限公司（以下简称“中国一重”），始建于1954年，是目前中央管理的涉及国家安全和国民经济命脉的国有重要骨干企业之一，是国家创新型试点企业、国家高新技术企业，现拥有世界一流的核电装备生产线，已具备年产5台套百万千瓦级反应堆压力容器的生产能力，具备了年产10台主泵泵壳的能力，掌握了CPR1000、AP1000、CAP1400、“华龙一号”等堆型核岛主设备的制造技术。主要核电产品为全套核岛锻件、压力容器、稳压器、蒸发器、堆芯补给箱、主泵锻造泵壳、堆内构件以及常规岛转子和气缸体等，先后为中核集团、国家电投、中国广核集团等企业提供产品及服务。2017年，中国一重坚持以营销为龙头的经营管理机制，深挖市场潜力，陆续签订了3台“华龙一号”核反应堆压力容器、中核昌江模块式小堆等意义重大的项目，实现新增订货4.31亿元。

一、核电生产情况

2017年，中国一重在制核反应堆压力容器15台、蒸汽发生器3台、稳压器1台、泵壳18台、堆芯补水箱2台、容器支承5台等。中国一重制造完成了福清核电5号、巴基斯坦卡拉奇2号、CAP1400重大专项1号、海阳核电3号和CENTER项目反应堆压力容器5台，福清核电5号机组和巴基斯坦卡拉奇2号机组泵壳6台，陆丰核电2号机组和CAP1400重大专项1号机组堆芯补水箱2台，福清核电5号机组和巴基斯坦卡拉奇2号机组容器支承2台。实现主营业务收入7.29亿元。

二、科研开发进展情况

2017年，中国一重在新一代核电核岛主设备大锻件用钢的研发上取得了创新突破，实现了700 mm级壁厚锻件的制造，掌握了新型材料热加工制造工艺基础，在此基础上牵头承担了国家计划项目“新一代核压力容器用钢工程化研究”的科研课题，在国内率先实现新一代核压力容器用钢SA-508Gr.4N的初步工程化运用，为实现我国核电锻件材质的垂直换代打下坚实基础。

核电大型铸锻件的科研攻关取得了多项重大技术突破。**一是**中广核“华龙一号”不锈钢主管道锻件实现稳定制造，在冶炼、空心锻造、弯制等环节取得重大突破，刷新了中国一重核电不锈钢主管道研制历史，实现不锈钢锻件空心制造稳定供货，为后续防城港核电4号机组主管道合同的顺利执行打下坚实基础。**二是**CAP1400主管道研制，实现了不锈钢主管道热段锻件采用空心锻造技术的突破，并可推广应用于大型不锈钢空心锻件锻造，性能和晶粒度均满足技术文件要求，热加工制造工艺可靠，为实现供货打下坚实基础。**三是**采用整体仿形胎膜锻造方法在国内首次制造出带非对称非等高接管的超大厚壁中广核“华龙一号”蒸发器一体化水室封头锻件，所有性能满足技术文件要求。**四是**完成SA-508MGr.1新材料CAP1400壳法兰锻件制造，各项指标优于国外水平，打破国外制造厂的技术垄断，突破该类锻件的制造瓶颈。**五是**完成了厚度超过270 mm的SA-508Gr.3Cl2材质锻件强韧性匹配差、韧性不达标难题，实现了稳定制造。**六是**完成快堆支承环锻件制造工艺方案研究，为四代核电堆型的制造提供支撑。

核电核岛主设备的焊接技术、自动化和智能化技术等方面取得了多项重大突破。针对“华龙一号”、CAP1000、CAP1400等堆型核反应堆压力容器顶盖J型焊缝，建立了焊接专家库，成功开发出J型焊缝机器人自动TIG焊接技术，并成功应用于陆丰核电项目、徐大堡核电项目、海阳核电4号机组、K3项目核反应堆压力容器顶盖J型焊缝的镍基隔离层堆焊，和海阳核电3号机组核反应堆压力容器顶盖J型焊缝密封焊。通过民用核电蒸汽发生器的研制，在自动化和智能化技术方面取得了突破，开发了蒸汽发生器管束内壁清洗机器人设备及清洗工艺，实现了管束内壁的自动清理。该技术在阳江核电6号蒸发器上成功应用，效果良好，一次性交检合格，得到了用户的高度赞扬。开发了管子—管板密封焊设备及密封焊接工艺，实现了焊接离线编程、激光自动定位、参数数据采集、钨极自动更换、专家在线检测、焊后自动打磨等功能，该技术于2017年3月31日通过了专家评审。

中国一重在核电大型铸锻件的研制、核电压力容器研制过程中形成了一些专有技术，并成功应用到产品的制造中。**一是**针对不锈钢锻件“高成本、高难度、高风险”的制造特点，创造性地开发了空心锻造技术，在锻件上最大程度保留有效锻造区域；开发热弯成型技术，解决了大尺寸主管道锻件弯曲成型后尺寸精度差的问题；开发了保温锻造技术，有效解决了不锈钢锻件锻造温度区间窄、锻造易开裂的问题；开发了不锈钢锻造晶粒度控制技术，有效解决奥氏体不锈钢锻造晶粒粗化的难题。**二是**针对带不对称超大接管的超大型封头类锻件无法实现仿形锻造的世界性难题，突破传统成形方式，首创了“模具内分步旋转锻造”“渐变拉伸锻造”“压挤结合的特殊锻造”等技术，实现了“华龙一号”超大型管嘴实心锻件的“近净成形”。**三是**针对新型材质SA-508MGr.1特厚锻件韧性差、国外垄断制造的问题，开发了新型热处理工艺，实现强韧性大幅增加，解决制造瓶颈，打破国外技术封锁。**四是**针对新型核电材质SA-508Gr.4N锻件国内首次工程化制造面临的难题，开发了该材质大厚壁锻件热加工制造工艺技术，700 mm级全壁厚性能满足技术文件要求，实现了国内首次制造。**五是**自主研发的“中国首台拥有自主知识产权百万千瓦核反应堆压力容器制造技术”，成功应用于“华龙一号”示范项目福清核电5号机组反应堆压力容器，该项目于2017年完成制造，自主化率达到90%。

中国一重与中广核（上海）工程科技有限公司合作，联合开发“压水堆核电站废液治理关键技术开发及装置研制”项目，主要包括：核电站废液处理的絮凝工艺技术和装置、电除盐工艺技术和装置。其中，中国一重自主研发的“中低放射性废液絮凝吸附装置”样机，通过反复冷态试验，成功掌握了痕量放射性核素的絮凝吸附技术，并完成了成套絮凝装置的设计和制造。研发过程中共申报发明专利3项、实用新型专利2项。该技术旨在提高核电中低放废液的处理水平，弥补核电站原有废水处理配套装置对某些核素处理效果差的问题，实现低放废液处理装置的国产化。在2017年9月，中低放絮凝吸附装置鉴定大纲通过了中国核能行业协会组织的以叶奇蓁院士任专家组组长的评审，并得到了各位专家的一致好评。

积极承担或参加国家能源局组织的核电行业标准的编制工作，主编顶盖、泵壳等核电大锻件标准六项，参编核电锻件标准五项，为我国核电行业标准自主化打下坚实基础。

三、质量管理提升

2017年，中国一重进一步强化质量管理，通过完善质量体系建设，严格质量考核，加大技术质量攻关力度，深入开展质量提升活动等有效举措，圆满完成了全年质量目标，保证了产品质量平稳提升。

一是完成了《民用核安全设备制造质量保证大纲》及管理程序文件的修订升版工作，完成了质量保证体系内部质保监查工作，确保了质量保证体系运行的有效性。**二是**制定执行《2017年质量考核办法》，进一步完善《公司质量管理细则》，严格实施质量考核，强化对质量问题的责任追究。**三是**针对制约产品质量的瓶颈问题，加大技术攻关力度，使核电锻件用钢的冶金质量不断好转。**四是**开展“质量强企，从细节做起”系列质量提升活动，从根源上解决工艺纪律执行没有完全到位、过程控制薄弱和个别员工质量意识淡薄等问题，全面提高整体质量管理水平。**五是**深入开展了核电产品质量风险防范工作，2017年初将风险防范控制点进行了全面梳理优化，提升了风防工作的针对性及有效性，共召开了11期的核电产品质量风险防范工作例会，大大促进了核电锻件质量平稳提升。

四、人才培养和培训

中国一重始终高度重视核专业人才的培养和培训工作，在年初制定的培训计划中，突出了核法规、核质量保证手册及程序文件、核文化等方面的培训内容，保证了培训质量和培训效果。2017年，共举办核体系责任人员培训班114期，参训员工达7 900人次。

一是在核文化、核质量与安全知识培训方面，组织开展“质量强企，从细节做起”系列活动，进行经验反馈、根本原因培训、细化工艺和操作要领、推广核电管理的良好实践等四项主要工作。组织开展了《核设备经验反馈案例分析》和《质量管理与领导力》两次宣贯培训。下发《关于贯彻学习“全国民用核安全设备质量管理经验反馈交流活动会议”精神的通知》，全面推广核电质量管理的良好实践，将国家核安全局领导讲话、良好实践经验汇报材料（摘录），以及核电石化事业部、重型装备事业部、铸锻钢事业部典型良好实践经验材料下发至各相关单位，组织各单位贯彻学习，相互借鉴良好实践经验，在本单位进行推广运用。

二**是**在核电项目质保大纲培训方面，加大了对核电产品项目质保大纲的培训力度，开展了CPR1000项目核安全机械设备等15个核电项目质保大纲和程序培训。围绕核电项目结合生产制造进度确定培训重点，特别是把项目制造过程中出现的问题、采取的解决措施等方面内容补充进来，保证培训内容的针对性，并要求各单位以核电项目培训为契机，全面核查本单位在制核电项目培训的开展情况，认真总结和改进不足，不断提高核电产品质量。

三**是**在核电人才培养方面，中国一重紧密结合公司核电产品当前生产工作实际和未来发展需要，不断加大培训力度，重点突出了焊接、无损检测等岗位人员的培训和取证工作力度，严格执行持证上岗。同时，积极选派业务骨干参加核能行业质量保证监查员培训班等外部高水平的培训，不断地开拓视野，汲取先进的管理理念和实践经验，通过核电制造方面人才的培养，不断提升中国一重核电制造的业绩和管理工作水平。

中国第二重型机械集团有限公司

2017年是中国二重实施“可持续有质量发展”企业战略的开端之年，通过业务协同、长线产品开发等一系列改革举措，扭亏成果进一步巩固，成为中央企业推进供给侧结构性改革的典型。中国二重在实现三年改革扭转亏损目标基础上，砥砺前行，持续创新，逐步迈入可持续有质量发展轨道。构建起面向市场化方向的企业经营管理体系，提升了产品竞争力，传统优势领域向高端化、成台化发展，填补国内空白，引领行业主流，为推进我国核电装备国产化事业作出了贡献。

一、核电产品生产取得的主要成绩和进展

2017年，中国二重狠抓核电科研和合同执行，着力做好核电科研生产队伍建设，培养启用青年科研人员，鼓励做好传帮带，激励全体干部职工积极性、创造性，多措并举，核电生产经营整体运行平稳高效，各项工作稳步推进，在核电方面取得以下进展：

（一）哈电重装K2、K3余热排出换热器锻件完工。

（二）国家科技重大专项CAP1400示范工程1号机组主管道完成验收。

（三）哈电重装田湾核电5、6号电机锻件完工交付。

（四）“华龙一号”海外首堆巴基斯坦K3项目主管道和波动管完成制造。

（五）“华龙一号”示范工程广西防城港核电蒸汽发生器首件国产化上封头锻件完工交付。

（六）国内首件CPR1000铸造泵壳通过联合鉴定以及转到红沿河核电5号机组的专家评审。

（七）“华龙一号”示范工程福清核电6号泵壳锻件3件完成加工。

（八）防城港核电3、4号汽轮机核电高压汽缸铸件花落二重，实现了阳江、防城港共计10台核电机组高压汽缸全由二重承制的良好业绩。

（九）中国二重形成核电常规岛高中压气缸产品批量化供货能力。预计全年可出产核电半速转子6件，完工核电大汽缸5套、CB2汽缸10套。

（十）截至2017年末，中国二重已陆续完成石岛湾核电、田湾核电、巴基斯坦卡拉奇核电等项目共计15件常规岛核电半速转子，在国内核电常规岛同类装备市场占有率达到80%。

二、核电产品科研开发

2017年，中国二重立足自身产品制造特点，提高核电产品科技含量，以解决生产中的技术问题为中心，以拓宽核电市场服务为关注点，全年承担的国家级、省级重大核电科研专项课题包括：

（一）大型先进压水堆核电站国家重大科技专项课题《CAP1400冷却剂主管道研制》，由二重牵头实施，课题依托CAP1400示范工程主管道产品验证，形成 CAP1400 主管道锻造成形（实心锻造和空心锻造）、大孔径深孔套料、弯制成形（冷弯成形和热弯成形）、固溶热处理防变形与校形等一系列核心工艺技术，完成材料性能评定与检测技术研究，达到CAP1400 大型先进压水堆示范电站的应用要求，使我国在大型复杂管道制造领域的技术达到世界领先水平。

（二）高档数控机床与基础制造装备国家科技重大专项《核电大型复杂管件关键制造工艺及应用研究》，课题依托AP1000主管道热段L001A和稳压器波动管，采用挤压制坯工艺代替传统的实心锻造工艺，探求主管道和稳压器波动管制坯新方法，提高内部质量、降低制造成本、缩短制造周期，使我国主管道和波动管制造技术始终处于国际领先水平。

（三）国家重大专项《蒸汽发生器长直段锥形筒体研制》，本课题由二重与上海核工院共同承担。

（四）国家重大专项《中国先进核电标准体系研究—核岛设备专题子专题-2》。

在核电常规岛方面，中国二重细化管控，深耕现有产品市场，大力开展内部持续攻关，解决新产品开发技术难题，陆续完成阳江核电6号机组、田湾核电6号机组发电机转轴锻件，福清核电站6号机组发电机转轴锻件及中压排汽缸，“一带一路”重点工程巴基斯坦卡拉奇核电3号机组高压转子锻件及2、3号机组高压内缸等产品的研制供货，为我国核电装备制造及“华龙一号”核电技术出口提供了有力支撑。

2017年，中国二重共获得核电及压力容器制造类发明专利权2项，实用新型专利2项（其中1项与中广核工程有限公司共同发起申请），申报发明专利5项，申报实用核电新型专利4项。

三、核电质量保证体系建设

2017年是中国二重“质量年”，将质量提升工作作为公司一号工程来抓，精心策划了质量提升项目，鼓励动员干部职工参与“质量年”活动。在全体员工共同努力下，“质量年”活动开展“有组织、有氛围、有监督、有效果”，促进了产品实物质量的稳定提升，制造和管理薄弱环节得到重视和加强，质保体系运行平稳。重大质量责任事故为零，核电不符合项控制程序指标下降到0.14次/千工时，核电锻件一次交检合格率100%。主要提升措施如下：

（一）积极推动班组建设，开展全员QC活动。

对存在质量问题进行梳理，针对问题成立QC小组，分步实施，有效发挥班组作为质量管理基础单元的积极性，使班组在制度落实、经验反馈、典型质量问题分析、质量预防和改进等方面发挥更大作用，规范了班组质量管理行为，形成有效核电质量控制体系。

（二）SOP（标准化作业指导书）落地执行。

对关键工序形成标准作业指导书。前期作了大量准备工作，与操作者、工艺人员就合理可行性、经济性等方面进行了多次讨论定稿形成指导书。为保证SOP指导书得到严格执行，通过拍摄标准作业影像等方式向操作者宣传SOP，起到很好指导示范作用。

（三）稳步推进质量工程师队伍建设。

制定下发《质量工程师管理办法》，明确质量工程师工作职责，规范工作行为，并对质量工程师进行业务培训。组织以质量工程师为主的督导队，每月对各单位“质量年”活动开展进行督导。

（四）加强合格供方管理，全面实施监造制度。

（五）组织核电制造风防工作的持续开展，核电风防工作已在中国二重形成了流程清晰、形式规范，各部门响应及时、工作主动、风险意识高的良好态势，为建立主动型质量管理奠定了基础。

（本部分材料由上述相关集团公司提供）

企业风采

上海电气集团股份有限公司

上海电气是大型综合装备制造业集团，主导产业聚焦能源装备、工业装备和相关服务领域。上海电气是中国装备制造业领导品牌，在亚洲品牌500强评选中，上海电气排名亚洲机械类品牌第五名，中国机械类品牌第一名。核能发电设备是上海电气的主导产品之一。

上海电气是中国核电设备制造的发源地。30年的核电发展使上海电气从中取得了宝贵经验，形成了从核岛的压力容器、蒸汽发生器、稳压器、堆内构件、控制棒驱动机构、主泵、核二三级泵、核二三级容器及燃料输送装置，到常规岛的汽轮机、汽轮发电机等关键设备以及大型铸锻件、仪控仪表和主要辅机等核电设备的配套供应链。

上海电气的核电产品几乎覆盖了国内的所有核电站。在已投运的核电站中，包括秦山一、二期和二期扩建，巴基斯坦恰希玛核电站，清华10MW高温气冷堆，大亚湾，岭澳一、二期，宁德，红沿河，阳江，方家山，福清，昌江，防城港，三门，海阳等。在在建的核电工程中，包括巴基斯坦卡拉奇2、3号，田湾等核电项目，台山三代EPR项目和福清三代“华龙一号”项目以及200MW高温气冷堆示范工程等。

上海电气建有临港和闵行两大核电制造专业化基地。临港基地是新建的特大、特重、超限的装备制造基地，聚焦核岛和常规岛主设备的制造，一期工程于2008年投产，二期扩能工程于2011年完工，使上海电气的核电关键设备的制造满足年产10套堆内构件和控制棒驱动机构、6套压力容器和蒸汽发生器、12台核电主泵、50台/套核二三级泵、6套常规岛半速汽轮发电机机组的能力。

“华龙一号”福清核电5号机组堆内构件

闵行基地以满足超大、超重、高技术发展的大型铸锻件需求为主，能提供最大铸锻件钢锭600吨、最大铸件450吨、最大锻件350吨，实现年产1 000 MW级核岛容器类重型设备（压力容器、蒸发器、稳压器和主管道）的配套锻件6套和1 000 MW反应堆堆内构件锻件10套的目标。

红沿河核电6号机组压力容器

国核示范电站有限责任公司

筑梦蓝天

航拍图

国核示范电站有限责任公司（以下简称“国核示范”）成立于2009年12月17日，由国家核电技术公司和中国华能集团公司按75%和25%比例出资组建，国家核电控股，负责CAP1400示范工程的建设管理和运营，代表出资方行使业主权利，实现工程的质量、投资、进度、安全四大控制，全面参与工程的设计、建造、安装、调试并负责电站的运营。

CAP1400作为《国家中长期科学和技术发展规划纲要（2006—2020年）》确定的16个重大科技专项之一，是在消化、吸收、全面掌握我国引进的第三代核电技术AP1000的基础上，通过再创新开发形成的具有我国自主知识产权的、更大功率的大型先进压水堆核电技术品牌。通过CAP1400重大专项，协同国内制造企业突破了一系列关键制造技术，完成了工艺、流程、质量、管理乃至核安全文化等各个环节和层面的全面提升。

CAP1400采用非能动安全系统，即在电厂断电状况下，反应堆可在事故发生72小时内无须人工干预自动保证安全；CAP1400的主设备设计寿命达60年，设备易于运行操作和维修；CAP1400采用模块化建设，批量化建造后核电项目建造周期可至48个月，输出功率达1 543 MW，机组可利用率≥93%，机组年发电量可达114亿千瓦时。

国核示范以“示范引领、用心凝聚”作为企业价值观，积极倡导“创新创造、持续奋斗、和谐共生”的核心价值观，着力培养以核安全文化为核心的企业文化，扎实推进国家重大专项CAP1400示范工程建设，积极开展技术创新、设计优化、设备研发、人才培养等工作，为塑造中国核电品牌、建设世界一流核电强国作出应有的贡献！

山东核电有限公司

山东核电有限公司成立于2004年9月，隶属于国家电力投资集团公司，是山东海阳核电项目的业主单位，全面负责项目前期开发、设计建造和运营管理，肩负着引进、消化、吸收三代核电AP1000、推进中国核电发展的时代重任和历史使命。

海阳核电项目位于烟台市辖海阳市，厂址三面环海，地理位置优越，项目规划建设6台百万千万级核电机组，并预留两台扩建余地。一期工程1、2号机组为125万千瓦AP1000核电机组，1号机组于2018年10月22日投入商运，2号机组于2018年10月13日并网发电。3、4号机组“两评报告”已经获批，项目申请报告已上报国家发改委，现场具备开工条件。

海阳核电的建设，拉动了招商引资，促进了装备制造业发展。烟台市先后设立海阳、莱山两个省级核电产业园区，并成立了国内核电领域首家新型科研机构——烟台核电研发中心、2017年获准建设国家级核电产业技术创新平台。

目前，烟台市核电装备企业占据山东省核电装备产值80%市场份额，形成了以海阳核电为中心、辐射全省的集研发、设计、设备制造和运营服务于一体的核电产业集群和完整的核电产业链，对当地产业结构升级、综合实力提升，助推核电“走出去”具有重要意义。

海阳核电6台百万千瓦级核电机组全部投入商运后，将成为山东电网的主力电厂之一，预计年发电量600亿千瓦时，可满足山东省约11%的用电需求；年可节约标煤1800万吨，占山东省煤炭控制总量的5%，将极大改善山东省能源结构、破解能源供应矛盾，为经济社会发展提供有力的清洁能源保障；年可减排二氧化硫、二氧化氮、二氧化碳15万吨、13.2万吨和4680万吨，相当于种植阔叶林12.6万公顷，对加快推动山东省新旧动能转换具有十分重要的意义。

国家能源海洋核动力平台技术研发中心

国家能源海洋核动力平台技术研发中心成立于2014年，由中国船舶重工集团公司第七一九研究所牵头组建，是国家能源局授牌的第五批9个研发中心之一。作为研发中心牵头单位的七一九所拥有50多年海上核动力装置总体设计、运维保障、退役处置的工程经验，是我国唯一具备核动力舰船总体设计资质和业绩的单位。

响应党的十九大“加快建设海洋强国”和“形成军民融合深度发展格局”的战略方针，受国家重托，研发中心于2015年12月承接研制海洋核动力平台示范工程这一历史任务，先期采用以成熟的军用核动力舰船技术为基础的HHP25军转民技术方案，以建成具有自主知识产权的国内首座搭载核动力装置的民用海上能源保障平台为目标，既是民用核电在海上的第一次应用，也是军转民核电技术的一次重大探索。历时两年，国家、省市各级机关及集团公司多方保航，研发中心联合国内顶尖技术力量，已顺利完成示范工程设计阶段任务，成功完成首炉核燃料采购，重大专项工作稳步推进，海洋核动力平台“零”的突破计日可期。

以示范工程项目为依托，研发中心深度贯彻军民融合政策，顺应“一带一路”，制定立足“十三五”面向“十四五”的海洋装备军民融合总体战略部署，将深入挖掘海洋核能应用市场、打造国家级海洋核能产业基地作为工程目标和预研目标。在大型海洋工程应用方面，全面整合现有资源，开启核动力破冰船、核能供热船、核动力综合保障船的预研工作；在科技创新方面，关注基础科研，瞄准前沿方向，拓展数值平台、大容量快充、单点系泊技术国产化等技术研究。

在比历史上任何时期都更接近中华伟大复兴的时刻，研发中心将贯彻“海洋强国”的战略发展路线，尽早实现我国海洋核动力平台示范工程建设，主动肩负起历史赋予的重任！

中国科学院核用材料与安全评价重点实验室

中国科学院金属研究所成立于1953年，是新中国成立后建立的首批国立研究机构，是我国早期从事核用材料研发的单位，且长期开展相关研究。

目前，中国科学院核用材料与安全评价重点实验室有院士2名，拥有一支中青年科技骨干为主的120余人科研团队。重点实验室在核用材料研制、核电关键结构部件的制备工艺、模拟核电高温高压水实验设备研发、核电部件的环境损伤行为研究、核电装备运行参数优化、服役安全评价与寿命预测、失效根本原因分析等方面有不凡业绩。实验室先后主持了若干重大项目。部分研究结果已经成功用于我国现役核电站和在建核电项目的建设中。2015年，中国科学院组织著名专家对其评估认为："中科院金属所在核用材料与安全评价领域位于国际领先行列"。研究成果荣获2018年国家技术发明二等奖和2016年中国核能行业协会技术发明一等奖，2018年发布中国核学会核电厂材料试验团体标准4项。实验室是中国核能行业协会理事单位、中国核学会材料分会常务理事单位、我国能源行业核电标准化技术委员会成员、核电材料科技创新产业联盟副理事长单位、中国能源研究会核能专业委员会成员和快堆产业化技术创新战略联盟成员。

实验室与美国麻省理工学院、密执根大学、日本东北大学等签署了长期合作协议，承担了美国、欧共体、韩国等项目，研究结果在国际上产生了重要影响。实验室研究人员担任"核电设备老化前瞻管理国际组织（IFRAM）"国际执委会成员、"环境促进开裂国际合作组织（ICG-EAC）"理事会成员、世界腐蚀组织主席、亚太材料科学院院长。

实验室占地面积一万余平方米，公用技术支持平台建设突出，检测评价资质齐全。拥有动水试验回路20余套，形成了核用材料研究制备平台、核电高温高压水材料行为（腐蚀、溶出率、应力腐蚀、腐蚀疲劳、微动磨损、辐照促进腐蚀等）测试平台、超临界水腐蚀测试平台、材料模拟计算平台，许多检测设备达到国际先进水平。

核电高温高压循环水应力腐蚀试验装置

高温高压水腐蚀疲劳试验装置

中国建筑第二工程局有限公司
中建电力建设有限公司

中国建筑第二工程局有限公司隶属于中国建筑股份有限公司，注册资本人民币50亿元，具备“民用核安全设备安装许可证”和“建筑施工总承包特一级”“市政公用工程施工总承包特级”“电力工程施工总承包一级”等资质，并拥有各类电厂建设、设备安装、土木建筑、建筑设计、路桥、市政施工、房地产开发等专业施工及多元化经营能力及30年的核电建设经验。公司秉承“品质保障、价值创造”的核心价值观以及“诚信、创新、超越、共赢”的企业精神，经营区域覆盖国内二十余个省、自治区、直辖市和港澳地区，并延伸至东南亚、中东、南部非洲等海外市场，是国内同时具备核电、火电、水电、风电以及其他清洁能源电厂施工能力，掌握EPR及“华龙一号”等三代核电厂核岛施工技术，精通核电站常规岛施工技术的大型建筑企业集团。

公司总部位于北京，下设法人性质的全资子公司10个、控股公司1个，非法人性质的区域公司5个、专业分公司2个，海外公司2个。公司具备雄厚的人才资源，共有在岗职工26 445人，高级职称人员1 442人，中级职称人员2 544人，各类职业资格人员2 045人。

公司已熟练掌握欧洲三代核电厂核岛、常规岛、BOP施工一体化技术，被誉为“电力建设的劲旅”。曾参与建成大亚湾核电、岭澳核电一、二期等项目常规岛和BOP土建工程达12个。

公司正在参建核电项目包括：台山核电2号核岛土建工程，台山核电1、2号机组常规岛土建工程，防城港核电3、4号机组核岛土建工程等11个。此外还中标了徐大堡核电常规岛土建工程等。

公司实施科技兴企战略，拥有北京市认定的企业技术中心，有100余项科技成果获国家或省部级科技成果奖，其中有关核电建设的《第三代（EPR）核电站施工技术研究》《EPR核电站大吨位预应力施工技术研究》《安全壳内衬特种钢材与核燃料池不锈钢衬的焊接技术》等多项科技成果达到国际水平。

中建电力建设有限公司是由中国建筑股份有限公司和中国建筑第二工程局有限公司共同出资，以中建二局核电建设分公司为主体组建而成的，注册资本人民币4.6亿元，作为中建二局核电项目的施工主体。

核电项目业绩及介绍

1.广东大亚湾核电

中国建筑第二工程局有限公司作为HCCM合营公司的一员，承担了大亚湾核电常规岛及其BOP土建工程的施工。1994年432家大型电站质量评比中，以总分第一名获“国际电站组织大奖”；“常规岛土建施工与管理”获评“国家科学技术成果奖”。

广东大亚湾核电厂

2.广东岭澳核电一期、二期

1996年、2005年，中国建筑第二工程局有限公司先后承接了岭澳核电一期1、2号机组，二期3、4号机组的常规岛及其BOP土建工程。其中，岭澳核电二期项目获评全国科技推广示范工程。

广东岭澳核电一期、二期

3.辽宁红沿河核电一期、二期

2008年，中国建筑第二工程局有限公司顺利承接辽宁红沿河核电一期常规岛及其BOP土建工程。其中，1、2号机组由中国建筑第二工程局有限公司自行组织施工，3、4号机组提供技术支持。2011年，该项目1号主厂房钢结构工程荣获中国钢结构金奖（国家优质工程）。

2015年，中国建筑第二工程局有限公司承担其5、6号机组常规岛及其BOP厂房土建施工任务。

辽宁红沿河核电一期、二期

4.广东台山核电一期

2008年，中国建筑第二工程局有限公司成功承接广东台山核电一期2号核岛土建工程，从核电站常规岛施工领域跻身于技术最先进的核岛施工领域，实现了核电厂“核岛-常规岛土建施工一体化”。依托该项目，中国建筑第二工程局有限公司拥有自主知识产权的核电厂核岛牺牲混凝土成功应用于台山核电厂2号核岛反应堆厂房堆芯结构。

广东台山核电一期

5.广东阳江核电3、4、6号机组工程

2010年，中国建筑第二工程局有限公司承接阳江核电3、4号机组常规岛及其BOP土建工程；2014年，承接阳江核电6号机组常规岛土建工程。这两个项目是中国建筑第二工程局有限公司与广东火电捆绑管理，共同实施“建安一体化”的项目。

广东阳江核电3、4、6号机组工程

6.江苏田湾核电3、4号机组工程

中国建筑第二工程局有限公司分别于2012年和2013年承接了田湾核电3、4号机组冷却水泵房子项土建工程及部分BOP子项建安工程，标志着中国建筑第二工程局有限公司正向建安一体化迈进。

江苏田湾核电3、4号机组工程

7.广东陆丰核电厂一期

2013年10月，中国建筑第二工程局有限公司中标广东陆丰核电一期1、2号机组常规岛及其BOP土建工程，目前前期各项工作正稳步推进。

广东陆丰核电厂一期

8.广西防城港核电厂

2016年5月，中国建筑第二工程局有限公司承接广西防城港核电3、4号机组核岛土建工程。广西防城港核电3、4号机组均采用我国具有完整自主知识产权的三代核电技术“华龙一号”（HPR1000），是英国布拉德韦尔B项目的参考电站，为“华龙一号”走向国际市场奠定基础。作为中国核电“走出去”的主打品牌，该工程的承接标志着中国建筑第二工程局有限公司已发展成为具有国际先进核电机组施工能力的土建承包商。

广西防城港核电厂

上海阿波罗机械股份有限公司
SHANGHAI APOLLO MACHINERY Co., Ltd

创建卓越精英团队，打造百年盛世品牌

上海阿波罗机械股份有限公司（以下简称“阿波罗公司”），成立于2001年，2006年开始主要从事各类高端核电用泵系统以及核燃料循环、后处理相关设备的集成研发、设计、生产制造、供应链管理以及延伸服务等。主要产品为核电用泵（各类核级泵及重要非核级泵）和核电相关后处理设备。公司位于上海市奉贤区，总占地面积约120亩，拥有各类高精尖数控加工设备、焊接设备及检验检测设备百余套，员工450余人，其中本科以上学历达44%以上，是上海市高新技术企业。2009年1月，公司获得了由国家核安全局颁发的《民用核安全设备设计/制造许可证》；2013年5月，国家核安全局发布《关于批准上海阿波罗机械股份有限公司扩大民用核安全设备设计和制造许可活动范围的通知》,获得核2级设计/制造许可资质。公司核电业务占比98.8%，目前国内在建和在运行的56个核电机组，除了台山核电外，其余55个核电机组均有使用阿波罗公司产品，其稳定的质量、优异的性能获得了用户的一致好评。公司已经成为中国核电工程有限公司、中广核工程有限公司、国核工程有限公司及中国中原对外工程有限公司四家核电工程公司的合格供应商。

上海阿波罗机械股份有限公司是上海市认定企业技术中心，公司院士专家工作站已经建站3年多，同时公司与多家大学院校和科研院所开展产学研合作，目前公司建有四支专业化技术团队，包括以核泵行业领军人物为代表的核泵开发、设计、制造团队；核电非标设备（包括燃料循环相关设备）开发、设计、制造团队；高端石油、石化、LNG泵开发、设计、制造团队；基于云计算和大数据的转动设备智能诊断方案团队。核电站25项关键设备中泵类设备12项，阿波罗公司除了核主泵外，已经研制完成了其中的11项并通过了国家级鉴定，包括混凝土蜗壳海水循环泵、辅助给水电动泵、辅助给水汽动泵、主给水泵、低压安注泵、安全壳喷淋泵、设备冷却水泵、重要厂用水泵、凝结水泵、余热排出泵、上充泵等。目前正在开展第四代核电主泵的研制工作。公司拥有发明专利29项，实用新型专利118项，高新技术成果转化项目9项，上海市重点新产品4项，其中“核电站混凝土蜗壳海水循环泵”获得上海市科学技术进步三等奖，“核电站用辅助给水电动泵的关键技术开发及企业体制机制创新”获得上海市科学技术进步三等奖，“百万千瓦级压水堆核电站主给水泵国产化研制”获得上海市科学技术奖，“CVP混凝土蜗壳海水循环泵”获得上海市高新技术成果转化项目自主创新十强。

宝银特种钢管有限公司

宝银特种钢管有限公司创建于1991年，于2014年由宝钢集团、中国广核集团、中国华能集团和银环控股集团实现资产重组，注册资本8.19亿元。公司自成立以来，坚持科技创新与体制创新并举，成为国家重大科技专项关键材料产业化研制示范单位、国家重大装备关键管材国产化基地。

宝银公司可生产碳钢、合金钢、不锈钢、高温耐蚀合金的直管及异形管，供货尺寸：直径φ5～610 mm,壁厚0.4～40 mm，产品广泛应用于核电、火电、石油化工、交通轨道、海洋工程、机械制造、国防建设（武器装备专用特殊钢及其制品、武器装备专用高温合金及其制品，产品用于航空、航天、舰船、兵器、核工业）等领域。公司2005年进军核电行业，并确立了以核1级蒸汽发生器用传热管为核心，核1、2、3级管道及核2、3级传热管为辅助的发展战略。目前国内所有在建和在役的核电站均有我公司的管材。产品覆盖CPR1000、AP1000、CAP1400、“华龙一号”、HTR等第二代、第三代、第四代核电技术。

公司先后共研究开发20余项替代进口产品，近年来分别荣获国家科技进步二等奖、上海市科技进步一等奖、第二届中国军民两用科技创新应用大赛金奖、中国能源装备关键材料十大领军企业等多项荣誉，取得了50多项专利（其中发明专利15项），起草编写了6项国家标准和5项行业标准。公司于1996年，在冶金行业通过ISO 90001质量管理体系认证，先后取得国家核安全局颁发的核一、二、三级民用核安全设备制造许可证、特种设备制造许可证、美国机械工程师协会颁发的ASME质量体系证书、三级保密资格单位证书。

宝银公司拥有世界先进的制管装备及检验、试验设备，生产工艺成熟稳定，具有“高品质、高效率”专业化生产线的特点。产品面向国内外市场，可按国标、军标、行业标准及国际标准组织生产。

公司发展愿景是坚持自主创新，实现国际领先，打造百年企业，持续改进、稳健发展，建设成国家重大装备关键材料制造基地。

江苏海龙核科技股份有限公司

JIANGSU HAILONG NUCLEAR TECHNOLOGY JOINT STOCK CO.,LTD

江苏海龙核科技股份有限公司成立于2008年3月，2015年3月在全国中小企业股权转让交易系统挂牌（832026）。公司主要从事核乏燃料处理用中子吸收材料、核级封堵用耐辐射材料、屏蔽材料、阻燃材料的研发及产业化。公司是中国核能行业协会常务理事单位、国家火炬计划重点高新技术企业、江苏省民营科技型企业、省科技型中小企业、省中小企业创新能力建设示范企业、省信息化与工业化融合试点企业、省“创新创业人才促进会”理事单位、省“双创”人才优秀企业。公司被新三板智库评为“2016年度非金融类最具投资价值的30强企业”。2017年，公司入选由中证指数有限公司和上海证券交易所发布的中国战略新兴产业综合指数名单，入围“2017福布斯中国新三板公司潜力企业榜”。海龙核科是目前我国核电项目核岛封堵首个自主国内供应商，承担了国家重大科技专项AE01物项密封材料的研发任务。公司核电用防火硅酮产品通过了中国核能行业协会的鉴定，技术水平已达国际先进、国内领先并获得业界的一致好评。海龙核科自成立以来为14个核电厂提供了产品和技术服务。

企业荣誉 / Enterprise honor

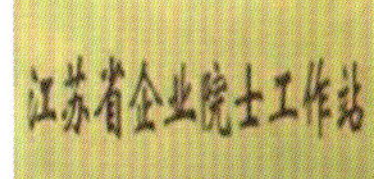

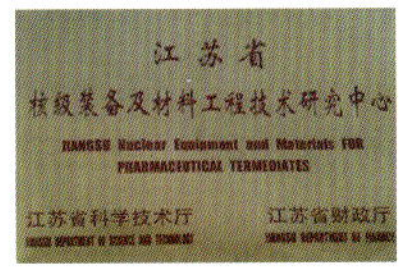

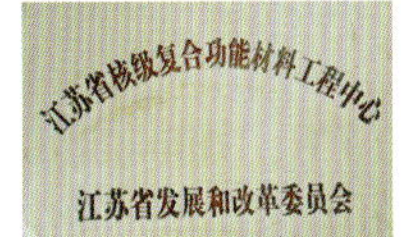

我们的愿景 / Our vision

致力于亿万人的安全，成为安全防护领域的领跑者！

乏燃料贮存中子吸收板简介

Spent fuel storage version neutron absorption profile

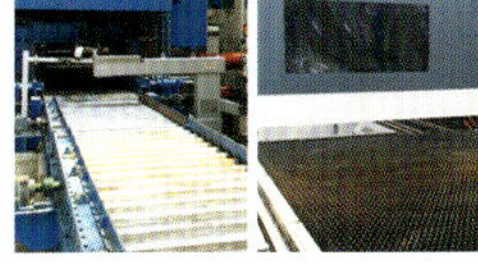

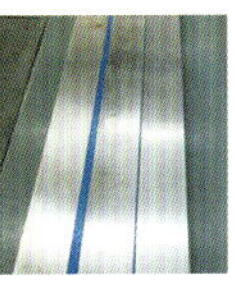

▲中子板产品

2017年3月10日，中国核能行业协会在镇江组织召开了江苏海龙核科技股份有限公司、中国核动力研究设计院联合完成的B_4C-Al中子吸收板产品鉴定会。

鉴定委员会听取了产品开发总结汇报、现场测试组见证报告及资料审查组报告，在现场考察了生产流程。经审查和讨论，认为该产品具有以下创新性：

1. B_4C均匀化控制技术；
2. 稳定的宽幅面工业化板材制备技术；
3. 具有耐受更高的射线辐照特性；
4. 先进的专业化生产线。

鉴定委员会认为该项成果达到了国际先进水平，部分指标优于国外同类产品，具有显著的经济效益、社会效益和应用推广前景。

中子板应用业绩：

海龙核科乏燃料中子板走在国际先进技术前沿，应用于以下核电项目：

1.已为秦山第二核电厂3、4号机组供货硼铝中子吸收板；

2.已为田湾核电5、6号机组供货硼铝中子吸收板，并在老核电站水池改造项目得到应用；

3.已为“华龙一号”福清核电6号机组供货硼铝中子吸收板。

部分防火产品图片

Part of the product pictures

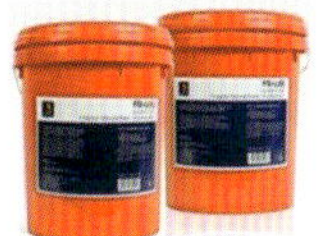

防火硅酮泡沫

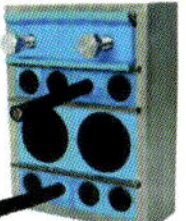

模块式电缆密封系统

防火密封胶(硅酮)

实现25台核岛电器、机械封堵全覆盖

销售业绩

Sales performance

1.中标“华龙一号”福清核电5、6号机组电气/机械防火封堵采购项目。

2.中标EPR台山核电2号机械二标段大位移柔性封堵材料供应项目，实现台山核电电器、机械管道、大位移材料全覆盖。

3.在“2018年中石化防火封堵材料框架协议采购”项目中，海龙核科以综合评分第一的成绩，正式成为中国石化集团各下属企业2018—2020年度防火封堵材料的主供应商。

4.中标田湾核电5、6号机组核岛防火封堵项目。

5.成为2018—2021年中国移动封堵项目入围厂家。

大事记

中国核能行业2017年十大新闻

一、习近平高度重视中国核电"走出去"

在习近平与有关国家首脑的见证下，3月16日中核集团与沙特地质调查局签署铀钍资源合作谅解备忘录，中国核建与沙特能源城签署沙特高温气冷堆项目联合可行性研究合作协议；5月17日中核集团与阿根廷核电公司签署阿根廷第四、第五座核电厂总合同；9月1日中核集团与巴西国家电力公司、巴西核电公司签署合作谅解备忘录。6月8日习近平在哈萨克斯坦与哈总统巡视阿斯塔纳世博会中国馆，习近平介绍"华龙一号"是中国完全自主知识产权的三代核电技术。

二、李克强高度重视中国核电建设及国际合作

5月26日，李克强对"华龙一号"首堆福清核电5号机组建设工作作出重要批示，强调我国自主研发的三代核电"华龙一号"是推进实施中国制造2025的标志性工程，福清核电5号机组作为"华龙一号"全球首堆，实现核岛穹顶吊装意义重大，并对下一步工作提出希望和要求。2月21日在李克强和法国总理见证下，中核集团与法国新阿海珐签署了产业和商业合作框架协议。11月3日李克强会见比尔·盖茨，积极评价行波堆研发合资公司成立。

三、《中华人民共和国核安全法》正式发布

9月1日，经第十二届全国人民代表大会常务委员会第29次会议通过，习近平签署中华人民共和国主席令第七十三号，正式发布《中华人民共和国核安全法》，自2018年1月1日起正式实施。

四、四部委联合组织开展"核电安全管理提升年"专项行动

2017年，国家发展改革委、国家能源局、环境保护部、国家国防科技工业局联合组织开展了"核电安全管理提升年"专项行动。专项行动分为企业自查、部门督查和总结提升三个阶段。为期一年的"核电安全管理提升年"专项行动，对我国核电安全管理情况进行了一次全面检查评价，实现了行业大动员、大协作、大交流，全行业安全管理水平得到进一步提升。

五、2台百万千瓦核电机组投入商业运行

阳江核电4号机组、福清核电4号机组分别于3月15日、9月17日投入商业运行。

截至2017年年底，我国在运核电机组共37台，运行装机容量达到3 580万千瓦。12月30日，田湾核电3号机组首次并网成功。

六、三代核电工程建设稳步推进

“华龙一号”首堆福清核电5号机组提前15天实现穹顶吊装，第二台蒸汽发生器顺利就位，具有完全自主知识产权的半转速汽轮发电机研制成功并达国际先进水平。“华龙一号”国家重大工程标准化示范正式启动。

AP1000三代核电自主化依托项目三门核电1号机组、海阳核电1号机组均通过首次装料前综合核安全检查，具备装料条件。国内首条AP1000核电燃料元件生产线正式投产。1月5日国家电投发布具有完全自主知识产权的NuPAC核电站反应堆保护系统平台。

EPR台山核电1号机组进入装料准备阶段。

七、中国核电“走出去”取得重要进展

9月8日中国出口巴基斯坦的恰希玛核电4号机组竣工，标志着恰希玛核电一期工程4台机组全面建成。

11月21日中核集团与巴基斯坦原委会签署恰希玛核电5号机组商务合同，将在巴基斯坦建设第三台“华龙一号”百万千瓦核电机组。

1月10日英国政府正式受理中国广核集团与法国电力集团联合提交的“华龙一号”通用设计审查(GDA)申请，目前审查已正式进入第二阶段。

八、中国示范快堆工程土建开工

12月29日，中国示范快堆工程土建开工，单机容量为60万千瓦。示范快堆工程是国家重大核能科技专项，对于实现核燃料闭式循环，促进我国核能可持续发展具有重要意义。

九、中国首个电子束辐照处理工业废水示范工程启动运行

3月15日，中国广核集团对外发布，由中广核达胜加速器技术有限公司建设的中国首个电子束辐照处理工业规模印染废水示范工程在浙江省金华市正式启动运行，我国利用核技术处理工业废水取得突破。电子束处理工业废水技术于10月16日正式通过由中国核能行业协会组织的科技成果鉴定。

十、中国核能行业协会第三届理事会选举产生

4月27日，中国核能行业协会第三届会员大会在京召开，选举产生了由113人组成的第三届理事会。中核集团总经理钱智民任第三届理事会第一任轮值理事长，张廷克任第三届理事会副理事长兼协会秘书长、法定代表人。

2017年中国核能行业大事记

1月5日，国核铀业发展有限责任公司揭牌仪式在北京举行。

1月5日，国家电投宣布，具有完全自主知识产权的NuPAC平台，通过国家核安全局和美国核管理委员会（NRC）许可，成为全球首个通过中美政府核安全监管机构行政许可的核电厂反应堆保护系统平台。

1月6日，中核集团230 MeV超导质子回旋加速器核心部件——超导磁体完成源地验收。该设备是我国首台具有自主知识产权、用于恶性肿瘤质子治疗的先进医疗装备。超导磁体的研制成功将为加速器建成出束的目标实现提供有力保障。

1月9日，核工业航测遥感中心与东华理工大学、上海市计量测试技术研究院等单位共同完成的“面向铀矿与环境的核辐射探测关键技术、设备及其应用”，中国核电工程有限公司牵头，中核四〇四有限公司、中国原子能科学研究院、清华大学等单位共同完成的“动力堆乏燃料后处理中间试验厂设计与建造”等两项科技成果荣获2016年度国家科技进步二等奖。

1月10日（英国当地时间），英国政府发布声明，正式受理中广核与法国电力集团（EDF）联合提交的“华龙一号”通用设计审查(GDA)申请。

1月19日，美国西屋公司为中核北方核燃料元件有限公司颁发了AP1000核燃料元件生产线合格性鉴定证书。

1月23日（英国当地时间），英国48家集团俱乐部与毕马威联合在伦敦举行2017年新春晚宴，向中广核颁发2017年度“中国对英投资大奖”。国务院副总理马凯为活动发来贺信，他在贺信中高度评价中广核投资英国核电项目。

2月14日，由北京广利核系统工程有限公司负责供货的华能山东石岛湾核电厂高温气冷堆示范工程核级数字化仪控系统设备顺利出厂。

2月16日，中核北方核燃料元件有限公司研制的国内首批医用钴调节棒组件通过验收。该组件的成功研制打破了国内医用钴-60原料完全依赖进口的历史，为实现医用钴-60放射性原料自主化生产奠定了基础。

2月21日，在国务院总理李克强和法国总理卡泽纳夫的见证下，中核集团与法国新阿海珐（New AREVA）签署了《关于产业和商业合作框架协议》。

2月23日，纳米比亚总统根哥布向中广核斯科公司发来贺信，祝贺湖山铀矿产出第一桶铀。

2月27日，中广核核技术应用有限公司与中国大连国际合作（集团）股份有限公司完成重大资产重组暨“中广核技”上市敲钟仪式举行，中广核技正式成为我国非动力核技术应用第一股，也成为中国广核集团旗下首家A股上市公司。

2月28日，国务院批复《核安全与放

射性污染防治“十三五”规划及2025年远景目标》，由环境保护部、国家发展改革委、财政部、国家能源局、国家国防科工局印发并组织实施。

3月15日，阳江核电4号机组具备商业运营条件。

3月15日，中国广核集团对外发布，由中广核达胜加速器技术有限公司建设的中国首个电子束辐照处理工业规模印染废水示范工程在浙江省金华市正式启动运行。

3月15日，上海电气凯士比核电泵阀有限公司与德国KSB在上海签署英国欣克力角C核电站上充泵的分包合同。

3月16日，在国家主席习近平与沙特阿拉伯王国国王萨勒曼的共同见证下，中核集团与沙特地质调查局签署了《中国核工业集团公司与沙特地质调查局铀钍资源合作谅解备忘录》，中国核工业建设集团公司与沙特能源城签署了《沙特高温气冷堆项目联合可行性研究合作协议》。

3月17日，由上海核工程研究设计院独立自主设计、中国一重自主制造的重大专项CAP1400示范工程1号机组反应堆压力容器水压试验顺利完成。

3月21日，高温气冷堆示范工程新燃料运输容器开工制造，填补了国内外高温气冷堆球形燃料元件运输空白。

3月23日，防城港核电1号机组首次大修（F101）成功实施“压力容器顶部热电偶导管堵管”特殊重大项目，标志着全球首例热电偶导管堵管项目成功实施。

3月24日，中广核参股的英国近二十年来首个新建核电项目——欣克利角C项目进行了核岛廊道第一罐混凝土（安全级）的浇筑，标志着中、英、法三国合作的“旗舰项目”正式启航。

3月28日，由东方电气自主设计制造的国产首台CAP1400重大专项示范工程项目汽水分离再热器水压试验一次成功。

3月29日，国家能源局与泰国能源部在京签署《中华人民共和国政府和泰王国政府和平利用核能合作协定》。

4月5日，国家原子能机构副主任王毅韧会见来华访问的国际原子能机构总干事天野之弥一行，双方就进一步加强核领域全方位合作交换了意见。会见前，双方签署了国际原子能机构低浓铀银行低浓铀过境运输协定。

4月12日，红沿河核电5号机组实现穹顶吊装。

4月13日，国家能源局会同国家标准化管理委员会、国家核安全局在北京组织召开《“华龙一号”国家重大工程标准化示范实施方案》发布会，标志着“华龙一号”国家重大工程标准化示范正式启动。

4月15日上午，中共中央政治局委员、国务院副总理马凯，中共中央政治局委员、广东省委书记胡春华在深圳会展中心参观第十五届中国国际人才交流大会中广核展台，并听取工作汇报。

4月15日，我国首批医用钴-60正式投入生产。

4月21日，国家能源局所属的中国核电发展中心正式挂牌。

4月23日（维也纳当地时间），中国

原子能科学研究院、中国原子能工业有限公司与伊朗核电工程和建设公司在维也纳正式签署伊朗阿拉克重水反应堆改造项目首份商业合同。

4月27日，中国核能行业协会第三届会员大会在京召开，选举产生了第三届理事会。中核集团总经理钱智民任第三届理事会第一任轮值理事长，张廷克任第三届理事会副理事长兼协会秘书长、法定代表人。

4月27日，由中国核能行业协会主办的第十二届中国国际核电工业展览会在京举办。28日，以“发展核能，应对全球气候变化”为主题的“第二届世界核能发展论坛”举办。

4月27日，由中国核能电力股份有限公司主导编制的《公众沟通通用指南》正式发布，这是我国核电业界首部公众沟通工作指南。

4月28日，国家能源局副局长李凡荣在京会见了经济合作与发展组织核能署署长威廉·麦克伍德，双方签署了《中国国家能源局和经济合作与发展组织核能署关于开展民用核能领域合作的谅解备忘录》，并就核电领域的进一步合作进行了交流。

5月，全国首个安全系统在线维修电站——田湾核电1、2号机组国内首次安全系统在线维修工作在大修前圆满结束。

5月，国内首次装有混凝土试块的堆内辐照装置在中国核动力研究设计院高通量工程试验堆顺利出堆，通过对辐照试验试块的检测，辐照后的试块达到了试验预期目的。

5月5日，中核网发布消息，一种可以全自动快速确定放射性污染区域分布，为放射性物质定位、搜寻及后续处置提供依据的设备通过公安部的成果验收。这种名为“全自动γ射线扫描仪研制”的国家科研项目由中核集团承接，这种扫描式成像方式在国内尚属首创。

5月9日，中广核首个采用“华龙一号”的海外项目——英国布拉德韦尔B项目（BRB）厂址地震安全性评价专题启动会在英国伦敦召开，标志着BRB项目厂址特性研究进入实质性开展阶段。

5月17日，在国家主席习近平与阿根廷总统马克里共同见证下，中核集团与阿根廷核电公司在京签署了关于阿根廷第四座和第五座核电厂的总合同。

5月19日，在2017核能行业质量保证体系有效性研讨会上，中国核能行业协会联合中国核工业集团公司、中国核工业建设集团公司、中国广核集团有限公司、国家电力投资集团公司、中国华能集团公司等五大集团，向核能行业各单位和从业者发出“共同努力提高质量保证体系有效性”倡议书。

5月23日，中核网发布消息，由中核集团主导制定的我国通用核仪器领域首个国际标准——无损检测用电子直线加速器标准英文版、法文版等正式生效发布，该国际标准的制定，填补了我国通用核仪器领域的空白。

5月24日，国家原子能机构副主任王毅韧在京会见阿拉伯原子能机构总干事萨勒姆·哈姆迪一行，双方就中阿核领域合作交换了意见。会前，双方共同签署了共建阿拉伯和平利用核能培训中心的谅解备忘录。

5月25日，我国自主三代核电“华龙一号”全球首堆示范工程——福清核电5号机组提前15天实现穹顶吊装。

5月26日，李克强对“华龙一号”首堆福清核电5号机组建设工作作出重要批示，强调我国自主研发的三代核电“华龙一号”是推进实施中国制造2025的标志性工程，福清核电5号机组作为“华龙一号”全球首堆，实现核岛穹顶吊装意义重大，并对下一步工作提出希望和要求。

5月26日，“华龙一号”示范项目防城港核电4号机组常规岛宣布正式开工，这一里程碑提前了35天实现。

6月2日，由中国科协、国家能源局、国家原子能机构、国家核安全局共同主办的“科普中国——绿色核能主题科普活动”启动仪式在中国核工业科技馆举行。本次活动主题为“倡导绿色核能，建设美丽中国”，包括绿色核能主题展览、绿色核能科普重点区域行动、绿色核电科普展馆行动、绿色核能重点人群行动、绿色核能媒体传播行动等五大类、二十多项活动。

6月8日，国家主席习近平和哈萨克斯坦总统纳扎尔巴耶夫对阿斯塔纳世博会中国馆进行巡馆。在“华龙一号”模型前，习近平主席对纳扎尔巴耶夫总统介绍说，“华龙一号”是中国完全自主知识产权的三代核电技术。

6月8日，高温气冷堆示范工程2号反应堆陶瓷堆内构件安装完成。

6月9日，全国政协副主席王家瑞一行赴核工业西南物理研究院调研，了解了中国环流器二号A科研成果、国际热核聚变实验堆（ITER）项目进展等情况。

6月10日，中核集团秦山核电基地迎来安全运行100堆·年。

6月14日（英国当地时间），中央政治局委员、广东省委书记胡春华，中国驻英国大使刘晓明和中广核董事长贺禹在伦敦共同为中广核在英设立的布拉德韦尔电力有限公司（BRB公司）、通用核能系统有限公司（GNS）、通用核能国际有限公司（GNI）揭牌。

6月16日，由中核集团中核北方承建的国内首条AP1000核电燃料元件生产线正式投产。

6月19日，海阳核电3号机组反应堆压力容器水压试验成功，这是国内首台自主设计、制造的CAP1000反应堆压力容器。

6月19日，高温气冷堆示范工程220 kV倒送电一次成功。

6月19日，中核网发布消息，中核集团中辐院成功研制国内首套、全世界第二套可拆装式高活度废旧放射源整备装置。

6月25日，中科院核能安全技术研究所研制的战略性先导科技专项（A类）“未来先进核裂变能——ADS嬗变系统”铅基核反应堆工程技术集成验证装置CLEAR-S、大型铅铋实验回路KYLIN-Ⅱ通过现场测试。

7月2—7日，以“核能——清洁、绿

色、可靠的能源”为主题的第二十五届国际核工程大会在上海举行。本届大会由中国核学会、美国机械工程师学会、日本机械工程师学会联合主办，上海核工程研究设计院承办。

7月3日，国家大科学装置——世界上第一个全超导托卡马克(EAST)东方超环实现了稳定的101.2秒稳态长脉冲高约束等离子体运行，创造了新的世界纪录。

7月4日，中核集团核工业二四三大队在松辽盆地西南部又取得砂岩型铀矿找矿新突破，初步控制了一条砂岩铀矿带，有望发展成为大型铀矿床。

7月5日（泰国当地时间），中广核与广西投资集团有限公司、泰国RATCH发电集团在泰国签署防城港核电三期项目合作框架协议。

7月7日，中国核动力研究设计院自主研发的三代核电棒控棒位系统获得成功，标志着我国具备了三代核电棒控棒位系统全套供货能力。

7月11日，国家能源局官网发布消息，为进一步加强核电安全管理，国家发展改革委、国家能源局、环境保护部、国家国防科技工业局将2017年定为“核电安全管理提升年”，并联合开展为期一年的核电安全专项行动。

7月14日，国家能源局与波兰能源部共同签署了《中波关于民用核能领域合作的谅解备忘录》。

7月17日，全球首条工业规模高温气冷堆燃料元件生产线第20万个球形燃料元件成功下线，实现了从实验线到工业规模生产线的直接转化。

7月17日，中核网发布消息，中核辽宁核电有限公司申请的“一种应用空冷系统的大型核电厂”实用新型专利通过审查，获得国家知识产权局授权。该专利的获得标志着我国核电选址将摆脱对沿海条件的依赖，为核电选址突破水资源条件的制约提供了坚实技术基础。

7月21日，阳江核电5号机组完成冷态功能试验，机组建设进入调试启动的新阶段。

7月26日，由中国科学院等离子体物理研究所承担研制的ITER计划首个超导磁体系统部件——馈线（FEEDER）采购包PF4过渡馈线竣工仪式举办，意味着我国在核聚变工程核心技术领域真正实现了全球领跑。

7月28日，由中广核主办的“华龙一号项目高层峰会”（H10峰会）第一次会议在防城港核电基地召开。中广核党组书记、董事长贺禹主持会议。10家国内主要核电工程建设、装备制造企业参会并共同签署H10峰会联合宣言。中国核工业建设集团公司等其他9家与会企业负责人承诺，将充分发挥各自在核电产业链上的优势，与中广核一道致力于全面提升“华龙一号”的核心竞争力，创优“中国标准、中国制造、中国建造”的自主核电品牌，使“华龙一号”代表我国核电走向世界。

7月30日，中共中央政治局委员、国务院副总理马凯赴中核北方核燃料元件有限公司视察指导工作，高度关切产业升级和“走出去”。

7月30日（巴基斯坦当地时间），中核集团中国铀业与巴基斯坦原子能委员会签署了铀资源勘查与开发技术合作商务合同和合作框架协议。

8月3日，全国政协副主席陈元视察中国第一重型机械集团公司。

8月7日，中广核宣布，岭澳核电1号机组自运行以来，连续12年以上无非计划停机停堆，已连续安全运行达4 146天，连续安全运行天数位居国际同类型机组世界第一。

8月8日，中核网发布消息，国家技术监督局正式发布实施了我国回旋加速器领域两项国家标准。该标准由中核集团原子能院负责制定，是我国回旋加速器领域首批国家标准，填补了我国回旋加速器产品标准空白。

8月10日，上海电气集团与中国核能、浙能国力、上海国盛、江南造船签订协议，共同出资设立中核海洋核动力发展有限公司。经营范围包括海洋核动力装备开发、建造、运营和管理，生产、销售电力、热力、淡化水及相关产品等。

8月19日，中国一重首台不锈钢反应堆压力容器——CENTER工程项目反应堆压力容器水压试验成功，于2017年11月24日发运至中国核动力研究院夹江基地。

8月20日，由中核集团自主设计的“华龙一号”全球首堆和海外首堆两台反应堆压力容器在中国一重顺利通过出厂验收，并正式启运。

8月21日，中核集团核工业北京化工冶金研究院与沙特科技城《海水提铀联合研究项目》正式启动。7月15日，核化冶院与沙特国王科技城签署了《海水提铀技术研究合作合同》。

8月22日，CF3改进型先导燃料组件设计通过专家评审，标志着CF3改进型燃料组件的设计基本完成，将转入先导组件制造阶段。

8月24日（沙特当地时间），在国务院副总理张高丽和沙特阿拉伯王国王储、国家副首相穆罕默德共同见证下，中核集团与沙特地调局签署《中国核工业集团公司与沙特地质调查局铀钍资源深化合作谅解备忘录》，中国核工业建设集团公司与沙特技术发展公司签署《关于高温堆海水淡化合资公司的谅解备忘录》。

8月24日，田湾核电3号机组首次装料作业完成。

8月27日，中共中央政治局常委、国务院副总理张高丽视察我国在非洲最大的实体投资项目——中广核纳米比亚湖山铀矿。

8月29日，加纳微堆高浓铀燃料安全、顺利从加纳运还中国。至此，由中核集团原子能院牵头的加纳微堆低浓化项目圆满完成。加纳微堆作为国外首个开展低浓化改造的微堆，其低浓化的成功实施，是中国政府在防止核扩散方面做出的一项重要贡献，是中国作为负责任核大国践行国家承诺、维护世界和平的重要标志，为其他国家微堆低浓化工作奠定了基础。

9月，国家原子能机构与教育部共同设立“中国政府原子能奖学金”，以哈尔滨工程大学为试点，未来五年每年为发展中国家和新兴核能国家培养40名核工程和核技术硕士及博士研究生。

9月1日，在国家主席习近平与巴西总统特梅尔的共同见证，中核集团与巴西国家电力公司、巴西核电公司共同签署了合作谅解备忘录，就中巴双方建设安哥拉3号核电厂及未来新建核电项目合作达成重要共识。

9月1日，经第十二届全国人民代表大会常务委员会第29次会议通过，习近平签署中华人民共和国主席令第七十三号，正式发布《中华人民共和国核安全法》，自2018年1月1日起正式实施。

9月6—9日，以“传承友谊、深化合作、共同发展”为宗旨的2017中国—阿拉伯国家博览会举办。期间，全国人大常委会副委员长张平参观CAP1400展台。

9月8日，国际原子能机构对我国开展的首次国际核安保专项评估圆满结束。

9月8日（巴基斯坦当地时间），中国出口海外第4座核电厂——恰希玛核电4号机组竣工，标志着恰希玛核电一期工程4台机组全面建成。

9月8日，红沿河核电6号机组完成穹顶吊装，标志着红沿河二期工程全面进入设备安装高峰阶段。

9月8日，由中国核动力研究设计院自主攻关设计的“华龙一号”示范工程福清核电5号机组首台ZH-65型蒸汽发生器，在东方电气（广州）重型机器有限公司顺利通过出厂验收。

9月8日，重大专项“CAP1400核电站数字化仪控系统研制”课题通过了国家能源局组织的正式验收，标志着我国首个具有完整自主知识产权和国际市场准入资质的核电站数字化仪控系统研制成功，打破了国际知名核电仪控企业在该领域的长期垄断。

9月10日，“华龙一号”海外首堆工程——巴基斯坦卡拉奇核电2号机组核岛首台蒸汽发生器吊装就位，标志着“华龙一号”全球首台蒸汽发生器成功实现预引入。

9月12—14日，经合组织核能署在英国伦敦召开核电厂多国设计评价机制（MDEP）政策组会议及第4次大会。环境保护部副部长刘华率团出席会议并提议在MDEP机制内成立中国自主研发的三代核电技术“华龙一号”专门工作组，该提议得到了与会各方一致同意。

9月12—13日，由中核包头核燃料元件股份有限公司承担的国家科技重大专项课题“CAP1400自主化燃料组件研制——第一阶段定型组件研制”项目通过了国家能源局的验收。

9月15日，由东方电气制造的国核示范项目1号发电机型式试验完成。

9月17日，中共中央政治局常委、中央书记处书记刘云山和刘延东、刘奇葆、李源潮、万钢等领导同志在中国科学技术馆参观“科普中国——绿色核能主题展览”。

9月17日，福清核电4号机组正式具备商业运行条件，标志着福清核电一期工程全面建成投产。

9月19日，国内目前最大、公众体验

最丰富、公众适用性最强、最具特色的核电科技馆在秦山开馆。

9月26日，田湾核电5号机组穹顶一次性吊装成功，标志着该机组由土建全面进入设备安装阶段。

9月26日，中核集团与神华集团签署了《中核集团与神华集团深化战略合作协议》，随后，中国核电与神华集团、浙能电力、建投能源签署了《行波堆项目投资协议》，共同拉开四代核电行波堆发展的序幕。

9月29日，中国工程建设焊接协会发布2017年度中国优秀焊接工程获奖名单。中国核建集团10项工程获全国优秀焊接工程奖，其中3项工程获评全国优秀焊接工程一等奖，7项工程获评全国优秀焊接工程优秀奖。

9月30日，行波堆中美合资公司——环球创新核能技术有限公司成立，合资公司由中核行波堆投资有限公司和美国泰拉能源行波堆开发有限公司共同投资。

9月30日（巴基斯坦当地时间），采用预引入施工法建设的“华龙一号”海外首堆——巴基斯坦卡拉奇核电2号机组压力容器吊装成功。

10月13日，北京广利核公司承担的首个海外改造项目——阿尔及利亚比林核研究中心核级仪控改造项目以“零”不符合项的好成绩顺利通过出厂验收测试。

10月13日，“华龙一号”海外首堆巴基斯坦卡拉奇核电2号机组实现穹顶吊装。

10月16日，由中广核达胜加速器技术有限公司和清华大学共同研发的电子束处理工业废水技术正式通过由中国核能行业协会组织的科技成果鉴定。

10月16日，“华龙一号”示范项目防城港核电3号机组现场开始启动EM4工作包第一个支架的焊接工作，防城港核电3号机组由此正式进入核岛安装阶段。

10月20日，中核网发布消息，我国最大绿色铀矿示范大基地——中核集团蒙其古尔原地浸出采铀工程通过由国防科工局组织的现场竣工验收。

10月23日，中国核燃料有限公司西部新锆与中国核动力研究设计院签署了《N36锆合金管棒材制造技术转让合同》。这标志着我国自主研发的核燃料组件关键结构材料——锆合金N36，由研制阶段转向工业化规模生产阶段。

10月25日，2017年度何梁何利基金在京颁奖，彭士禄院士和黄旭华院士被授予最高奖项“科学与技术成就奖”。

10月26日，中核北方核燃料元件有限公司与中国船舶重工集团公司第719研究所签署海洋核动力平台示范工程首炉燃料组件采购合同。组件采购合同的签订，意味着海洋核动力平台首炉燃料组件进入量产阶段，标志着我国向海洋核能应用又迈出了坚实的一步。

10月26日（英国当地时间），“华龙一号”通用设计审查（GDA）初步安全报告（PSR）通过通用核能系统有限公司（GNS）正式向英国GDA审管部门英国核安全监管办公室（ONR）和英国环境署（EA）提交。这是“华龙一号”GDA首份送审的综合性报告。

10月30日，第四届21世纪核能部长级国际大会在阿拉伯联合酋长国首都阿布扎比开幕。国家原子能机构副主任王毅韧出席会议，并在会议发言中阐述了中国核能发展政策和主张，宣传了中国核能事业取得的成就，推介了中国核能发展能力和经验。

10月30日，阳江核电5号机组安全级数字化控制系统正式宣布可用，标志着首套国产核电站"神经中枢"和睦系统（FirmSys）达到调试可用状态。这是国内首台具有自主产权的国产化核级DCS平台系统。

11月3日，国务院总理李克强在中南海紫光阁会见美国泰拉能源公司董事长、微软公司创始人比尔·盖茨，积极评价行波堆研发合资公司成立。

11月3日，中国核燃料有限公司与环球创新核能技术有限公司在京签署了新一代核燃料元件开发和国产化合作协议。

11月6日，中核集团"华龙一号"首台具有完全自主知识产权的半转速汽轮发电机成功通过厂内型式试验。

11月6日，上海电气集团旗下上海电气核电设备有限公司及上海第一机床厂有限公司联合申报的"三代核电AP1000核岛主设备"获得第19届中国国际工业博览会金奖。

11月9日，中核网发布消息，中国先进研究堆首次产生冷中子束流，束流品质达国际先进水平，标志着中国先进研究堆具备了开展冷中子散射等实验能力，为科学研究和工业应用提供了可靠有力支撑。

11月16日，全国政协副主席、科技部部长万钢在深圳会展中心参观中国国际高新技术成果交易会中广核展台。

11月16日，田湾核电4号机组开始冷态功能试验，标志着田湾核电4号机组由工程建设正式转入全面调试阶段。

11月16日，中国广核集团及其当地合作伙伴法国电力集团（EDF）发布声明称，英国核能监管办公室（ONR）和英国环境署（EA）当天发布联合声明，宣布我国三代核电技术"华龙一号"在英国的通用设计审查（GDA）第一阶段工作完成，正式进入第二阶段。

11月16—17日，受核建高温堆控股有限公司委托，电力规划设计总院组织召开中国核建浙江三门高温气冷堆电站项目初步可行性研究报告审查会，高温气冷堆电站项目初步可行性研究报告通过审查。

11月18日，国防科技工业抗辐照应用技术创新中心成立大会在中核集团原子能院召开，这标志着以原子能院为主依托单位的国家级创新中心正式成立。

11月18日，AP1000依托项目海阳核电2号机组全部4台主泵点动成功。至此，AP1000依托项目4台机组主泵已全部就绪。

11月18—24日，由中国核能行业协会主办的首届核电厂水泵检修技能大赛在上海举行，此次大赛是中国核能行业协会响应国家"弘扬工匠精神、培育大国工匠"的号召，首次自主组织实施的行业技能赛事。

11月21日，中核集团与巴基斯坦原子能委员会签署恰希玛核电5号机组商务合同。按照约定，中核集团将以“华龙一号”技术在巴基斯坦恰希玛建造1台百万千瓦级核电机组。这是我国“华龙一号”成功“走出去”的第3台核电机组，是我国向巴基斯坦出口的第7台核电机组。

11月22日，CAP1400示范工程使用的DN450爆破阀顺利完成热态开启试验。本次试验标志着CAP系列爆破阀顺利通过全部鉴定，自主化研制取得圆满成功。

11月23日，中国核能电力股份有限公司在京正式对外发布技术服务八大产品。经过30多年发展，中国核能电力股份有限公司在安全稳定运行140堆年的经验基础上，形成了生产准备、核电调试、运行支持、专项培训、核电大修、专项维修、技术支持、核电信息化等技术服务八大产品。

11月27—30日，由国家原子能机构主办的首期国际原子能机构国际职员后备人才培训班在京举办。

11月28—29日，由科技部基础司、合作司、资管司、核聚变中心共同主办的“ITER十年——回顾与展望”会议在中国科技会堂召开。

11月28日，中核集团在京正式发布其自主研发可用来实现区域供热的“燕龙”泳池式低温供热堆。据测算，一座400 MW的“燕龙”低温供热堆，供暖建筑面积可达约2 000万平方米，相当于20万户三居室。

11月28日，“华龙一号”全球首堆示范工程福清核电5号机组首台蒸汽发生器顺利吊装就位。

11月28—30日，全球卓越大会暨第十七届全国追求卓越大会在京召开，中核集团“华龙一号”荣登全国质量荣誉殿堂。核动力院自主研发设计的“华龙一号”（ACP1000）反应堆及一回路系统成功荣获全国质量奖（卓越项目奖），同时该院再次荣获“全国实施卓越绩效模式先进企业”称号。

11月30日至12月1日，第五次中法高级别经济财金对话在京举行，国务院副总理马凯与法国经济和财政部长勒梅尔共同主持对话，有关核能领域合作列入对话成果清单。11月30日，为配合第五次中法高级别经济财金对话，国家能源局与法国生态转型部在北京举办首次中法能源对话。会后，国家能源局分别与法国生态转型部、法国核电标准协会签署了《第一次中法能源对话纪要》和《中法核电标准规范合作协议》两份合作文件。

11月30日，中核集团最新型的CF3A先导组件研制成功，并通过了出厂验收，将在方家山核电百万千瓦机组进行运行考验。这是2012年以来，继N36特征化组件、CF2辐照考验组件、CF3先导组件相继入堆之后，中核集团研发并投入实际运行的第四批先进燃料元件。这标志着中核品牌核燃料已步入系列化、型谱化的快速发展新阶段。

12月1日，国核铀业发展有限责任公司与辽宁红沿河核电签署天然铀供应合同。国核铀业未来将为辽宁红沿河核电站提供天然铀供应与燃料组件后续加工服务，为核电站安全稳定运行提供保障。此次合同签订，标志着国家核电核燃料供应体系正式贯通。

12月5日，“中国聚变工程实验堆集成工程设计研究”项目启动会举行，会上宣布中国聚变工程实验堆（CFETR）正式开始工程设计。

12月9日，中核集团四川环保工程有限责任公司提前圆满完成年度中低放废液水泥固化处理任务，实现了生产线安全稳定连续运行、产品合格率100%运行目标。

12月11日，中国广核集团英国布拉德韦尔B核电项目正式启动厂址适应性阶段地质勘探工作，这是BRB现场的首次“动土”，是项目朝着开发和建设迈出的关键一步。

12月12日，“华龙一号”全球首堆示范工程福清核电5号机组首个调试试验完成，拉开了全面调试的序幕。

12月12日，中国二重制造的国内首台CPR1000铸造泵壳通过专家评审。

12月14日，由中核集团原子能院完全自主设计和建造的、具有自主创新技术成果的中国先进研究堆(CARR)项目通过了现场竣工验收。

12月16日，国务院副总理马凯与英国财政大臣哈蒙德在北京共同主持第九次中英经济财金对话，有关核能领域合作列入对话成果清单。12月15日，为配合第九次中英经济财金对话，国家能源局与英国商业、能源与工业战略部在北京共同举办第五次中英能源对话，会后签署了《中英清洁能源合作伙伴关系实施行动计划》。

12月21日，中广核事故容错燃料（ATF）候选材料正式开始进入研究堆进行中子辐照测试。

12月22日，高温气冷堆示范工程首批38名高级操纵员资格全部通过国家能源局核电厂操纵人员资格审查委员会审查。

12月22日，中核北方核燃料元件有限公司AP1000核电燃料元件生产线圆满完成64组首炉换料组件的生产任务。

12月27日，国家能源局与印度尼西亚原子能机构共同签署了《中国国家能源局与印度尼西亚国家原子能机构关于在和平利用核能研发领域开展合作的谅解备忘录》。

12月27日，由中广核研究院有限公司设计并供货的红沿河二期工程应急柴油发电机组（EDG）首台机通过出厂验收试验，标志着国内首次实现百万千瓦级核电机组EDG的完全自主设计及自主制造。

12月27日，高温气冷堆示范工程2号反应堆压力容器顶盖顺利吊装就位。

12月29日，中国示范快堆工程土建开工，单机容量为60万千瓦。示范快堆工程是国家重大核能科技专项，对于实现核燃料闭式循环，促进我国核能可持续发展具有重要意义。

12月29日，中核集团自主研发的新型专用设备大型商用示范工程首批机组在中核陕西铀浓缩有限公司成功启动。

12月30日，田湾核电3号机组首次并网成功。

附　录

中国核能行业协会第三届会员大会

基本情况

4月27日，中国核能行业协会第三届会员大会在京召开。中国核能行业协会第二届理事会理事长张华祝作理事会工作报告。张华祝在报告中介绍了5年来我国核能行业的主要进展，指出了当前我国核能行业发展所面临的机遇和挑战；介绍了中国核能行业协会走过的十年历程，并对新一届理事会提出了希望和建议。

会员大会上，投票选举出了第三届理事会理事；举行了2016年度中国核能行业协会科学技术奖颁奖仪式。在4月27日下午召开的中国核能行业协会第三届理事会第一次会议上，选出了由54人组成的常务理事会，中核集团公司总经理钱智民任第三届理事会第一任轮值理事长，副理事长21名。

国家国防科工局副局长王毅韧、国家核安全局副局长郭承站、国家能源局核电司司长刘宝华出席会议并讲话。

工作报告

中国核能行业协会第二届理事会工作报告

张华祝

一、五年来我国核能行业的主要进展

自第二届会员大会以来，我国核能行业走过了极不平凡的五年。2011年，突如其来的日本福岛核事故使我国核电发展面临严峻的挑战。面对复杂的形势，在党中央、国务院的正确领导下，我们沉着应对，攻坚克难，扎实工作，化危为机，取得了举世瞩目的成绩，开创了核能安全高效发展的新局面，为构建清洁低碳、安全高效的现代能源体系作出了新的贡献。

1.党中央、国务院对核能行业高度重视，作出一系列重要指示和批示

2010年12月，中央确定了“在确保安全的基础上高效发展核电”的方针。日本福岛核事故后，国务院及时作出对民用核设施开展安全检查等四项决定。2012年，国务院先后召开三次常务会议，听取全国民用核设施综合安全检查情况汇报，审议并通过《核安全与放射性污染防治“十二五”规划及2020年远景目标》《核

电安全规划（2011—2020年）》和《核电中长期发展规划（2011—2020年，调整）》。五年间，中国国家领导人三次出席国际核安全峰会，并发表重要讲话，阐明中国的主张。2014年3月24日，习近平主席在海牙核安全峰会上首次提出以“发展和安全并重、权利和义务并重、自主和协作并重、治标和治本并重”为主要内容的中国核安全观。在习近平总书记主持召开的中央财经领导小组第6次会议、李克强总理主持召开的新一届国家能源委员会首次会议上，都明确提出了适时重启沿海地区新的核电项目建设的要求。2015年1月15日，在我国核工业创建60周年之际，习近平总书记作出重要批示：“核工业是高科技战略产业，是国家安全重要基石。要坚持安全发展、创新发展，坚持和平利用核能，全面提升核工业的核心竞争力，续写我国核工业新的辉煌篇章。”2017年3月，国务院又批准实施《核安全与放射性污染防治“十三五”规划及2025年远景目标》。习近平总书记、李克强总理的一系列重要指示和批示，党中央、国务院的一系列决策进一步明确了核能行业的重要战略地位，是我国核能行业的行动纲领。

2.在运核电机组规模快速增长，继续保持良好的运行业绩

五年来，我国共有21台核电机组投入商业运行（其中2013年2台，2014年5台，2015年6台，2016年7台，2017年1台），新增装机容量2 208万千瓦，保持了快速发展的势头。2016年底，我国大陆在运核电机组数达到35台，装机容量3 363万千瓦，年发电量2 105.19亿千瓦时，占全国总发电量的3.56%，2012—2016年核发电量年均增长19.4%。截至2017年3月，我国大陆在运核电机组达到36台，装机容量3 472万千瓦。五年来，我国在运核电机组始终保持安全稳定运行，没有发生国际核事件分级表界定的2级和2级以上运行事件，也未对周围环境和公众造成不良影响，与世界核电运营者协会（WANO）规定的性能指标对照，在全球400余台运行机组中，我国在运核电机组总体处于中等偏上水平。

3.在建核电规模世界领先，自主三代核电开工建设

2011年日本福岛核事故后，我国对核电中长期发展规划（2011—2020年）进行了修订，明确提出到2020年核电装机容量达到5 800万千瓦、在建3 000万千瓦的目标。五年来，共有15台核电机组开工建设，在建核电机组完成工程建设投资共计3 022亿元。截至2017年3月，我国在建核电机组20台，装机容量2 311万千瓦，占世界在建核电机组的三分之一。其中在建的三代核电机组达到10台，装机容量1 310万千瓦。

2016年，AP1000自主化依托项目建设取得新的进展，浙江三门核电厂1号机组、山东海阳核电厂1号机组相继完成一回路水压试验（冷试），全面进入系统热试阶段，为2017年建成投产奠定了基础。

采用EPR技术的广东台山核电厂1号机组已进入热试，继续领跑全球EPR首堆。

自主化三代核电示范项目“华龙一号”的4台机组全面开工。其中，福建福清核电厂5号、6号工程的里程碑节点全部按期或提前实现，广西防城港核电厂3号、4号工程的质量、工期整体可控。

日本福岛核事故后，我国对在运和在建核电机组已全面完成技术改进，提高了纵深防御能力，改善了环境监测和应急控制能力，安全保障能力不断增强。

4.以核电工程建设为依托，核电建造自主化能力持续提升

通过消化吸收国外先进技术，大力推进自主创新，我国核电关键设备和材料国产化取得重大突破。压力容器、蒸汽发生器、主管道、控制棒驱动机构、数字化仪控等关键设备，以及大型锻件、核级锆材、镍基690合金U形管、核级焊材等核心材料，基本实现自主设计自主制造。百万千瓦级核电机组关键设备和材料自主化、国产化水平稳步提高，国产化率已达85%，形成了每年8套左右核电主设备制造能力。

随着核电的规模化发展，我国核电建设工程总承包能力持续提升，成功地实现了多项目、多基地同步建设。核电建设安装队伍，全面掌握了多种堆型、多种容量的核电建造技术，可以满足同时开工30台以上核电机组的需求。在建核电项目质量得到有效控制。

5.适应核电发展需要，铀资源、核燃料保障能力进一步加强

五年来，我国北方可地浸砂岩盆地的铀矿地质勘查工作取得重大突破，新发现探明一批大型和特大型铀矿床；天然铀产业转型升级步伐加快，新疆伊犁首个千吨级绿色铀矿山基地建设全面完成，绿色经济的可地浸砂岩产能比例达到60%以上。铀纯化转化、铀浓缩产能、压水堆核燃料组件生产能力大幅提升，乏燃料后处理中间试验工程热调试取得圆满成功。全球首条高温气冷堆核燃料生产线投料生产，国内首条AP1000元件生产线具备生产供货能力。目前，我国核燃料产能已跻身世界第一阵营。铀资源、核燃料保障能力的大幅提升，保证了我国核电快速发展的需要。

6.积极推进核科技创新，高度重视核专业人才培养

核能领域国家重大科技专项《大型先进压水堆和高温气冷堆核电站》研发和示范工程全面推进。CAP1400示范工程已通过开工建设前的安全审评，正在履行核准程序。高温气冷堆示范工程完成了土建和全面安装，进入调试阶段。由中核集团和中国广核集团联合研发的自主三代核电“华龙一号”已开工建设。五年来，我国核能领域技术研发水平快速提升，在三代核电技术研发和应用方面走在世界前列。与此同时，我国在实验快堆、多用途模块化小型堆、先进研究堆、超大型铀矿地质勘查、第三代采铀技术、离心法铀浓缩技术、国产先进核燃料元件研制、乏燃料后处理等领域都取得了一批新的重大科技成果。

核专业人才培养受到高度重视。目前，我国已有40余所高校设立了核专业，在校生规模达到1万人，教学质量不断提高。企业培训工作进一步加强，校企合作已成为核专业人才培养的重要途径。核电厂操纵员培训机制日益完善，已认证的核电厂操纵员超过2 000人，可满足近70台机组运行的需要。核专业人才培养工作的推进，有效缓解了核电发展与人才供给的矛盾。

7.核电“走出去”上升为国家战略，核能国际合作取得丰硕成果

在中央的积极推动下，在“一带一路”倡议指引下，核电“走出去”初见成效。目前，共承建巴基斯坦核电机组6台，装机340万千瓦，其中3台已投入运行；卡拉奇K2/K3项目分别于2015、2016年先后开工，实现了“华龙一号”核电技术出口。与英国、阿根廷分别签署合作投资建设有关核电项目协议，推动“华龙一号”进入英国、阿根廷。与南非、土耳其、罗马尼亚、沙特等国分别签署有关协议，开展核电相关合作。“造船出海”“借船出海”和“拼船出海”等多种核电“走出去”模式正在形成。

与哈萨克斯坦、乌兹别克斯坦、蒙古、尼日尔、纳米比亚等的铀资源开发合作取得积极进展。其中资源总量位居世界第三的纳米比亚湖山铀矿已于2016年建成投产。

与国际原子能机构等国际组织的合作不断加强，与30多个国家签订了核能领域合作协议，与美国、法国、俄罗斯、英国等国在核电、核燃料、核安全等领域的合作进一步深化。

8.核能行业管理进一步加强，核电安全高效发展的基础更加牢固

五年来，为适应核能行业安全高效发展的需要，国务院核电主管部门、核工业主管部门和核安全监管部门大力加强管理和监督，在完善法律法规、谋划行业发展、促进科技创新、规范行业行为、加强安全监管、改进工作作风等方面做了大量工作。特别是日本福岛核事故后，认真贯彻国务院的四项决定，开展安全检查，制定核安全规划、核电安全规划，核电中长期发展规划，积极推进《原子能法》《核安全法》《核电管理条例》《核安保条例》等立法工作，修订《国家核应急预案》，发布《核安全文化政策声明》《中国的核应急》白皮书，有效地促进了核能行业的健康、有序发展。

当前，我国核能行业正面临难得的发展机遇。国家“十三五”规划明确提出到2020年核电装机容量达到5 800万千瓦、在建3 000万千瓦以上的目标。中国政府在2015年12月巴黎气候变化大会上重申：“二氧化碳排放2030年左右达到峰值并争取尽早达峰；非化石能源占一次能源消费比重达到20%左右。”作为清洁能源，核能将在其中发挥重要的、不可替代的作用。与此同时，我们应清醒地认识到，面对“十三五”和中长期发展目标，核能行业也面临严峻的挑战。一是受日本福岛核事故、首堆工程拖期等影响，“十二五”核电规划目标没有如期实现，为保证“十三五”核电发展规划的顺利实施，需要我们在确保安全的基础上，保持平稳、持续的发展，把握好节奏，避免大起大落；二是正在建设中的AP1000、“华龙一号”和即将开工建设的CAP1400是我国未来核电发展的主要堆型，但作为首堆（批）工程，它们的成熟性、经济性还需要在工程实践中进一步验证，提高自主创新能力仍然是我们的首要任务；三是核能行业具有很长的产业链，如何保持核电与核燃料循环、设备制造、建筑安装等环节的协调发展，保持核燃料循环前段与后段的协调发展，需要引起我们的高度关注；四是经济新常态和重新开启新一轮电力体制改革，市场化改革的推进，使核电发展的外部环境发生新的变化，2014年以来核电年设备利用小时数持续下滑，三年降幅超过11%，是核能行业面临的新挑战；五是公众的接受性是核能发展的重要条件，我们必须进一步加强公众宣传、公众沟通和科学普及工作，为核能发展创造良好的环境。

二、五年来中国核能行业协会的主要工作

自2012年第二次会员代表大会召开至今，中国核能行业协会伴随着核能行业的发展走过了不平凡的五年。在政府主管部门的关心指导下，在会员单位的大力支持下，中国核能行业协会认真贯彻党的十八大和十八届三中、四中、五中、六中全会精神，认真落实党中央、国务院的一系列指示，积极发挥桥梁和纽带作用，努力做好行业自律和各项服务工作，取得了新的成绩，为促进核能行业的发展作出了新的贡献。

五年来，我们主要做了以下工作：

1.开展核能发展重大问题研究，促进核能行业健康发展

五年来，受政府部门和会员单位的委托，协会先后承担了50多项课题研究工作。其中先后组织完成了《原子能法（草案）》征求意见稿和送审稿的研究起草工作；完成了《我国核燃料保障战略重大问题研究》；与有关单位合作完成了《“十三五”及中长期核电安全高效发展问题研究》；开展了《中国与国际核电先进国家核电发展比较研究》《内陆核电厂环境风险的评估和管理研究》；完成了《核电厂公众宣传同行评估》《核电厂概率安全评价和严重事故管理同行评估》《核电厂核岛土建安装施工安全监管咨询报告》等课题研究工作；完成了《核电灾害风险及应对研究》；参加中国工程院组织的《我国核能发展的再研究》，完成了《我国核电发展支撑能力评估》专题研究工作。

针对内陆核电发展中遇到的问题，在9家会员单位支持下，协会组织80多位专家，对内陆核电业内外关注的主要问题进行深入研究，并先后在湖南桃花江、第十一届国际核电展举办两次成果发布会，受到公众和媒体的高度关注。

为落实党中央、国务院领导关于核电发展的一系列指示，破解核能行业发展中的瓶颈问题，2015年3月31日协会组织召开了核电发展问题座谈会。与会领导和

专家围绕如何实现2020年建成5 800万千瓦、在建3 000万千瓦的核电发展目标提出了许多建设性的意见和建议。座谈会形成的《关于近期核电新项目安排的若干意见》，凝聚了行业的共识，反映了行业的呼声，上报后得到了政府有关部门的高度重视，为落实“适时重启沿海地区新的核电项目建设”的要求发挥了积极作用。

2.积极推进核电厂运行评估和核电工程建设项目评估，促进运行业绩和工程建设管理水平持续提升

在委员会建设方面。完成了委员会换届工作，成员单位由2008年的14家增加到目前的43家。为加强对评估工作的指导，编制了核电工程项目建设同行评估和核电厂运行同行评估5年计划，编制了《核电工程建设管理业绩目标与评估准则》并正式出版，制定了一系列工作制度，在制度化、规范化管理方面迈上了新台阶。

在开展同行评估活动方面。五年来，对大亚湾、秦山、田湾、海阳、阳江、昌江、福清、石岛湾等核电厂运行、核电工程项目建设共实施了26场评估活动。其中，与世界核电运营者协会（WANO）联合组织实施的对大亚湾核电基地的综合评估、对田湾核电基地的运行评估，进一步扩大了中国同行评估的国际影响。

在专题工作组和软课题研究方面。制定了《中国核能行业协会专题工作组管理规范》《核电厂同行评估及经验交流委员会软课题研究项目管理规范》。五年来，19个专题工作组按照规范的要求，开展了80次技术研讨、经验交流和专业培训活动，得到各方好评。软课题研究与专题工作组活动紧密结合，研究质量有了显著提升。其中，核电厂调试启动专题工作组编制完成了《核电厂调试从业人员资格评价标准》，并推广试用；核电厂在役检查专题工作组编制的《核电厂常规岛及辅助设施在役检查指南》，以及据此向国家核安全局报送的《关于我国核电厂常规岛及辅助设施金属监督情况的报告》，受到国家核安全局的重视。

在核电厂经验反馈与交流方面。制定了《中国核电营运信息网经验反馈工作制度》，召开了四次核电厂经验交流工作研讨会，完成了中国核电营运信息网（CINNO）网站的升级改造，进一步完善了核电厂信息反馈体系。编制了《委员会工作简报》《运行核电厂生产季报》《中国核电项目建设信息季报》《中国核电厂关键业绩指标报告》《中国运行核电厂事件经验反馈报告》《核电工程建设经验反馈分析报告》和《中国核电运行与建设年度报告》等各类经验反馈报告。按季度、年度公布我国《核电运行情况报告》，受到社会的关注。

3.牢固树立服务意识，开展多种形式的技术咨询服务

在为政府有关部门提供咨询服务方面。按照政府有关部门的要求，协会组织了对《原子能法》《核安全法》《核电管理条例》等法律法规、《关于全国民用核设施综合安全检查情况的报告》《核安全与放射性污染防治“十二五”规划及2020年远景目标》《核安全与放射性污染防治"十三五"规划及2025年远景目标》《核安全文化政策声明》《核电发展"十三五"规划及2030年战略》等重要文件向会员单位征求意见的工作。受国家发改委和能源局的委托，组织开展了核能行业2016年"十三五"规划实施评估工作及"国家能源技术应用与工程示范项目"课题验收工作。受国家核事故应急办公室的委托，组织专家对红沿河、宁德、阳江、福清、方家山、防城港、昌江等核电厂开展了装料前核事故应急演习的评估工作，以及神盾-2015国家核事故应急联合演习的评估工作。受财政部的委托，对三代核电关键设备零部件进口清单国产化进展情况进行调查，向财政部提出了相关建议。受科技部、国防科工局的委托，承担了第四代核能系统国际论坛（GIF)联络办公室的工作，积极推动中国参加GIF钠冷快堆、超高温气冷堆、超临界水冷堆、熔盐堆、铅冷快堆等有关研发项目的合作，组织国内相关单位积极参与相关活动，以及政策声明、技术路线图、标准规范文件的制定，反映了中方的关切，提升了中方的话语权。协助政府有关部门策划承办了中国参加国际原子能机构30周年研讨会、中法核能发展经验交流研讨会、第34届国际原子能机构（IAEA）亚太地区合作协定组织（RCA）国家代表会及40周年成果展、IAEA核电规划与发展决策支持地区项目协调会、东亚峰会清洁能源论坛-核能分论坛、后福岛时代世界及中国核能发展研讨会、防核扩散及核进出口管理政策法规宣贯会、核损害赔偿立法研讨会等活动。受国家原子能机构的委托，组织完成了国际原子能机构核动力数据库数据的收集、整理和报送工作，《中国国家核电综述》报告的编写工作，以及国际原子能机构对核电厂从业人员的调查工作。

在为会员单位提供咨询服务方面。受中核集团的委托，协会组织专家对ACP1000进行了初步设计审查，对中核集团公司联合加拿大坎杜能源公司研发的先进燃料重水堆进行了技术审查。受中国核能电力股份公司的委托，对该公司编写的核电项目建设业主管理规范进行了评审，完成了中国核电工程公司建立核安全文化体系的策划工作。受中国广核集团委托，协会组织专家对ACPR1000+技术方案进行了评审，对中广核工程公司智能电站总体技术方案进行了评审，组织召开了两次乏燃料干式贮存技术及中广核示范工程方案研讨会，协助浙江苍南核电公司开展公众宣传与沟通工作。为配合中国广核集团公司在香港上市编写招股说明书的需要，完成了行业顾问报告的编写工作。受华能集团公司委托，提供了华能管理体系文件评审及核电发展战略咨询服务。受中电投集团公司委托，完成了中电投核事故应急管理体系建设课题研究工作。受中核能源公司委托，就高温气冷堆示范工程总承包的人力规划工作提供了咨询意见。受中银集团投资有限公司委托，完成了《中国核电产业分析报告》的编写工作。

4.加强安全和质量培训，推动核能行业信息化工作

为适应我国核能行业发展需要，满足

会员单位的普遍需求，协会十分重视安全和质量培训，在提高培训工作质量和效果的同时，积极开发新的培训内容。五年来，先后举办了核能行业高级管理人员质量保证培训班、核能行业质量保证监查员培训班、监查员再培训班、主监查员提高班，核能行业核电工程项目管理项目经理培训班、核电设备项目管理项目经理培训班，压水堆核电站核岛机械设备设计和建造规则培训班、核电电气设备设计与建造规则培训班、核电厂概率安全评价(PSA)培训班，核岛机械设备在役检查规则培训班、美国机械工程师协会（ASME）培训班，以及AP1000核电技术知识强化培训班、AP1000仪控电气培训班、“华龙一号”技术知识培训班等61期培训，共有4 716名学员参加了培训。

自2013年信息化专业委员会成立以来，以提供“技术咨询、专项技术服务”为主线，以“召开工作交流会议、行业标准培训”为载体，积极主动开展工作。四年来，召开了四届中国核能行业信息化工作交流会议，围绕多维数字化核电站、集团公司IT治理结构优化以及云计算、物联网、移动互联网、大数据在智慧核电的应用、核电设计与工程信息化等专题进行了交流讨论。召开了核能行业信息技术领域“十三五”规划工作交流会、三维数字模型在核电领域的应用技术交流会、核能行业网络与信息安全技术交流会、数据灾备与云计算、大数据技术在核能行业应用技术交流会、三维数字与虚拟现实技术应用推广会、3D打印技术应用交流会等专题会议。开展了信息技术服务标准（ITSS）运行维护标准培训、核能行业标识系统编码标准基础培训、核能行业文档管理信息化标准培训、三维（3D）打印技术在核能行业应用技术培训。在专委会组织下，由协会、中广核大亚湾核电运营公司和北京星际联盟公司联合研发的我国首套固定基站式核电站低空飞行物安全管控系统通过验收。积极与国外相关组织、相关协会核能信息化机构建立联系，促进了双向交流与合作。

5.开展科技奖励工作，促进核专业人才培养

为贯彻中央创新驱动发展战略，提高核能行业自主创新能力，解决民用核能领域优秀科技成果的奖励渠道问题，2010年，由协会、中核集团、中国广核集团、国家核电技术有限公司、中电投集团、华能集团公司、大唐集团公司发起，设立了中国核能行业协会科学技术奖。经过2013年、2016年两次换届，设奖者委员会由7家增加至9家。在国家奖励办的指导下，在设奖单位的大力支持下，自2012至2016的五年中共有354项科技成果获得奖励，其中一等奖14项、二等奖89项、三等奖251项。奖励工作的开展，进一步激发了核能科技工作者的科技创新热情，促进了我国核能安全高效发展及核能行业科技进步，受到会员单位的好评。

与核能科技奖工作相衔接，协会加强和完善科技成果鉴定工作，五年来组织业内专家对491个项目进行了科技成果鉴定。

为适应核能发展对核专业人才的需求，协会在专家委员会设立了核专业人才培养专业组，搭建了政府有关部门、用人单位和人才培养单位交流与研讨的平台，促进了核学科建设和核专业人才培养工作。

6.加强“三刊一网”建设，做好信息交流和公众宣传工作

紧紧围绕国家核能发展的方针政策，积极宣传核能行业的发展成果，尽力为核能发展营造良好的发展氛围，是协会的一项重要工作。

“三刊一网”是协会信息交流和公众宣传的窗口。五年来，对协会会刊《中国核能》杂志进行了改版，内容更有深度，版面更加美观，品质进一步提升；《核能新闻》电子月刊，已成为交流国内外核能信息的重要载体；《中国核能年鉴》，作为一份综合性资料年刊，自2009年公开出版发行至今已出版8卷。

对协会网站栏目进行了整合优化，功能不断扩展，网民关注度不断提升。制定了网站管理补充规定，确保了网站的安全运行和规范管理。开通了协会微信和微博，利用新的手段发布核能行业有关信息、传递国内外有关核能动态、宣传核电科普知识、提高公众对核电的可接受性，并逐步成为协会与各界联系、沟通的有效方式。

大力加强媒体宣传工作。邀请媒体采访协会年会、国际核电展、核能发展论坛、新闻发布会，宣传了核电发展成就，加强了公众沟通，在社会上引起较大反响。配合《内陆核电厂环境影响评估》课题成果发布会，同中核新闻中心、桃花江核电公司一同组织媒体宣传工作，影响大，范围广，取得良好效果。协会领导多次接受人民日报、中央电视台、人民网、中国能源报等媒体采访，就核能发展的重大问题发表看法，回答公众关注的问题，受到广泛好评。

7.坚持“请进来、走出去”的方针，增进国际合作与两岸交流

协会以“积极、开放、互利、共赢”的姿态，坚持“请进来、走出去”的方针，五年来在国际合作与两岸交流方面不断取得新的进展。

成功举办第十、第十一届中国国际核电工业展览会。其中2015年4月在北京举办的第十一届中国国际核电工业展览会，参展观众超过11 000人次。同期举办了6场行业发布会，包括内陆核电建设研究成果发布会、中核集团与中国广核集团首次联合进行的“华龙一号”有关信息发布会；还举办了8场技术推介会。中共中央政治局委员、国务院副总理马凯亲临展会参观，对展会给予了充分肯定。2015年，中国国际核电工业展览会入选商务部“引导支持展会名单”，同时被中国社会组织促进会评为“行业协会商会品牌服务项目”。

积极推进国际合作与交流。五年来，协会组织参加国际会议和有关活动69次，接待国际组织和美、法、英、日等国家代表来访113次。与法国核电规范标准协会（AFCEN）签署了合作谅解备忘录、与英国核工业协会（NIA）签署了合作备忘录、与美国核电运行协会（INPO）签署了谅解备忘录、与世界核电运营者协会（WANO）就双方合作达成共识。组织举办了首届世界核能发展论坛、中法核电设备监造研讨会、中法核燃料循环后端技术研讨会、中法核电经验交流研讨会、世界核大学清华周培训研讨会等活动。其中，首届世界核能发展论坛与第十一届国际核电展同期举行，吸引了10个国家和国际组织与机构的290余名代表参加，受到行业内外的广泛关注。

积极推进海峡两岸合作与交流。协会与台湾核能科技协进会正式签署了《加强两岸核电厂营运管理技术交流专题合作备忘录》。自2013年起，在台北、苏州、山东石岛湾举办了四届海峡两岸核能合作研讨会，在山东海阳举办了海峡两岸核电安全运行研讨会，对两岸核能界加强技术交流，推动产业合作，起到了积极作用。组织秦山第一核电厂赴台开展核电厂对标管理交流、秦山二期操纵员赴台湾电力公司进行提高操作技能研习培训、华能核电开发公司两次赴台进行核电系统管理培训。与台湾商务印书馆协商，引进了《为何惧怕核能》一书在大陆地区发行的版权，组织完成在大陆地区的再版工作。

为贯彻核电“走出去”战略，与法国核工业出口商协会加强合作，协会于2014、2016年牵头组织国内企业，以国家展团的形式参加了在法国巴黎举办的首届和第二届世界核工业展览会（WNE），并成为第二届展会第二大国家展团，展现了中国作为核电大国的良好形象。

8.加强协会自身建设，不断提高秘书处工作水平

加强协会自身建设，不断提高秘书处工作水平，是履行协会宗旨，做好协会工作的基本保证。

五年来，我们除了2016年出现的特殊情况，坚持每年召开一次年会，在会议上报告理事会工作，研讨行业发展中的重大问题，为会员单位提供了交流互动的平台。我们十分重视协会理事会、常务理事会的规范运作，充分发挥理事会、常务理事会对重大问题决策的作用。组织管理委员会、经费管理委员会认真履行职责，为理事会工作提供了有力支撑。

根据民政部《关于开展行业协会行业自律与诚信建设活动的通知》的要求和核能行业发展的需要，制定并发布了《中国核能行业协会行规行约》，进一步促进了行业自律和诚信建设。

对协会专家委员会的组成进行了调整，新设了厂址与环境专业组，专家委员会成员增至225名。

为适应信息化建设的发展形势，成立了信息化专业委员会。

为促进中小企业更好地为核能产业发展服务，召开了核能行业中小企业座谈会，积极推进中小企业专业委员会的筹建工作。

随着行业的发展和协会影响力的增强，协会规模不断扩大，截至2017年4月，协会会员单位已由成立之初的160家增加到412家。

根据中央有关规定，启动了协会主要领导新老交替和理事会换届工作。在第二届理事会第六次会议上选举产生了中国核能行业协会新一届理事会秘书长。

不断加强秘书处的规范化、制度化建设，各项规章制度进一步完善；不断加强秘书处的队伍建设，工作人员的大局意识、服务意识、责任意识进一步增强，办事能力和工作效率进一步提高，为协会各项工作的开展提供了重要保证。

自2007年协会成立以来，协会和大家共同走过了十年不平凡的历程。伴随着行业的快速发展，协会已经成为我国核能界具有较强影响力的社会团体组织，成为值得政府部门和成员单位充分信赖的全国性行业组织，成为促进我国核能发展的重要力量。我们深知，与政府对行业社团的期望相比，与政府有关部门和广大会员单位的要求相比，我们还有许多差距和不足：办会实力仍然单薄，核心业务和服务能力还不够强，行业影响力须进一步提高。我们必须有忧患意识和担当意识，下大力气解决这些问题。

经过十年的实践，我们有以下体会：

1.秉承服务为本，在服务中坚持发展

协会的根本任务就是“服务”。牢固树立服务意识，积极发挥桥梁和纽带作用，为政府部门和会员单位做好服务工作，是协会的立足之本。“在服务中赢得信誉，在服务中体现价值，在服务中求得发展”，正在成为协会的核心理念。十年来，协会逐步形成的课题研究、核电评估、质量培训、技术咨询、科技奖励、国际核电展等核心业务，无不体现着协会的服务理念、服务能力和服务价值，是我们继续前进的基础。

2.瞄准行业发展趋势，在关键时刻发声

促进行业发展是协会办会的宗旨，也是协会一切工作的出发点和落脚点。瞄准行业发展趋势，在关键时刻发声，提出协会的主张和建议，对促进行业发展至关重要。2011年10月23日，协会与中国能源研究会联合举办“后福岛时代我国核电发展高端研讨会”，会后向国务院报送了《关于尽快恢复我国核电发展进程的几点建议》。2015年3月31日，协会组织召开了核电发展问题座谈会，会后向政府有关部门报送了《关于近期核电新项目安排的若干意见》。自2008年起协会组织开展了有关内陆核电厂的系列研究，先后举办了两次课题成果发布会，并与中国工程院联合向国务院报送了有关内陆核电发展的意见。这些主张和建议，凝聚了行业的共识，反映了行业的呼声，得到国务院领导、政府有关部门的高度重视，对促进核电安全有序发展发挥了积极作用。

3.加强与政府有关部门、会员单位的沟通，为协会发展争取必要的支持

十年来，协会以行业健康发展为目标，十分重视与政府有关部门、会员单位的沟通，为行业发展创造良好的环境。我们多次到国防科工局、国家能源局、国家核安全局等有关政府部门汇报工作，主动争取政府部门的指导与帮助。经常到会员单位调查研究，听取会员单位的意见，与各大集团公司建立起了互相信任、互相尊重的良好关系。正是有了政府部门的指导和帮助，广大会员单位特别是各大集团公司的支持和参与，才保证了协会的各项工作稳步开展，才使协会的发展有了坚实的基础。

4.着眼未来，为协会长远发展打好基础

十年来，协会从无到有，从小到大，从弱到强，为协会的长远发展打下了良好基础。在协会的成长发展过程中，一些在核工业战线长期工作过的老同志功不可没，作出了突出的贡献，我们对他们表示由衷的感谢！新老交替是事物发展的客观规律，是事业发展的必然要求。使我们感到庆幸的是，协会的年轻同志已经逐步成长起来，他们的成长进步是我们事业继续前进的基础。我们相信，在政府有关部门的指导和帮助下，在广大会员单位的支持和参与下，在新一届理事会的领导下，协会一定会在核能事业的蓬勃发展中迎来更加美好的明天。

三、对今后五年中国核能行业协会的工作建议

今后五年核能行业发展的新形势、新任务、新特点，对协会的工作提出了新的更高的要求。本次大会即将选举产生的第三届理事会将肩负起协会的领导工作。相信新一届理事会将不辱使命，不负众望，带领协会继续前行，在促进我国核能事业发展中作出新的更大的贡献。

1.坚持新发展理念，把促进行业发展作为协会一切工作的中心

发展是硬道理，是第一要务。促进行业发展是协会办会的宗旨，也是协会一切工作的中心。今后五年，是我国由核能大国向核能强国迈进的关键阶段。实现发展目标，破解发展难题，厚植发展优势，必须牢固树立和贯彻落实创新、协调、绿色、开放、共享的新发展理念，并贯穿于核能行业的各领域各环节。我们要始终秉承协会的宗旨，找准协会的角色定位，在提出决策建议、反映行业诉求、加强行业自律、促进安全发展等方面继续开展工作，为核能行业在“十三五”的创新、协调、绿色、开放、共享发展作出新的贡献。

2.坚持服务为本，把提高服务能力和水平作为协会发展的一项根本任务

服务是协会的立足之本。十年来，我们把“在服务中赢得信誉，在服务中体现价值，在服务中求得发展”作为核心理念，全心全意为核能行业的改革与发展服务，为政府部门和会员单位服务，服务领域不断扩大，服务质量不断提高。面对“十三五”行业发展的新形势，我们要进一步适应新情况，研究新问题，巩固现有服务领域，拓展新的服务项目，在提高服务能力、服务水平、服务质量上下更大的功夫，促进协会各项服务工作跃上新的台阶。

3.坚持行业代表性，把会员单位的广泛参与和支持作为协会生存与发展的基础

协会是由会员单位自愿加入的社会团体组织，会员单位的广泛参与和支持，是协会赖以生存的基础。十年来，协会取得

的每一项成绩、每一点进步，都与会员单位的参与和支持密不可分。面对今后五年行业发展的新特点，必须进一步营造有利于会员单位广泛参与的氛围，更加紧密依靠广大会员单位，更好地凝聚行业的智慧和力量，更好地反映行业的共同心声，使协会具有更广泛的行业代表性，使广大会员单位共享核能行业的发展成果。

4.坚持创新引领，把有所作为、不断进取作为协会的前行动力

创新是引领发展的第一动力。坚持创新引领，有所作为，不断进取，是协会过去十年能够取得进步的内在动力。面对“十三五”行业发展的新形势，面对本次协会换届的新契机，我们要同心同德，继往开来，创新引领，砥砺前行，努力开创协会工作的新局面。要主动适应行业发展的新需求，不断增强自身建设，在健全法人治理结构，承接政府转移职能，加强诚信建设，更好发挥自律、他律、互律作用等方面，作出新的成绩，把协会的各项工作提高到一个新的水平。

领导讲话

国家国防科技工业局副局长王毅韧：核能行业协会工作有广阔的空间和前景（摘要）

核能行业协会自2007年成立至今，始终牢记服务宗旨和定位，贯彻国家核能发展的方针政策，推动核能行业的自主创新和进步，很好发挥了政府和企业的桥梁纽带作用，社会影响力和知名度有了很大提高，成为推动我国核事业发展的一支非常重要力量。

当前我国核事业面临难得发展机遇，国家对核能发展高度重视，特别是十八大以来中央对核工业发展作出了一系列的决策和部署，在统筹国民经济和国防建设等国家层面规划中，将核工业作为“十三五”发展的重点领域。“十三五”期间核工业将启动建设先进核能示范工程、核燃料产业园等一批重大工程和重大项目，投资力度前所未有，核能事业将进一步发展，人才队伍将进一步壮大。面对难得的历史机遇和挑战，我认为核能行业协会工作还有很广阔的空间和前景。

一、主动作为，继续发挥好桥梁和纽带作用。一是根据核能行业快速与规模发展的新态势，做好国家方针政策和发展规划的专项工作，同时集全行业智慧，向政府反馈行业的发展需求，为会员单位办实事、办好事，使协会真正成为会员之家；二是充分发挥平台优势，做好科普工作，加强公众宣传和沟通，提高公众对于核能的认识，为核能事业发展创造良好的环境；三是充分利用国家“一带一路”建设重大战略机遇，加强和国际组织的合作，为企业“走出去”搭建桥梁和平台。

二、勇于担当，继续发挥好参谋与助手作用。今年是“十三五”全面发力之年，要结合行业优势，立足行业长远发展，为政府科学决策和行业发展提供参考意见。继续做好法律法规、方针政策和行业标准的研究工作，加强行业发展、体制机制改革、科技创新、军民融合、人才建设等重大问题和政策的研究。

三、加强自律，继续发挥示范和监督作用。协会要提高综合实力，争做行业楷模，不断加强自身建设，完善内部管理制度，创新工作机制，推进标准化建设，践行行业管理理念，加强行业规范等管理制度的制订，监督会员单位依法经营，合理调度市场资源，维护公平的市场环境。

国家核安全局副局长郭承站：确保核安全是全体从业人员的核心使命(摘要)

中国核能行业协会自成立以来，始终致力于贯彻国家核能发展的方针政策，瞄准国际前沿，推动核能行业自主创新和技术进步，提高核能利用的安全性、可靠性和经济性，在核能发展重大问题研究、法规标准体系建设、核电厂运行建设评估、专家技术支持、核安全文化建设、核专业人才培养、安全质量改进、公众宣传与国际交流等方面开展了大量卓有成效的工作，有力推动了核能事业安全高效发展。

当前，随着国家优化能源结构、保障能源安全、保护生态环境、促进科技创新和产业升级，以及核电“走出去”战略的实施，核能行业迎来了新的历史机遇期。按照核电中长期发展规划，2020年我国运行核电机组装机容量将达到5 800万千瓦，在建3 000万千瓦以上。未来核能发展形势令人鼓舞、催人奋进。

党的十八大以来，党中央、国务院对核安全更加重视，把核安全纳入国家安全体系，上升为国家安全战略，提出了一系列新理念、新思想、新战略。国家核安全局始终秉承“独立、公开、法治、理性、有效”的监管原则，认真履责，严格监管，有效确保了核能安全发展。我国核电厂迄今为止未发生过2级及以上的运行事件和事故。近期，多项全局性工作取得了重大进展，《核安全法》通过了全国人大常委会二审，召开了核安全“十三五”规划宣贯大会，核安全工作机制高效运转。这些工作和成绩都是大家重视核安全、支持核安全的结果，中国核能行业协会在其中作出了突出贡献。

核安全是核能发展的生命线，确保核安全是我们全体从业人员的核心使命。衷心期待中国核能行业协会新一届理事会及业内相关部门和单位，认真贯彻落实理性、协调、并进的核安全观，坚持安全第一、质量第一的根本方针，承前启后、继往开来、开拓创新、奋发作为，进一步强化使命和职责，强化法规标准体系建设，强化核安全文化建设，强化安全质量管理体系，强化科技创新，强化技术支持和协调服务，为我国核能事业安全发展作出更大贡献。

国家能源局核电司司长刘宝华：共同促进我国核电行业的健康可持续发展（摘要）

过去五年是核电行业发展不平凡的五年。第一是经历了福岛核事故的冲击，世界各国核能行业都进行了充分经验总结和反思，促进了世界核电安全等级的提升。我国更是高度重视，迅速决策，完善核电发展规划，进一步提升了安全标准，核电安全保障能力进一步强化。

第二是运行机组容量大幅度增加，发电量占比稳步提升。过去的五年是我国二代加核电技术成熟发展的五年，基本实现规模化、批量化、国产化。

第三是创新能力显著增强，自主三代核电技术开工建设，中国核电建设全面进入三代技术时代。并出现了一批专、精、高的民营企业，行业发展模式正在由国家驱动力量体制，向国家组织社会力量办大事、全社会支持国家办大事的体制发展。

第四是支持核电发展的设计、施工、人才培养体系迅速壮大，为我国由核电大国向核电强国迈进、为我国成为世界核电发展新的产业中心打下了坚实的基础。

第五是“走出去”取得积极进展。“华龙一号”成功地实现了输出，海外建设核电机组业绩良好，国际合作的前景十分广阔。

相信新一届的理事会继续秉承协会十年来的优良传统，将为促进我国核能事业的发展进一步贡献智慧和力量。

第一是充分发挥协会桥梁纽带作用。进一步营造会员广泛参与的氛围，沟通上下左右，凝聚行业共识，对会员单位间的合作发挥作用，为企业和政府的信息传递发挥作用。

第二是统筹行业力量，围绕核电安全健康发展和可持续发展，凝聚重点、热点和共性问题。

第三是发挥协会智囊团的作用，站在国家利益和行业全局的高度，提供独立、公正的执行意见。

核电发展离不开全行业的共同努力，我们要把核电行业、全产业链的相关企业和人凝聚在一起，为大家提供交流、探讨、共同发展的开放平台，共同促进我国核电行业的健康可持续发展。

世界核能发展论坛

基本情况

4月28日，由中国核能行业协会主办的以“发展核能，应对全球气候变化”为主题的第二届世界核能发展论坛在北京举办。

国家能源局、国家原子能机构、国家核安全局，捷克工业贸易部、英国国际贸易部等国内外政府部门代表；国际原子能机构、经合组织核能机构、世界核电运营者协会、世界核协会、日本原子力产业协会、法中电力协会，第四代核能系统国际论坛、国际热核聚变实验堆组织等国际组织代表；中核集团、中国广核集团，俄罗斯国家原子能公司、美国西屋公司、法国电力公司、新阿海珐集团等中外企业代表等，围绕如何通过发展核能实现“巴黎协定”目标、我国核能行业“十三五”发展规划、核电及核燃料循环发展战略、核能安全、科技创新为核能发展注入活力等方面，同时就中法企业在英国项目上的机遇与挑战、核电与公众沟通等热点话题，分别进行了专题发言和圆桌讨论。

论坛声音

中国核能行业协会理事长钱智民：不辱使命，不负重望，为促进核能行业发展发挥更大作用

2015年4月，第一届世界核能发展论坛在这里举办。两年过去了，中国有14台核电机组投入了商业运行。截止到今天，中国大陆在运的核电机组已经达到了36台，在建的核电机组达到20台，在全世界遥遥领先。2016年，中国的核电发电量是2 105亿千瓦时。虽然2 105亿千瓦时在中国占的比例非常小，但是把这个数字拿到全世界200多个国家和地区去排名，排21位。核电为我国规模化发展、为减少二氧化碳排放以及建立清洁、低碳、安全、高效现代能源体系作出了重大贡献。

本届论坛的主题是“发展核能，应对全球气候变化”。在这方面我做了一个统计，从1980年开始，全世界核能发电的发电量如果折算成煤炭来发电的话，相当于237亿吨标准煤发的电量。我也查了一下去年的燃煤发电数据，大概是31亿吨标准煤。也就是说，有电力数据统计以来，核电发的电量相当于去年全球煤电发电电量的8倍。从这个数据上我们可以看出，应对全球气候变化，核能可以作出很大的贡献。

核能在应对气候变化方面能发挥多大作用？这个答案取决于核能界所做的共同努力；取决于核能的安全性能不能进一步提高，为公众所接受；取决于核能的经济性能不能进一步提高，为社会所选择。同时，也取决于核能下一步发展能不能更进一步多样化，比如说在核能供热、核能制冷、核能的分布式能源以及核能的海水淡化等领域能不能取得突破。所以说，核能是否能在应对气候变化当中发挥重要作用，还取决于核能界未来能够做成什么。

但是有一点是肯定的，也就是中国核能行业协会将会在里面发挥重要的作用。我们将不辱使命，不负重望，树立国家确立的创新、协调、绿色、开放、共享的发展理念，为促进中国核能行业和国际核能行业的发展作出更多的贡献。

国家原子能机构秘书长刘永德：为核能行业安全、健康、可持续发展提供坚实保障

国家原子能机构是核工业的行业主管部门，负责制定核领域的法律法规、行业规划和技术发展政策；负责核动力研发、燃料加工、放射性废物的治理，以及核技术应用等管理；承担核材料管制、核应急管理、防止核扩散、开展国际合作与履约等工作，为实现核能的安全、健康、可持续发展提供坚实的保障。

核电发展是一个大的系统工程，公众关心的除了核电发展的经济性之外，可能更关注的是安全、废物管理、防止核恐怖等方面的问题。

一、强化管理，完善核领域法律法规体系

核工业是战略性高科技产业，建立完善的核领域法律法规体系是确保核能事业规范有序发展的重要制度保障。

目前我国有两部重要的法律正在立法过程中——《原子能法》是核领域的基础法律，《核安全法》是核安全监管方面的专门法律。《原子能法》已经列入2017年全面依法治国急需制订的法律计划，今年有望取得实质性的突破；《核安全法》有望今年出台。

除此之外，一批核领域法律法规、部门规章正在制定或修订过程中。大家普遍关注的核损害赔偿条例、核安保条例、乏燃料管理条例、核事故应急管理条例等一批法律法规正在抓紧制定。

二、多措并举，保障铀资源和核燃料的供应

铀资源和核燃料是核能健康可持续发展的重要物质保障。为适应核能快速发展的需求，我国今后将进一步提升国内天然铀保障能力，积极推进铀矿地质勘察，重点围绕砂岩铀矿，建设千吨级示范性绿色矿山。同时，积极推进海外铀资源基地建设，以天然铀贸易等方式开拓海外市场，保障天然铀资源供应。

未来我国将在核电产业集中的沿海地区建设核燃料产业园，将铀的纯化转化、铀浓缩和元件制造等核燃料生产环节集中在一起，为核电提供一站式服务，进一步优化核燃料产业布局，发挥规模效应。目前我国核燃料产业园正在积极开展选址工作，并将根据核能发展对核燃料的需求状况适时开工建设。

三、攻坚克难，补齐核燃料循环后端的短板

乏燃料后处理是建设先进、闭式核燃料循环体系的重要环节。中国早在上世纪

80年代就确定了核燃料闭合循环的技术路线，并在顶层设计、科技攻关方面做了大量工作。建立了核电站乏燃料处理处置基金制度；设立了乏燃料后处理科研专项，致力于为开展核电站乏燃料储存、运输、后处理厂建设，以及后处理科技攻关提供资金保障。

今后，我国将按照“三步走”的计划推进后处理产能建设。一是建设每年60吨规模后处理中试厂，目前已经完成；二是要完成每年200吨规模后处理示范工厂的建设；三是实现每年800吨工业规模的后处理能力。

四、统筹规划，加强放射性废物管理

放射性废物的处理处置是核能健康可持续发展必须面对的问题。为实现中低放废物的安全处置，我国在已建成三个中低放废物处置厂的基础上，计划在核电相对集中的地区新建若干个处置厂，形成中低放废物处置的区域布局，满足核能发展对中低放废物处置的需求。

在高放废物安全处置方面，我国早在2006年就发布了高放废物地质处置研究开发规划指南，明确了选址、地下实验室、处置库建设“三步走”的战略，提出了2050年最终建成高放废物处置厂的目标。目前已经完成了厂址的比选工作，正处于选址向建立地下实验室过渡阶段，计划在2020年前开工建设首座高放废物地质处置地下实验室。

五、常备不懈，确保核安全万无一失

福岛核事故教训和反恐日益严峻的国际形势，使国际社会和公众更加关注核安全，安全问题给世界核能发展提出了新的挑战。福岛核事故后，我国有关部门对全国的核设施开展了安全大检查，对发现的问题进行了整改，有效提高了核安全水平。自主研发的三代核电“华龙一号”按照全球最高标准进行设计，通过了国际原子能机构通用反应堆安全审查，示范工程4台机组已经开工建设。同时，我国还将不断加强核安全技术研发投入力度，不断提升核安全能力与水平。

我国早在上世纪80年代就建立了全国核应急体系，成立了由27个部门组成的国家核事故应急协调委员会，构建了国家、省级核设施、营运单位组成的三级核应急组织体系。我国现行的核应急技术支持及应急救援能力能够满足核电高效、可持续发展需要。

在核安保方面，我国始终对核及放射性核材料实施严格的管控，形成了一套行之有效的全国核材料管制体系，至今保持着核材料一克不丢、一克不少的良好纪录。2016年，中美合作建设的全球规模最大、设备最全、设施最先进的核安保交流与培训中心投入使用，这为中国和亚太地区核安保能力建设发挥了重要的作用。

六、解放思想，进一步扩大核工业开放水平

利用核能造福人类需要世界各国的共同努力。中国将秉持合作、共享的态度，与世界各国一道开展工作，共同致力于促进核能和平利用，共享核能发展成果。一是坚持政府搭台、企业唱戏，借助多双边合作平台，积极推动核电“走出去”，参与核燃料市场国际分工合作；二是全面深化与世界各国及多边组织的国际合作交流，提升我国核能发展技术水平，充分发挥完整核工业产业链优势，加强“一带一路”沿线国家核领域交流与培训，为核领域国际合作提供更大的舞台；三是严格履行国际义务，进一步加强政府管理，不断完善核保障监督机制、核进出口管理体系。积极向国内企业宣贯我国政府承担的防扩散国际义务和国家核进出口法规，加强对“走出去”的监督和指导。规范核出口审批，努力维护负责任大国形象，为核工业“走出去”营造有利的国际环境。

国家能源局核电司副司长秦志军：全面推动我国从核大国向核强国的转变

我国目前已经是世界上最大的能源生产国和消费国。改革开放以来，能源工业的稳步发展有力地支持了经济发展和民生的改善。但是，我国能源过度依赖化石能源结构的问题依然突出，在保护生态环境、保障能源安全方面面临着严峻的挑战。

巴黎协定已经在去年G20期间正式签署。根据协定，到2020年我国非化石能源占一次能源的比重要达到15%；到2030年二氧化碳的排放要达到峰值，非化石能源占一次能源消费的比重提高到20%。要实现这一目标，任务还是十分艰巨的。核电作为高效、清洁、低碳的能源，在保障能源供应、优化能源结构、保护生态环境、推动能源革命方面将发挥更大的作用，发展的空间还是广阔的。

一、“十二五”期间我国核电发展取得了积极进展

一是在运核电机组规模稳步增长，安全运行业绩良好。

二是自主技术取得了突破，装备制造水平持续提升，已基本完成了AP1000技术引进、消化、吸收工作，并研发出具有自主知识产权的CAP1400和“华龙一号”三代核电技术。具有第四代核电安全特征的高温气冷堆示范工程也正在建设。核电关键设备制造取得突破，形成了每年8到10套百万千万级核电主设备制造的能力。关键设备和材料国产化工作稳步推进，除少数零部件和技术材料外，基本实现了自主化。

三是“走出去”取得了积极进展，初步形成了全方位合作关系。首次实现“华龙一号”技术出口。围绕“一带一路”加大沿线国家核能合作的布局，合作开发第三国市场取得了积极进展。

四是人才队伍日益壮大，培养机制逐步完善，人才队伍建设达到了世界先进水平。

二、我国核电发展仍处于重要的战略机遇期

未来15年将是我国核电发展的重要战略机遇期，也是建设核电强国的关键阶段。我国已是全球最大能源生产和消费国，随着工业化、信息化、城镇化、农业现代化进程的加快，能源需求仍将稳步增长。发展核电是实现创新驱动战略、带动高端制造业发展的需要。核电与航空、航天一样，可以引领新材料、新工艺、精密仪器以及先进制造技术的创新和升级，进而促进国家高端创新能力的提升。发展核电也是实施“走出去”战略、建设“一带一路”的需要。核电作为国家高端装备“走出去”的名片，不仅可以进一步展示中国制造和中国创造，也将为推动全球能源转型发展作出应有的贡献。

三、存在的问题不容忽视

一是我们所开建的第三代机组都存在拖期情况，这也是首堆存在的共性问题，世界上大概也是这样。需要我们充分总结经验，持续完善项目管理的水平和能力。

二是核电经济性遇到很大挑战。福岛事故后核电安全的要求不断提高，导致建设成本不断增加，在能源价格普遍降低的大环境下，核电的竞争力受到一些影响。

三是电力供应形势由紧转松，电力的消纳受到一些限制。部分机组利用因子不足50%，造成了清洁能源的浪费。这也是不容回避的问题。

四、“十三五”发展目标和主要任务

根据国务院批准的核电发展中长期规划以及能源发展“十三五”规划，到2020年我国运行核电装机容量要达到5 800万千瓦，在建达到3 000万千瓦以上，预计发电量将占到5%到7%，替代标准煤1.5亿吨。主要运行指标优于世界先进平均水平，三代核电技术的研发和工程应用走在世界前列。四代核电技术的研发与国际先进水平保持同步。形成比较完善的装备制造、燃料供应、人才队伍等配套保障体系，国产化水平进一步提高。

为实现上述目标，我们要进一步创造条件落实核电规划，全面推动我国从核电大国到核电强国的转变，要重点做好以下工作。

一是稳步有序推进核电建设，保持持续发展的趋势。核电降低成本，对维持产业优势具有重要的意义。在“十三五”期间要在保障安全的前提下，稳妥有序推进沿海核电项目的建设。

二是持续提升核电水平。要持续优化、提升设计，提升应对超设计基准事故能力，完善核应急组织指挥体系的建设，建立健全厂内专业应急队伍。

三是全面提升核电科技创新能力。要研究建立核电科技创新和研发持续投入机制，健全科技研发体系，形成政、产、学、用全面结合的科技创新体系。大力推动自主品牌CAP1400和“华龙一号”示范项目建设，支持开展核电厂安全运行技术的研发和应用。

四是强化公众沟通，构建政府、企业、社会力量有机结合的核电项目协调机制，加强核电科普宣传和舆论导向，提高公众对核电安全的认知度；完善核电项目收益共享机制，支持核电周边地区经济和社会发展、人民生活的改善；推动核电厂信息公开，提高社会公众对核电的认同感和接受程度，为核电发展构建良好和稳定的社会环境。

五是稳妥推进乏燃料和核废料处理处置工作，进一步加强技术攻关，妥善化解问题。

国家核安全局核设施安全监管司政策技术处处长扈黎光：协调一致 共同推进核安全“十三五”规划的实施

一、“规划”的总体思路

《核安全与放射性污染防治“十三五”规划及2025年远景目标》（核安全“十三五”规划），是国家安全顶层设计的一个重要组成部分，是生态环境保护工作的一个重要内容，也是指导我国核安全与放射性污染防治工作的专项规划。它主要有这样一些思路：

第一是以核安全观为统领，坚持安全与发展并重，权利和义务并重，治标与治本并重，自主与协作并重。

第二是以保障人民群众健康和生产环境安全为根本宗旨，全面落实了党中央、国务院关于消除核安全隐患、确保人民群众和生态环境安全的有关要求。

第三是以创新发展理念为指引，坚持创新发展、协调发展、绿色发展、开放发展、共享发展五大理念。

第四是以风险防控为核心，注重风险分析等手段的应用，提出了有针对性的措施。“规划”坚持问题导向和风险导向，认真分析当前我国核能和核技术利用事业发展中可能存在的风险，围绕降低风险确定目标，安排重点任务，设置重点工程，提出保障措施。

第五是以能力建设为支撑，注重中央、省级和地市级科研、应急和核安全监管能力的提升。在科研能力方面，主要考虑开展提升核安全水平科技攻关；在应急能力方面强化平战结合、软硬兼顾，指挥与技术并重；在监管能力方面注重审评许可、监督执法、辐射监测、经验反馈、公众沟通和国际合作这些综合能力的提高。

第六是以提高核与辐射安全水平为目标。

二、“规划”的主要内容

“规划”设立了未来5到10年我国核安全的目标，分为总体目标和分目标。总体目标是到“十三五”末，运行和在建核设施安全水平明显提高，核电安全保持国际先进水平，放射源辐射事故发生率进一步降低，核设施退役及放射性污染治理取得明显成效，不发生放射性污染环境的核事故，辐射环境质量保持良好，核安保、核应急能力得到增强，核安全监管水平大幅提升，核安全、环境安全和公众安全得到保障。“规划”对总体目标又进行了细化，分领域提出了6项具体目标，主要是提高核设施安全水平、核技术装置安全水平、放射物污染防治水平、核安保水平、核与辐射应急水平、核与辐射安全监管水平。

“规划”系统分析了我国面临的各类风险，围绕目标，针对当前存在的薄弱环节，提出了10项重点任务——在保持核电厂高安全水平方面，要求提高运行核电厂安全业绩，确保在建核电厂质量安全；在降低研究堆和核燃料循环设施风险方面，要求提高核设施安全水平，推进乏燃料安全处理与处置；在加快早期核设施退役等放射性废物处理处置方面，要求推进早期核设施的退役，推动中低放废物的处理处置，加快高放废物的处置研究；在减少辐射事故方面，要求实施放射源安全行动计划，加强废旧放射源辐射安全管理；在保障铀矿放射性辐射安全方面，要求加强铀矿冶排放管理和辐射防护，推进铀矿冶设施的安全整治和退役等管理；在提高核安全设备质量可靠性方面，要求加强强化对核安全设备制造单位安全监管，落实企业的核安全设备质量责任；在加强核安保水平方面，要求提高核设施、核技术利用安保水平，维护国际核不扩散体系；在加强核与辐射应急响应方面，要求完善应急预案和指挥体系，强化应急救援和技术支持体系，加强应急演习和培训；在推进核安全科技研发方面，要求推进重大专项核安全科技实施，推进核安全重点技术研发；在推进核安全监管能力现代化方面，要求不断地提高审评技术能力，完善监督监控的能力，加强辐射环境的监测能力。

为了落实好这10项重点任务，“规划”又提出了6个重点工程。这些重点工程具有很强的针对性、操作性和可达性，对核安全监管水平的提升形成了有力的支撑。

为了落实10大任务和6大重点工程，“规划”提出了8项保障措施，主要包括完善法律法规体系、强化政策配套、优化体制机制、加快人才培养、强化文化培育、推进公众沟通、深化国际合作、完善投入机制。

“规划”着眼于提高政府部门之间的协调性和沟通效率，提高公众对政府的信任和支持，提高核电集团之间的支援和协作，从核安全的政府管理和事故的应急联动和支援，核安全国际合作，规划资金落实这些方面提出了协调合作的机制，确保政府部门、企事业单位和全社会协调一致，来共同推进规划的实施。

国际原子能机构核能司核电处处长Dohee Hahn：为IAEA成员国发展核能提供帮助

很多国家计划采取更多的行动来减排，每五年就会对此进行回顾，从2020年开始看各国是否履行巴黎气候协定。有10个国家在减排目标中，明确提出要发展核能，其中有5个国家已经有了核电，有2个国家正在建他们的首座核电站，另外还有3个国家也有计划发展核电。未来还有很多的国家也是希望把核能作为选项放进去。

从1970年到2013年，我们用了很多替代能源形式，一共减排了1 630亿吨二氧化碳。核能每年可以减排21亿吨，这相当于每年在路上跑的车少了4亿辆。核电目前在全球发电总量中占到11%，但只是占低碳发电的1/3。核电是一个重要的低碳能源形式，是我们现在可以大规模发展用来应对气候变化的。

核能有很大的潜力可以帮助我们来实现应对气候变化的目标，但现在有一些限制的因素阻止着核能发展。首先是竞争力和资金方面的问题。核电的竞争力还有待于提高，因为现在天然气的成本很低，此外还有很多受到补贴的可再生能源。我们要能够有创新的融资，来缓解核电在建设当中的风险，还有未来的技术必须要不断的发展。我们现在有这样的融资项目可以为核电提供资金。

根据IAEA的数字，每年需要投资800亿美元用于新建核电站才能满足需求，还需要新的资金帮助一些现有核电站进行延寿，才能让核能真正成为能源的重要部分。因此，我们必须要有自己的核心资产来解决气候变化的问题。要实现可持续发展目标，我们还需要做得更多。

IAEA可以提供各种各样的帮助，帮助成员国来解决他们所面临的诸多挑战，从而应对气候变化。我们可以宣传扩展核能的使用范围，告诉大家核能帮助我们解决挑战，尤其是在可再生能源这么多的情况下。我们和联合国其他机构进行合作，要让大家知道核能的作用，尤其是在实现可持续发展目标期内的作用。

同时，我们也提供帮助加强能源领域的能力建设，这是很必要的，可以让各国实现自己的自主贡献。同时我们也提供技术信息，帮助成员国更好理解核科学技术能发挥怎么样的作用，帮助我们应对气候变化。

经合组织核能机构总干事 William D.MAGWOOD：中国的经验可供各国分享

有一个问题我们正在思考，就是未来的能源架构是个什么样子，我们应该建立什么样的能源平台？

现在，越来越多的国家依赖于天然气、煤炭来提供电力需求。但不同国家有不同的情况。比如法国，78%的能源来自于核电；而德国之前依赖核电，现在核电的比例在减少，这是因为政府的政策增加了对可再生能源的支持；美国的能源虽然有一些互补性，但在电力生产结构中，煤炭仍然是最重要的燃料；日本是一个特例，在福岛事故之后，他们暂时把所有的核电厂关停。到今年底7个机组有望恢复供电，但现在仍然依赖于大量的化石能源。

有一些国家正在通过大力发展可再生能源来应对气候变化。但是，根据我们的分析，效果并不如他们想象的那么好。我们发现了一个问题，就是可再生能源的补贴太高，不少国家的政府给了很多的补贴鼓励发展可再生能源。但排放还是增加了，为什么？因为可再生能源不稳定，利用效率比较低，还需要一些化石能源来进行补充。所以，现在的能源结构实际上是不利于实现减排目标的，这个问题需要予以关注。

能源结构对气候变化起到了非常重要的作用。我们必须要调整能源使用的形式，减少二氧化碳的排放。这要求我们再接再厉做很多工作，比如，找到一些方法来提高建核电站的能力。在这方面中国可以发挥更大的作用。中国在不断增长经验的同时，要帮助那些新发展核电的国家分享这样的经验。

捷克工业贸易部副部长 Lenka KOVACOVSK：核电是我们未来能源结构中的重要组成部分

对如何实现巴黎气候变化大会制定的目标，我们进行过很多次讨论，捷克在做能源方案的时候，已经把核电作为未来能源结构中重要的组成部分。

在捷克，核电在能源结构中扮演了重要的角色。但是，我们的机组比较老，都是三四十年前建的，有8台机组要退役，这就要建新的电厂。还有一些机组正在对它们进行延寿，但是延寿的时间也有限，所以还有一些不确定性。这种不确定性不是出现在技术上，主要是在于投资取得的效益上，延寿是不是能够有很高的投入产出比。

我们也知道可以使用其他一些能源形式，但即使这样，我们的电力消耗还是会增加。所以，要进行低碳式发展，必须建更多的核电站。现在，捷克核电的比例是30%，我们希望能够达到将近60%。

我们没有太多的风能、太阳能和海洋可利用。对于风电厂，公众接受程度很低，所以我们发展可再生能源的机会不大。最有希望帮助我们实现低碳发展的是核电。这不仅仅对欧洲来讲是这样的，对全球来讲也一样的。发展核电可以让我们实现减排目标。

中国核能电力股份有限公司总经理张涛：安全高效，创新发展核电及核燃料循环产业

到2020年，中核集团核电运行装机要达到2 000万千瓦，在建装机要达到2 000千瓦。在运核电机组发电量达到1 500亿千瓦时，占全国核电上网电量的40%以上。同时，根据国家战略部署，实现“华龙一号”小批量建设，小堆、浮动堆示范工程开工。

到2020年，国内核燃料循环市场也要逐步建立起来。一方面，不仅要布局建设技术先进、具有国际竞争力的核燃料产业园，也要实现降本增效，统筹老基地产能建设，促进新老基地协调发展；另外，具备处理高、中、低放废液的能力，放射性废物处理处置体系基本建立；同时，建立乏燃料运输体系，在公、海、铁联运方面能够取得突破；继续推动800吨后处理厂项目建设，使其能够进入一个新的阶段。

面对海外中小国家对核电的需求，集团也积极开展核电及核燃料循环产业国际合作。一方面，希望能够力争新出口更多的百万千瓦级核电机组，同时也能够参与国际铀矿开发，拓展铀产品贸易及核燃料出口等方面的业务。为了实现目标，我们将采取以下措施：

一是提高核电安全运行水平，扩大核电产业规模。要确保现役核电厂安全、可靠、经济运行，多数运行指标达到WANO先进水平；加强与地方政府的沟通协调，强化合作，做好核电厂新厂址的开发与保护工作；要优化工程总承包模式，确保在建核电工程安全，质量建设投资控制良好。

二是要加强核科技基础与前沿技术的研究，突破产业发展中关键技术的瓶颈。充分发挥研究堆、加速器等重大科技设施的作用，夯实原始创新基础。加快聚变堆、超临界水冷堆、行波堆前沿技术的

研究。

三是优化核燃料产业结构和布局，提高国际竞争力。一方面，统筹新老基地建设，调整产能布局，优化资源配置，推进建设面向国际市场的区域核燃料供应中心。同时，也要加强技术交流与合作，提高技术水平和生产服务能力，增强国际市场的竞争力。

四是积极培育核三废治理产业，进行集团化运作、专业化经营。一方面，不断完善核环保产业的组织体系，成立核环保产业专业化公司；另外，建立退役治理和后处理的专业化队伍。同时形成核环保产业体系，实现市场化、专业化运作。

五是加强国际核能合作与交流，提供技术、产品全产业链服务，在满足中小国家核电发展需求的同时，确保国际核不扩散条约的实现。

美国西屋公司亚洲区总裁刘信刚：西屋公司将继续为客户提供优质服务

西屋的核心业务是在全世界为各个电厂提供材料、设备，在这样一个破产保护的时期和重组的时期，我们一定会提供高质量的服务。未来我们会继续进行重组，这符合我们的路线图，就是从破产保护当中走出来，并且让自己的业务变得更好。

我们的核心业务一共由四部分组成。一是新建的项目和新建的电站，这基本上和AP1000联系在一起，还有其他一些电站的改进。第二个是运营电站的业务，我们提供服务给超过150多个机组。第三个是核燃料和组件的生产，几乎所有的核燃料我们都可以生产。最后一个是去污拆除、补救和核废料的管理等。

西屋提供的燃料、材料和服务包括从铀矿冶到运输、燃料和组件、工程设计服务等，还有燃料相关的服务、燃料运输设备和吊车的生产、使用乏燃料管理服务等。这些不仅仅是针对未来，而且会满足当前的一些需求。我们和客户紧密合作来减少核燃料周期成本。

此外，西屋还可以提供各种各样的核燃料后端服务。我们把商用的乏燃料，从乏燃料池运输、转移到干湿储存屏蔽容器当中去，在这个过程中，我们采取最高的标准，提高效率，减少成本。

新阿海珐集团亚洲区总裁Philippe HATRON：在核燃料循环领域加强与中方合作

我们的一个战略是希望成为核材料领域领先的公司。中国在这方面也很强，我们之间有很多的互补性，中国的市场很大，法国的技术又很强。三十年前我们就建立了合作伙伴关系。我们是中国重要的核燃料供应商，在后处理方面也合作了很长时间，正在与中核集团一起建一个商用的后处理厂。这不仅对管控核废物非常重要，也能够提高铀的利用率。

还有一个领域就是玻璃固化。这是一个很敏感的技术，也是可以跟中方合作的领域，因为中方有处理这些放射性废物的需求，我们也有最先进的技术，希望中方能够从我们未来开发的新技术中获利。

法国电力公司中国区执行副总裁宋旭丹：深化中法核能合作，推进核电安全高效发展

法国电力公司进入中国已经有三十多年了，从大亚湾核电开始进入到中国。2009年，我们又成功地参股了台山核电项目，与中广核一起建设第三代EPR核电机组。

对于当前核电发展而言，我觉得有许多挑战是每一个国家、每一个核电从业人员都需要面对的。比如，在役核电机组的延寿，新建核电项目中或多或少都面临着一些困难；随着时间推移以及技术水平的提升，对核电发展提出了更高的安全标准和要求；在常规电以及可再生能源成本逐年下降的电力市场环境中，对核电的经济性以及竞争能力提出了更高要求。所有这些困难和挑战都需要我们共同去克服，去应对。“法电”将与中国合作伙伴携手，共同建设好台山项目和英国的项目，积极参与中国新建核电项目，全力支持并共同努力推进“华龙一号”技术在英国的GDA评审。同时也愿意与中方共同开拓第三国市场。

“法电”也希望与中国核电伙伴共同针对核电的标准规范进行相关的合作，从而使得中国乃至世界核电能够在安全高效的状态下继续发展，使核电在应对气候变化方面发挥出应有的作用。

俄罗斯国家原子能公司东亚区总经理Demin Sergey Igorevich：建造核电站既要实现核安全的最高标准，也要控制建造成本

是否发展核电是每个国家都要面临的选择。越来越多的国家期待通过建设核电项目，来解决气候变化的问题。

俄罗斯国家原子能公司（ROSATOM）现在在俄罗斯运营着35台机组，在全世界有42台在建。

ROSATOM有70多年的经验，服务范围遍及核电站的整个生命周期，可以提供从采矿、核燃料供应、核电厂建设到监管、立法框架的制定以及人员培训等服务，业务覆盖五大洲40多个国家。

ROSATOM十分重视技术安全。最新的VVER1200是最安全的核电技术之一。它吸取了福岛核事故的经验，最大限度地避免了人类因素的影响。这是三代改进型的机组，于2016年5月20日运行。它满足了俄罗斯监管的要求，也满足了国际原子能机构的要求，同时还满足了欧洲的相关要求。它能够让许多国家用得起核电，而且保证是安全的。

我们也开发一些新的核电厂技术，包括快堆技术。快堆可以帮助我们实现核能的可持续发展。

在世界范围内，我们不仅仅是建设核电厂，还希望核电厂是环境友好型的。在核电厂建设方面，我们做到了既能够实现核安全的最高标准，还能控制住建造成本。

在如何保证建设周期和控制预算、如何得到公众支持方面，我们应对这些挑战采取的方法是：第一，持续投资新的核电技术；第二，促进高效建设管理技术的发

展；第三，持续发展核燃料循环技术；第四，开发国际合作伙伴关系。

世界核电运营者协会巴黎中心主席Bertrand DELEPINOIS:WANO全心全意致力于安全

世界核电运营者协会（WANO）是行业的全球机构，专门致力于核安全，我们的目标是要提高核电厂的安全。安全是运营商最大的责任，整个行业都有责任来共同提高核安全，确保每个成员都可以得到经验反馈，确保没有一个人落后。因为任何一个地方发生核事故，整个行业都会受到影响。

WANO有什么样的业务呢？首先是做同行评估，这个工作是WANO重要的组成部分，为所有运行的核电厂做同行评估，团队成员也都是来自全球的运营商。

安全的重要性必须是领导首先要认识到，再就是从高层管理者到最基层的每一个员工，必须确立安全意识。在评估时我们会看受评方的安全文化是不是从领导层一直延伸到操作员。

我们有统一的数据库向每一个成员开放，每一个成员可以调取其中的数据，看一看世界上任何一个地区、任何一台机组的运行情况，学习他们先进的经验。

在同行评估的时候，评估专家都会给出建议。之后，还要检查建议的执行情况。在我们的数据库里有上千条建议。

在同行评估之后，成员会向WANO主动要求一些支持或者是援助。也就是帮助他们来解决自己需要改进的地方，包括我们派出技术援助组，去解决具体问题。

除此之外，WANO还有专业的培训和人力资源开发机构，有很多培训的课程，还有座谈会、研讨会等。我们致力于推广安全文化，安全文化应该在现场和管理层当中进行普及，而且必须要得到明确的表达和体现，成为必然的要求。WANO的培训师，就是做这样的工作，通过他们更好地推广安全文化。

WANO全心全意致力于安全。所有的核电厂都跟我们进行互动，所有成员都互相依存。WANO是我，我就是WANO。所有的成员通过行业自律，实现安全的最大化。

日本原子力产业协会理事长Akio TAKAHASHI（高桥明男）：日本未来面临的挑战

首先，我们要实现日本在巴黎协定上作出的减排承诺：在2030年前，要在2013年的基础上减排26%。要实现这个目标，核电占比就要达到20%~22%，这是一个很大的挑战，这意味着在2030年前建差不多30个机组。日本的大多数核电机组，已经超过法律规定的40年寿期。根据日本现行的法律，一次延寿最长是20年，现在要通过安全审查之后才能被批准。另外还有15台机组要退役。

另一个挑战是如何使公众对核能发电有更好的认识和理解。自从福岛事故发生以后，日本公众对于核电的态度是非常谨慎的，60%以上的人反对重启和建设核电厂。

还有一个问题是如何面对没有根据的恐惧和谣言。福岛事故发生后，日本有这样那样的恐惧，特别是在食品安全方面存在担忧。我们在这方面的控制还是非常严的，对农业、渔业和林业产品进行了严格的监测。情况表明，只有一些野生菌、河流和沼泽不能满足标准，此外所有的市场产品都是安全的。

中国有句名言，就是“知己知彼，百战不殆”。我相信最重要的一点，对于核安全来说，就是要理解和认识到它的重要意义。

世界核协会中国区负责人Francois MORIN: 相比煤电，核电更安全

核电事故发生的概率确实是最低的，对于这一点也许很多人还没有真正认识到。因此，在发展核电上存在着过度关注风险的现象，说核电有这样那样的威胁。切尔诺贝利核事故发生的时候，当时有人自杀，也有很多人堕胎，这完全出于恐惧。恐惧其实是最可怕的，比核辐射还要可怕，是恐惧杀死了人。

怎样来应对核电风险大的认识呢？我的一个同事，进行了一些不同风险的比对。比如，你住在核电站旁边，事故的发生率比坐飞机出事要低得多，比出车祸的事故低得更多。不幸的是，这种相比较的事故概率，并没有让大家更容易接受核电。

社会对煤电的接受度仍然很高。但我想指出的是，全球核电的高放废物只有2 000吨，但是一个燃煤电站排放的各种各样的有害物质就达到40万吨，这些有害的金属元素在土壤里面要一千年的时间才会降低毒性。

空气污染造成的死亡数据是非常惊人的。这些非事故造成的死亡，相比切尔诺贝利和福岛核事故要严重得多。我们做过测算，如果通过发展核电减少空气污染，到2050年前，就可以拯救800万人的生命。说“事故永远不会发生”，没有人会相信你。因为这是不可能的。还不如说事故可能会发生，但是我们会解决它。不能一发生事故就不发展核电了。

我是法国人，我很担心相邻的德国，他们弃核了。虽然去年德国增加了风电，增加了太阳能发电，但是，二氧化碳的排放还是增加了。如果二氧化碳一年增加8%的话，二十年以后会增加多少？所以必须要发展核电。

第四代核能系统国际论坛副主席、韩国原子力研究所高级副总裁Hark Rho KIM：我们关注核能的可持续发展

2001年，由美国牵头，会同英国、瑞士、韩国、南非、日本、法国、加拿大、巴西、阿根廷10国及欧洲原子能共同体共同成立了第四代核能系统国际论坛（GIF），并签署了《宪章》，其宗旨是研究和发展第四代核能系统。

2002年，我们发布了技术路线图；2014年1月进行了更新。2015年签订了第一个框架协议，2006年研发了第一个项目。目前正在进行的研究项目有：

第一个是钠冷快堆。这是一个合作项

目，2006年2月开始研发，成员有中国、欧盟、法国、日本、韩国、俄罗斯和美国。

第二个是超高温气冷堆。目前有中国、欧盟、法国、日本、韩国、瑞士和美国在研究。去年，澳大利亚也加入其中。

第三个技术是超临界水冷堆。团队成员有加拿大、中国、欧盟、日本和俄罗斯。我们将三代改进型的反应堆技术和先进的超临界水冷技术结合在一起，让水达到超临界。这是一个先进的系统。

另外还有铅冷快堆、熔盐堆。

GIF关注全球核能的可持续发展问题，与国际原子能机构（IAEA）等国际组织保持着长期合作关系，其合作涉及IAEA革新型反应堆和燃料循环国际项目，经济、安全、实物保护与防扩散评价方法等。我们有一个可持续工作队，这是2014年11月建立起来的。工作队会对IAEA、NEA相关的可持续发展活动进行评估，关注他们的方法，还有评估的手段，在核能可持续发展方面交流信息，吸收以前工作的经验等。

中国国际核聚变能源计划执行中心主任罗德隆：我们需要新的技术解决未来的能源问题

ITER是国际热核聚变实验堆的简称。ITER计划是目前全球规模最大、影响最深远的国际科研合作项目之一，这是一个很大的挑战。

ITER虽然是全球的首创，但是，这个项目并不是从零开始。在这之前，已经有很多这方面的设施，德国、法国、欧洲都有。中国有EAST，这是中国自行设计、研制的国际首个全超导托卡马克装置。但是这些都没有ITER这么大。我们想要建立一个500兆瓦的聚变堆，先是建成示范堆，最后实现商用。

ITER的厂址在法国南部，占地180公顷，离马赛有几百公里，有700个人在现场工作。现在现场是一片热火朝天的景象。

中国政府非常重视核聚变研究，相关部委、机构、大学和企业都深度参与到项目中来，或者是参与ITER相关的研发。政府还特别成立了一个组织来执行ITER项目，协调聚变研究。另外，我们还要建中国的聚变工程实验堆，希望这个堆能够填补从ITER到最后聚变电站之间的空白。这是我们的计划。我们已经有了两个设计：第一个设计比较小，建一个200兆瓦的聚变试验装置，为了易于操作，主要是进行一些试验的验证。第二个设计，就是希望能够把聚变试验堆做成一个聚变电站。

我们有一个非常宏伟的计划，就是通过掌握这项新的技术解决未来的能源问题，满足五十年以后的能源需求。我们有能力能够实现聚变发电的商用。

第十二届中国国际核电工业展览会

概况

2017年4月27—29日，由中国核能行业协会主办的第十二届中国国际核电工业展览会在北京中国国际展览中心举办。中国核能行业协会第二届理事会理事长张华祝致开幕辞。

本届核电展展览面积达13 650平方米，来自俄罗斯、法国、英国、美国、日本、韩国、西班牙、瑞士、捷克和中国等多个国家的逾200家核电企业、科研院所等参加了展览，充分展示各自在核电、核燃料、核电设备等领域的研发、设计、建造、运行、维护、电气与自动化、核安全等方面的先进技术与创新成果。法国、英国、捷克等国以国家展团的形式参展。

本届展览亮点纷呈。我国具有自主知识产权的“华龙一号”、国家科技重大专项大型先进压水堆CAP1400及高温气冷堆核电站、小型模块化多用途反应堆（小堆）等三代核电技术成果成为展览的关注点。除了三代核电技术外，具有第四代核能技术特征的5种堆型研究成果在展览上首次集中展示。本届核电展设置了“第四代核能系统主题展”展区，介绍第四代核能系统国际论坛（GIF）工作情况。中国原子能科学研究院、中国核动力研究设计院、清华大学核能与新能源技术研究院、中国科学院核能安全技术研究所、中国科学院上海应用物理研究所等单位共同展示了我国在第四代核能系统研发方面所取得的成果。此外，核电产业发展也得到多方关注。上海核电办、四川省重大技术装备办公室分别携辖下核电企业整体参展；浙江省政府与中核集团合作共建的中国核电城、以海阳核电为依托的山东海阳核电园区，展示了核电带动当地关联产业发展所取得的成果。

在核电展期间，中国核工业集团、中国核工业建设集团、中国广核集团、中国华能集团等企业，以及中国核能行业协会、第四代核能系统国际论坛（GIF）等，对外发布了包括“华龙一号”示范工程进展、落地英国最新进展，高温气冷堆示范工程进展，我国核电建造优势，GIF组织与第四代核能系统技术路线图等在内的核电工程进展情况及重要研究成果。此外，在展览现场，四川核技术制造业创新中心还举办了首批项目启动仪式；中国核能电力股份有限公司发布了中国核电社会责任报告；多家国内外企业举办了技术推介会，推广技术成果。

中国国际核电工业展览会创办于1995年，每两年举办一次，至今已举办十二届，是世界核能领域规模较大、影响力较强的专业展会。核电展已成为核能行业成果展示、产品推介、交流经验及促进合作的重要平台，为全面展示我国核电行业发展水平、了解学习先进技术与管理经验、促进中外核能合作与交流、推动核电“走出去”发挥了积极作用。2015年，中国国际核电工业展览会入选商务部引导支持展会名单。

本届核电展得到了政府有关部门的指导，并得到国际原子能机构（IAEA）、世界核电运营者协会（WANO）、美国机械工程师学会（ASME）、日本原子力产业协会（JAIF）、英国投资与贸易部（DIT）等国际组织、行业协会和有关国家政府部门的大力支持。

展会全景

新：新技术、新产品、新进展

看点一：尽览中核高精尖

核电展会上，中核集团的“双龙出海”备受瞩目。“华龙一号”首堆示范工程进展顺利，“玲龙一号”研发设计工作已经全部完成。

除此之外，中核集团还展示了快堆、超临界水冷堆先进技术等，展会展出的在世界第四代核能系统的5种堆型中占了2个席位。由此可见其雄厚实力。

看点二：中广核展台的“国际范儿”

中国广核集团多项科研成果吸引观众驻足，位于展台中心位置的“华龙一号”声光电模型作为中广核参展的“传统项目”，风采不减当年。

我国核电装备制造自主品牌的新名片——和睦系统，国际领先、国内唯一、具有自主知识产权的激光清洗去污技术等博得了大量“眼球”。

看点三：中国核建、华能集团双推高温气冷堆核电厂

中国核建的展台主角是600 MW球床模块式高温气冷堆商用核电厂模型。该堆型是当前中国核建重点打造的技术产品，是具有我国完全自主知识产权和第四代核能系统特征的先进堆型。

华能集团也以展板、模型、视频等多种形式，重点展示了国家科技重大专项——高温气冷堆核电厂示范工程建设；突出展示了核电产业投资、核电管理体系、安全高效发展核电、科技示范引领作用等方面取得的成绩。

看点四：国家电投CAP1400技术世界领先

CAP1400是国家电投立足于我国几十年核电研发设计和建设运营经验、消化吸收AP1000技术、通过自主创新开发的具有自主知识产权的三代非能动核电技术。CAP1400单机输出功率为150万千瓦，平均每台机组年发电量达114亿千瓦时，设计使用寿命60年。其安全性、经济性和环境相容性处于世界先进水平。

看点五：第四代核能系统首次集中展示

除了三代核电技术外，本届核电展设置了“第四代核能系统主题展”展区，介绍了第四代核能系统国际论坛（GIF）的工作情况。具有第四代核能技术特征的5种堆型研究成果在第十二届核电展上首次集中展示。中国原子能科学研究院、中国

核动力研究设计院、清华大学核能与新能源技术研究院、中国科学院核能安全技术研究所、中国科学院上海应用物理研究所等单位共同展示了我国在第四代核能系统研发方面所取得的成果。

全：全产业链的全方位展示

看点六：全产业链创新成果集中展现

本届核电展展览面积达13 650平方米，各参展商充分展示了在核电、核燃料、核电设备等领域的研发、设计、建造、运行、维护等方面的先进技术与创新成果。

看点七：核燃料元件生产能力强

中核集团展示了南、北两大核燃料元件生产基地的众多产品，其中有不同的形状，也有不同的技术。看到核燃料元件方面具有如此强大的自主生产能力，不禁使人对核电发展信心倍增。

看点八："非洲小哥"备受瞩目

有一位来自非洲的"小哥"成为展会上的明星，它就是中广核在纳米比亚投资建设和经营的湖山铀矿。

湖山铀矿拥有资源总量位居世界第三，可满足20台百万千瓦级核电机组近40年的天然铀需求。

广：全球核电产业广泛参与

看点九：展会阵容强大

本次展会吸引了来自中国、法国、俄罗斯、美国、英国等十多个国家的核电巨头，包括中核集团、中国广核集团、法国电力集团、俄罗斯国家原子能集团在内的200多家企业。

看点十：政府部门、民营企业踊跃参与

上海核电办、四川省重大技术装备办分别携辖下核电企业整体参展，并扩大了展览面积，增加展览内容，突显实力。

浙江省政府与中核集团合作共建的中国核电城以"由核而生，因核而盛"为主题，通过主展区、核电关联产业联盟展区等两大展区各具特色的展示，全面反映了近年来海盐在建设中国核电城、发展核电关联产业的创新举措和取得的成效。以海阳核电为依托的山东海阳核电园区展示了核电带动当地关联产业发展所取得的成果。

涉核中小企业（民企）成为展会一道靓丽风景，分别展示在核电关键设备和材料制造中的科研成果及创新技术。

核能行业信息发布会

4月27日、28日，中国核能行业协会在第十二届核电展期间组织了多场行业发布会。多家集团和企业借助核电展平台展示核电工程进展情况及重要研究成果。

中核集团发布了"华龙一号"和"玲龙一号"——"双龙出海"的最新情况。中国广核集团介绍了"华龙一号"落地英国的最新进展。同时，中广核还发布了我国首个自主核级数字化仪控平台"和睦系统"的最新进展。中国核建聚焦核电建造能力，介绍了其发挥优势、创新发展、打造世界一流的核电建造之师的举措。中国华能集团介绍了国家科技重大专项高温气冷堆核电厂示范工程建设、项目前期工作进展、核电产业投资、核电管理体系等。第四代核能系统国际论坛（GIF）发布了GIF组织与第四代核能系统技术路线图。海阳市政府在发布会上介绍了海阳市核电装备制造工业园区建设及核电产业集群发展情况。中国核能行业协会介绍了“核电基地防范低空飞行物安全管控系统”项目进展情况。中国核能电力股份有限公司发布了中国核电社会责任报告和公众沟通产品包。

此外，在展览现场，四川核技术制造业创新中心还举办了首批项目启动仪式。

中核集团：“华龙”“玲龙”——“双龙出海”

4月27日，第十二届中国国际核电工业展期间，中核集团在展会现场发布了“双龙出海”的最新情况。在核电“走出去”的过程中，“华龙一号”和“玲龙一号”备受全球核电界的关注，分别引起多个国家的合作兴趣。

发布会上，中核新能源有限公司总经理钱天林就“小堆科研历程和项目进展”做了专题发布，中国核电工程有限公司总经理刘巍详细介绍了中核集团“华龙一号”海内外示范工程进展。

“华龙一号” 4台核电机组开工建设进展顺利

“华龙一号”是我国自主三代核电品牌，是国家自主创新、集成创新和机制创新的成果，是在我国几十年核电建设运营成熟经验基础上，汲取世界先进设计理念合作研发的三代核电自主创新成果。“华龙一号”反应堆采用中核集团“177堆芯”设计，核燃料采用中核集团开发的CF自主品牌。

“华龙一号”在基于成熟技术的基础上，采用能动与非能动相结合的设计理念，以及完善的严重事故应对措施，增强抵御极端外部事件能力，吸收福岛事故后经验反馈等重要设计特征，显著提高了电站安全性，并兼顾了电站性能与经济性要求。“华龙一号”的技术和安全指标符合最新的国内、国际核安全法规标准要求，具有成熟、安全、先进和经济性好的特点。

目前，中核集团海内外“华龙一号”共有4台核电机组开工建设，均进展顺利。

在国内，中国三代核电“华龙一号”全球首堆——中核集团福清核电5号机组自2015年5月开工以来，正按照62个月的总工期计划推进工程设计、设备制造、现场施工、项目管理等进程，进展好于预期。作为“十九大”献礼工程，它的顺利进展体现了中国核电建设的实力，也必将增强国际市场的信心，推进中国核电“走出去”战略的实施。

“华龙一号”海外首堆——巴基斯坦卡拉奇核电2号机组于2015年8月20日开工建设；2016年，卡拉奇核电3号机组也已开工，目前工程进展顺利。

中核集团积极参与到“一带一路”的

国家倡议中，“华龙一号”的“走出去”不断取得突破。除了巴基斯坦外，目前已与阿根廷、英国、埃及、巴西、沙特、阿尔及利亚、苏丹、加纳、马来西亚等近20个国家达成了合作意向。

“玲龙一号”研发设计工作已经全部完成

相比核电站几十乃至上百万千瓦的核电机组来说，小堆拥有小型化、模块化、一体化、非能动等先进革新型技术，具有安全性高、灵活性好、用途广泛等优势，可以作为分布式电源建在接近工业区和人口密集区，实现城市区域供热和工业工艺供热，可以为偏远地区的中小型电网供电，可以作为移动电源为海洋资源开发等供电，并可以用于海水淡化等。

小堆因其安全性、灵活性和多用途等方面的独特优势，在新一轮核能技术变革和国际产业竞争中的作用日益凸显。21世纪初，国际原子能机构（IAEA）正式启动革新型中小反应堆的开发计划。据IAEA统计，截至目前全球范围内正在开发的小堆技术超过40种。美、俄、英、日、韩等国均将小堆技术列入国家战略，加大研发和产业推广力度。

模块式小堆（ACP100）是中核集团具有完全自主知识产权的小型压水堆，是军民深度融合、创新发展的重大成果。同时，为加快推动小堆产业化发展，中核集团专门为ACP100注册了“玲龙一号”商标。

“玲龙一号”具有一体化反应堆技术、高效直流蒸汽发生器技术、屏蔽主泵技术、固有安全加非能动安全技术、模块化技术等技术特征；具有技术先进及成熟、多用途、部署灵活、设备成熟度高、工程可实施性好等突出优势。

截至目前，“玲龙一号”研发设计工作已经全部完成，具备工程建设条件。同时，“玲龙一号”是全球首个通过IAEA通用反应堆安全审查（GRSR）的先进小堆技术。

一些国家对中核集团的小堆产生了浓厚兴趣，纷纷表示出合作意愿。中核集团已与巴基斯坦、伊朗、英国、沙特、印尼、蒙古、巴西、埃及、加拿大等国开展了小堆合作洽谈，并已与部分国家开始项目谈判工作。

中国核建：发挥优势 创新发展 打造世界一流的核电建造之师

在第十二届中国国际核电工业展上，中国核建股份公司副总裁、总工程师韩乃山，重点介绍了中国核建核电建造能力。

韩乃山表示，2017年是实施“十三五”规划的重要一年，是供给侧结构性改革的深化之年，也是我国核电中长期发展规划实施的关键时期，布局和谋划好今后几年核电的发展，对于核电事业的可持续发展以及全面实现2020年核电发展目标至关重要。他说，随着“一带一路”倡议的实施，核电面临着“走出去”的发展机遇，同时，核电是高科技的综合集成、技术含量高、产业链条长，体现国际科技竞争力，发展核电有利于推动我国能源结构的调整，有利于我国整体工业的水平，提升我国在国际产业分工的地位。

韩乃山介绍说，中国核工业建设集团公司作为伴随着中国核工业发展成长起来的核工程和核电建造唯一的专业化“国家队”和“主力军”，三十多年来不间断地承建了中国大陆所有机组的核岛工程建设，参与了从30万到170万千瓦商用核电厂的建设，覆盖二代、三代压水堆，重水堆及四代高温堆建造技术，形成了独有的技术体系、管理模式和深厚的核安全文化，在核电市场具有显著的品牌价值优势，尤其在核岛建造方面享有很高的信誉和认可度，是全球核能界公认的在核电建造领域处于领先地位的大型中央企业集团。在快速发展的过程中，中国核建也形成和具备了多项目、多厂址的群堆建造管理能力，并积极向产业链上游延伸，拥有一支经验丰富的管理人员和专业化能力强的施工队伍。

韩乃山说，中国核建在快速发展过程中，确立了“一个核心能力，两个核心业务”的发展战略。近几年，始终把深化改革改制、结构调整、加快发展紧密结合起来，核心竞争力进一步得到提升，一个以核电工程、核工程、国防军工工程建设为核心，以核能高技术产业化为发展目标，同时发展多元化经营和新业务经营格局逐步形成，正在朝着培育具有国际竞争力的世界一流企业的目标迈进。在“十三五”期间，中国核建将继续贯彻“以核为本”的发展方针，牢固树立“安全立命、成本立业”的思想，坚持“服务至上、成本领先”的理念，强化市场意识，积极应对市场竞争，坚持管理体系创新和技术进步，加强核电工程人才队伍建设，不断完善核电建设管理模式，积极推进精细化管理，深度提升核电工程项目管理能力，不断夯实核安全文化根基，强化核安全文化理念的渗透力和影响力，统筹策划核电建造标准化，完善知识共享和经验反馈机制，打造精品工程。

韩乃山强调，中国核建始终把所承担的核电工程建设作为核电产业中一个承上启下、起着桥梁作用的重要环节而不懈努力，为核电事业的健康有序可持续发展发挥更加积极的作用。

在本次展会，中国核建展台集中展示了中国核建的核电建设能力和高温气冷堆技术，从科技核建、创新核建、安全核建、合作核建、未来核建5个方面全面展示中国核建取得的辉煌成就和卓越能力。

中广核：“华龙一号”通用设计审查第一阶段工作预计11月完成

“自1月10日英国政府同意受理‘华龙一号’通用设计审查（GDA）以来，中广核正在有序推进‘华龙一号’GDA的相关工作，而英国布拉德维尔B核电站的参考电站——防城港二期也在按计划推进，目前已经完成3号机组第二节筒体壁板的吊装。”4月27日，中国广核集团“华龙一号”GDA首席技术官毛庆在核电展期间的发布会上介绍了华龙出海的最新进展。

据毛庆介绍，“华龙一号”GDA将以防城港3号机组为参考电站，预计5年完成。一旦完成全世界最为严格也是难度最大的设计审查，中国自主三代核电技术在全球核电市场上的影响力将大增。

GDA将成为向全世界展示“华龙一号”的窗口

通用设计审查(GDA)是我国自主三代核电技术“华龙一号”落地英国的技术前提，主要针对新建核反应堆设计通用安全性和环境影响进行评估。

据毛庆介绍，英国的核安全监管审查的理念与中国、欧洲、美国有所不同，其核安全要求并没有固定的标准或者限值，而是需要被审查方证明其设计满足合理可行尽量低原则、最佳可行技术原则以及最佳实践原则。为此，我们必须提供大量的论证分析、报告等，去说明“华龙一号”设计是先进的、安全的、成熟的、可靠的，这比单纯证明满足某一限值要求要难得多。

根据英国核安全监管规定，采用在英国没有使用过的技术新建核电厂，在项目建造前应进行GDA。“GDA的启动意味着我国自主三代核电技术落地英国布拉德维尔项目迈出了关键一步。”毛庆表示，“这也是‘华龙一号’走向世界的重要一步。‘华龙一号’一旦通过GDA，将产生良好的示范效应，更多国家会由此增强对‘华龙一号’的信心，提升‘华龙一号’在国际市场的影响力和竞争力，推动‘华龙一号’的国际市场开发。”

计划11月中旬前完成GDA第一阶段工作

据悉，中广核历时近2年，完成了“华龙一号”技术方案自评估，提前识别技术上可能存在的审评风险，并采取对应的应对措施，从技术上做好了进入GDA审查的准备。

在项目管理方面，中广核与EDF在英国成立了通用核能系统有限公司（GNS）,该公司将作为“华龙一号”GDA审查推进的项目主体。目前，通用核能系统有限公司已经搭建了项目管理、技术管理的团队，保障“华龙一号”GDA审查的顺利推进。

在技术方面，中广核已梳理GDA各个阶段存在的潜在风险并制定相应对策。毛庆表示，参照英国监管当局的审查要求，中广核已识别出法规标准适用性、厂址拓宽、结构完整性分析、乏燃料中间贮存等各种技术风险点，并通过成立专项工作组进行技术攻关、整合集团内相关资源、借助EDF与国际知名技术咨询公司的经验等多种措施消除风险项。

据毛庆介绍，中广核将以广西防城港核电3号机组为参考电厂开展GDA。目前，中广核和EDF一起已经制订了一个详细的项目进度计划。“华龙一号”GDA审查将分为四个阶段，历时共60个月。

其中，第一阶段为准备阶段，计划10个月时间完成准备，并完成初步安全报告（PSR）的编制；第二个阶段计划用12个月时间完成初步安全报告（PSR）的审评；第三阶段计划用13个月的时间完成对建造前安全报告（PCSR）、建造前环境报告（PCER）以及核安保总体方案（CSA）三个综合性报告的审查；第四个阶段计划用25个月的时间，将就英国核安全监管当局关注和反馈的重点问题，逐一与他们讨论，并提供足够的技术证据来证明“华龙一号”的设计满足英国核安全监管要求，对需要技术修改的地方进行技术改进。

毛庆表示：“我们计划在2017年11月中旬前，正式向英国当局提交PSR，完成GDA第一阶段全部审查工作。”

“华龙一号”示范机组进展顺利

作为英国“华龙一号”项目布拉德维尔B的示范电厂，中广核防城港二期的进展一直备受关注。“华龙一号”示范项目防城港3号机组目前第二层筒体壁板吊装顺利完成。防城港二期工程常规岛、泵房等厂房建设均按照计划推进。防城港核电二期工程3、4号机组汽轮发电机组、反应堆压力容器等核心设备制造已全面启动，均实现国内制造厂商承制。

毛庆表示，防城港3号机组的设备采购技术规格书出版率已达100%，核岛土建施工图出版率突破60%。设备采购方面，全厂设备采购包签约完成率突破80%，核岛设备采购包100%合同签订。“目前，‘华龙一号’示范项目防城港二期的采购国产化率达到90%，高于国家对‘华龙一号’示范项目85%的国产化目标。”

中国华能集团：欲占核电市场份额10%

“我们的战略是以高温气冷堆示范工程建设为起点，逐步实现大型压水堆项目的控股建设，最终实现核电市场份额占比大约10%的目标。” 在核电展期间行业发布会上，中国华能集团公司核电事业部副主任崔绍章在谈及华能集团核电规划时如此表述。

会上，崔绍章介绍了国家科技重大专项——高温气冷堆核电厂示范工程的进展情况，以及华能集团核电项目前期工作、核电产业投资、核电管理体系等。

高温气冷堆示范工程建设进展顺利

石岛湾高温气冷堆核电厂示范工程于2012年年底开工建设。这是世界首台模块式高温气冷堆核电厂。据崔绍章介绍，目前，建安工程重大节点目标按计划完成。核岛反应堆厂房、乏燃料厂房、常规岛主厂房已封顶，核岛、常规岛土建工作进入收尾阶段，工程处于全面安装阶段。核岛主系统安装完成了45%，辅助系统安装完成了75%，电气系统安装完成了40%，仪控系统安装完成了20%；常规岛主系统安装完成约98%，辅助系统安装完成约90%，电气系统安装完成约90%，仪控系统安装完成约85%。

主设备制造取得阶段性成果。首台反应堆压力容器2016年3月10日运抵工程现场；首台金属堆内构件2016年3月13日运抵工程现场；首台主氦风机已经在上海鼓风机进行组装，预计2017年7月交付；蒸汽发生器设备内件已经制造完毕，正在开始进行总装。

核燃料供应基本满足工程进度要求。核燃料元件于2016年8月开始试生产。截至2017年3月，已完成9.7万个燃料元件制造，70万个石墨球全部到厂。

调试工作稳步推进展开。联合调试队已完成相应人员调试授权培训，调试管理程序已发布完毕，能够满足系统调试工作的需要。生产准备有序开展。45名生产运行人员获得高温气冷堆高级操纵员执照，79人获得操纵员执照。

华能积极参与核电投资

在华能集团的绿色发展行动计划中，核电是其中重要内容。为了有效地支撑这一行动计划，集团积极参与核电项目投资。截至目前，已参股海南昌江一期工程、山东海阳核电项目、石岛湾项目和霞浦项目。同时，集团从2004年开始，在山东、海南、福建、辽宁、江苏等地开展了场址选址工作。

发布会上，崔绍章对华能集团所开展的核电厂址和项目前期准备工作作了重点介绍。华能目前此项工作主要集中于福建霞浦核电厂址、辽宁普兰店核电项目厂址、江西鹰潭核电项目厂址和安徽铜陵核电项目厂址。福建霞浦核电厂址位于宁德市霞浦县的长表岛，项目规划建设1台60万千瓦高温气冷堆和4台百万千瓦级压水堆。到目前为止，可研阶段57项专题论证工作已完成了27项，厂址“两评报告”初稿已经完成。按全厂规划的取排水方案已经确定，海工工程可行性研究报告已通过专家评审，可研阶段总平面布置方案已编制完成。现场已经具备厂外“三通”条件。辽宁普兰店核电项目厂址规划建设6台百万千瓦级核电机组。目前，项目已完成初可研阶段的全部工作，通过了第三方的评审，处于厂址保护状态。江西鹰潭核电项目厂址规划建设4台百万千瓦级压水堆核电机组，初可研阶段工作已经全部完成。厂址列入国家核电中长期发展规划的重点论证厂址目录。安徽铜陵核电项目厂址规划建设4台百万千瓦级压水堆核电机组，同时兼容高温气冷堆核电机组。该厂址已被列入国家核电中长期发展规划的重点论证厂址目录。

崔绍章介绍，在“十三五”期间，华能石岛湾高温气冷堆工程将建设完成，开工建设石岛湾2台百万千瓦级压水堆核电机组，开工建设霞浦2台百万千瓦级压水堆核电机组，开工建设霞浦1台60万千瓦高温堆核电机组，开工建设海南二期2台压水堆核电机组，力争控股核电装机容量20万千瓦，在建装机容量达700多万千瓦。

圆桌讨论

三方合作在英国项目上的机遇与挑战

2016年9月，中广核、法国电力集团（EDF）在伦敦正式签署了英国新建核电项目一揽子合作协议，中、法、英三方合作正式启动。世界核能发展论坛期间， 中国广核集团副总经理郑东山，法中电力协会主席、前EDF副总裁Herve MACHENAUD，英国国际贸易部民用核能副司长Paul MCCAFFREY，华龙国际核电技术有限公司副总经理、总工程师咸春宇，就三方合作在英国项目上的机遇与挑战各自发表了看法。

郑东山：

有一些挑战摆在我们面前。比如英国脱欧了，英国政府也宣布了英国会离开欧洲原子能组织，这些会带来一些不确定性。如果想让项目进展顺利，如何保持良好的关系呢？这是我们面临的第一个挑战。

再一个挑战是，英国在监管机构、监管方面跟中国不太一样，即便跟法国，也是不一样的，他们有非常严格的，甚至是苛刻的核安全的审查和监管，这个对于EDF和中国团队来讲也是挑战。在这种环境下，我们不仅要实现自己的项目目标，而且要确保核安全和质量，从而让我们的项目顺利完成。

第三，这个项目本身也会面临一些自身的风险，比如说成本的风险、规划的风险和工期的风险，这些都是项目共同的、常常遇到的挑战，在英国项目当中也有体现。

Herve MACHENAUD：

英国项目是“法电”和中方合作迈出的新一步，对于两国的核工业来讲都非常重要。过去三十五年的合作，为我们这次合作打下了基础。

法国和中国在民用核能方面的合作，在2015年李克强总理访英的时候达到了新的高点，现在已经进入到全产业链的合作，从开矿到建核电厂以及在第三国市场的合作。

中国有着很大的核能发展规划，英国项目给中国提供了很好的机会。进入西方市场，当然会有一些挑战，首先是要满足西方尤其是英国的核安全法规要求。而且，我们还面临一个很重要的问题，就是英国已经有很多年没有建过核电站了。另外，英国有不同的文化，不管是企业文化，还是社会文化，这都需要法中电力协会发挥重要的作用。

法中电力协会的成员与中方的合作会带来很多的机会。我们的成员可以支持中国核工业界参与英国项目，更重要的是能够在欧洲和西方国家开启一个新的市场。

Paul MCCAFFREY：

英、中两国合作是非常恰逢其时的。

英国的新建项目有很多国际企业参与，这彰显了英国对于国际投资的开放。我们6个厂址都有新建项目规划，总共是18 GW的装机容量，用4种不同的技术，EPR、AP1000、“华龙一号”、先进压水堆等等。

我们要建2个EPR。EDF是主要的团队，它跟中广核合作，中广核是中方合资公司的牵头方，中方占33%的股份。欣克利角C项目对英国非常重要，能够满足6千万用户的用电需求。

还有一个项目正在进行公众的听证会，EDF和中广核都在发挥重要作用，技术采用的也是EPR，另外有两个机组会用华龙技术，计划在通用技术审查也就是GDA完成以后开始建设。

这是一个国际项目。如果它想成功地跨境运营，就要考虑到国际监管标准的复杂化。我们要看我们的商业合作伙伴如何参与这个项目，如何克服项目的障碍，并且满足监管的要求。我非常高兴看到我们核监管部门现在在北京的办事处要开了，这说明我们非常重视这个问题。我们希望通过这个来促进GDA审查的顺利完成。我们也希望不同国家的标准能够进行协调连接起来，更好地推进我们的生产项目。

此外我们有很多核能项目在同时进行，非常让人兴奋。核能会成为英国低碳能源结构当中非常重要的组成部分。

我们和中国企业的合作会取得巨大进展。中国有句古话是“千里之行，始于足下”。我也借助这句话告诉大家，现在我们走出了第一步，我们后面还有更多的步伐会迈出。

咸春宇：

站在华龙国际的角度来看中、法、英三国的合作，应该从以下几个方面来认识：

一是机遇，得到了三个国家政府层面的支持。英国政府对项目的支持是至关重要的，HPC项目获得英国政府的批准也签了协议。特别是中国政府为参与海外合作的国内企业提供了很好的条件。

二是关于中法合作，应该说有比较长的历史。法国的企业有经验，而且核电设计方面在全球也是比较领先的。中国几十年在核电项目管理、工程建设上都没有停止。应该说，从技术、经验、人才、资金各方面是比较丰富的，能够与法方形成互补。

不管HPC的EPR或者是防城港的“华龙一号”，虽然说有困难，但是我们看到了曙光，后续在建设周期上会加快。

三是从英国来看，核电发展的形势为三方合作提供了比较好的机遇。但是也面临着一些挑战，包括核电成本、经济性问题。因为安全性提升需要花很多代价。所以造价越来越贵，这是比较大的问题。然后是我们的建设周期或者说工期的控制，对成本的影响也是非常大的。中方企业到英国去，对英国的法律法规、当地文化的认知程度等都需要努力提升。再一个是要适应合资企业的管理方式和生产关系，当然还有技术上的难点，这些方面都是我们面临的挑战。

核电发展与公众沟通

公众对核电的可接受性是目前中国核电发展中遇到的一大挑战，特别是2011年福岛核事故以后，公众对核电的安全担心比原来要高得多。如何做好公众沟通，推动核电发展是当前非常重要的任务之一。在圆桌讨论会上，国家核安全局核电安全监管司项目官员王兆然、中国核能行业协会技术服务部主任杨波、中国核能电力股份有限公司副总经理郑砚国、财团法人核能科技协进会董事长陈布灿、中国核能电力股份有限公司秦山核电党群工作处副处长高飞、《中国能源报》电力部主编朱学蕊就公众沟通问题发表了意见。

王兆然：

近几年来，核电项目公众沟通面临前所未有的严峻形势。一是随着经济不断地发展，公众自身的知情权、监督权和参与权的意愿在不断提升；二是随着新媒体得到广泛的应用，特别是所谓自媒体时代的到来，公众在获取信息的渠道，包括表达自身意愿的渠道不断拓宽。

过去的公众沟通工作存在这样几个问题：一是公众沟通大部分由核电企业来完成，政府层面的沟通渠道缺失；二是缺少完善的沟通方案，没有形成一个有效的沟通渠道和平台；三是宣传的形式比较单一，主要以利用媒体进行宣传为主，很少进行双向沟通和交流；四是对新媒体利用不足。

基于以上情况，我们在推进公众沟通机制的时候，考虑了这几个方面的改进内容：一是拓宽渠道，以开放的姿态建立政府、企业和行业协会与公众之间的沟通平台；二是结合项目和核电自身的特点精心谋划，在不同环节以及各个阶段，有序地开展公众沟通工作，最大限度地获得公众的理解和支持；三是进行形式多样的宣传工作，充分调动公众的积极性；四是加强信息公开，接受公众的监督，尽可能提供咨询方面的便利；五是广泛征求公众意见，除了传统的问卷调查、座谈等形式，还要通过展厅、开放日等多元方式，给公众一个主动上门了解信息、反馈意见的渠道。

杨波：

中国核能行业协会把公众沟通作为重点工作，成立十年以来，在公众沟通以及科普宣传方面做了大量的工作。

第一，日常的公众沟通和公众宣传工作。协会有“三刊一网”，可以及时发布国内外核能信息和动态，发布核电厂权威数据。

中国核能行业协会是核能界具有权威性的第三方组织，有一支力量很强的专家队伍。这些专家在协会的组织下走进机关、学校、社区，与不同层次的公众进行研讨和沟通，引导公众科学理性地认识核电。

第二，从2013年开始，协会在国家核安全局的支持下，结合协会核电同行评估经验，采用同行评估的方法和流程，对公众沟通开展了同行评估。3年中，我们分别对秦山、宁德核电站以及桃花江核电前期项目的公众沟通工作进行了评估，提高了业主方公众沟通工作的水平。

第三，核能行业协会发挥专家优势，对前期项目进行定点支持和提供咨询。从2014年开始，协会受中广核集团邀请，对苍南项目提供技术支持和咨询。参与了各级政府的讲座和沟通活动，与中广核集团一起编制公众沟通大纲，实施公众沟通方案，还参加环评听证会、座谈会，回答公众的问题，促进了当地公众沟通工作有效进行。

第四，协会开展了大量公众沟通的研究工作，包括公众对核电认知水平、公众沟通方式等，为公众沟通提供了参考性的方法和建议。

谈及公众沟通工作遇到的问题，我认为有几个方面有相当大的挑战。

一是公众沟通工作赶不上核电的发展。

二是公众沟通工作发展不平衡。前端、后端以及核技术方面相对薄弱一些。

三是如何找到一种好的办法，让公众客观、理性地认识核安全，还要继续探索。

四是怎么应对跨省区、行政区的涉核事件。

五是对部分新媒体、自媒体在宣传时扩大、渲染核风险的做法，我们怎样进行干预和有效应对。

郑砚国：

为了持续地推进桃花江核电项目，我们在公众沟通方面开展了一些工作，以下是几点体会：

第一，政府支持是我们做好公众沟通工作的基础。湖南省各级政府对发展核电很支持，省政府专门成立了以常务副省长为组长的公众沟通领导小组，益阳市政府给我们提供了公众沟通的平台，我们在桃江县、益阳市分别建了两个科普馆。在政府支持下，我们还可以对可能出现的舆情进行监测和管控，帮助我们有意识地引导。

第二，要做好公众沟通的顶层设计。我们把受众分成不同的群体，采用不同的方式，而且用不同的话语来解决他们的需求。

第三，要持之以恒。公众沟通工作要贯穿项目的各个阶段，让老百姓认知、接受我们，为核电创造一个好的发展环境。

我觉得单靠企业一家来做沟通工作还是有一定的难度，应该利用政府层面，特别是国家主流媒体发声。有时候我们花了很大的力气，因为一家主流媒体的一篇偏颇报道就会造成公众对核电的不正确认识。因此，希望政府层面、主流媒体能够配合我们的公众沟通工作。

陈布灿：

过去台湾有6个运行中的核发电机组，2个在建机组。可是，今年年初，台湾当局立法院通过一个电业法，明确规定在2025年以前要把所有的核电厂都关闭，把建造当中的核设施废弃。

关闭核设施是一件很令我心碎的事情。3个运转当中的核能电厂共有6个机组，目前因为燃料池空间不足，干湿储存又受到了很多阻碍，已经有4个机组停下来。本来核电在台湾的电网里面贡献大约是8到20个百分点，如今只剩下5.7个百分点左右。

到2025年以后，如果核电厂全部关闭，将近有20%的能源空缺。目前，台湾当局计划用再生能源来补充。目前，台湾的太阳能大概只提供0.2个百分点的电力，风力提供0.8个百分点的电力，加起来大概是1个百分点。到2025年，要把太阳能和风能发电量提升到20个百分点，我认为几乎是不可能的事情，这恐怕是非常不理性的决定。

为什么会有这么一个不理性的决定？这个基础来自于民众的恐惧。恐惧从哪里来呢？最主要是日本的福岛事件。因为日本离台湾很近，地理条件非常类似，都有很多地震，台湾也曾经发生过海啸。这种恐惧表现在选举和立法上。所以，我们要把理性的认识引进来，让社会能够有理性、有智慧地选择能源方式。

怎么做呢？网络是最有效的沟通工具，我们跟网络媒体合作，希望可以接触到年轻人，让他们建立正确的观念。因为台湾的废核是要经过立法的，短时间不可能改变。所以，我们把希望寄托在下一届政府，希望他们用理性、用智慧来思考，用理性和智慧克服民众的恐惧。

我们当然还要用其他方法来让民众相信核电是安全的。第一就是用我们的安全绩效证明。台湾虽然只有6台机组在运转，但是我们的绩效在世界排前五名；第二，在核废料处理上推动区域合作。目前只有大陆有这种能量，有这种空间，能完整地进行核燃料循环后端处理。这是一个人类要共同面对的问题，必须通过合作才能解决。

如果能够解决安全和核废料的问题，相信经过我们不懈努力跟民众接触，理性跟智慧仍然会回到我们的社会。

高飞：

秦山目前有9台机组在安全运行。30多年来，我们的公众沟通工作一直在进行。

我认为公众沟通首先就是立足安全。核电安全运行对公众沟通起到非常关键的示范作用。

第二个方面是“深耕海盐”。我们请重点人群走进核电，认识核电，也会走出去跟民众进行情感沟通，就像互相走亲戚一样。因为秦山核电已历经三十年，我们与当地群众已交融在一起，他们是公众，更是我们的亲人。

第三个方面是面向全国。这几年，很多核电项目都会把公众带到秦山来看，我们就是要面向全国做示范，在沟通方面就要更加注重科学性和方式方法。

朱学蕊：

就像安全是核电的生命线一样，客观真实就是新闻媒体的生命线，是新闻的生命线。到现在，我采访核电领域已经第8年了，采写了大量核能领域的报道，主要有以下几点感想：

第一是做新闻一定要有职业操守，一定要客观公正地报道，绝对不能断章取义，绝对不能搞标题党。

第二是不炒作。核电长期处在一种比较封闭的环境中，公众包括媒体也没有更多接触过。2012年，福岛核事故之后，整个行业才意识到公众沟通的重要性。

对于太多纷杂的信息，作为媒体要把好关。比如说某一个电站发生了运行事件，其实对行业而言这起运行事件不会有太大的影响。但是，不太了解情况的媒介，得知这个消息之后就说核电站发生了非常严重的问题。对我们这种专业媒体或者是大众媒体而言，能做的事情就是把真相告诉大家，客观公正，实事求是地写报道，要去伪存真。

我有几个体会：

一是很多信息是不对等的。

二是传播模式要创新。在新媒体时代，在信息大爆炸的时代，一定要沟通。各个方面在做公众沟通的时候，就是经验反馈没有分享。

第三就是，建议核能行业协会为媒体搞一个专家库，当媒体有相关诉求的时候，大家可以及时解答，不要因为时间和空间上错误的误读而造成传播上的误差。

2017 年度中国核能行业协会科学技术奖获奖项目

一等奖项目 3 项

序号	项目名称	主要完成单位	主要完成人
1	非能动安全壳冷却系统综合性能试验台架设计建造与性能试验	国核华清（北京）核电技术研发中心有限公司 上海核工程研究设计院有限公司	常华健　赵瑞昌　刘　鑫 范普成　阳　祥　江小松 樊焕然　周明正　常　磊 王国栋　孙流莉　施文博 姚静芳　安　旭　倪陈宵 刘云焰　毛从清　蔡林智 田　芳　王　欢
2	和睦系统实时操作系统设计技术	北京广利核系统工程有限公司	江国进　白　涛　孙永滨 齐　敏　石桂连　冀建伟 张智慧　杜乔瑞　李　萌 王晓伟　马光强　马忠刚 王静伟　马朝阳　孙星星
3	AP1000主设备安装技术	中国核工业第五建设有限公司	李　建　林乐忠　梁选翠 甘　锐　苟　锐　孔丽朵 王泽锋　蔡迎东　陈赞科 皮兴刚　唐春英　张发奇 董培科　叶泉印　杨凯淇 胡杏杰　郭　强　刘　鹏 余丰奇　李瑞政

二等奖项目 21 项

序号	项目名称	主要完成单位	主要完成人
4	AP1000核电堆内构件研制	上海第一机床厂有限公司	薛　松　龚宏伟　蒋　恩 黄建强　李延葆　张　亮 秦晨晓　李恩林　孙忠飞 冷晓春　徐　杰　唐剑锋 陈小荣　何雅杰　徐敏春

续表

序号	项目名称	主要完成单位	主要完成人
5	百万千瓦级压水堆核电站安全壳结构设计关键技术研发与应用	中广核工程有限公司 大连理工大学 中冶建筑研究总院有限公司	董占发 李忠诚 陈金凤 李建波 吴绍炜 黎鹏飞 郭俊营 张兴斌 白 冰 熊 猛 金 铭 绳结竑 蓝天云 高 雪 钟 红
6	概率安全分析技术在核电厂安全管理和风险决策中的应用	环境保护部核与辐射安全中心 苏州热工研究院有限公司	依 岩 郗海英 黄志超 李 娟 李琼哲 汤 搏 侯 伟 韦 力 初永越 郭建兵 李 春 王春辉 柴国旱 杨 堤 张 瑞
7	三代核电焊接材料国产化研制	上海核工程研究设计院有限公司 四川大西洋焊接材料股份有限公司 机械科学研究院哈尔滨焊接研究所	郑明光 景 益 李欣雨 徐 锴 黄逸峰 蒋 勇 陈佩寅 顾国兴 杨 飞 贾玉力 余 燕 宋 波 霍树斌 张俊宝 谷 雨
8	隐伏砂岩型铀矿深部探测技术	核工业北京地质研究院 核工业二一六大队	付 锦 张占峰 赵宁博 蔡煜琦 刘红旭 刘俊平 周 觅 刘 涛 李新春 郝 威
9	供取料系统工艺设计创新及应用	中核新能核工业工程有限责任公司 中核陕西铀浓缩有限公司 中核兰州铀浓缩有限公司 四川红华实业有限公司	田静萍 史庆丰 农国卫 姜小平 吕永红 武中地 龙同光 张志宝 曹爱国 车 军 宋 健 王 强 吉 辉 于金光 张文凯
10	燃料包壳事故工况下堆外性能评价测试系统开发及应用	苏州热工研究院有限公司	王荣山 张晏玮 柏广海 耿建桥 梅金娜 刘二伟 杜晨曦
11	CAP1400 IVR分析方法和增强措施研究	上海核工程研究设计院有限公司	史国宝 曹克美 王佳赟 芦 苇 张 琨 郭 宁 顾培文 高永建 方立凯 曹 明 丁宗华
12	WWER-1000堆型倒“U”型预应力系统施工技术	中国核工业华兴建设有限公司	崔正严 廖春生 梁权刚 杨 浩 龚振斌 张明皋 李 权 秦亚林 侯成银 沈益军 孙 帅 潘 敏 胡乔飞 钱伏华 别海亮

续表

序号	项目名称	主要完成单位	主要完成人
13	高温气冷堆压力容器先进制造技术	上海电气核电设备有限公司	张茂龙 魏　明 唐伟宝 陆冬青 臧友鹏 夏侯俊招 袁　骞 杨巨文 苏　平 倪春华 唐建文 刘　畅 陈益良 朱尧栋 彭　焘
14	商用低浓化微堆燃料元件工程化研制	中核北方核燃料元件有限公司	蔡振方 刘文涛 冯海宁 马　渊 范文龙 鲁杭杭
15	田湾核电站核级设备和管道在役检查验收准则和寿命评价程序的制定	中机生产力促进中心 江苏核电有限公司	初起宝 刘维平 马静娴 杨兴旺 张永新 欧阳钦 孙兴见 魏国军 周　舟 路　燕 刘凤梧 李清泉 常亮明 施春丰 马连骥
16	核电厂设计分析评价一体化平台	上海核工程研究设计院有限公司	郑明光 王　勇 李小燕 刘　鑫 李　岗 邱　健 程书剑 林绍萱 虞　宏 朱丽兵 沈　军 张经瑜 陈宇清 陈健华 秦玉龙
17	自主化核设计软件包PCM研发与应用	中广核研究院有限公司 中国广核电力股份有限公司 福建宁德核电有限公司	李冬生 厉井钢 卢皓亮 王军令 陈　俊 李文淮 刘海涛 王　超 彭思涛 张　政 李　伟 韩　嵩 朱宇翔 张香菊 党　珍
18	CAP1400非能动堆芯冷却系统性能试验和验证研究	上海核工程研究设计院有限公司	史国宝 曹克美 蔡孝玉 樊　普 严锦泉 朱　升 徐财红 戚展飞 何双骥 郑尧瑶 赵冬建 王伟伟 路　璐 郑红亮 王煦嘉
19	核电站反应堆压力容器整体螺栓拉伸机成功研制与工程应用	中广核研究院有限公司	周国丰 吴　玉 黄文有 刘　治 刘士心 王爱丽 李　晓 张美玲 张新华 岳永生 邢如军 尤心一 刘青松 黄海华 关雪丹

续表

序号	项目名称	主要完成单位	主要完成人
20	100MeV回旋加速器高频系统的研制	中国原子能科学研究院	纪　彬　段治国　邢建升 付晓亮　赵振鲁　张天爵 李鹏展　刘庚首　王　川 王修龙　魏俊逸　林　军 郑　侠　杨建俊　温立鹏
21	智能化核动力仿真平台研制	核动力运行研究所 中核武汉核电运行技术股份有限公司	景应刚　刘　伟　刘丽芬 张大志　侯雪燕　杨　墨 单福昌　田　波　张　弦 周　华　谭　超　周胜煌 李　敏　程敏敏　吴　艳
22	压水堆核电站冷却剂环境影响关键设备材料疲劳寿命试验研究	环境保护部核与辐射安全中心 上海核工程研究设计院有限公司	孙海涛　王　臣　孙造占 贺寅彪　张　跃　吴欣强 熊冬庆　高　晨　王秉希 李　辉　梁兵兵　房永刚 张　新　曹　明　邓　冬
23	严重事故下可居留区应急新风系统碘吸附器性能试验研究	中国辐射防护研究院 中国核电工程有限公司	王坤俊　史英霞　赵新艳 马　莉　马　英　刘新建 丘丹圭　孙立臣　乔太飞 戴一辉
24	核电站主设备缺陷处理技术研究	中国核动力研究设计院	臧峰刚　郑　斌　张丽屏 谢　海　杨　宇　邝临源 卢岳川　杜　娟　郑连纲 张　瀛　陈国才　孙英学 傅孝龙　邵雪娇　虞晓欢

三等奖项目 55 项

序号	项目名称	主要完成单位	主要完成人
25	移动式放射性废水处理设备	核工业理化工程研究院	张铁林　孟琰彬　张　凯 张亚奕　刘明亚　孟宪雄 凌　文　张　琦　曲德亮 毛宝生
26	核燃料公路运输概率安全研究	中国辐射防护研究院	张建岗　王任泽　孟东原 庄大杰　李国强　王学新 孙树堂　孙洪超　杨亚鹏 冯宗洋

续表

序号	项目名称	主要完成单位	主要完成人
27	独居石提取稀土后放射性废渣资源综合回收工艺技术研究	东华理工大学 江西洁球环保科技有限公司	花　榕　刘云海　张志宾 刘义保　陈谋乔　汪大伟 朱建夫　于　臻
28	Zr-4合金大型铸锭成分均匀化和精度控制技术	国核宝钛锆业股份公司	袁改焕　王立平　梁新宇 王　练　雷东平　高　博 楚川川　袁　瑞　刘晓宁 周　林
29	民用核燃料循环设施分类原则与基本安全要求研究	环境保护部核与辐射安全中心	赵善桂　刘新华　潘　蓉 刘运陶　吕　丹　李　亮 汪　萍　宋凤丽　吴　浩 杨晓伟
30	AP1000核岛关键设备在役检查技术	国核电站运行服务技术有限公司	张宝军　严　智　邓景珊 邹　斌　陶泽勇　刘一舟 程保良　周路生　袁光华 孙茂荣
31	田湾3、4号机组环吊国产化研究及应用	江苏核电有限公司 太原重工股份有限公司	崔方水　马援东　武仲斌 赵志军　韩洪佳　王乃明 顾红泽　武建平　岳铁刚 高秀芬
32	安全级电气连接器	中国核动力研究设计院 四川日机密封件股份有限公司	何正熙　何　鹏　朱加良 陈　静　刘　伟　李小芬 苟　拓　李文平　王华金 陈　树
33	反应堆压力容器辐照监督管研制	中国核动力研究设计院	王泽明　王世忠　罗　英 王　浩　张　华　唐锡定 陶海燕　周　军　周高斌 王　哲
34	核电厂新型棒控棒位系统装置研制	上海核工程研究设计院有限公司 上海昱章电气成套设备有限公司 江苏华光电缆电器有限公司	卜江涛　匡红波　顾国兴 杨鸿钧　张东生　卢　格 顾申杰　刘　刚　夏轶靖 陶　果

续表

序号	项目名称	主要完成单位	主要完成人
35	CAP1400核级阀门用1E级直流电动装置研制	上海核工程研究设计院有限公司 常州电站辅机股份有限公司	顾春辉 蒋亚培 李 虎 葛润平 乐秀辉 王觉秋 马 涛 刘亚男 邱 健 彭仁坤
36	核设施在线疲劳监测系统开发及应用	核动力运行研究所 中核武汉核电运行技术股份有限公司	陈银强 甘国华 桂 春 周正平 赵星磊 王艳芝 邹金强 秦贯洲 张娜妮 许恺丽
37	核级低压电缆寿命评估与老化诊断技术研究及应用	核动力运行研究所 中核武汉核电运行技术股份有限公司	张益舟 赵鹏宇 王 雷 余文敏 汪 亮 云 浩 郑 峥 高路杨 唐 毅 罗 垚
38	核电站关键设备三维智能定位导航系统研制	核动力运行研究所 中核武汉核电运行技术股份有限公司	张 皓 范 冬 彭 波 陈 明 覃 坤 杜 超 赵鹏程 高鹏飞 张 帅 常治学
39	核电厂人因实验室系列设备研制与应用	核动力运行研究所 中核武汉核电运行技术股份有限公司	沈 阳 李 丹 乔 山 朱 堃 周雪莲 王 颖 方思聪 耿 波 张 平 李红波
40	确定论三代安全要求在防城港核电厂3、4号机组实现的研究及论证	中广核研究院有限公司	卢向晖 王 婷 欧阳勇 崔大伟 李 强 王 雄 林支康 崔 军 方思远 胡艺嵩
41	核安全级设备抗震鉴定地震输入要求的研究与应用	环境保护部核与辐射安全中心 上海核工程研究设计院 中广核工程有限公司 中国核动力研究设计院	房永刚 初起宝 王 庆 朱翊洲 金 挺 杜建勇 谢永诚 徐 晓 宿杰熙 孙造占
42	反应堆压力容器螺栓卡涩处理和螺孔修复成套设备研制和应用	中广核研究院有限公司 中广核核电运营有限公司	侯 硕 刘青松 岳永生 余 冰 沈 黎 邓志燕 程 鹏 路广遥 周建明 彭祥阳

续表

序号	项目名称	主要完成单位	主要完成人
43	秦山核电多机组联合开关站运行控制技术研究	中核核电运行管理有限公司 核电秦山联营有限公司	汪运律 卫毓卿 邱立伟 魏国明 陈坚刚 陈景荣 刘惠枫 吴玉鹏 曹传阳 刘东兵
44	二代改进型百万千瓦级核电厂功率工况内部事件二级PSA	中国核电工程有限公司 福建福清核电有限公司 中核核电运行管理有限公司	赵 博 朱文韬 孙金龙 沙平川 曹 勇 石雪垚 刘京宫 卢文魁 况慧文 罗 洋
45	核电厂全范围验证仿真系统开发与应用	中广核（北京）仿真技术有限公司 环境保护部核与辐射安全中心	曹建亭 杨 堤 杨海峰 章 旋 吴晓燕 吴 帆 曹小平 肖 志 邹沫元 高 强
46	4D智能化运输模拟技术研发及应用	中广核研究院有限公司 大亚湾核电运营管理有限责任公司	张文君 张守杰 吴 桐 李俊峰 李 翔 梅晓妤 樊敏江 向文元 崔 浩 杨 勇
47	蒸汽发生器传热管氦检漏检查装备和技术研发	中广核检测技术有限公司 大亚湾核电运营管理有限责任公司 中广核核电运营有限公司 苏州热工研究院有限公司	王 彬 张红星 王金龙 黄屹峰 李晓蔚 陆自立 张 伟 眭霄翔 高建民 何庆琼
48	AP/CAP系列核电站非能动空气导流板制造技术	山东核电设备制造有限公司	王厚高 李大鹏 王 洋 刘 山 刘茂平 吴 伟 杨中伟 胡永清 董永志 胡广泽
49	CPR1000首套非安全级DCS升级改造及实施的研究	北京广利核系统工程有限公司	刘 元 潘海波 肖红国 李 青 蔡 旭 孟庆军 毛新民 江国进 马吉强 张黎明
50	反应堆核设计与源项分析软件包研发	中国核动力研究设计院	李向阳 吕焕文 芦 韡 柴晓明 谭 怡 强胜龙 姚 栋 黄世恩 景福庭 尹 强

续表

序号	项目名称	主要完成单位	主要完成人
51	“华龙一号”ACP1000严重事故预防缓解系统热工性能验证平台	中国核动力研究设计院	张 震 郗 昭 熊万玉 李朋洲 卓文彬 韩群霞 薛峻峰 张兴武 昝元锋 谢 峰
52	百万千瓦级核电站用主给水泵组研制	上海阿波罗机械股份有限公司	彭学龙 袁海锋 顾兴涛 丁贵发 马惠萍 胡广善 李云鹏 王成飞 李生福 徐庆然
53	第三代核电站用核安全级蝶阀	江苏神通阀门股份有限公司	吴建新 黄高杨 陆 平 沈捷美 姜 燕 徐翠翠 李建刚 施佳锋 施俊杰 汪小峰
54	AP1000控制棒驱动机构研制	上海第一机床厂有限公司	薛 松 戚丹鸿 米大为 王惠祥 李 翔 王龙强 郭宝超 王肃鹏 施 誉 王 方
55	田湾核电站1、2号机组惰性气体滞留床活性炭国产化研究	江苏核电有限公司 清华大学	欧阳钦 张振中 张 勇 魏建军 管玉峰 付小军 朱金雄 张 冰 张 震 陆元志
56	控制棒驱动线抗震鉴定技术研究	上海核工程研究设计院有限公司 中国核动力研究设计院	邓晶晶 朱翊洲 谢永诚 刘 刚 周肖佳 顾国兴 王健峰 马渊睿 杜建勇 匡红波
57	核电厂工程造价信息管理系统	上海核工程研究设计院有限公司	鲁春华 聂黎明 徐 亮 罗海涛 赵 路 郑冰冰 徐永华 杨晓龙 林骁元 孙拳砣
58	非能动余热排出热交换器设计分析技术与试验验证	上海核工程研究设计院有限公司	黄 庆 蒋 兴 张振华 贺寅彪 景 益 李 岗 李 煜 杨 星 李 源 朱 甚

续表

序号	项目名称	主要完成单位	主要完成人
59	核电站汽轮机高压缸全通流改造技术研究与管理实践	大亚湾核电运营管理有限责任公司 苏州热工研究院有限公司 中广核核电运营有限公司	杨　武　熊颖峰　周富涛 黄祥君　原　帅　贾凯利 冯伟岗　于庆斌　胡琰军 胡喜庆
60	核电站非能动应急高位冷却水源系统研发和应用	大亚湾核电运营管理有限责任公司 中广核核电运营有限公司 中广核工程有限公司设计院有限公司 中广核研究院有限公司 苏州热工研究院有限公司	卢长申　戴忠华　陈军琦 林杰东　张士朋　黄卫刚 蒲　江　宫爱成　郗海英 林继铭
61	核电厂高容量非能动应急电源系统示范工程应用	大亚湾核电运营管理有限责任公司 中广核核电运营有限公司 中广核工程有限公司 中广核研究院有限公司 苏州热工研究院有限公司	戴忠华　陈军琦　林杰东 张士朋　李吉生　刘　波 王永年　刘　晨　黄卫刚 李志刚
62	“华龙一号”安全壳内置换料水箱（IRWST）研究与应用	中广核工程有限公司	王庆礼　牛文华　彭国胜 温　亮　周媛霞　李洁垚 程　浩　梁小龙　李石磊 侯建飞
63	核电厂内部火灾风险分析体系研究及应用	上海核工程研究设计院有限公司	李肇华　张琴芳　颜　珍 宋　磊　仇永萍　梅其良 张　铁　许浩琪　喻章程 卓钰铖
64	CAP1400堆芯支承下板与吊篮热处理变形分析及工艺优化技术	上海核工程研究设计院有限公司	刘冬安　林绍萱　丁宗华 谷　雨　余　凡　姚伟达 于　庆　余　燕　刘　刚 郑　焱
65	核电站VVP电磁阀液压自动测试平台的研制和应用	中广核核电运营有限公司 大亚湾核电运营管理有限责任公司 辽宁红沿河核电有限公司	韩　伟　张立良　安佰涛 杨双庆　张　刚　刘桓宇 何银江　张国财　王永鹏 安跃森

续表

序号	项目名称	主要完成单位	主要完成人
66	高通量工程试验堆极端失水失电事故快速响应设施的设计与应用	中国核动力研究设计院	邹德光 李海涛 罗文广 武文超 徐 川 杨树春 刘 鹏 覃甫军 胡跃春 谭晶华
67	核电结构设计及分析软件平台	中国核电工程有限公司	李玉民 王黎丽 陈 健 宋孟燕 孙晓颖 张景寓 刘 钊 彭 博 赵 丹 陈超群
68	核电设计可视化数据系统研发与应用	上海核工程研究设计院有限公司	陆 辉 刘 忠 牛 博 张 琳 荣 辉 胡春平 陈 蔚 沈 杰 江晨豪
69	VVER-1000核电站核岛安装关键技术	中国核工业二三建设有限公司	王建斌 李 峰 胡泽海 周丽君 魏君斌 陆建香 姚 军 姜世明 王万渝 王占云
70	VVER机组调峰期间一回路水化学控制的研究及应用	江苏核电有限公司	蒋春华 王宇宙 胡 海 郑庆云 王旭初 苏 凯
71	含钛难处理铀矿加压酸浸技术	核工业北京化工冶金研究院	吴永永 钟平汝 李铁球 王高山 常喜信 曾毅君 王聪颖 孟 舒 李定龙 张 宇
72	反应堆压力容器内熔融物热工水力试验研究	国核华清（北京）核电技术研发中心有限公司	陈 炼 常华健 裴 杰 韩 昆 李 涛 孙财新 陈 颖 田道贵 徐昕晨 崔明涛
73	混凝土安全壳性能试验技术创新与应用	中广核工程有限公司	赵 健 蔡建涛 何 锐 李少纯 张复彬 沈东明 张 波 陈 威 周利华 张 鹏

续表

序号	项目名称	主要完成单位	主要完成人
74	核电供应链物联网技术平台建设及应用	中广核工程有限公司	徐显腾　黄建森　王　东 伍伯基　杜丽琼　刘　志 冷　静　吴志成　王　理 陈　蓉
75	破损燃料组件修复后再入堆	大亚湾核电运营管理有限责任公司 中广核研究院有限公司 中广核核电运营有限公司	谭世杰　高　伟　章安龙 乔素凯　张　明　李　文 赵兵全　李志军　邵　红 马　仓
76	核电厂先进放射性废物处理系统研制与应用	中广核工程有限公司 阳江核电有限公司	潘跃龙　王　鑫　杨林君 高　飞　严　勇　沈立锋 罗兴欢　冯金才　曹茂坤 史军妍
77	严重事故堆芯熔融物μ子成像监测系统及重建算法研究	环境保护部核与辐射安全中心	刘圆圆　岳会国　杨海峰 郑　鹏　史　强　韩善彪 岳　峰　张少君　王瑞英 李雯婷
78	二连基地铀资源扩大技术及其应用研究	核工业北京地质研究院	刘武生　贾立城　李必红 徐贵来　郝伟林　腰善丛 葛祥坤　朱黎江　李伯平 陈　聪
79	AP1000钢制安全壳结构整体性试验与密封性试验技术	国核电站运行服务技术有限公司	杨　炯　马先宏　李　锴 钟志民　黄海涛　徐　伟 张亚平　章　济

2017 年中国核能行业协会主要活动报道

中国核能行业协会 2018 年工作报告

张廷克

2017年，是中国核能行业协会的换届之年，也是第三届协会理事会的开局之年，更是协会创建世界一流协会的起步之年。秘书处认真学习贯彻协会系列换届会议精神，全面落实《中国核能行业协会创建世界一流协会指导意见》各项部署和要求，在协会第三届理事会领导下，凝心聚力、开拓进取，实现了开好局、起好步，协会各项重点工作成效显著。2017年协会工作的十大亮点概括如下：

一、中国核能行业协会系列换届工作任务顺利圆满完成

中国核能行业协会第二届理事会第七次会议、第三届会员代表大会、第三届理事会第一次会议，以及第三届常务理事会第一次会议相继在京召开。会议通过并选举产生了第三届理事会和常务理事会、第一任轮值理事长、副理事长、秘书长，第三届专家委员会、第三届组织管理委员会、第三届经费管理委员会及其主任、副主任，以及秘书处领导班子及部门主要负责同志。同时，系列换届会议还审议通过了协会章程修改、经费标准调整等重要事项，协会换届后的章程审核、法人注册变更及其审计等程序性工作全面完成。协会顺利实现由第二届向第三届的全面平稳过渡。

二、三代核电发展战略价值等重大课题研究取得重大突破

为深度研究我国三代核电发展的政治社会经济生态战略价值，深刻认识核电发展对实现我国“两个一百年”奋斗目标的重要作用，为国家有关领导重要决策提供参考，中国核能行业协会联合我国八家重要核电骨干集团，共同组织行业力量和国内资深专家开展了为期半年的研究论证，形成了《关于促进我国三代核电安全高效可持续发展的建议》核心报告，协会及八家重要核电骨干集团主要领导联合签名上报，得到党中央国务院领导的高度重视，得到国家主管部门的充分肯定，得到行业重要会员的大力支持。同时，协会还组织开展了《模块化小型堆发展关键问题联合研究》重要课题以及其他政府部门或企业委托的课题研究工作。为我国核能行业科学发展提供有效引领和支撑。

三、创建世界一流协会等管理体制机制创新及其能力建设成果丰硕

在协会成立十年来良好实践的基础上，结合国内外核能行业发展面临的形势任务以及广大会员单位对协会工作的新期待，协会秘书处制定了《中国核能行业协会创建世界一流协会指导意见》，并在第三届常务理事会第一次会议上原则通过，《指导意见》是协会未来五年发展的

顶层设计和纲领性文件。协会相继制定、修订和完善了协会章程、工作规则、岗位管理、薪酬管理、绩效管理、财务预算管理等系列管理规定，协会管理制度体系全面升版工作基本完成，协会管理体系优化调整有效平稳运转。同时，核电运行分会筹备工作基本完成，协会中小企业专业委员会正式成立，《关于有效发挥协会专家委员会作用的指导意见》等相关指导性意见陆续推出，秘书处机构设置及干部配置进一步优化到位，积极组织做好“两学一做”、十九大精神学习、党员发展等党的组织生活。协会基本形成了业界领先的管理体制机制。

四、第十二届中国国际核电工业展览会等国际合作交流活动成效显著

由协会主办的第十二届中国国际核电工业展览会在北京成功举办，来自中国、俄罗斯、法国、英国、美国、日本等十多个国家的逾200家核电企业、科研院所等参加了展览，法国、英国、捷克等以国家展团的形式参展本届核电展，在核电展期间，协会组织了多场行业发布会和技术推介会，举办了以“发展核能，应对全球气候变化”为主题的“第二届世界核能发展论坛”。同时，第四代核能系统国际论坛（GIF）联络办受托管理职能履行成效显著，第五届海峡两岸核能合作研讨会在台北顺利举办，法国核工展全面启动，中国国际核技术应用产业大会筹备工作有效推进。协会国际合作交流取得显著成效。

五、科技奖励及成果鉴定等行业科技创新以及岗位培训和技能竞赛活动扎实推进

协会共组织行业200多项科技成果申报核能科技奖，经过网评、组评、终评3轮评审，共有79项成果获奖，协会奖励工作得到国家奖励主管部门认可，成为国家奖励固定提名单位。协会共组织行业科技成果和产品鉴定168项，成为各单位申报省部级和国家级科技奖励和新产品市场推介的重要技术评价支撑，被国家能源局指定为重大专项相关评估的重要技术评价文件。由协会主办的首届核电厂水泵检修技能大赛在上海举办，由国家核安全局指导、中国核能行业协会和中国特种设备检验协会共同主办的首届民用核安全设备无损检验人员技能竞赛暨行业交流活动在苏州举办。同时，举办了5期相关技术培训班。有效地促进了我国核能行业科技创新和岗位技术技能的提升。

六、核电工程建设管理等系列同行评估活动取得良好效果

协会相继组织开展了中广核工程有限公司总部及红沿河项目核电工程建设管理同行评估，红沿河核电厂1、2号机组和宁德核电厂1、2号机组概率安全分析同行评估，成都海光公司总部及阳江项目部和福清项目部维修工作同行评估，海阳核电项目建设期公众沟通同行评估，华能石岛湾高温气冷堆示范工程调试启动领域专项评估、运行值能力同行评估及公司核安全文化同行试评估等10场同行评估活动，评估活动涵盖核电建设管理、调试、维修、核安全文化以及公众沟通等领域。系列同行评估活动对促进我国核电安全高效发展发

挥了良好作用。

七、核能行业公众沟通交流研讨会等经验反馈交流活动行之有效

协会首次主办的2017年核能行业公众沟通交流研讨会在福建省福鼎市顺利召开，会议邀请了政府、企业、高校、媒体以及香港地区等核能行业专家、学者作了21篇主题报告，会议主要围绕核能行业监管法律法规及要求解读、企业公众沟通良好实践分享以及学术界公众沟通研究成果、新媒体的沟通方法等进行研讨。由国家核安全局指导，协会主办的2017年核安全文化建设经验交流大会在北京成功召开，会议共收到投稿150多篇，交流了核能行业各专业领域、各层级核安全文化建设实践经验，分享了核安全文化建设有效方法。同时，协会核电经验交流专题工作组达到22个，共开展40场专题技术交流和经验反馈活动，组织开展软课题研究25项。

八、中国核能行业优质工程奖评选等工程质量评价及培训活动全面启动

为弘扬“追求卓越、铸就经典”精神，保障和提高我国核能行业工程建设质量，鼓励核能工程争创国家优质工程金奖，协会第三届常务理事会第一次会议同意协会开展中国核能优质工程奖评选和国家优质工程奖推荐工作，协会相继完成了中国核能优质工程奖评选领导小组和工作组组建，制订出台了《中国核能优质工程奖评选办法》等基础性技术支撑文件。同时，协会联合五大涉核集团，向核能行业各单位和从业者发出“共同努力提高质量保证体系有效性”倡议书，组织举办了8期质量保证监查员及工程项目管理培训班，开展了核能行业建立中小企业第三方认证体系的方案策划工作。以工程质量保证为核心的工程服务业务全面启动。

九、中国核能发展年度报告蓝皮书等行业信息共享及信息服务工作取得新进展

高标准完成《中国核能发展年度报告（2017）》蓝皮书编制工作方案的组织策划工作，蓝皮书编制工作扎实有效推进。及时组织开展协会系列换届会议、国际核电展、国家核安全法、质保倡议书、砥砺奋进的五年、协会创一流、行业十大新闻、协会工作十大亮点等媒体宣传、宣贯、发布活动。组织开展协会信息化总体方案策划以及协会网站升级改版和办公自动化实施方案等建设数字协会的信息化工作。协会防范低空飞行物安全管控体系课题研究及成果推广应用、核电企业数字移交标准、核电厂信息网络及DCS信息安全标准研究等信息化服务工作拓展取得重要进展。

十、协会收支总体平衡状况等综合办会实力显著提高

协会会费收入按调整后的标准收缴工作效果超出预期，同行评估及科技奖励等专项经费收入足额到账，为会员企业和政府部门提供咨询或承办活动的服务性收入持续增长，各项业务直接成本和间接成本控制有效，各部门（单位）边际贡献显著提高，职工薪酬待遇同步共享，协会收支总体平衡及财务状况明显改善，协会权益资产大幅增加。同时，协会办公场所顺利完成搬迁，办公条件有效改善。

这一年，我们这样走过

2017年4月27日，中国核能行业协会第三届会员大会在京召开。钱智民任第三届理事会第一任轮值理事长，张廷克任第三届理事会副理事长兼协会秘书长、法定代表人。

协会第三届理事会秘书处提出创建世界一流协会战略目标。

由协会牵头组织的三代核电安全高效可持续发展的建议，得到党中央的高度重视。

由协会牵头组织的模块化小型堆研究，为核能发展提供支撑。

2017年4月27-29日，协会举办第十二届中国国际核电工业展览会，并同期举办第二届世界核能发展论坛。

2017年10月，由中国核能行业协会和台湾核能科技协进会共同主办的第五届海峡两岸核能合作研讨会，在台北顺利召开。

2017年，协会核电经验交流专题22个工作组开展了40场专题技术交流和经验反馈活动，开展软课题研究25项。

2017年6月19日，协会组织30余位专家，对中广核工程有限公司开展了核电工程建设管理同行评估。

协会共举办了质保监查员、核电工程项目管理、“华龙一号”基础技术知识等8期相关技术培训。

2017年11月20-24日，协会主办首届核电厂水泵检修技能大赛。

2017年11月15日，由国家核安全局指导、中国核能行业协会和中国特种设备检验协会共同主办的首届民用核安全设备无损检验人员技能竞赛暨行业交流活动在苏州举办。

2017年11月23日，协会举办了核安全文化建设经验交流会。

2017年8月，首次举办了2017年核能行业公众沟通经验交流研讨会。

协会牵头高标准完成《中国核能发展报告（2018）》蓝皮书编辑出版工作。

协会组织防范低空飞行物安全管控体系课题研究成果推广应用。

2017年6月7日，协会中小企业专业委员会成立。

2017年10月，核能行业优质工程评选全面启动。

2017年，协会组织了行业200多项科技成果申报核能科技奖，79项成果获奖。

2017年，协会组织会员单位参加第三届法国世界核工展。

2017 年中国核能行业协会组织的科技成果鉴定项目

序号	鉴定证书号	成果项目名称	完成单位	鉴定日期
1	核协鉴字〔2017〕001号	B4-A1中子吸收板	江苏海龙核科技股份有限公司 中国核动力研究设计院	2017年3月10日
2	核协鉴字〔2017〕002号	可应用于核安全级系统的基于形式化方法的应用软件开发工具	北京广利核系统工程有限公司 清华大学	2017年2月21日
3	核协鉴字〔2017〕003号	面向“华龙一号”的全范围DCS总体方案验证及样机研制	北京广利核系统工程有限公司	2017年2月21日
4	核协鉴字〔2017〕004号	核电站专用仪控系统平台SpeedyHold	北京广利核系统工程有限公司	2017年2月21日
5	核协鉴字〔2017〕005号	核安全级仪控系统平台测试技术	北京广利核系统工程有限公司	2017年2月21日
6	核协鉴字〔2017〕006号	和睦系统实时操作系统设计技术	北京广利核系统工程有限公司	2017年2月21日
7	核协鉴字〔2017〕007号	三代压水堆核燃料组件管座精密铸造工程化关键技术	中核北方核燃料元件有限公司	2017年4月17日
8	核协鉴字〔2017〕008号	高温气冷堆蒸汽发生器狭小空间复杂形状连接管布管	哈电集团（秦皇岛）重型装备有限公司	2017年4月19日
9	核协鉴字〔2017〕009号	高温气冷堆蒸汽发生器蒸汽连接管包裹装配及工艺优化	哈电集团（秦皇岛）重型装备有限公司	2017年4月19日
10	核协鉴字〔2017〕010号	高温气冷堆蒸汽发生器换热内件立式装配工艺研究	哈电集团（秦皇岛）重型装备有限公司	2017年4月19日

续表

序号	鉴定证书号	成果项目名称	完成单位	鉴定日期
11	核协鉴字〔2017〕011号	高温气冷堆蒸汽发生器大型工件翻身及组装工艺研究	哈电集团（秦皇岛）重型装备有限公司	2017年4月19日
12	核协鉴字〔2017〕012号	高温气冷堆蒸汽发生器上下端高精度管束对接焊技术研究	哈电集团（秦皇岛）重型装备有限公司	2017年4月19日
13	核协鉴字〔2017〕013号	高温气冷堆蒸汽发生器换热管材料模拟工况条件下的抗水蒸气氧化及晶间腐蚀性能研究	哈电集团（秦皇岛）重型装备有限公司	2017年4月19日
14	核协鉴字〔2017〕014号	高温气冷堆蒸汽发生器原材料和焊接接头的高温持久性能验证试验研究	哈电集团（秦皇岛）重型装备有限公司	2017年4月19日
15	核协鉴字〔2017〕015号	高温气冷堆蒸汽发生器T22换热管防腐技术研究	哈电集团（秦皇岛）重型装备有限公司	2017年4月19日
16	核协鉴字〔2017〕016号	高温气冷堆蒸汽发生器特殊结构超声波检验技术研究	哈电集团（秦皇岛）重型装备有限公司	2017年4月19日
17	核协鉴字〔2017〕017号	高温气冷堆蒸汽发生器换热管对接焊缝采用专用X射线替代γ射线检测技术研究	哈电集团（秦皇岛）重型装备有限公司	2017年4月19日
18	核协鉴字〔2017〕018号	高温气冷堆核燃料元件用石墨粉生产技术研究	辽宁大化国瑞新材料有限公司	2017年4月22日
19	核协鉴字〔2017〕019号	田湾核电站核级设备和管道在役检查验收准则和寿命评价程序的制定	中机生产力促进中心 江苏核电有限公司	2017年5月10日
20	核协鉴字〔2017〕020号	百万千瓦级压水堆核电站安全壳结构设计关键技术研发与应用	中广核工程有限公司 大连理工大学 中冶建筑研究总院有限公司	2017年5月15日

续表

序号	鉴定证书号	成果项目名称	完成单位	鉴定日期
21	核协鉴字〔2017〕021号	核电厂先进放射性废物处理系统研制与应用	中广核工程有限公司 阳江核电有限公司	2017年5月15日
22	核协鉴字〔2017〕022号	福岛事故后CPR1000堆型核电厂HVAC系统设计改进研究及应用	中广核工程有限公司	2017年5月15日
23	核协鉴字〔2017〕023号	核电厂气载放射性包容系统设计方案研究及应用	中广核工程有限公司	2017年5月15日
24	核协鉴字〔2017〕024号	“华龙一号”安全壳内置换料水箱（IRWST）研究与应用	中广核工程有限公司	2017年5月15日
25	核协鉴字〔2017〕025号	TOFD测技术在核电常规岛安装工程的研究及应用	中广核工程有限公司	2017年5月15日
26	核协鉴字〔2017〕026号	核电厂蒸汽发生器防振条偏移技术评估技术研究	中广核工程有限公司	2017年5月15日
27	核协鉴字〔2017〕027号	核岛主设备支撑间隙技术研究与工程应用	中广核工程有限公司	2017年5月15日
28	核协鉴字〔2017〕028号	核电站配电设备发热量正向设计算法的开发与应用	中广核工程有限公司	2017年5月15日
29	核协鉴字〔2017〕029号	核电站新型电伴热系统研发及应用	中广核工程有限公司 博太科防爆设备（上海）有限公司	2017年5月15日
30	核协鉴字〔2017〕030号	核电厂常规岛系统设计优化	中广核工程有限公司	2017年5月15日
31	核协鉴字〔2017〕031号	混凝土安全壳性能试验技术创新与应用	中广核工程有限公司	2017年5月15日

续表

序号	鉴定证书号	成果项目名称	完成单位	鉴定日期
32	核协鉴字〔2017〕032号	核电工程供应链物联网技术平台建设及应用	中广核工程有限公司	2017年5月15日
33	核协鉴字〔2017〕033号	中广核电子商务平台	中广核集团有限公司 中国广核电力股份有限公司	2017年5月15日
34	核协鉴字〔2017〕034号	CAP1400核岛厂房抗震分析技术	上海核工程研究设计院有限公司	2017年5月22日
35	核协鉴字〔2017〕035号	内置换料水箱流固耦合抗震试验研究	上海核工程研究设计院有限公司 中国水利水电科学研究院	2017年5月22日
36	核协鉴字〔2017〕036号	性能化防火设计技术在核电厂复杂场所防火中的研究和应用	上海核工程研究设计院有限公司 合肥科大立安全技术股份有限公司 中国科学技术大学	2017年5月22日
37	核协鉴字〔2017〕037号	CAP1400堆芯支承下板与吊篮热处理变形分析及工艺优化设计	上海核工程研究设计院有限公司	2017年5月22日
38	核协鉴字〔2017〕038号	典型管道阻尼器鉴定及抗震裕度技术研究	上海核工程研究设计院有限公司 常州格林电力机械制造有限公司	2017年5月22日
39	核协鉴字〔2017〕039号	控制棒驱动线抗震鉴定技术研究	上海核工程研究设计院有限公司	2017年5月22日
40	核协鉴字〔2017〕040号	燃料棒破损水平分析方法及系统开发	上海核工程研究设计院有限公司	2017年5月23日
41	核协鉴字〔2017〕041号	CAP1400堆芯方案设计关键技术研究	上海核工程研究设计院有限公司	2017年5月23日
42	核协鉴字〔2017〕042号	个人剂量和控制区出入口管理控制集成化平台	上海核工程研究设计院有限公司 陕西卫峰核电子有限公司	2017年5月22日
43	核协鉴字〔2017〕043号	核电厂关键控制系统仿真试验和优化平台	上海核工程研究设计院有限公司	2017年5月23日

续表

序号	鉴定证书号	成果项目名称	完成单位	鉴定日期
44	核协鉴字〔2017〕044号	操纵员支持系统计算分析平台	上海核工程研究设计院有限公司	2017年5月22日
45	核协鉴字〔2017〕045号	电仪布置设计和管理平台	上海核工程研究设计院有限公司	2017年5月22日
46	核协鉴字〔2017〕046号	耐辐照彩色摄像机	上海霄岳通信工程有限公司 上海核工程研究设计院有限公司	2017年5月22日
47	核协鉴字〔2017〕047号	核电厂设计分析评价一体化平台	上海核工程研究设计院有限公司	2017年5月23日
48	核协鉴字〔2017〕048号	云端仿真计算集成应用系统	上海核工程研究设计院有限公司	2017年5月22日
49	核协鉴字〔2017〕049号	核电厂工程造价信息管理系统	上海核工程研究设计院有限公司	2017年5月23日
50	核协鉴字〔2017〕050号	核电站全厂电气设备机械五防锁和交换盒国产化研发	中广核工程有限公司 上海凯研机械设备有限公司	2017年5月24日
51	核协鉴字〔2017〕051号	大亚湾核电厂许可证延续论证基准确认	苏州热工研究院有限公司 大亚湾核电运营管理有限责任公司 广东核电合营有限公司	2017年5月25日
52	核协鉴字〔2017〕052号	大亚湾核电厂运行许可证有效延续论证范围界定与筛选	苏州热工研究院有限公司 大亚湾核电运营管理有限责任公司 广东核电合营有限公司	2017年5月25日
53	核协鉴字〔2017〕053号	核电厂混凝土构筑物阴极保护与监测技术	苏州热工研究院有限公司 大亚湾核电运营管理有限责任公司	2017年5月25日

续表

序号	鉴定证书号	成果项目名称	完成单位	鉴定日期
54	核协鉴字〔2017〕054号	核电站重要构筑物安全状态光纤维监测技术研发	苏州热工研究院有限公司 大连理工大学 大亚湾核电运营管理有限责任公司 辽宁红沿河核电有限公司	2017年5月25日
55	核协鉴字〔2017〕055号	核电厂长期资产管理体系及其应用	苏州热工研究院有限公司 大亚湾核电运营管理有限责任公司 广东核电合营有限公司	2017年5月25日
56	核协鉴字〔2017〕056号	核电站设备动态参数智能诊断技术	苏州热工研究院有限公司 大亚湾核电运营管理有限责任公司	2017年5月25日
57	核协鉴字〔2017〕057号	群厂维修大纲管理模式及其应用	苏州热工研究院有限公司	2017年5月26日
58	核协鉴字〔2017〕058号	蒸汽发生器二次侧反向清洗技术	苏州热工研究院有限公司	2017年5月25日
59	核协鉴字〔2017〕059号	大亚湾核电基地地震PSA模型开发及改进措施研究	苏州热工研究院有限公司 大亚湾核电运营管理有限责任公司	2017年5月25日
60	核协鉴字〔2017〕060号	核电厂火灾载荷管理办法	苏州热工研究院有限公司 大亚湾核电运营管理有限责任公司	2017年5月26日
61	核协鉴字〔2017〕061号	基于SAMPSON程序的核电厂严重事故分析及验证技术	苏州热工研究院有限公司	2017年5月25日
62	核协鉴字〔2017〕062号	CEPR核电站关键部件在役检查技术研究及开发	中广核检测技术有限公司	2017年5月25日
63	核协鉴字〔2017〕063号	核动力厂潜在事故后果评价优化方法和系统	苏州热工研究院有限公司	2017年5月26日

续表

序号	鉴定证书号	成果项目名称	完成单位	鉴定日期
64	核协鉴字〔2017〕064号	核电厂风温梯度在线监测及数据采集系统	苏州热工研究院有限公司	2017年5月26日
65	核协鉴字〔2017〕065号	核电站主泵无重动平衡微调方法研究与应用	大亚湾核电运营管理有限责任公司	2017年6月7日
66	核协鉴字〔2017〕066号	核电站非能动应急高位水源系统研发及应用	大亚湾核电运营管理有限责任公司 中广核核电运营有限公司 中广核工程有限公司 中广核研究院有限公司 苏州热工研究院有限公司	2017年6月7日
67	核协鉴字〔2017〕067号	核电厂高容量非能动应急电源系统示范工程应用	大亚湾核电运营管理有限责任公司 中广核核电运营有限公司 中广核工程有限公司 中广核研究院有限公司 苏州热工研究院有限公司	2017年6月7日
68	核协鉴字〔2017〕068号	破损燃料组件修复后再入堆	大亚湾核电运营管理有限责任公司 中广核研究院有限公司 中广核核电运营有限公司	2017年6月7日
69	核协鉴字〔2017〕069号	启动物理试验分析系统和自主化动态刻棒技术研发与应用	中广核研究院有限公司	2017年6月7日
70	核协鉴字〔2017〕070号	新燃料升降机研制与工程应用	中广核研究院有限公司	2017年6月7日
71	核协鉴字〔2017〕071号	STEP-12燃料组件整体力学性能试验	中广核研究院有限公司	2017年6月6日
72	核协鉴字〔2017〕072号	反应堆压力容器螺栓卡涩处理和螺孔现场修复成套设备研制和应用	中广核研究院有限公司	2017年6月6日

续表

序号	鉴定证书号	成果项目名称	完成单位	鉴定日期
73	核协鉴字〔2017〕073号	百万千瓦级核电站反应堆压力容器整体螺栓拉伸机成功研制与工程应用	中广核研究院有限公司	2017年6月6日
74	核协鉴字〔2017〕074号	压水堆核电站燃料组件完全自动卸载与运转成套设备研制及应用	中广核研究院有限公司	2017年6月6日
75	核协鉴字〔2017〕075号	4D智能化运输模拟技术研发及应用	中广核研究院有限公司	2017年6月6日
76	核协鉴字〔2017〕076号	CENUS核电仿真支撑平台软件	中广核（北京）仿真技术有限公司	2017年6月6日
77	核协鉴字〔2017〕077号	核仪表系统（RPN）整体改进设计与实施	中广核研究院有限公司	2017年6月6日
78	核协鉴字〔2017〕078号	一种压水堆平均温度控制系统参数改造论证	中广核研究院有限公司	2017年6月6日
79	核协鉴字〔2017〕079号	压水堆核电厂高精度虚拟现实与实时仿真技术开发	中广核（北京）仿真技术有限公司	2017年6月6日
80	核协鉴字〔2017〕080号	核燃料相关组件水下解体与处置方法	中广核核电运营有限公司 中核武汉核电运行技术股份有限公司	2017年6月6日
81	核协鉴字〔2017〕081号	核燃料组件水下单棒修复技术	中广核核电运营有限公司	2017年6月6日
82	核协鉴字〔2017〕082号	乏燃料运输容器Kr85检测设备及检测方法	中广核核电运营有限公司 大亚湾核电运营管理有限责任公司	2017年6月7日
83	核协鉴字〔2017〕083号	核电数字化报警卡全自动转换及快速验证技术自主研发与应用	中广核核电运营有限公司	2017年6月7日
84	核协鉴字〔2017〕084号	多基地重大设备远程维修在线支持平台	中广核核电运营有限公司 大亚湾核电运营管理有限责任公司	2017年6月7日

续表

序号	鉴定证书号	成果项目名称	完成单位	鉴定日期
85	核协鉴字〔2017〕085号	安全壳表面缺陷检测系统研发及应用	中广核核电运营有限公司	2017年6月7日
86	核协鉴字〔2017〕086号	核电站VVP电磁阀液压自动测试平台的研制和应用	中广核核电运营有限公司 辽宁红沿河核电运营有限公司 大亚湾核电运营管理有限责任公司	2017年6月7日
87	核协鉴字〔2017〕087号	确定论三代安全要求在防城港核电厂3、4号机组实现的研究设计及分析论证	中广核研究院有限公司	2017年6月6日
88	核协鉴字〔2017〕088号	核电CI/BOP设备与系统的可靠性分析方法与评估方法的研究	国核电力规划设计研究院有限公司	2017年6月8日
89	核协鉴字〔2017〕089号	大风条件下空冷消能导流装置控制策略研究及应用	国核电力规划设计研究院有限公司	2017年6月8日
90	核协鉴字〔2017〕090号	核电厂常规岛仪表测量设计关键技术研究	国核电力规划设计研究院有限公司	2017年6月8日
91	核协鉴字〔2017〕091号	乏燃料干法贮存用混凝土材料	深圳中广核工程设计有限公司	2017年6月13日
92	核协鉴字〔2017〕092号	铝基碳化硼中子吸收材料	中广核工程有限公司 深圳中广核工程设计有限公司 中国工程物理研究院材料研究所	2017年6月13日
93	核协鉴字〔2017〕093号	后处理长相关燃料循环系统物料平衡和成本研究	中广核铀业发展有限公司	2017年6月15日
94	核协鉴字〔2017〕094号	AP系列堆芯补水箱（CMT）系统性能试验研究	国核华清（北京）核电技术研发中心有限公司	2017年6月16日

续表

序号	鉴定证书号	成果项目名称	完成单位	鉴定日期
95	核协鉴字〔2017〕095号	压水堆堆芯燃料管理与优化软件包	国核华清（北京）核电技术研发中心有限公司	2017年6月16日
96	核协鉴字〔2017〕096号	反应堆压力容器内高温熔融物热工水利试验研究	国核华清（北京）核电技术研发中心有限公司	2017年6月16日
97	核协鉴字〔2017〕097号	堆芯监测与分析MARS程序	国核华清（北京）核电技术研发中心有限公司	2017年6月16日
98	核协鉴字〔2017〕098号	严重事故堆芯熔融物μ子成像监测系统及重建算法研究	环境保护部核与辐射安全中心	2017年6月20日
99	核协鉴字〔2017〕099号	核与辐射数据交换标准及其应用研究	环境保护部核与辐射安全中心 清华大学 北京市辐射安全技术中心	2017年6月20日
100	核协鉴字〔2017〕100号	核动力厂安全目标的技术要求	环境保护部核与辐射安全中心 清华大学核能与新能源技术研究院	2017年6月20日
101	核协鉴字〔2017〕101号	核电厂放射性废物管理源项研究	环境保护部核与辐射安全中心 上海核工程研究设计院有限公司 中国核电工程有限公司 深圳中广核工程设计有限公司 中广核研究院有限公司 中国核动力研究设计院 清华大学核能与新能源技术研究院 苏州热工研究院有限公司	2017年6月20日

续表

序号	鉴定证书号	成果项目名称	完成单位	鉴定日期
102	核协鉴字〔2017〕102号	核电厂气态流出物监测取样的代表性研究	环境保护部核与辐射安全中心 上海核工程研究设计院有限公司 中国原子能科学研究院 苏州热工研究院有限公司	2017年6月20日
103	核协鉴字〔2017〕103号	民用核燃料循环设施分类原则与基本安全要求研究	环境保护部核与辐射安全中心	2017年6月20日
104	核协鉴字〔2017〕104号	概率安全分析技术在核电厂安全管理和风险决策中的应用	环境保护部核与辐射安全中心 苏州热工研究院有限公司	2017年6月20日
105	核协鉴字〔2017〕105号	AP1000依托项目调试审评与监督	环境保护部核与辐射安全中心	2017年6月20日
106	核协鉴字〔2017〕106号	压水堆核电站冷却剂环境影响关键设备材料疲劳寿命试验研究	环境保护部核与辐射安全中心 上海核工程研究设计院有限公司	2017年6月20日
107	核协鉴字〔2017〕107号	核安全级设备抗震鉴定地震输入要求的研究与应用	环境保护部核与辐射安全中心 上海核工程研究设计院 中广核工程有限公司 中国核动力研究设计院	2017年6月20日
108	核协鉴字〔2017〕108号	大型商用飞机恶意撞击问题的研究	环境保护部核与辐射安全中心 清华大学 中冶建筑研究总院有限公司 上海核工程研究设计院 中国地震局地球物理研究所	2017年6月20日
109	核协鉴字〔2017〕109号	CPR1000首套非安全级DCS升级改造及实施的研究	北京广利核系统工程有限公司	2017年6月19日

续表

序号	鉴定证书号	成果项目名称	完成单位	鉴定日期
110	核协鉴字〔2017〕110号	基于FitRel平台的核电站多样性保护系统的研制与应用	北京广利核系统工程有限公司	2017年6月19日
111	核协鉴字〔2017〕111号	安全级仪控系统平台和睦系统主控制站的研发及应用	北京广利核系统工程有限公司	2017年6月19日
112	核协鉴字〔2017〕112号	硬岩倾斜脉状矿体高效采矿方法研究	核工业北京化工冶金研究院	2017年6月20日
113	核协鉴字〔2017〕113号	AP/CAP系列核电站非能动空气导流板制造技术	山东核电设备制造有限公司	2017年6月22日
114	核协鉴字〔2017〕114号	AP1000核岛关键设备在役检查技术	国核电站运行服务技术有限公司	2017年6月26日
115	核协鉴字〔2017〕115号	AP1000核电厂主控室内漏试验技术	国核电站运行服务技术有限公司	2017年6月26日
116	核协鉴字〔2017〕116号	AP1000核电厂钢制安全壳结构整体性试验技术	国核电站运行服务技术有限公司	2017年6月26日
117	核协鉴字〔2017〕117号	AP1000核电厂钢制安全壳密封性试验技术	国核电站运行服务技术有限公司	2017年6月26日
118	核协鉴字〔2017〕118号	AP1000换料模拟机	国核电站运行服务技术有限公司	2017年6月26日
119	核协鉴字〔2017〕119号	核电站1E级柴油发电机组成套设备	中船重工七〇三所无锡分部	2017年6月30日
120	核协鉴字〔2017〕120号	H-6100型核电站用1E级K3+类电气转换器	上海自动化仪表有限公司自动化仪表七厂 中国核电工程有限公司	2017年5月26日

续表

序号	鉴定证书号	成果项目名称	完成单位	鉴定日期
121	核协鉴字〔2017〕121号	H-8200型核电站用1E级K3+类电气阀门定位器	中国核电工程有限公司 上海自动化仪表有限公司自动化仪表七厂	2017年5月26日
122	核协鉴字〔2017〕122号	核与辐射应急监测调度平台关键技术研究与工程化应用	清华大学 环境保护部核与辐射安全中心 北京辰安科技股份有限公司	2017年6月30日
123	核协鉴字〔2017〕123号	CAP1400电缆配管系统	辽宁四方核电装备股份有限公司 上海核工程研究设计院有限公司	2017年7月28日
124	核协鉴字〔2017〕124号	辐射防护优化分析系统（RPOS）	中广核工程有限公司	2017年9月6日
125	核协鉴字〔2017〕125号	CAP1400非能动安全壳冷却系统性能分析研究	上海核工业研究设计院有限公司	2017年9月12日
126	核协鉴字〔2017〕126号	非能动安全壳冷却水箱减震性能研究	上海核工业研究设计院有限公司	2017年9月13日
127	核协鉴字〔2017〕127号	基于统计学的最佳估算事故分析方法开发及在安全壳分析中的应用	上海核工业研究设计院有限公司	2017年9月12日
128	核协鉴字〔2017〕128号	AP/CAP堆芯损伤评价方法的研究开发	上海核工业研究设计院有限公司	2017年9月13日
129	核协鉴字〔2017〕129号	AP/CAP系列电站燃料及相关组件部分关键材料的国产化研制	上海核工业研究设计院有限公司 中核北方核燃料元件有限公司 西安诺博尔稀贵金属材料有限公司 浙江久立特材料科技股份有限公司 东北特钢集团大连精密合金有限公司 安泰科技股份有限公司 西北稀有金属材料研究院 中国科学院上海硅酸盐研究所	2017年9月12日

续表

序号	鉴定证书号	成果项目名称	完成单位	鉴定日期
130	核协鉴字〔2017〕130号	自主化燃料组件及其零部件关键水力性能试验验证技术	上海核工业研究设计院有限公司	2017年9月12日
131	核协鉴字〔2017〕131号	国产AP1000燃料组件格架性能评价技术研究及应用	上海核工业研究设计院有限公司	2017年9月12日
132	核协鉴字〔2017〕132号	高韧性核级管道材料断裂韧性测试技术研究	上海核工业研究设计院有限公司	2017年9月13日
133	核协鉴字〔2017〕133号	CAP1400堆内构件关键部件研发技术及工程应用	上海核工业研究设计院有限公司	2017年9月13日
134	核协鉴字〔2017〕134号	控制棒驱动机构隔磁片失效机理分析和试验研究	上海核工业研究设计院有限公司	2017年9月12日
135	核协鉴字〔2017〕135号	主设备支撑分析设计技术研究及应用	上海核工业研究设计院有限公司	2017年9月14日
136	核协鉴字〔2017〕136号	非能动安全壳水膜行为研究与应用	上海核工业研究设计院有限公司	2017年9月12日
137	核协鉴字〔2017〕137号	核岛基础底板隔震设计分析与试验验证技术	上海核工业研究设计院有限公司	2017年9月13日
138	核协鉴字〔2017〕138号	基于对标试验的全流场燃爆效应分析技术	上海核工业研究设计院有限公司 南京理工大学	2017年9月12日
139	核协鉴字〔2017〕139号	内陆核电厂址环境评价关键技术研究	上海核工业研究设计院有限公司	2017年9月14日
140	核协鉴字〔2017〕140号	多堆厂址公众剂量评价平台	上海核工业研究设计院有限公司	2017年9月14日
141	核协鉴字〔2017〕141号	核电站用U-bar型管道防甩约束件研制	上海核工程研究设计院有限公司 江苏慧通管道设备股份有限公司	2017年9月14日
142	核协鉴字〔2017〕142号	IRWST非能动排气和溢流装置	上海核工程研究设计院有限公司 江苏阿波罗空调净化设备制造有限公司	2017年9月15日

续表

序号	鉴定证书号	成果项目名称	完成单位	鉴定日期
143	核协鉴字〔2017〕143号	辐照监督管样机研制	上海核工程研究设计院有限公司 常州格林电力机械制造有限公司 钢研纳克检测技术有限公司	2017年9月16日
144	核协鉴字〔2017〕144号	复用型高效空气过滤器	德州艾荷过滤设备有限公司	2017年9月18日
145	核协鉴字〔2017〕145号	厂用水系统高密度聚乙烯（HDPE）管道国产化研究	上海中塑管业有限公司 上海核工程研究设计院有限公司 国核工程有限公司	2017年9月28日
146	核协鉴字〔2017〕146号	陶瓷隔热保温材料	上海中广核工程科技有限公司 中广核工程有限公司	2017年9月29日
147	核协鉴字〔2017〕147号	核级高密度聚乙烯（HDPE）管道	上海中广核工程科技有限公司 上海纳川核能新材料技术有限公司 深圳中广核工程设计有限公司	2017年9月29日
148	核协鉴字〔2017〕148号	电子束处理工业废水技术	中广核达胜加速器技术有限公司 清华大学	2017年10月16日
149	核协鉴字〔2017〕149号	CEC(H)/K系列核安全级压力变送器	上海光华仪表有限公司 中国核电工程有限公司 中国中原对外工程有限公司	2017年10月21日
150	核协鉴字〔2017〕150号	CAP1400非能动氢复合器	中国船舶重工集团公司第七一八研究所 上海核工程研究设计院有限公司	2017年11月11日
151	核协鉴字〔2017〕151号	CAP1400安全壳氢气浓度监测仪	中国船舶重工集团公司第七一八研究所 上海核工程研究设计院有限公司	2017年11月11日

续表

序号	鉴定证书号	成果项目名称	完成单位	鉴定日期
152	核协鉴字〔2017〕152号	安全型及智能化低压开关柜在核电厂的应用研究	中广核工程有限公司 广州白云电器设备股份有限公司	2017年11月25日
153	核协鉴字〔2017〕153号	BZKW-H系列先进核电厂模块化空气处理机组	上海百富勤空调制造有限公司 上海中广核工程科技有限公司 中广核工程有限公司	2017年11月27日
154	核协鉴字〔2017〕154号	核电厂严重事故下熔融物主要行为及机理研究	西安交通大学 中国核动力研究设计院	2017年11月27日
155	核协鉴字〔2017〕155号	核电厂严重事故系统分析软件（MOSAP）及管理指南（SAMG）研发	西安交通大学 中国核动力研究设计院	2017年11月27日
156	核协鉴字〔2017〕156号	田湾核电站3、4号机组内部水淹PSA	上海核工程研究设计院有限公司 江苏核电有限公司	2017年11月28日
157	核协鉴字〔2017〕157号	乏燃料贮存格架抗震和跌落试验和非线性分析技术	上海核工程研究设计院有限公司 中国水利水电科学研究院 大连宝原核设备有限公司	2017年11月28日
158	核协鉴字〔2017〕158号	CAP1400堆内构件流致振动分析与比例模型试验技术研究	上海核工程研究设计院有限公司 中国核动力研究设计院	2017年11月28日
159	核协鉴字〔2017〕159号	CAP1400堆内构件水力设计分析与试验技术研究	上海核工程研究设计院有限公司 中国核动力研究设计院	2017年11月28日
160	核协鉴字〔2017〕160号	主泵力学分析评定技术	上海核工程研究设计院有限公司	2017年11月28日

续表

序号	鉴定证书号	成果项目名称	完成单位	鉴定日期
161	核协鉴字〔2017〕161号	AP1000核电厂分段式换料水池水闸门	上海核工程研究设计院有限公司 山东核电有限公司 陕西特种橡胶制品有限公司	2017年11月28日
162	核协鉴字〔2017〕162号	环吊小车	上海核工程研究设计院有限公司 太原重工股份有限公司	2017年11月28日
163	核协鉴字〔2017〕163号	CAP1400蒸汽发生器液压胀管性能研究	上海核工程研究设计院有限公司 上海电气核电设备有限公司 华东理工大学	2017年11月28日
164	核协鉴字〔2017〕164号	核电厂用爆破阀电气连接器组件	中航光电科技股份有限公司 上海核工程研究设计院有限公司	2017年11月28日
165	核协鉴字〔2017〕165号	控制棒驱动装置冷却风机用风阀执行机构	上海核工程研究设计院有限公司 常州电站辅机股份有限公司	2017年11月28日
166	核协鉴字〔2017〕166号	DN500主给水文丘里管	江阴市节流装置厂有限公司 上海核工程研究设计院有限公司	2017年11月29日
167	核协鉴字〔2017〕167号	非能动安全压水堆核电站DCS系统国产化研制	北京广利核系统工程有限公司	2017年12月11日
168	核协鉴字〔2017〕168号	核岛H型防甩限制件的设计和试验研究	深圳中广核工程设计有限公司 沈阳鑫通电站设备制造有限公司	2017年12月28日
169	核协鉴字〔2017〕169号	三代非能动核电厂蒸汽发生器堵板装置	上海核工程研究设计院有限公司 陕西特种橡胶制品有限公司	2017年10月27日

中国核能行业协会

组织结构

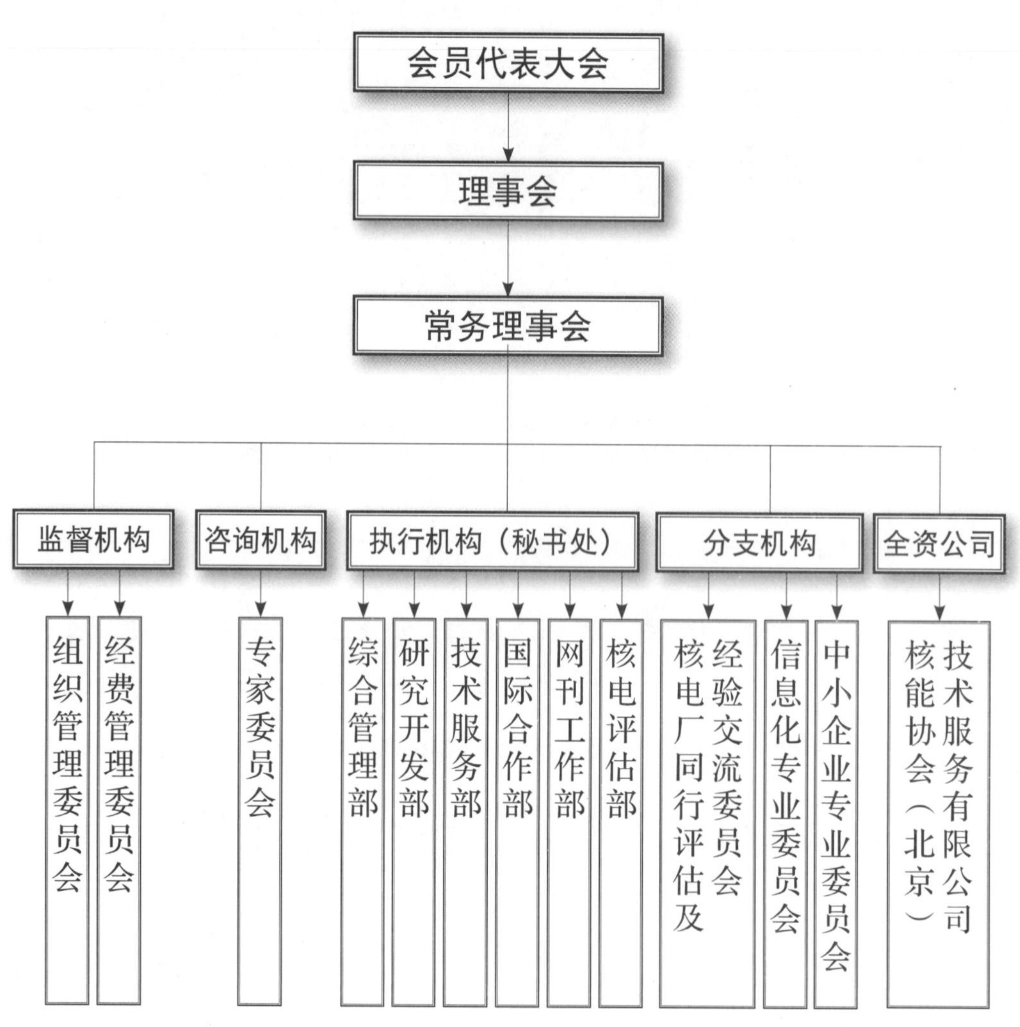

第三届理事会名单（截至2017年底）

轮值理事长：钱智民

副理事长（18名，按姓氏笔画为序）：

马文军　王凤学　王　森　刘国跃　李定成　张廷克
张作义　张　诚　张海权　陈　桦　罗　琦　俞培根
高立刚　高　峰　高　嵩　郭承站　潘银生　魏　锁

常务理事（51名，按姓氏笔画为序）：

马文军　马明泽　王凤学　王　平　王永福　王奇文
王　森　毛　巍　文联合　邓志祥　龙茂雄　吕宏伟
庄建新　刘永德　刘国跃　刘　巍　孙玉良　杜运斌
李定成　杨　兆　吴　岗　余志平　汪映荣　张廷克
张志俭　张作义　张　诚　张海权　陆金琪　陈宝智
陈映坚　陈　桦　陈霖豪　罗　琦　郑明光　赵永康
俞培根　钱智民　翁震平　高立刚　高　峰　高　嵩
郭承站　黄文有　曹水林　葛　飞　谢秋野　潘启龙
潘银生　戴金华　魏　锁

理事（110名，按姓氏笔画为序）：

万东海　上官斌　马文军　马明泽　王凤学　王　平
王永福　王　安　王奇文　王建军　王贵洪　王　健
王　森　王黎明　牛玉清　毛　巍　文联合　邓志祥
龙茂雄　叶向东　叶朗晴　田文柱　吕宏伟　全永斌
庄建新　刘永德　刘伟瑞　刘国跃　刘春胜　刘　嘉
刘　巍　孙玉良　孙根利　杜运斌　李苏甲　李金铎
李定成　杨　兆　杨　波　杨振勋　杨朝东　吴　岗
吴　放　吴美景　何东平　余志平　邹树梁　汪映荣
张文辉　张仕兵　张廷克　张志刚　张志俭　张作义
张　诚　张海权　陆冬青　陆金琪　陈　文　陈伟杰
陈国祥　陈　凯　陈宝智　陈映坚　陈　桦　陈鉴平
陈霖豪　范福平　罗　琦　郑　武　郑明光　郑建能
赵文生　赵永康　赵　虎　南　滨　柯国土　柳和生
俞培根　钱智民　徐永强　徐利根　徐洪海　徐浏华
翁震平　高立刚　高　峰　高海潮　高　嵩　郭承站
黄文有　黄江明　曹水林　康椰熙　梁光扶　葛　飞
董宏亮　蒋达进　蒋兴华　韩恩厚　曾先茂　谢　云
谢秋野　路建美　廖伟明　潘启龙　潘银生　薛　松
戴金华　魏　锁

会员名录（截至 2017 年底）

序号	单位
1	中国核工业集团有限公司
2	中国核工业建设集团有限公司
3	中国广核集团有限公司
4	国家电力投资集团有限公司
5	国家核电技术有限公司
6	中国华能集团有限公司
7	中国大唐集团公司
8	中国华电集团公司
9	中国国电集团公司
10	中国长江三峡集团有限公司
11	哈尔滨电气集团有限公司
12	中国东方电气集团有限公司
13	上海电气(集团)总公司
14	清华大学
15	中国核能电力股份有限公司
16	中国核动力研究设计院
17	大亚湾核电运营管理有限责任公司
18	中核北方核燃料元件公司
19	核电秦山联营有限公司
20	中电投核电有限公司
21	广东核电合营有限公司
22	华能山东石岛湾核电有限公司
23	华能核电开发有限公司
24	江苏核电有限公司
25	秦山核电有限公司
26	秦山第三核电有限公司
27	香港核电投资有限公司

续表

序号	单位
28	中国核工业地质局
29	中广核铀业发展有限公司
30	电力规划设计总院
31	中国核电工程有限公司
32	中广核研究院有限公司
33	中广核工程有限公司
34	中国核工业华兴建设有限公司
35	大全集团有限公司
36	哈尔滨工程大学
37	中国电力科学研究院
38	中国大唐集团核电有限公司
39	宝银特种钢管有限公司
40	浙江宏伟供应链股份有限公司
41	广东省粤电集团有限公司
42	清华大学核能与新能源技术研究院
43	国核示范电站有限责任公司
44	上海阿波罗机械制造有限公司
45	上海核工程研究设计院有限公司
46	武汉第二船舶设计研究所（中国船舶重工集团公司第七一九研究所）
47	江苏海龙核科技股份有限公司
48	中国核科技信息与经济研究院
49	国核工程有限公司
50	中国核工业二三建设有限公司
51	上海市核电办公室
52	海盐县中国核电城建设办公室
53	山东核电有限公司
54	三门核电有限公司
55	辽宁红沿河核电有限公司
56	阳江核电有限公司

续表

序号	单位
57	福建宁德核电有限公司
58	福建福清核电有限公司
59	中核四〇四有限公司
60	中核陕西铀浓缩有限公司
61	中核建中核燃料元件有限公司
62	江西省核工业地质局
63	中国电力工程顾问集团华东电力设计院有限公司
64	中国原子能科学研究院
65	中核新能核工业工程有限责任公司
66	国防科工局核技术支持中心
67	国家环境保护部核与辐射安全中心
68	核工业北京化工冶金研究院
69	核工业标准化研究所
70	核工业理化工程研究院
71	核动力运行研究所
72	深圳中广核工程设计有限公司
73	中国中原对外工程公司
74	中国核工业第二二建设有限公司
75	中国核工业二四建设有限公司
76	中国核工业第五建设有限公司
77	核工业南京建设集团有限公司
78	中国一重集团有限公司
79	中国第二重型机械集团有限公司
80	上海电气核电设备有限公司
81	上海自动化仪表有限公司
82	上海第一机床厂有限公司
83	中核苏阀科技实业股份有限公司
84	东方电气（广州）重型机器有限公司
85	东方电气集团东方锅炉股份有限公司

续表

序号	单位
86	西安核设备有限公司
87	南方风机股份有限公司
88	贵州航天新力铸锻有限责任公司
89	东华理工大学
90	苏州大学
91	南华大学
92	中国原子能工业公司
93	华电国际电力股份有限公司
94	四川省重大技术装备办
95	上海工业自动化仪表研究院有限公司
96	海南核电有限公司
97	中国科学院金属研究所
98	台山核电合营有限公司
99	成都神钢工程机械(集团)有限公司
100	苏州热工研究院有限公司
101	北京金瑞致科技发展有限公司
102	四川省核工业地质局
103	广东正超电气有限公司
104	中核泽农投资有限公司
105	辽宁四方核电装备股份有限公司
106	福建省核电办公室
107	江苏申港锅炉有限公司
108	岭东核电有限公司
109	岭澳核电有限公司
110	国核宝钛锆业股份公司
111	广东省核工业地质局
112	宁夏核工业地质勘查院
113	辽宁省核工业地质局
114	吉林省核工业地质局

续表

序号	单位
115	中陕核工业集团公司
116	青海省核工业地质局
117	核工业井巷建设集团公司
118	湖南省核工业地质局
119	中核北方铀业有限公司
120	中核二七二铀业有限公司
121	中核赣州金瑞铀业有限公司
122	西安中核蓝天铀业有限公司
123	湖北三〇三库
124	新疆中核天山铀业有限公司
125	中国工程物理研究院
126	中国辐射防护研究院
127	上海发电设备成套设计研究院
128	中国能源建设集团广东省电力设计研究院有限公司
129	中核能源科技有限公司
130	国核电力规划设计研究院
131	国核电站运行服务技术公司
132	核工业工程技术研究设计有限公司
133	核工业计算机应用研究所
134	核工业北京地质研究院
135	核工业西南勘察设计研究院有限公司
136	中核第四研究设计工程有限公司
137	中国能源建设集团湖南省电力设计院有限公司
138	中国能源建设集团广东火电工程有限公司
139	中国核工业中原建设有限公司
140	中核投资有限公司
141	中国能源建设集团天津电力建设公司
142	中国能源建设集团安徽电力建设第二工程公司
143	核工业西南建设集团公司

续表

序号	单位
144	浙江省火电建设公司
145	上海一核阀门制造有限公司
146	上海电气电站设备有限公司—上海发电机厂
147	上海电气电站设备有限公司—上海电站辅机厂
148	上海电气电站设备有限公司—上海汽轮机厂
149	上海电气上重铸锻有限公司
150	上海起重运输机械厂有限公司
151	上海阀门五厂有限公司
152	大连大高阀门股份有限公司
153	大连苏尔寿泵及压缩机有限公司
154	大连宝原核设备有限公司
155	大连深蓝泵业有限公司
156	广东亚仿科技股份有限公司
157	广州秀珀化工股份有限公司
158	南通中兴能源装备有限公司
159	中国电能成套设备有限公司
160	中核动力设备有限公司
161	东方汽轮机有限公司
162	北京广利核系统工程有限公司
163	北京中核东方控制系统工程有限公司
164	北京和利时系统工程有限公司
165	四川三洲川化机核能设备制造有限公司
166	宁波奥崎自动化仪表设备有限公司
167	石家庄工大化工设备有限公司
168	安徽电缆股份有限公司
169	江苏华光电缆电器有限公司
170	沈阳东管电力科技集团股份有限公司
171	沈阳盛世高中压阀门有限公司
172	上海科技股份有限公司

续表

序号	单位
173	环球阀门集团有限公司
174	陕西中环机械有限责任公司
175	哈尔滨电机厂有限责任公司
176	哈尔滨汽轮机厂有限责任公司
177	哈尔滨锅炉厂有限责任公司
178	浙江三方控制阀股份有限公司
179	浙江中达特钢股份有限公司
180	浙江中控技术有限公司
181	浙江金盾风机风冷设备有限公司
182	烟台台海玛努尔核电设备有限公司
183	常州八益电缆有限公司
184	湖南湘投金天新材料有限公司
185	群星集团公司
186	嘉兴多角电线电缆有限公司
187	上海交通大学
188	国家电力投资集团公司人才学院
189	西安交通大学
190	西南科技大学
191	核工业管理干部学院(核工业培训中心)
192	北京柯瑞生物科技有限公司
193	苏州大学附属第一医院
194	中国平安财产保险股份有限公司
195	上海中核浦原有限公司
196	兴原认证中心有限公司
197	中国建筑第二工程局有限公司
198	中建电力建设有限公司
199	中国华电科工集团有限公司
200	中电投江西核电有限公司
201	山东电力工程咨询院有限公司

续表

序号	单位
202	中电投电力工程有限公司
203	中国核保险共同体
204	厦门大学能源研究院
205	沈阳航天新星机电有限责任公司
206	远东电缆有限公司
207	通裕重工股份有限公司
208	江苏天源华威电气集团有限公司
209	江苏神通阀门股份有限公司
210	上海阀门厂有限公司
211	常州电站辅机总厂有限公司
212	哈尔滨天达控制工程有限公司
213	广州华晟建筑材料有限公司
214	江苏省核应急办公室
215	浙江博凡动力装备有限公司
216	中国原子能出版传媒有限公司（中国原子能出版社）
217	陕西柴油机重工有限公司
218	中国电力工程顾问集团华北电力设计院有限公司
219	南京新核复合材料有限公司
220	浙江电力建设监理有限公司
221	浙江泰索科技有限公司
222	中电华元核电工程技术有限公司
223	吴江市东吴机械有限责任公司
224	江苏华冠电器集团有限公司
225	苏州宝骅机械技术有限公司
226	天津华油天元石化设备有限公司
227	常熟市辐射技术开发应用研究所
228	上海森林特种钢门有限公司
229	西北工业大学
230	攀钢集团江油长城特殊钢有限公司

续表

序号	单位
231	巨力索具股份有限公司
232	江苏银环精密钢管股份有限公司
233	上海申江锻造有限公司
234	上海福克斯波罗有限公司
235	中橡集团沈阳橡胶研究设计院
236	东方电气(武汉)核设备有限公司
237	上海临港经济发展(集团)有限公司
238	中核华兴达丰机械工程有限公司
239	大连华阳光大密封有限公司
240	渤海重工管道有限公司
241	湖南核电有限公司
242	国家核电技术有限公司北京软件技术中心
243	浙江科路核工程服务有限公司
244	阿尔斯通(武汉)工程技术有限公司
245	中广核(北京)核技术应用有限公司
246	中核河南核电有限公司
247	中核核电运行管理有限公司
248	苏州纽威阀门股份有限公司
249	金泽核创(北京)国际能源技术服务有限公司
250	吉林昊宇电气股份有限公司
251	浙江苍南仪表厂
252	上海森松压力容器有限公司
253	中机生产力促进中心
254	深圳航天科技创新研究院
255	中国钢研科技集团有限公司
256	哈电集团(秦皇岛)重型装备有限公司
257	有能集团有限公司
258	中广核久源（成都）科技有限公司
259	烟台通用机械设备制造有限公司

续表

序号	单位
260	国之光照明科技有限公司
261	浙江阳光时代律师事务所
262	哈尔滨红光锅炉总厂有限责任公司
263	广西防城港核电有限公司
264	国家电投集团电站运营技术中心（北京）有限公司
265	大连海密梯克泵业有限公司
266	北京市君致律师事务所
267	山东电力建设第三工程公司
268	上海新曼传感技术研究发展有限公司
269	宁波天生密封件有限公司
270	浙江久立特材科技股份有限公司
271	浙江创想节能科技有限公司
272	山东双轮股份有限公司
273	中国科学院合肥物质科学研究院
274	山西华钢贸易有限公司
275	上海电气凯士比核电泵阀有限公司
276	上海太比雅电力设备有限公司
277	江苏美特林科特殊合金有限公司
278	杭州新纪元消防科技有限公司
279	南京佑天金属科技有限公司
280	中核新能源有限公司
281	深圳市创捷科技有限公司
282	江苏其兵实业有限公司
283	连云港经济技术开发区管理委员会
284	江苏爵格工业设备有限公司
285	中国仪器进出口(集团)公司
286	四川沱江起重机有限公司
287	全南晶环科技有限责任公司
288	沧州隆泰迪管道科技有限公司

续表

序号	单位
289	上海通用风机股份有限公司
290	浙江电渣核材有限公司
291	中国船舶重工集团公司第七〇三研究所无锡分部
292	西陇化工股份有限公司
293	博天环境集团股份有限公司
294	中国核建高温堆控股有限公司
295	上海宝亚安全装备有限公司
296	青岛东卡环保工程技术有限公司
297	甘肃中核嘉华核设备制造股份公司
298	天津市贝斯特防爆电器有限公司
299	沧州惠邦机电产品制造有限责任公司
300	河北卓华环境工程有限公司
301	岳阳筑盛阀门管道有限责任公司
302	北京群菱能源科技有限公司
303	北京市中伦律师事务所
304	上海埃比埃斯技术检验有限公司
305	河北翼凌机械制造总厂
306	山东鲁能软件技术有限公司
307	江苏亨通电力电缆有限公司
308	中核华电河北核电有限公司
309	武汉力地液压设备有限公司
310	深圳市力狐工贸有限公司
311	辽宁伊菲科技股份有限公司
312	嘉兴市美克斯机械制造有限公司
313	北京海泰斯工程设备股份有限公司
314	睿虎品牌管理（北京）有限公司
315	北京市晨光防腐研究所
316	南京德邦金属装备工程股份有限公司
317	宁波天安（集团）股份有限公司

续表

序号	单位
318	丰泽工程橡胶科技开发股份有限公司
319	徐工集团工程机械股份有限公司
320	新乡市佳华机械有限公司
321	江苏景泰石油化工装备有限公司
322	江浦不锈钢制造有限公司
323	紫光（北京）智控科技有限公司
324	杭州邦胜自动化科技有限公司
325	台山平安五金制品有限公司
326	中广核俊尔新材料有限公司
327	舟山市正源标准件有限公司
328	宁波奥崎仪表成套设备有限公司
329	浙江咸亨国际通用设备有限公司
330	中核浙能能源有限公司
331	北京群源电力科技有限公司
332	国核（北京）科学技术研究院有限公司
333	国核华清（北京）核电技术研发中心有限公司
334	滨州双峰石墨密封材料有限公司
335	北京优化佳控制技术有限公司
336	中广核达胜加速器技术有限公司
337	东莞市基一核材有限公司
338	上海义邦聚合材料有限公司
339	无锡斐冠工业设备有限公司
340	中国核燃料有限公司
341	中核四川环保工程有限责任公司
342	四川华都核设备制造有限公司
343	北京雷蒙赛博机电技术有限公司
344	浙江嘉上控股有限公司
345	王子橡胶（江苏）有限公司
346	河南神州精工制造股份有限公司

续表

序号	单位
347	杭州华能工程安全科技股份有限公司
348	成都海光核电技术服务有限公司
349	美核电气（济南）股份有限公司
350	华能霞浦核电有限公司
351	中核深圳凯利集团有限公司
352	成都核新动力科技有限公司
353	中国电建集团上海能源装备有限公司
354	上海昱章电气成套设备有限公司
355	上海闰铭精密技术有限公司
356	上海斯耐迪工程咨询有限公司
357	河南核净洁净技术有限公司
358	南京天创电子技术有限公司
359	颂锐机电科技（上海）有限公司
360	四川汇通能源装备制造股份有限公司
361	贝谷科技股份有限公司
362	山东远大特材科技股份有限公司
363	安徽天康（集团）股份有限公司
364	河北宏润核装备科技股份有限公司
365	四川省核工业辐射测试防护院
366	上海大学
367	中核检修有限公司
368	浙江英洛华装备制造有限公司
369	江苏省特种设备安全监督检验研究院无锡分院
370	中国电建集团核电工程公司
371	上海材料研究所
372	保定天威保变电气股份有限公司
373	国电南瑞科技股份有限公司
374	江苏焱鑫科技股份有限公司
375	大连金玛硼业科技集团股份有限公司

序号	单位
376	西安西电变压器有限责任公司
377	厦门科华恒盛股份有限公司
378	咸宁核电有限公司
379	上海凯研机械设备有限公司
380	中联重科股份有限公司
381	EDF(中国)投资有限公司
382	劳氏瑞安咨询（北京）有限公司
383	日立(中国)有限公司
384	大连菱日电力设备有限公司
385	魏德米勒电联接(上海)有限公司
386	莱茵检测认证服务(中国)有限公司
387	广州司态结构监测技术咨询有限公司
388	希西艾流体控制设备(上海)有限公司
389	阿海珐(北京)咨询公司
390	瓦卢瑞克(北京)企业管理有限公司
391	伯合乐焊接产品贸易(上海)有限公司
392	美国赛瑞丹有限公司北京代表处
393	山特维克国际贸易（上海）公司
394	罗尔斯·罗伊斯商业(北京)有限公司
395	西屋电气公司北京代表处
396	颇尔过滤器(北京)有限公司
397	哈蒙冷却系统(天津)有限公司
398	艾默生电气(中国)投资有限公司
399	ABB(中国)有限公司
400	必维质量技术服务(上海)有限公司
401	康斐尔过滤设备（上海）有限公司
402	富迪斯工程技术（上海）有限公司
403	北京泰纳通核电安全技术服务有限公司
404	励德爱思唯尔信息技术（北京）有限公司

序号	单位
405	浙江新航不锈钢有限公司
406	特雷克斯（中国）投资有限公司
407	鹰普（中国）有限公司
408	青岛太平洋海洋工程有限公司
409	德瑞克斯安防产品（中国）有限公司
410	劳氏工业技术服务（上海）有限公司
411	利莱森玛电机科技（福州）有限公司
412	威海克莱特菲尔风机股份有限公司
413	华龙国际核电技术有限公司
414	中核兰州铀浓缩有限公司
415	国核湛江核电有限公司
416	西安热工研究院有限公司
417	河北创科电子科技有限公司
418	中核启迪科技（北京）有限公司
419	扬州诚德钢管有限公司
420	上海纳川核能新材料技术有限公司
421	南方增材科技有限公司
422	核安核电装备技术有限公司
423	达华工程管理（集团）有限公司
424	厦门融福电子科技有限公司
425	江苏达科智能科技有限公司
426	北京博华信智科技股份有限公司
427	金瑞致达（北京）科技股份有限公司
428	上海紫德公共战略科技研究院
429	罗尔夫杰森消防技术咨询（上海）有限公司

网站与出版物

2017年，中国核能行业协会网站共发布2 075条信息，网站运行安全稳定。此外，启动了网站改版升级工作，编写网站改版方案，对协会官网栏目进行优化，清理删减数个僵尸栏目，对后台操作功能进行完善。

协会微信公众号（CNEA核能协会）全年发布信息780条，全年阅读量为29.88万人次。关注人数由2016年底5 010人增加到7 379人。

2017年，按计划完成6期《中国核能》会刊、12期《核能新闻》电子月刊、《中国核能年鉴》2017年卷的编辑出版工作。《中国核能年鉴》2017年卷共约75万字。

《中国核能》对迎接党的十九大召开、核安全法的发布、核电公众沟通、核电厂运行许可证有效期延续、核燃料、核设施、核能低温供热等内容进行了深度报道，对主题进行深入挖掘。针对协会组织召开的第十二届中国国际核电工业展览会暨第二届世界核能发展论坛、协会成立十周年及第三届理事会换届、“创建世界一流协会”战略目标、核电评估、公众沟通、核电水泵技能大赛、核安全文化培训与交流、科技成果评奖、核电高技术人才培养课题研究成果发布等重点工作或事件做了重点策划与宣传。此外，结合行业专题工作组的工作，编辑出版了4期《中国核能》论文增刊。

图书在版编目(CIP)数据

中国核能年鉴.2018年卷/中国核能行业协会编
—北京:中国原子能出版社,2018.11
ISBN 978-7-5022-9487-8

Ⅰ.①中… Ⅱ.①中… Ⅲ.①核能-中国-2018-年
鉴 Ⅳ.①F426.23-54

中国版本图书馆CIP数据核字(2018)第257610号

中国核能年鉴·2018年卷

出版发行 中国原子能出版社(北京市海淀区阜成路43号 100048)
特邀编辑 何 玲
责任编辑 付 凯
责任校对 冯莲凤
责任印制 潘玉玲
印 刷 河北华商印刷有限公司
经 销 全国新华书店
开 本 787 mm×1092 mm 1/16
印 张 24 字 数 600千字
版 次 2018年11月第1版 2018年11月第1次印刷
书 号 ISBN 978-7-5022-9487-8 定 价 188.00元

网址:http://www.china-nea.cn/